Ernst R. Zivier

VERFASSUNG UND VERWALTUNG VON BERLIN

Sonderauflage für die Landeszentrale für politische Bildungsarbeit Berlin

ISBN 3-87061-389-0

Ernst R. Zivier

Verfassung und Verwaltung von Berlin

ZWEITE
aktualisierte und erweiterte
Auflage

BERLIN VERLAG
Arno Spitz GmbH

Die Deutsche Bibliothek – CIP-Einheitsaufnahme

Zivier, Ernst R.:
Verfassung und Verwaltung von Berlin / Ernst R. Zivier.– 2., aktualisierte und erw. Aufl.–Berlin : Berlin Verl. Spitz, 1992
ISBN 3-87061-389-0

BERLIN VERLAG Arno Spitz GmbH * Pacelliallee 5 * 1 Berlin 33
Satz: Fotosatz Sigrid Münch, 5370 Kall. Schrift: Optima

Inhaltsverzeichnis

Verzeichnis der Übersichten

Abkürzungsverzeichnis

Abghs. Drs.	Abgeordnetenhaus Drucksachen
Abl.	Amtsblatt für Berlin
AGJWG	Berliner Ausführungsgesetz zum Jugendwohlfahrtsgesetz
ASOG	Allgemeines Sicherheits- und Ordnungsgesetz
AZG	Allgemeines Zuständigkeitsgesetz
BA	Bezirksamt
BAMG	Gesetz über die Rechtsstellung der Bezirksamtsmitglieder
Bay. Verf. Gh.	Bayerischer Verfassungsgerichtshof
Behala	Berliner Hafen- und Lagerhausbetriebe
Bewag	Berliner Elektrizitätswerk
BezVG	Bezirksverwaltungsgesetz
BGBl	Bundesgesetzblatt
BKC/L	Berlin Commandatura Commanding Letter
BK/L	Berlin Commandatura Letter
BK/O	Berlin Commandatura Order
BSR	Berliner Stadtreinigungsbetriebe
BVerfGE	Bundesverfassungsgericht – offizielle Entscheidungssammlung
BVerwGE	Bundesverwaltungsgericht – offizielle Entscheidungssammlung
BVG	Berliner Verkehrsbetriebe
BVV	Bezirksverordnetenversammlung
BWB	Berliner Wasser-Betriebe
DÖV	Die Öffentliche Verwaltung
DVBl.	Deutsches Verwaltungsblatt
DVO-ASOG	Verordnung über die Zuständigkeit der Ordnungsbehörden
DVO-AZG	Verordnung zur Durchführung des Allgemeinen Zuständigkeitsgesetzes
EigG	Eigenbetriebsgesetz
Gasag	Berliner Gaswerke
GBl.	Gesetzblatt der Deutschen Demokratischen Republik
GG	Grundgesetz für die Bundesrepublik Deutschland
GGO	Gemeinsame Geschäftsordnung für die Berliner Verwaltung
GO	Geschäftsordnung
GOA	Geschäftsordnung des Abgeordnetenhauses von Berlin
GOSen	Geschäftsordnung des Senats

GVAmtsBl.	Gesetz-, Verordnungs- und Amtsblatt für die Stadtbezirke Mitte, Prenzlauer Berg, Friedrichshain, Treptow, Köpenick, Lichtenberg, Weissensee, Pankow, Marzahn, Hohenschönhausen, Hellersdorf von Berlin
GVBl.	Gesetz- und Verordnungsblatt Berlin
JR	Juristische Rundschau
JZ	Juristenzeitung
KPM	Königliche Porzellan-Manufaktur Berlin
LHO	Landeshaushalts-Ordnung
M.D.H.S.	Maunz-Dürig-Herzog-Scholz-Grundgesetzkommentar
NJW	Neue Juristische Wochenschrift
NVwRZ	Neue Zeitschrift für Verwaltungsrecht
PetG	Petitionsgesetz
RGBl.	Reichsgesetzblatt
RHG	Rechnungshofgesetz
SenG	Gesetz über die Rechtsstellung der Senatsmitglieder
StGB	Strafgesetzbuch
StPO	Strafprozeßordnung
VerfGhG.	Gesetz über den Verfassungsgerichtshof
VOBl.	Verordnungsblatt für Groß-Berlin
VvB	Verfassung von Berlin

VORWORT

Wer sich mit der Rechtslage Berlins beschäftigt, wurde in den letzten Jahren immer wieder von den Ereignissen überholt. Als ich im Jahre 1989 die erste Auflage dieses Grundrisses abschloß, fiel die Öffnung der Grenzen am 9. November in die Zeit zwischen der Fertigstellung des Manuskripts und dem Druck. Ich konnte dieses Ereignis gerade noch im Vorwort erwähnen. Danach wurden Deutschland und Berlin – viel schneller als man es auch nach dem Fall der Mauer voraussah – wiedervereinigt. Das Besatzungsrecht wurde aufgehoben. Der Berlin-Status, der jahrelang den Schwerpunkt meiner wissenschaftlichen Tätigkeit gebildet hatte, besteht nicht mehr. Ich kann ehrlich sagen, daß ich das zu keinem Zeitpunkt – auch nicht vorübergehend – bedauert habe.

Mit den Arbeiten an einer zweiten Auflage des Grundrisses konnte ich ernsthaft erst beginnen, nachdem Anfang 1991 ein einheitlicher Verfassungstext für ganz Berlin in Kraft getreten und ein einheitlicher Senat gebildet war. Die Änderungen folgen größtenteils aus der politischen Entwicklung; sie betreffen hauptsächlich den historischen Überblick und den verfassungsrechtlichen Teil. Die Ausführungen über den Berlin-Status, die in der ersten Auflage einen ganzen Abschnitt bildeten, sind auf einen Paragraphen im historischen Überblick zusammengeschmolzen. Dazugekommen sind Paragraphen über die staats- und verwaltungsrechtliche Entwicklung des Ostsektors in der Zeit von der Spaltung der Stadt (1948) bis 1989, über die Entwicklung von der Öffnung der Grenzen bis zur rechtlichen Vereinigung der Stadt und über die fortwirkenden Übergangsregelungen. Es versteht sich, daß ich in den Abschnitten, die von den Änderungen nicht betroffen sind, die Einteilung der Kapitel, Paragraphen und Randnummern sowenig wie möglich geändert habe.

Auch nach der rechtlichen Wiedervereinigung Berlins mußte ich ständig Rechtsänderungen berücksichtigen, die während der Arbeit an der zweiten Auflage eintraten. So wurden – um nur die wichtigsten Beispiele zu nennen – die neueingeführten Verfassungsvorschriften und das Gesetz über den Verfassungsgerichtshof erheblich geändert, bevor sie in der ursprünglichen Fassung vollzogen worden waren.

Drei große Aufgaben haben die politischen Staatsorgane Berlins und auch die Verwaltung in der nahen Zukunft zu bewältigen:

Sie müssen erstens darauf bestehen und zugleich die Voraussetzungen dafür schaffen, daß der Beschluß, den Bundestag und die politisch maßgeblichen Teile der Bundesregierung nach Berlin zu verlegen, in angemessener Frist verwirklicht wird. Sie müssen zweitens innerhalb der laufenden Wahlperiode den Verfassungstext überarbeiten und der wahlfähigen Bevölkerung zur Abstimmung vorlegen. Drittens muß entschieden werden, ob die Länder Berlin und Brandenburg zu einem neuen Bundesland verschmelzen sollen.

Die Debatte um die letzte Frage ist kürzlich in ein neues Stadium getreten; die gemeinsame Regierungskommission der beiden Länder, die zunächst die Voraussetzungen für den Zusammenschluß klären soll, ist am 29. Februar 1992 zusammengetreten. Ob der Zusammenschluß zustande kommt, wann er gegebenenfalls verwirklicht wird und wie die politischen, rechtlichen und finanziellen Detailfragen gelöst werden, ist zur Zeit ebensowenig vorauszusehen wie die Formen der Zusammenarbeit, die sich zwischen Brandenburg und Berlin entwickeln müssen, wenn beide Bundesländer selbständig bleiben.

Ich möchte die Gelegenheit wahrnehmen, zu diesen Fragen wenigstens einige Gedanken zu äußern:

1. Es ist davon auszugehen, daß mit dem Zusammenschluß der Länder Brandenburg und Berlin ein neues Bundesland entsteht. Schon aufgrund der Einwohnerzahlen, aber auch wegen der geschichtlichen und traditionellen Unterschiede kann es sich nicht um eine Einbeziehung der Stadt Berlin in das Land Brandenburg handeln (ebensowenig wie um eine Eingemeindung des Landes Brandenburg in den Stadtstaat Berlin). Das neue Land wäre mit keinem der beiden alten Länder rechtsidentisch; es wäre Rechtsnachfolger des Landes Brandenburg und des Landes Berlin, soweit dieses staatliche Aufgaben wahrgenommen hat. Soweit das

Land Berlin kommunale Aufgaben wahrnimmt, wäre sein Rechtsnachfolger die zukünftige Stadtgemeinde oder Gebietskörperschaft Berlin. Im einzelnen könnten bei der Abgrenzung von kommunalen und staatlichen Tätigkeiten allerdings Schwierigkeiten eintreten; vor allem über die Nachfolge in privatrechtliche Vermögensgegenstände (Grundvermögen) und Pflichten müßten daher bereits in dem Vertrag oder dem Gesetz über den Zusammenschluß Detailregelungen getroffen werden.
Die Rechtslage besteht unabhängig von der Bezeichnung des Landes und von den staatlichen Symbolen. Auch wenn das zukünftige Land den Namen "Brandenburg" tragen sollte, würde es sich um ein neues Land und nicht um einen bloßen Gebietserwerb des bestehenden Landes Brandenburg handeln.

2. Für das neue Land müßte eine neue Verfassung in Kraft gesetzt werden; diese sollte auch das Verhältnis der beiden Gebietsteile, insbesondere die Rechtsstellung der Stadtgemeinde (Gebietskörperschaft) Berlin im Land Brandenburg wenigstens in den Grundzügen regeln. Sie sollte vor dem Zusammenschluß der beiden Länder formuliert und gleichzeitig mit dem Zusammenschluß in Kraft gesetzt werden; falls der Zusammenschluß mit einem Referendum verbunden ist, sollte sie Gegenstand der Volksabstimmung sein. Hierfür spricht vor allem folgender Gesichtspunkt:
   Zur Zeit ist Berlin das bevölkerungsstärkere der beiden Länder; bei einer entsprechenden Bevölkerungsentwicklung im Umland außerhalb der Stadtgrenzen könnte Brandenburg das bevölkerungsstärkere Land werden. Wenn die Verfassung erst nach dem Zusammenschluß verabschiedet wird oder wesentliche Fragen dem einfachen Gesetzgeber überläßt, kann bei der Bevölkerung in beiden Teilen mindestens subjektiv die Befürchtung erweckt werden, daß man vom anderen Teil majorisiert wird.
   In der politischen Debatte ist in diesem Zusammenhang interessanterweise fast nur von 'Brandenburgern' und 'Berlinern' die Rede, nicht von 'Ost- und Westberlinern'. Es scheint, daß hier die überkommenen landsmannschaftlichen Unterschiede schon wieder eine größere Rolle spielen als der Ost-West-Gegensatz.
3. Berlin muß nach dem Zusammenschluß als einheitliche Ge-

meinde bestehenbleiben. Politische Vorschläge, die Stadt wegen ihres Übergewichts in dem zukünftigen gemeinsamen Land in mehrere Teilgemeinden aufzulösen, sollten nicht ernsthaft in Erwägung gezogen werden.

4. Bei einem Zusammenschluß der Länder sollte aber auch die Selbstverwaltung der Berliner Bezirke aufrechterhalten werden. Diese Forderung ist allerdings mit einem verfassungsrechtlichen Problem belastet: Die Garantie der kommunalen Selbstverwaltung und das Gebot, daß das Volk in den Gemeinden eine Vertretung haben muß (Art. 28 GG), gelten nur für die Gemeinden selbst, nicht für Gliederungen unterhalb der Gemeindeebene. Es ist daher zweifelhaft, wieweit kommunale Selbstverwaltungsaufgaben auf Ausschüsse und Vertretungsorgane in den Ortsteilen oder Bezirken verlagert werden können. (Vergleiche dazu das Urteil des Bundesverfassungsgerichts vom 31. Oktober 1990, BVerfGE 83 S. 60–74 f.)
   Andererseits ist ein anerkannter Zweck der kommunalen Selbstverwaltung, daß sich die Bürger in einem überschaubaren Bereich an der Verwaltung beteiligen. Dieses Ziel würde verfehlt, wenn bei einer Stadt von der Größe Berlins die Vertretungs- und Verwaltungsorgane der Bezirke ganz abgeschafft oder – wie es das Gemeinderecht in den meisten Flächenstaaten vorsieht – auf unwesentliche Mitwirkungsbefugnisse beschränkt würden. Auf jeden Fall sollte die Selbstverwaltung der Berliner Bezirke nicht durch Landesgesetz eingehend geregelt, sondern in einem vergleichsweise weiten landesrechtlichen Rahmen von der Stadtgemeinde selbst organisiert werden.
5. Ebenfalls bestehenbleiben sollte die Einteilung der Berliner Hauptverwaltung in selbständige Ressorts und die Zweistufigkeit der Hauptverwaltung. Das heißt, daß Berlin die Möglichkeit behalten muß – selbständig oder mit staatlicher Zustimmung – auch im Bereich der Hauptverwaltung Behörden zu errichten, die unterhalb der Ebene der Senats- oder Magistratsverwaltungen arbeiten. Für die Organisation der gesamten Hauptverwaltung als einer einheitlichen Behörde, wie sie in den Gemeinden der Flächenstaaten sonst üblich ist, sind die Verwaltungsaufgaben in Berlin zu vielfältig.

6. Wegen ihrer Größe und wegen der historischen Besonderheiten müßte der Stadtgemeinde Berlin im Land eine Sonderstellung eingeräumt werden, die über die Rechtsstellung einer gewöhnlichen kreisfreien Stadt hinausginge. Insbesondere sollte Berlin das Recht behalten, durch Satzung oder Stadtgesetz im Rahmen eines recht weiten, von der Verfassung oder den Landesgesetzen vorgegebenen Rahmens den Aufbau seiner eigenen Verwaltung einschließlich der Selbstverwaltungsorgane zu regeln. Dies sollte auch für die Einteilung Berlins in Bezirke und Ortsteile sowie die Kompetenzen und die Organisation der Bezirksverwaltung gelten.
   Außerdem wäre es denkbar, daß bestimmte Aufgaben, für die in den Flächenstaaten normalerweise Landesoberbehörden und Landesmittelbehörden vorgesehen sind, in Berlin von Organen der Stadtgemeinde wahrgenommen werden. Welche Sachgebiete dafür in Betracht kommen, muß im Einzelfall geprüft werden.
7. Wenn es nicht zu einer Vereinigung der Länder Brandenburg und Berlin kommen sollte, wäre die Bildung eines länderübergreifenden Umlandverbandes oder eines ähnlichen institutionellen Rahmens für die gemeinsame Regionalplanung geboten; aber auch wenn die Länder sich zusammenschließen, dürfte eine solche Einrichtung notwendig sein. Die Planungshoheiten der Stadtgemeinde Berlin und der umliegenden Gemeinden und Kreise könnten aus politischen und – sofern das Baugesetzbuch des Bundes nicht geändert wird – auch aus rechtlichen Gründen nicht auf das Land übertragen werden. Andererseits müssen die Planungen des Landes (zuständig für Regionalplanung), der Gemeinden (zuständig für Flächennutzungspläne und Bebauungspläne) und die verschiedenen Fachplanungen durch eine geeignete Institution miteinander harmonisiert werden. Als Beispiel für einen gemeinsamen Planungsverband kann nicht nur auf den Umlandverband Frankfurt und den Ruhrverband, sondern auch auf den Zweckverband Groß-Berlin verwiesen werden, der sich nach seiner Gründung im Jahre 1911 durchaus bewährt hat.
   Die Verteilung der Zuständigkeiten auf drei Ebenen (Land, Gemeinden einschließlich Berlin und Planungsverband) könnte

den Eindruck einer aufwendigen und undurchsichtigen Verwaltung hervorrufen. Dem steht aber gegenüber, daß nur auf diese Weise die Aktivitäten der verschiedenen Planungsträger unter Wahrung der gesetzlichen Zuständigkeiten und der berechtigten örtlichen und überregionalen Interessen aufeinander abgestimmt werden können. Denkbar wäre es allenfalls, daß man auf die Bildung eines Planungsverbandes als besonderer öffentlich-rechtlicher Körperschaft verzichtet und zur Koordination der Planung im Rahmen der Verfassung oder durch Landesgesetze lediglich Organe schafft, an denen das Land, die Kreise und die Gemeinden (einschließlich Berlin) in angemessener Weise beteiligt sind.

Berlin im März 1992 — Dr. Ernst Zivier

TEIL I

HISTORISCHER ÜBERBLICK

Erstes Kapitel
Von der Stein'schen Städteordnung bis zum Ende der nationalsozialistischen Herrschaft

§ 1 Berlin unter der Stein'schen Städteordnung

Die Verwaltungsgeschichte Berlins bis zum Inkrafttreten der Stein'schen **1.1**
Städteordnung trägt nicht viel zum Verständnis des heutigen Verfassungs- und Verwaltungsrechts bei. Die Selbstverwaltung der Städte in Brandenburg-Preußen war in der Zeit des Absolutismus zwar nicht ganz zum Erliegen gekommen, aber einer immer weitergehenden Einmischung und Kontrolle durch die Landesherren ausgesetzt. Dies galt im besonderen für die kurfürstliche und später königliche Residenzstadt Berlin. Die Entwicklung hatte dort einen vorläufigen Abschluß durch das königliche "Reskript von Kombinierung der rathäuslichen Kollegien" vom 17. Januar 1709 gefunden. Die "Königlich-preußischen Residenzien" (Berlin, Cölln, Friedrichswerder, Dorotheenstadt und Friedrichstadt) wurden zu einer einheitlichen Stadtgemeinde vereinigt, die Verwaltung wurde im absolutistischen Sinne geordnet.[1]

Durch die Stein'sche Städteordnung, die nach Vorarbeiten seit
1807 durch eine Königliche Kabinettsordre vom 19. November 1808 **1.2**

1 Vgl. hierzu Uhlitz, Kleine Verwaltungsgeschichte Berlins, Berliner Forum, herausgegeben vom Presse- und Informationsamt des Landes Berlin, 6/69, insbes. S. 25 ff.

in Kraft gesetzt wurde,[2] erhielten die Stadtgemeinden in Preußen, und damit auch Berlin, eine vergleichsweise moderne Selbstverwaltung. Das in der Städteordnung vorgesehene Kommunalverfassungssystem wird als "unechte Magistratsverfassung" bezeichnet — "unecht", weil der Magistrat nur als ausführendes Organ der Stadtverordnetenversammlung fungierte. Das Gesetz, dessen Grundgedanken sich bis in das Gemeinderecht einiger deutscher Länder hinein auswirkt, wurde allerdings in der folgenden Zeit durch eine Anzahl von Kabinettsordres (sog. Deklarationen zur Städteordnung) und Ministerialreskripte — größtenteils mit einer reaktionär-autoritären Tendenz — umgedeutet und ausgelegt.[3] Die Einwohner der Städte waren in Bürger und "Schutzverwandte" eingeteilt. Das Bürgerrecht war auf Antrag jedem zu erteilen, der sich in der Stadt häuslich niedergelassen hatte und unbescholten war (§ 17). Es war Voraussetzung, wenn man ein Wohngrundstück erwerben oder bestimmte Gewerbe ausüben wollte (§ 18). Zu den Pflichten der Bürger gehörte u. a. die Übernahme von öffentlichen Stadtämtern.

1.3 Das Wahlrecht zur Stadtverordnetenversammlung stand zwar grundsätzlich allen männlichen Bürgern zu, es hing jedoch auch davon ab, daß man entweder ein Wohngrundstück in der Stadt besaß (angesessener Bürger war) oder über ein bestimmtes Mindesteinkommen verfügte, das in "großen Städten" (ab 18000 Einwohner) 2000 Reichstaler jährlich betrug (§ 74). Die Stadtverordnetenversammlung wurde auf drei Jahre gewählt; sie hatte in Berlin 102 Mitglieder. Nach § 108 war sie befugt, die Bürger in allen Angelegenheiten des Gemeinwesens der Stadt zu vertreten und sämtliche Angelegenheiten für sie zu besorgen; in dieser Bestimmung sieht man auch die Wurzel für die potentielle Allzuständigkeit der Gemeinden, die für das deutsche Gemeinderecht in unserer Zeit maßgeblich ist (vgl. auch Artikel 28 Abs. 2 GG). Dem Staat blieb nach § 1 das Aufsichtsrecht über die Gemeinden.

1.4 Der Magistrat war das ausführende Organ der Stadtverordnetenversammlung. Er bestand in den großen Städten aus dem (besolde-

2 Zitiert nach: Die Preußische Städteordnung von 1808, Textausgabe mit Einführung von Krebsbach, Kohlhammer Verlag Stuttgart und Köln 1957.

3 Krebsbach, a. a. O. Einführung S. 17.

ten) Oberbürgermeister, vier bis fünf besoldeten Stadträten und 15 unbesoldeten Stadträten (§ 144). Der Oberbürgermeister wurde vom König unter drei von der Stadtverordnetenversammlung präsentierten Kandidaten ausgewählt ("unqualifizierte Subjekte" konnten jedoch zurückgewiesen werden — §§ 153, 154 —). Die anderen Mitglieder wurden von der Stadtverordnetenversammlung gewählt, und zwar die besoldeten auf zwölf Jahre und die unbesoldeten auf sechs Jahre.

Außer Magistrat und Stadtverordnetenversammlung waren Kom- 1.5
missionen und Deputationen vorgesehen, die aus Magistratsmitgliedern, Stadtverordneten und Bürgerdeputierten bestanden.

§ 2 Die Städteordnung für die sechs östlichen Provinzen

Durch ein preußisches Gesetz vom 30. Mai 1853[4] wurde in den öst- 2.1
lichen Provinzen und damit auch für Berlin die "echte Magistratsverfassung" eingeführt (durch ein Gesetz von 1838 bereits in anderen Teilen Preußens vorgesehen). Bei dieser Form der Kommunalverfassung war der Magistrat eine Art zweite Kammer der städtischen Verwaltung: Nach § 36 bedurften die Beschlüsse der Stadtverordnetenversammlung in Angelegenheiten, die dem Magistrat zur Ausführung überwiesen waren (d. h. praktisch alle wesentlichen Angelegenheiten), der Zustimmung des Magistrats. Kam es zu keiner Verständigung — zu diesem Zweck konnte eine gemeinsame Kommission eingesetzt werden —, so entschied die Regierung (d. h. der Regierungsbezirk). Das Gesetz stellte ausdrücklich fest, daß die Stadtverordnetenversammlung ihre Beschlüsse in keinem Fall selbst zur Ausführung bringen dürfe.

Das Bürgerrecht war jetzt mit dem Recht zur Teilnahme an Wah- 2.2
len sowie zur Übernahme von Ehrenämtern identisch (§ 5). Es setzte voraus, daß man seit einem Jahr in der Stadt wohnte und entweder Eigentümer eines Wohnhauses war oder ein Gewerbe (in großen Städten mit mindestens zwei "Gehülfen") betrieb oder in bestimmter

4 Städteordnung für die sechs östlichen Provinzen der Preußischen Monarchie vom 30. Mai 1853, Gesetzessammlung S. 2611.

Höhe zur Steuer veranlagt war. Außerdem mußte man die Gemeindeabgaben bezahlt haben und durfte keine Armenunterstützung beziehen.

Die Stadtverordnetenversammlung wurde nach den Grundsätzen des Dreiklassenwahlrechts gewählt (gleiches Wahlrecht erst 1919).

2.3 Organe der städtischen Selbstverwaltung waren die Stadtverordnetenversammlung und der Magistrat. Der Magistrat bestand aus einem Bürgermeister, einem beigeordneten oder Zweiten Bürgermeister sowie aus unbesoldeten und — im Bedarfsfall — besoldeten Mitgliedern. Die gewählten Magistratsmitglieder bedurften der Bestätigung, die bei großen Städten dem König zustand. Wurde auch die zweite Wahl nicht bestätigt, so konnte die Regierung die Stelle auf Kosten der Stadt kommissarisch verwalten lassen (§ 33).

2.4 Deputationen, die nur aus Magistratsmitgliedern bestanden, konnten vom Magistrat eingesetzt werden. Zur Einsetzung einer gemischten Deputation, in die außer Magistratsmitgliedern und Stadtverordneten auch Bürgerdeputierte berufen werden konnten, war ein übereinstimmender Beschluß von Stadtverordnetenversammlung und Magistrat erforderlich. Die Deputationen waren in allen Beziehungen dem Magistrat untergeordnet.

2.5 Das Gesetz von 1853 war für Berlin bis zum Inkrafttreten des Groß-Berlin-Gesetzes (1920) maßgeblich. Auch nach 1920 war es ergänzend zum Groß-Berlin-Gesetz und von der Novelle von 1931 anwendbar.[5]

§ 3 Stellung Berlins im Preußischen Staatsverband — Gemeindeaufsicht —

3 Bis zum Jahre 1883 war Berlin als kreisfreie Stadt in die allgemeine Verwaltungsstruktur des Preußischen Staates einbezogen. Es gehörte zur Provinz Brandenburg und zum Regierungsbezirk Potsdam.

Durch das Gesetz über die allgemeine Landesverwaltung von 1883[6] wurde für Berlin eine Sonderstellung begründet. Die Stadt

5 Vgl. § 13 Groß-Berlin-Gesetz und § 1 der Novelle von 1931.

6 Gesetz über die allgemeine Landesverwaltung vom 30. Juli 1883, Gesetzessammlung S. 195.

schied aus der Provinz Brandenburg und dem Regierungsbezirk Potsdam aus. Die meisten Befugnisse, die in den Regierungsbezirken dem Regierungspräsidenten zustanden, wurden dem Polizeipräsidenten in Berlin — einer staatlichen Behörde! — übertragen. Die Kommunalaufsicht, die bei kreisfreien Städten im allgemeinen vom Regierungspräsidenten ausgeübt wurde, stand für Berlin dem Oberpräsidenten der Provinz Brandenburg zu. Verschiedene Kollegialbehörden (z. B. das Provinzialschulkollegium) waren zugleich für Berlin und die Provinz Brandenburg zuständig (Organunion).

§ 4 Der Zweckverband Groß-Berlin

Die Bestrebungen, die Gemeindegrenzen der Stadt Berlin auf den tatsächlichen Berliner Einzugsbereich auszudehnen, scheiterten bis zum Jahre 1920 an politischen Bedenken konservativer Kreise im Preußischen Landtag und dem Widerstand der sehr wohlhabenden westlichen Vorstädte (z. B. Wilmersdorf). Als Kompromiß kam schließlich das Gesetz über den Zweckverband Groß-Berlin vom 19. Juli 1911[7] zustande. Die Stadtkreise Berlin, Charlottenburg, Schöneberg, Rixdorf, Deutsch-Wilmersdorf, Lichtenberg und Spandau sowie die Landkreise Teltow und Barnim wurden zu einem Zweckverband zusammengeschlossen. Einige größere Gemeinden der beteiligten Landkreise (z. B. Steglitz, Pankow, Reinickendorf) gehörten dem Verband außerdem als selbständige Mitglieder an. 4

Hauptaufgaben des Verbandes waren Verkehrsplanung, städtebauliche Planung und Bereitstellung von Grünflächen; gesetzliche Organe waren die Verbandsversammlung, der Verbandsausschuß und der Verbandsdirektor. Die Verbandsversammlung bestand aus 100 von den Gemeindevertretungen und Kreistagen gewählten Mitgliedern; davon entfielen 40 und der Vorsitzende auf Berlin. Die Stadt Berlin war in der Verbandsversammlung also in der Minderheit. Der Verbandsausschuß bestand aus den Ersten Bürgermeistern der sechs größten Gemeinden, den Vorsitzenden der Kreisausschüsse und acht

7 Zweckverbandsgesetz für Groß-Berlin vom 19. Juli 1911, Gesetzessammlung S. 123.

von der Verbandsversammlung gewählten Mitgliedern. Der Verbandsdirektor wurde von der Verbandsversammlung auf mindestens sechs und höchstens zwölf Jahre gewählt; er war vom König zu bestätigen.

§ 5 Revolutionszeit

5 Das Gesetz von 1853 blieb in Kraft, jedoch wurde 1918 das allgemeine Wahlrecht (einschließlich des Wahlrechts für Frauen) eingeführt. Damit entfielen die im Gesetz von 1853 vorgesehenen wirtschaftlichen Voraussetzungen für das Wahlrecht und das Dreiklassenwahlsystem.

Die Kommunalaufsicht ging vorübergehend auf vier Volksbeauftragte über, die der Vollzugsrat der Arbeiter- und Soldatenräte aus der Reihe der sozialdemokratischen Stadtverordneten gewählt hatte.

§ 6 Das Groß-Berlin-Gesetz

6.1 Durch das Gesetz vom 27. April 1920[8], das von der Verfassungsgebenden Preußischen Landesversammlung mit den Stimmen von SPD und USPD angenommen wurde, wurden acht Stadtgemeinden, 59 Landgemeinden und 27 Gutsbezirke zu einer neuen Stadtgemeinde Berlin zusammengefaßt. Das Stadtgebiet wurde in 20 Bezirke eingeteilt. Das Gesetz von 1853 blieb ergänzend anwendbar. Auf der Ebene der Hauptverwaltung verblieb es daher bei der "echten Magistratsverfassung", d. h., daß für wichtige Entscheidungen ein übereinstimmender Beschluß von Stadtverordnetenversammlung und Magistrat erforderlich war.

Die Stadtverordnetenversammlung bestand aus 225 Mitgliedern; sie waren in allgemeinen, freien, gleichen und direkten Wahlen nach den Grundsätzen der Verhältniswahl zu wählen. Der Magistrat bestand aus höchstens 30 Mitgliedern.

8 Gesetz über die Bildung einer Stadtgemeinde Berlin vom 27. April 1920, Gesetzessammlung S. 123.

Auf Bezirksebene bestand eine Bezirksversammlung, die sich aus den Stadtverordneten des betreffenden Bezirks und — je nach der Größe — aus 15, 30 oder 45 Bezirksverordneten zusammensetzte. Das Bezirksamt hatte sieben Mitglieder. Auf der Bezirksebene hatte die Bezirksversammlung ein umfassendes Beschlußrecht; dort bestand also eher eine "unechte Magistratsverfassung" nach dem Muster der Stein'schen Städteordnung. 6.2

Auf Hauptverwaltungs- und Bezirksebene wurden gemäß dem Gesetz von 1853 Deputationen eingerichtet. 6.3

Die Bezirksämter wurden zwar von den Bezirksversammlungen gewählt, sie waren aber ausführende Organe des Magistrats und an die von ihm aufgestellten Grundsätze gebunden. Bei Beanstandung von Bezirksamts- oder Bezirksversammlungsbeschlüssen durch den Magistrat war die Entscheidung einer Schiedsstelle vorgesehen, die sich aus zwei Stadtverordneten, zwei Bezirksverordneten und einem kooptierten Obmann zusammensetzte. 6.4

Nach § 29 des Groß-Berlin-Gesetzes in Verbindung mit § 60 der Städteordnung konnten unterhalb der Bezirke sogenannte Ortsbezirke gebildet werden. Erforderlich war ein übereinstimmender Beschluß der Bezirksversammlung und des Bezirksamtes sowie eine Genehmigung des Magistrats. Für die Ortsbezirke wurden von der BV ein Ortsbezirksvorsteher und sein Stellvertreter eingesetzt. Weiterhin konnten durch übereinstimmenden Beschluß der Bezirksversammlung und des Bezirksamtes mit Genehmigung des Magistrats den Ortsbezirksvorstehern Beiräte aus stimmfähigen Bürgern des Ortsbezirks beigegeben werden. Bestimmungen über die Zusammensetzung und die Befugnisse waren in dem betreffenden Beschluß zu treffen. In der Verwaltungspraxis wurde von diesen Möglichkeiten kaum Gebrauch gemacht. 6.5

§ 7 Die Novelle von 1931

Durch ein preußisches Gesetz vom 30. März 1931[9] wurde die Gemeindeverfassung Berlins mit obrigkeitsstaatlicher Tendenz refor- 7.1

9 Gesetz über die vorläufige Regelung verschiedener Punkte des Gemeindever-

miert. Das Groß-Berlin-Gesetz und auch die Städteordnung für die sechs östlichen Provinzen von 1853 blieben ergänzend in Kraft.

Auf der Ebene der Hauptverwaltung bestanden jetzt vier Organe: die Stadtverordnetenversammlung, der Stadtgemeindeausschuß, Magistrat und der Oberbürgermeister.

7.2 Der Stadtgemeindeausschuß bestand aus 45 von der STVV aus ihrer Mitte gewählten Mitgliedern; er tagte nicht-öffentlich unter Vorsitz des Oberbürgermeisters. Er beschloß in allen Angelegenheiten, die nicht der STVV vorbehalten waren, mit den Befugnissen einer Vertretungskörperschaft. Der Oberbürgermeister hatte als Vorsitzender volles Stimmrecht. Bei Stimmengleichheit gab seine Stimme den Ausschlag (§ 4).

7.3 Das Beschlußfassungsrecht der STVV war auf wichtige Angelegenheiten, z. B. die Schaffung von Anstalten und Betrieben, die Feststellung der Haushalts- und Stellenpläne sowie auf die Wahl der Magistratsmitglieder und des Stadtgemeindeausschusses beschränkt. Beschlußfassung über Ortssatzungen konnte auf den Stadtgemeindeausschuß übertragen werden (§§ 11, 12).

7.4 Der Oberbürgermeister "führte" die Verwaltung; er hatte gegenüber den anderen Magistratsmitgliedern ein Weisungsrecht (§ 17).

7.5 In den Bezirken erhielt der Bezirksbürgermeister den Vorsitz der Bezirksversammlung mit vollem Stimmrecht; die Sitzungen der Bezirksversammlungen waren nicht-öffentlich.

§ 8 Die Zeit der nationalsozialistischen Herrschaft

8.1 Unter der nationalsozialistischen Herrschaft wurde in Berlin ebenso wie in allen anderen Selbstverwaltungskörperschaften die Selbstverwaltung schrittweise abgebaut, insbesondere soweit sie mit demokratischen Formen verbunden war. Die Volksvertretungsorgane der Gemeinden (in Berlin also die Stadtverordnetenversammlung) wurden zunächst nicht formell abgeschafft, aber durch verschiedene Gesetze aller Kompetenzen beraubt, so daß sie praktisch ausgeschaltet wa-

fassungsrechts für die Hauptstadt Berlin vom 30. März 1931, Gesetzessammlung S. 39.

ren. Am Ende wurde die Verwaltung der Städte im Sinne des reinen "Führerprinzips" reorganisiert.

Für Berlin waren folgende Gesetze maßgeblich: **8.2**

a) preußische Gesetze:

— durch ein Gesetz vom 31. Mai 1933[10] wurde ein preußischer Staatskommissar als staatliche Aufsichtsperson beim Magistrat eingesetzt.

— Durch das Gesetz über die vorläufige Vereinfachung der Verwaltung der Hauptstadt Berlin vom 22. September 1933[11] wurden alle Zuständigkeiten der Stadtverordnetenversammlung auf den Stadtgemeindeausschuß und die Zuständigkeiten der Bezirksversammlungen auf die Bezirksämter übertragen. Die Bezirksbürgermeister wurden von nun an vom Oberbürgermeister ernannt.

— Das Gesetz über die Verfassung der Hauptstadt Berlin vom 29. Juni 1934[12] führte das "Führerprinzip" in der kommunalen Selbstverwaltung Berlins ein. Organe der Stadtgemeinde waren nur noch der Oberbürgermeister für die Zentralverwaltung und die Bezirksbürgermeister in den Bezirken. Der Oberbürgermeister erhielt gegenüber den Bezirken weitgehende Weisungsbefugnisse. Zur Unterstützung der Bezirksbürgermeister wurden haupt- und nebenamtliche Bezirksbeigeordnete berufen und Bezirksbeiräte bestellt.

b) Reichsgesetze

Ab Dezember 1936 waren für Berlin zwei Reichsgesetze maßgeblich, nämlich das Gesetz über die Verfassung und Verwaltung der Reichshauptstadt Berlin vom 1. Dezember 1936[13] und die Deutsche Gemeindeordnung vom 30. Januar 1935. Soweit das Gesetz vom 1. Dezember 1936 nichts Abweichendes vorsah, galt für Berlin die Deutsche Gemeindeordnung.[14] Der Oberbürgermeister war jetzt unmit

10 Gesetz über die Einsetzung eines Staatskommissars für die Hauptstadt Berlin vom 31. Mai 1933, Gesetzessammlung S. 196.

11 Gesetz über die vorläufige Vereinfachung der Verwaltung der Hauptstadt Berlin vom 22. September 1933, Gesetzessammlung S. 356.

12 Gesetz über die Verfassung der Hauptstadt Berlin vom 29. Juni 1934, Gesetzessammlung S. 319.

13 Gesetz über die Verfassung und Verwaltung der Reichshauptstadt Berlin vom 1. Dezember 1936, RGBl. I S. 957.

14 Deutsche Gemeindeordnung vom 30. Januar 1935, RGBl I S. 49.

telbarer Landesbeamter, zugleich leitete er die Landesbehörde "Der Stadtpräsident von Berlin", die die Aufsichtsbefugnisse des früheren preußischen Staatskommissars beim Magistrat wahrzunehmen hatte. Diese Personalunion wurde kurz vor Kriegsende aufgelöst.

8.3 Kommunalaufsichtsbehörde war der Reichsminister des Innern. Zur Beratung des Oberbürgermeisters wurden 45 Ratsherren berufen. Bei einer Reihe wichtiger Entscheidungen mußte der Gauleiter der NSDAP als Beauftragter der NSDAP für Berlin gehört werden. Die Bezirksbürgermeister als Bezirksbehörde unterlagen nun einem umfassenden Weisungsrecht des Oberbürgermeisters und waren ihm in jeder Hinsicht nachgeordnet.

Zweites Kapitel
Die Entwicklung nach dem Ende nationalsozialistischer Herrschaft

§ 9 Die Grundlagen des Besatzungsrechts

Bereits vor dem endgültigen militärischen Zusammenbruch schlossen zunächst die Sowjetunion, die Vereinigten Staaten und Großbritannien Abkommen über die Besetzung und Verwaltung Deutschlands nach Kriegsende. Frankreich ist diesen Vereinbarungen später beigetreten. Von grundlegender Bedeutung für den besatzungsrechtlichen Status Berlins war das Londoner Protokoll vom 12. September 1944 (mit Ergänzungsabkommen vom 14. November 1944 und 26. Juli 1945); hiernach sollte Deutschland in vier Besatzungszonen und ein besonderes Berliner Gebiet aufgeteilt werden. Das Berliner Gebiet sollte die Stadt Berlin umfassen, wie sie in dem Preußischen Gesetz vom 27. April 1920 beschrieben war, und unter gemeinsamer Besetzung der vier Mächte stehen. Die Grenzen der Besatzungsgebiete und der Sektoren in Berlin waren in dem Protokoll umschrieben. Als Viermächteorgane waren dort und in anderen Vereinbarungen der Siegermächte ein Kontrollrat für ganz Deutschland und eine Kommandatura (zumeist als Kommandantur bezeichnet) für Berlin vorgesehen. Die militärische Entwicklung bei Kriegsende führte dazu, daß Berlin allein von Truppen der Roten Armee erobert wurde. 9.1

Am 2. Mai 1945 kapitulierten die deutschen Truppen in Berlin. 9.2
Bereits am 24. August hatte Generaloberst Bersarin durch Befehl Nr. 1 bekanntgegeben, daß er zum Chef der Besatzung und zum Stadtkommandanten Berlins ernannt worden war.

Die endgültige Kapitulation der deutschen Wehrmacht folgte am 7. und 8. Mai 1945. Durch eine Erklärung vom 5. Juni 1945 gaben die vier Hauptsiegermächte bekannt, daß sie die Regierungsgewalt in Deutschland übernommen hätten.

Die westlichen Besatzungstruppen marschierten nach einigen Meinungsverschiedenheiten mit der Sowjetunion Juni/Juli 1945 in Berlin ein; zur gleichen Zeit zogen sie sich aus den von ihnen besetzten Teilen der Sowjetischen Besatzungszone zurück. In Berlin bestand zu diesem Zeitpunkt bereits eine von der sowjetischen Besatzungsmacht eingesetzte deutsche Verwaltung, der Magistrat unter dem Oberbürgermeister Dr. Werner und Verwaltungen auf Bezirksebene. Am 11. Juli 1945 konstituierte sich die Alliierte Kommandantur. Am 30. Juli fand die konstituierende Sitzung des Kontrollrats statt. Die Beschlüsse waren in beiden Organen einstimmig zu fassen.

Durch Übereinkommen der Hauptsiegermächte wurden die Grenzen des Berliner Besatzungsgebiets im Bereich der Flugplätze Gatow und Staaken geändert, so daß sie nicht mehr vollständig mit den früheren Grenzen der Gebietskörperschaften übereinstimmen.

§ 10 Neubeginn der Berliner Verwaltung

10 Die sowjetische Besatzungsmacht setzte bereits am 17. Mai 1945 einen provisorischen Magistrat unter dem Oberbürgermeister Dr. Werner ein. In den Bezirken wurden teils von der sowjetischen Besatzungsmacht, teils etwas später von den Westmächten Verwaltungen eingesetzt. Auch in den Ortsteilen wurden zum Teil Bürgermeistereien und "Unterbezirksverwaltungen" gebildet, die aber später wieder aufgelöst wurden.

Mit Datum vom 26. September 1945[1] erließ der provisorische Magistrat ein "Bezirksverfassungsstatut". Es wurde festgestellt, daß die Einteilung Berlins in 20 Bezirke unverändert bleiben solle. In den Bezirken wurden kollegiale Bezirksämter als ausführende Organe des Magistrats gebildet; sie bestanden aus einem Bezirksbürgermeister, zwei stellvertretenden Bezirksbürgermeistern und neun Bezirksräten. Alle Bezirksamtsmitglieder wurden vom Magistrat ernannt.

§ 11 Die Vorläufige Verfassung von 1946

11 Am 13. August 1946 erließ die Alliierte Kommandantur ohne Mitwirkung gewählter deutscher Stellen die Vorläufige Verfassung von Groß-

1 Bezirksverfassungsstatut vom 26. September 1945, VOBl. S. 103.

Berlin[2]. Sie verband Elemente einer Staatsverfassung mit Elementen der Städteordnung von 1853.

Die Stadtverordnetenversammlung (130 Mitglieder) sollte in allgemeiner, gleicher, unmittelbarer und geheimer Wahl für die Dauer von zwei Jahren gewählt werden. Sie hatte u. a. die Aufgabe, die Magistratsmitglieder zu wählen, alle erforderlichen gesetzlichen Regelungen zu erlassen sowie eine neue Verfassung auszuarbeiten und mit Zustimmung des Magistrats zu beschließen. Bei allen wichtigen Beschlüssen hatte der Magistrat ein Zustimmungsrecht, jedoch konnte die Stadtverordnetenversammlung mit Zweidrittelmehrheit endgültig entscheiden.

Der Magistrat bestand aus einem Oberbürgermeister, drei Bürgermeistern und bis zu 16 Stadträten.

An dem Magistrat waren alle zugelassenen (!) Parteien zu beteiligen. Die Stadtverordnetenversammlung konnte mit Zweidrittelmehrheit den Rücktritt des Magistrats verlangen.

Auf Bezirksebene wurden Bezirksverordnetenversammlungen (30, 40 oder 45 Mitglieder) gewählt und von diesen ein kollegiales Bezirksamt (1 Bezirksbürgermeister, 1 stellvertretender Bezirksbürgermeister und bis zu 9 Stadträte). Die BVV hatte ein umfassendes Beschlußfassungsrecht; das Bezirksamt war die Bezirksbehörde. Für eine Koordinierung der zentralen Aufgaben mit den bezirklichen Angelegenheiten war ein Rat der Bürgermeister vorgesehen.

§ 12 Das Ende der Viermächte-Verwaltung

Die Organe der Viermächte-Verwaltung setzten ihre Tätigkeit trotz wachsender Meinungsverschiedenheiten unter den Besatzungsmächten bis zum Jahre 1948 fort. Vom Jahre 1947 ab wurden sie jedoch durch zunehmende Zerwürfnisse der vier Hauptsiegermächte in ihrer Arbeitsfähigkeit beeinträchtigt. Am 20. März 1948 zog sich die sowjetische Delegation aus dem Kontrollrat zurück; dieser trat seitdem nicht mehr zusammen. 12.1

2 Vorläufige Verfassung von Groß-Berlin vom 13. August 1946, VOBl. S. 295.

Am 16. Juni 1948 verließen die sowjetischen Vertreter auch die Kommandantur.[3] Am 1. Juli teilten sie mit, daß sie zukünftig an den Stabssitzungen der Kommandantur nicht mehr teilnehmen würden. In der folgenden Zeit verließen sie auch die meisten Ausschüsse der Kommandantur, mit Ausnahme der Luftsicherheitszentrale. Anders als im Fall des Kontrollrats entschlossen sich die Westmächte aber, die Arbeit in der Kommandantur auf Dreimächte-Basis fortzusetzen.[4]

12.2 Zum endgültigen Ende der Viermächte-Verwaltung führte der Konflikt über die Währungsreform.[5] Nachdem der Kontrollrat aktionsunfähig geworden war, entschlossen sich die Westmächte, in ihren Zonen — nicht aber in den Berliner Westsektoren — eine separate Währungsreform durchzuführen. Der sowjetische Militärgouverneur wurde hiervon durch ein Schreiben des britischen Militärgouverneurs vom 18. Juni 1948 informiert. Am 22. Juni 1948 um 24 Uhr ließ die sowjetische Militärregierung der amtierenden Oberbürgermeisterin von Berlin den Befehl Nr. 111 aushändigen, durch den eine Währungsreform für die Sowjetische Besatzungszone und für ganz Berlin angeordnet wurde. Demgegenüber stellten die westlichen Besatzungsmächte durch einen Befehl fest, daß die sowjetischen Anordnungen für die Westsektoren nichtig seien und dort keine Anwendung fänden.

Der Berliner Magistrat verkündete auf einer Sitzung der Stadtverordnetenversammlung am 23. Juni 1948 seinen Beschluß, daß der Befehl Nr. 111 nur für den Ostsektor Gültigkeit habe und in den Westsektoren die Befehle der westlichen Stadtkommandanten zu befolgen seien. Die Stadtverordnetenversammlung sprach dem Magistrat gegen die Stimmen der SED das Vertrauen aus.

Die Währungsreform in den Westsektoren wurde zunächst in der Weise durchgeführt, daß hier die westdeutsche und die ostdeutsche Währung als offizielles Zahlungsmittel anerkannt waren. Erst am 20. März 1949 wurde die westdeutsche Währung alleiniges Zahlungsmittel in den Westsektoren.[6]

3 Dokumente zur Berlin-Frage Nr. 48.

4 Erklärung der Kommandanten der Westmächte vom 21. Dezember 1948, Dokumente zur Berlin-Frage Nr. 78.

5 Vgl. hierzu Dokumente zur Berlin-Frage Nr. 49 ff.

6 Dokumente zur Berlin-Frage Nr. 79.

Parallel mit diesen Ereignissen lief die Blockade Berlins, d. h. der Versuch der sowjetischen Besatzungsmacht, ihre politischen Ziele in Berlin dadurch durchzusetzen, daß sie die Landverbindungen zwischen den Berliner Westsektoren und den Westzonen (d. h. den Straßen-, Schienen- und Binnenschiffahrtsverkehr) unterbrach. Die Westmächte vereitelten dies durch die sogenannte Luftbrücke. Die Blockade wurde aufgrund des am 4. Mai 1949 zustandegekommenen Jessup-Malik-Abkommens am 12. Mai 1949 aufgehoben. 12.3

§ 13 Die administrative Spaltung der Stadt

Die Sitzung der Stadtverordnetenversammlung vom 23. Juni 1948 war 13.1
von kommunistischen Demonstranten mit Unterstützung der Polizei und der sowjetischen Besatzungsmacht erheblich gestört worden. In den folgenden zwei Monaten konnte die Stadtverordnetenversammlung zwar in dem im Ostsektor gelegenen Stadthaus tagen, jedoch war die Verwaltung ständig den Drohungen und einseitigen Einmischungsversuchen der sowjetischen Besatzungsmacht ausgesetzt. Im Stadthaus wurden Westberliner Journalisten und Ordner der Stadtverordnetenversammlung verhaftet.

Am 6. Juni 1948 sah sich die Stadtverordnetenversammlung — mit Ausnahme der SED-Fraktion — gezwungen, ihren Sitz in die Westsektoren zu verlegen. Der Magistrat folgte Anfang Oktober 1948. Auch die Gewerkschaften und die bürgerlichen Parteien CDU und LDP spalteten sich im Laufe des Jahres 1948.

Die SED-Fraktion der Stadtverordnetenversammlung hatte an den 13.2
Sitzungen in West-Berlin nicht teilgenommen und den Standpunkt vertreten, daß alle Beschlüsse, die außerhalb des Sowjetsektors gefaßt wurden, ungültig seien. Der Stadtverordnetenvorsteher wies demgegenüber darauf hin, daß die Versammlung weder durch die Verfassung noch durch die Geschäftsordnung an einen bestimmten Ort gebunden sei.

Nach propagandistischer Vorbereitung durch den von der SED beherrschten "Demokratischen Block" berief der Stellvertretende Stadtverordnetenvorsteher Geschke (SED) eine als "Außerordentliche Stadtverordnetenversammlung" bezeichnete Versammlung ein, an der sich außer den 23 Mitgliedern der SED-Fraktion 1616 Delegierte beteiligten, die zum Teil von Berliner Betrieben, zum Teil vom "Demokratischen Block" und anderen kommunistisch beherrschten Organisationen entsandt worden waren.

Dieses in der Verfassung nicht vorgesehene Gremium erklärte den Magistrat für abgesetzt und wählte einen provisorischen Magistrat unter der Leitung von Fritz Ebert (SED). Die Beschlüsse der Versammlung wurden von den Teilnehmern einer bestellten Massendemonstration durch Handaufheben gebilligt. Der "Provisorische Magistrat" wurde gegen den Protest der westlichen Stadtkommandanten von der sowjetischen Militärregierung als einzige rechtmäßige Stadtverwaltung anerkannt.

13.3 Fünf Tage später fanden in den Westsektoren gemäß der Vorläufigen Verfassung allgemeine Wahlen zur Stadtverordnetenversammlung statt, an denen sich trotz des Boykottaufrufs der SED 86,3 % der Wahlberechtigten beteiligten.

§ 14 Die Entstehung der Berliner Verfassung

14.1 Nach Art. 35 Abs. 2 der Vorläufigen Verfassung war die Stadtverordnetenversammlung verpflichtet, eine neue Verfassung auszuarbeiten und den Alliierten bis zum 1. Mai 1948 zur Genehmigung vorzulegen. Von den vier in der damaligen StVV vertretenen Parteien verzichtete nur die LDP darauf, einen eigenen Entwurf vorzulegen. In dem Verfassungsausschuß war man bestrebt, einen Verfassungstext zu entwerfen, der möglichst die Zustimmung aller Fraktionen und auch aller vier Besatzungsmächte erhalten konnte. Im Ergebnis wurde der erarbeitete Text aber am 22. April 1948 gegen die Stimmen der SED (die mit 26 von 130 Mandaten in der StVV vertreten war) verabschiedet.

14.2 Die Genehmigung durch die Alliierten scheiterte zunächst daran, daß sich die Sowjetunion im Jahre 1948 aus dem Kontrollrat und der Kommandantur zurückzog. Erst nachdem es im Dezember 1948 zur administrativen Spaltung der Stadt gekommen war und im Jahre 1949 mit Aufhebung der Blockade die erste Berlin-Krise beigelegt wurde (im einzelnen vergleiche hierzu den Abschnitt über den Berlin-Status), wurden im November 1948 die Arbeiten an der Verfassung wieder aufgenommen. Der Verfassungstext wurde mit dem Ziel einer möglichst weitgehenden Einbeziehung Berlins in die Bundesrepublik überarbeitet. Am 4. August 1950 wurde der überarbeitete Verfassungstext von der in die Westsektoren verlegte Stadtverordnetenversammlung verabschiedet. Die nunmehr aus Vertretern der drei Westmächte bestehende Alliierte Kommandantur genehmigte die Verfassung mit Schreiben vom 29. August 1950, machte aber einige Vorbehalte hinsichtlich der Einbeziehung Berlins in den Bund. Die Verfassung trat am 1. Oktober 1950 in Kraft.[7] Sie erhob zwar einen Geltungsanspruch für ganz Berlin, de facto war ihr Geltungsbereich aber auf die drei Westsektoren beschränkt.

§ 15 Der Status der Berliner Westsektoren von der Spaltung der Stadt bis zur Wiedervereinigung

1. Allgemeines zum Status der Westsektoren

Der Rechtsstatus der Berliner Westsektoren, der lange im Mittelpunkt 15.1
aller juristischen Erörterungen über Berlin stand, ist jetzt, nachdem die Einheit Deutschlands und Berlins wiederhergestellt worden ist, fast nur noch von historischer Bedeutung.*

Er war im wesentlichen durch zwei Elemente gekennzeichnet, nämlich durch den Fortbestand des Besatzungsrechts und zum anderen dadurch, daß Berlin zwar nach deutschem Recht zur Bundesrepublik Deutschland gehörte, diese Zugehörigkeit aber durch besatzungsrechtliche Vorschriften beschränkt wurde. Durch das Viermächteabkommen vom 3. September 1971 (in Kraft getreten am 3. Juli 1972) hatten sich die Westmächte gegenüber der Sowjetunion zum Teil vertraglich verpflichtet, diese Beschränkungen aufrechtzuerhalten.

7 Verfassung von Berlin vom 1. September 1950 (VOBl. I S. 433).

* Soweit nähere Information gewünscht wird, muß auf die umfangreiche Literatur aus den Jahren 1990 verwiesen werden.

2. Der besatzungsrechtliche Status

15.2.1 Während in der Bundesrepublik und der DDR das Besatzungsrecht im Laufe des Jahres 1955 erloschen war, wurde es in Berlin — mindestens in den Berliner Westsektoren — bis zum 3. Oktober 1990 aufrechterhalten. Nach westlicher Auffassung bestand wenigstens de jure bis zur Wiedervereinigung Deutschlands ein besatzungsrechtlicher Viermächtestatus für ganz Berlin, obgleich de facto an seine Stelle eine Dreimächteverwaltung der Westsektoren getreten war:

a) Berlin war nach der Besatzung Deutschlands ein besonderes Besatzungsgebiet unter gemeinsamer Besetzung aller vier Mächte geworden.

b) Der besatzungsrechtliche Viermächtestatus für ganz Berlin hätte nur durch einen übereinstimmenden Beschluß aller vier Mächte geändert werden können; da die Westmächte zu einer Änderung nicht bereit waren, bestand er de jure fort, auch nachdem Deutschland und Berlin auf besatzungsrechtlicher und auf verfassungsrechtlicher Ebene gespalten waren.

Allerdings trugen auch die Westmächte der tatsächlichen Lage Rechnung; die Kommandantur nahm etwa drei Monate nachdem sich die Sowjetunion aus ihr zurückgezogen hatte ihre Arbeit auf Dreimächtebasis wieder auf. Sie beanspruchte grundsätzlich keine Jurisdiktion über den Berliner Ostsektor.

15.2.2 Nach Auffassung der Sowjetunion und der DDR war Berlin dagegen ein Teil der sowjetischen Besatzungszone unter Sonderstatus, in dem man den Westmächten nur ein abgeleitetes Besatzungsrecht eingeräumt hatte.[8]

Die kommunistischen Staaten vertraten während der sog. Zweiten Berlinkrise (1958) den Standpunkt, daß die Westmächte ihr Recht, in Berlin als Besatzungsmächte anwesend zu sein, durch Vertragsverletzung und wegen veränderter Umstände verwirkt hätten. Später wurde dieser Rechtsstandpunkt stillschweigend aufgegeben. Es wurde

8 Im einzelnen vgl. Erstauflage Rdnr. 17—20; Zivier, Der Rechtsstatus des Landes Berlin, 4. Auflage, Berlin 1987, Kapitel 4 und die dort zitierte Literatur, insbesondere: Riklin, Das Berlin-Problem, Köln 1964; Schiedermair, Der völkerrechtliche Status Berlins nach dem Viermächte-Abkommen vom 3. September 1971, Berlin — Heidelberg — New York 1975.

eingeräumt, daß den Westmächten in den Westsektoren ("West-Berlin") besatzungsrechtliche Befugnisse zustünden. Dagegen wurde jeder Fortbestand eines besatzungsrechtlichen Status für ganz Berlin dezidiert abgelehnt insbesondere mit der Begründung, daß der Ostsektor Hauptstadt der souveränen DDR geworden sei.[9]

3. Besatzungsrecht und deutsche Staatsgewalt in den Westsektoren

Die Westmächte übten ihre durch die Besetzung Deutschlands er- 15.3.1
worbene oberste Gewalt jeweils in ihrem Sektor durch den Stadtkommandanten und gemeinsam durch die Kommandantur aus. Ihr Verhältnis zu den Organen der deutschen Staatsgewalt war in der Erklärung vom 5. Mai 1955 (oft als "Kleines Besatzungsstatut" bezeichnet) geregelt. Hiernach übten sie "normalerweise" ihre Befugnisse nur in bestimmten sog. vorbehaltenen Gebieten aus; sie behielten sich aber für den Notfall unbegrenzte Befugnisse vor.

Anordnungen der alliierten Kommandantur ergingen entweder als "BK/O" (normalerweise im Berliner Gesetz- und Verordnungsblatt zu veröffentlichen) oder als "BK/L" (Brief der Kommandantur, der normalerweise an eine oberste Landesbehörde gerichtet war und zumeist nicht veröffentlicht wurde). Eine Mittelstellung nahmen gelegentlich sog. BKC/L ein.

Deutsche Gerichte durften die Gültigkeit besatzungsrechtlicher 15.3.2
Vorschriften nicht in Zweifel ziehen und die Gerichtsbarkeit über Angehörige der Besatzungsmächte und in Angelegenheiten, die die Interessen der Besatzungsmächte betrafen, nur mit Zustimmung des zuständigen Sektorenkommandanten ausüben. Nachdem in verschiedenen Fällen die Versuche, eine Überprüfung besatzungsrechtlicher Maßnahmen bei den Heimatgerichten der USA und Großbritanniens herbeizuführen gescheitert waren, wurde im Jahre 1988 eine Beschwerdestelle der Alliierten geschaffen, an die sich alle deut-

9 Zur kommunistischen Rechtsauffassung vgl. insbes.: Boldyriew, Völkerrechtliche Aspekte der Stellung West-Berlins in: Dokumentation der Zeit 1969 I/II S. 3 ff. (Berlin); Petrenkow, über einige völkerrechtliche Aspekte des Status von West-Berlin, Deutsche Außenpolitik II/1969 S. 152 ff. (Berlin); Wyssozki, West-Berlin, Verlag Progress Moskau 1974; Deutsche Übersetzung: Verlag Progress Moskau 1975.

schen Einwohner Berlins in Konfliktfällen wenden konnten. Die Beschwerdestelle konnte aber keine bindenden Entscheidungen fällen, sondern nur Empfehlungen geben.[10]

4. Entmilitarisierung

15.4 Zu den politischen oder rechtspolitischen Prinzipien der Westmächte gehörte es, daß sie an der Entmilitarisierung Berlins festhielten. Das bedeutete, daß bis zum Erlöschen des besatzungsrechtlichen Status bestimmte Entmilitarisierungsvorschriften, die fast ausschließlich vom Kontrollrat für ganz Deutschland erlassen worden waren, auch nach der Wiederbewaffnung der Bundesrepublik und der DDR in Berlin (de facto in den Berliner Westsektoren) aufrechterhalten wurden. Die deutschen Wehrgesetze durften nicht nach Berlin übernommen werden; jede Aktivität der Bundeswehr in Berlin war untersagt, Deutsche mit dauerndem Aufenthalt in den Berliner Westsektoren konnten nicht zum Wehrdienst herangezogen werden.

Gegen militärische Aktivitäten der DDR im Berliner Ostsektor wurde regelmäßig protestiert.[11]

5. Das Verhältnis der Berliner Westsektoren zur Bundesrepublik

15.5 Berlin war nach seiner eigenen Verfassung (Art. 1 Abs. 2 und 3) und nach dem Bonner Grundgesetz (Art. 23) ein Land der Bundesrepublik Deutschland. Diese Bestimmungen des deutschen Verfassungsrechts waren durch die Genehmigungsschreiben der Alliierten zu den jeweiligen Verfassungen "suspendiert"; d.h., sie blieben Bestandteil der Verfassungstexte, waren aber nicht anwendbar. Beide Verfassungen enthielten Vorschriften für die Übergangszeit, d.h. für die Zeit der vollen Anwendbarkeit in Berlin: Art. 87 VvB und Art. 144 Abs. 2 GG. Auch diese Vorschriften waren ihrerseits Gegenstand von Vorbehalten in den Genehmigungsschreiben der Alliierten. Trotz der grundsätzlichen besatzungsrechtlichen Vorbehalte gegen eine vollständige Zugehörigkeit Berlins zur Bundesrepublik wurden mit Zu-

10 Vgl. Erstauflage, Rdnr. 21.2.1—21.2.3; Zivier, Rechtsstatus, Kapitel 5, S. 79ff.
11 Vgl. Erstauflage, Rdnr. 22.1 f.; Zivier, Rechtsstatus, Kapitel 5, S. 85ff.

stimmung der Westmächte enge rechtliche und politische Bindungen zwischen den Berliner Westsektoren und der Bundesrepublik hergestellt:

a) **Das Grundgesetz** galt mit allen seinen Änderungen ohne besonderes Übernahmeverfahren auch in Berlin; es konnte dort aber aufgrund besatzungsrechtlicher Vorbehalte nicht in vollem Umfang angewandt werden. Beschränkungen ergaben sich — abgesehen von vielen Detailregelungen z. B. im Bereich der militärischen Sicherheit — vor allem aus der Formulierung im Vorbehaltsschreiben zum Grundgesetz, daß Berlin nicht von der Bundesrepublik regiert werden dürfte. Unbeschränkbar anwendbar waren die Grundrechte und andere Vorschriften mit vorwiegend rechtlicher Bedeutung (z. B. das Rechtsstaatsprinzip und die in Art. 28 Abs. 1 verankerten Wahlrechtsgrundsätze). Abgesehen von Vorschriften und Verfassungsbestimmungen, die eindeutig anwendbar oder nicht anwendbar waren, bestanden verschiedene Verfassungsvorschriften, bei denen es zweifelhaft war, ob sie ein "Regieren" Berlins durch die Bundesrepublik zum Inhalt hatten (z. B. Art. 31 GG).[12] 15.5.1

b) **Einfache Bundesgesetze** galten in Berlin erst, nachdem sie vom Berliner Abgeordnetenhaus übernommen und im Berliner Gesetz- und Verordnungsblatt verkündet worden waren. Dies geschah ab 1951 durch sog. Mantelgesetze. Durch ein Mantelgesetz konnten mehrere Bundesgesetze übernommen werden. 15.5.2

   Die Pflicht zur Übernahme war in dem Dritten Überleitungsgesetz des Bundes geregelt. Berlin mußte alle Bundesgesetze, deren Erstreckung auf Berlin in einer sog. Berlinklausel ausdrücklich vorgesehen war, innerhalb eines Monats übernehmen. Das Recht der Westmächte, die Übernahme einzelner Gesetze zu untersagen oder übernommene Gesetze für ungültig zu erklären, wurde dadurch nicht berührt.

   Rechtsverordnungen des Bundes, die auf einer nachkonstitutionellen Ermächtigung beruhten, galten nach Paragraphen 13, 14 des Dritten Überleitungsgesetzes in Berlin, sobald die gesetzliche

12 Vgl. Erstauflage, Rdnr. 24, Zivier, Rechtsstatus, Kapitel 7, Unterkapitel 1, S. 102 ff.

Ermächtigungsnorm in Berlin übernommen war. Sie mußten allerdings von der Senatsverwaltung für Justiz im Berliner Gesetz- und Verordnungsblatt veröffentlicht werden. Rechtsverordnungen des Bundes, die auf einer vorkonstitutionellen Ermächtigungsnorm beruhten, mußten in Berlin durch eine besondere Übernahmeverordnung des Senats in Kraft gesetzt werden.

In der Praxis waren die in Berlin übernommenen Bundesgesetze dem Landesrecht, genauso wie in allen anderen Bundesländern, übergeordnet (Art. 31 dd). Trotzdem blieb die Meinungsverschiedenheit zwischen den Alliierten und der deutschen herrschenden Rechtslehre über die Qualität der in Berlin übernommenen Bundesgesetze bestehen. Aus diesem Grund wurde die in der Berliner Verfassung (Art. 49) vorgesehene Möglichkeit einer Gesetzgebung durch Volksbegehren und Volksentscheid nie verwirklicht und der in Art. 72 vorgesehene Verfassungsgerichtshof nicht gebildet. In beiden Fällen war es nicht möglich, die Zustimmung der Westmächte zu einer Formulierung zu erlangen, durch die die Überordnung der übernommenen Bundesgesetze über das Berliner Landesrecht sichergestellt worden wäre. Art. 49 wurde schließlich gestrichen, Art. 72 durch einen Art. 87a "suspendiert".[13]

15.5.3 c) Im Bereich der **Rechtsprechung** war Berlin fast lückenlos in das Rechtssystem des Bundes eingegliedert. Eine einzige, allerdings wesentliche Ausnahme bestand darin, daß aufgrund eines Vorbehalts der Westmächte das Bundesverfassungsgerichtsgesetz nicht nach Berlin übernommen werden konnte und die Zuständigkeit des Bundesverfassungsgerichts in "Berliner Sachen" ausgeschlossen war. Über die Definition der "Berliner Sachen" bestand in manchen Einzelfragen keine vollständige Klarheit.

Unabhängig von diesen Einschränkungen wurden Entscheidungen, die das Bundesverfassungsgericht in westdeutschen Angelegenheiten gefällt hatte, von den Berliner Landesorganen im gleichen Umfang als verbindlich angesehen, wie es der Rechtslage in den anderen Bundesländern entsprach.

13 Vgl. Erstauflage, Rdnr. 25.1—25.3; Zivier, Rechtsstatus, Kapitel 7, Unterkapitel 1, S. 104ff.

Da ein Berliner Verfassungsgerichtshof nicht gebildet war und das Bundesverfassungsgericht in "Berliner Sachen" nicht entscheiden konnte, waren die Berliner Gerichte gezwungen, die Vereinbarkeit von Berliner Landesgesetzen mit dem Grundgesetz und der Verfassung von Berlin im Rahmen ihrer jeweiligen Zuständigkeit selbst zu prüfen (sog. Inzidentnormenkontrolle). Bei Bundesgesetzen, die in Berlin übernommen worden waren, vermied man dies dadurch, daß in Zweifelsfällen die Entscheidung des Bundesverfassungsgerichts in einer parallelen westdeutschen Angelegenheit abgewartet wurde.[14]

d) Im Bereich der **Exekutive** galten die in den Art. 84, 85 GG vorgesehenen Kontroll- und Weisungsrechte des Bundes auch für Berlin. Die Zuständigkeiten von Bundesoberbehörden und bundesunmittelbaren juristischen Personen des öffentlichen Rechts erstreckten sich auch auf Berlin, soweit sie nicht im Einzelfall (z. B. in Militär- oder Luftfahrtangelegenheiten) ausgeschlossen waren. Lediglich im Bereich der Post- und der Finanzverwaltung (Bundesverwaltung mit eigenem Verwaltungsunterbau) waren die Aufgaben, die in den anderen Ländern von Bundesbehörden wahrgenommen wurden, besonderen Berliner Behörden übertragen. Die Rechtsstellung dieser Behörden war durch Gesetze und zum Teil auch durch Verwaltungsvereinbarungen der Rechtsstellung der entsprechenden Bundesbehörden weitgehend angeglichen.[15] 15.5.4

e) Die **auswärtigen Beziehungen** gehörten zwar zu dem vorbehaltenen Bereich der Westmächte, es war aber sichergestellt, daß Berlin weitgehend in die zwischenstaatlichen Verträge und sonstigen auswärtigen Beziehungen der Bundesrepublik einbezogen werden konnte, soweit dadurch der Status der Stadt und Fragen der militärischen Sicherheit nicht berührt wurden. Zu den wichtigsten auswärtigen Mitgliedschaften der Bundesrepublik, in die Berlin voll einbezogen war, gehörte die Mitgliedschaft in den **Europäischen Gemeinschaften**. Die unmittelbar anwendbaren Rechts- 15.5.5

14 Vgl. Erstauflage, Rdnr. 27.1—27.3; Zivier, Rechtsstatus, Kapitel 7, Unterkapitel 1, S. 108 ff.

15 Vgl. Erstauflage, Rdnr. 28.1—28.3; Zivier, Rechtsstatus, Kapitel 7, Unterkapitel 1, S. 120 ff.

normen der Europäischen Gemeinschaften galten ohne besonderen Übernahmeakt auch in Berlin. Die auf Berlin entfallenden deutschen Abgeordneten im Europäischen Parlament konnten allerdings nicht unmittelbar gewählt werden; sie wurden ähnlich wie die Berliner Bundestagsabgeordneten vom Abgeordnetenhaus gewählt.[16]

15.5.6 f) Die **Einbeziehung Berlins in das politische Leben des Bundes** unterlag im wesentlichen zwei Beschränkungen: Berlin konnte nicht an den unmittelbaren Wahlen zum Bundestag teilnehmen, und die Berliner Abgeordneten hatten im Bundestag — ebenso wie die Vertreter im Bundesrat — kein volles Stimmrecht.

Die Berliner Bundestagsabgeordneten wurden am Tag der Bundestagswahl vom Berliner Abgeordnetenhaus gewählt. Im Bundestag und im Bundesrat konnten die Abgeordneten bzw. die Vertreter Berlins zwar in den Ausschüssen und in parlamentsinternen Angelegenheiten (z. B. Geschäftsordnungsfragen) mit vollem Stimmrecht mitentscheiden; bei Entscheidungen mit Außenwirkung (z. B. Verabschiedung von Gesetzen, Wahl des Bundeskanzlers) stimmten sie zwar mit, ihre Stimmen wurden aber bei der Feststellung des Ergebnisses nicht berücksichtigt.[17]

15.5.7 g) Nach der deutschen herrschenden **Rechtslehre** und der Rechtsprechung des Bundesverfassungsgerichts, war Berlin ein Land der Bundesrepublik Deutschland, dessen Mitgliedschaft durch die Vorbehaltsrechte der Westmächte lediglich beschränkt wurde. Nach der Rechtsauffassung der Westmächte war Berlin trotz der engen Bindungen, die mit ihrer Zustimmung zwischen den Westsektoren und der Bundesrepublik hergestellt worden waren, kein Land der Bundesrepublik. Auch in der deutschen Rechtslehre vertrat eine starke Mindermeinung diese Ansicht zumeist in Form der sog. als ob-Theorie. Hiernach war Berlin völkerrechtlich kein Teil der Bundesrepublik Deutschland; die deutschen Staatsorgane waren aber kraft Verfassungsrecht gehalten, soweit die verfassungs-

16 Vgl. Erstauflage, Rdnr. 29.1.1—29.2.3; Zivier, Rechtsstatus, Kapitel 7, Unterkapitel 1, S. 126ff., 130ff.

17 Vgl. Erstauflage, Rdnr. 32.1—32.4, Zivier, Rechtsstatus, Kapitel 7, Unterkapitel 1, S. 134ff.

rechtlichen Vorbehalte dies zuließen, sich so zu verhalten, als ob Berlin ein Land der Bundesrepublik wäre.

Auf die Einzelheiten dieses Theorienstreites kann hier nicht eingegangen werden. Es soll lediglich darauf hingewiesen werden, daß eine staatsrechtliche Bindung Berlins an die Bundesrepublik — mindestens wenn man von der Rechtsauffassung der Westmächte und der Bundesrepublik ausgeht — dadurch hergestellt wurde, daß alle betroffenen Gebietsteile auch in der Zeit der politischen Spaltung zu dem rechtlich fortbestehenden, wenn auch handlungsunfähigen Völkerrechtssubjekt Deutschland gehörten.[18]

6. Die Berlin-Regelung / Viermächte-Abkommen und innerdeutsche Ausführungsvereinbarungen

Durch die Berlin-Regelung, die durch Unterzeichnung des Viermäch- 15.6
teschlußprotokolls am 3. Juni 1972 in Kraft trat, wurde kein neuer Berlin-Status begründet. Durch das Viermächteabkommen selbst wurden zwischen der Sowjetunion und den Westmächten ausschließlich vertraglich-obligatorische Verpflichtungen begründet, die allerdings auch — im Austausch für praktische Verbesserungen — die Bindungen Berlins an den Bund beschränkten. In II B des Abkommens erklärten die Westmächte gegenüber der Sowjetunion, daß die Bindungen der Berliner Westsektoren an die Bundesrepublik Deutschland aufrechterhalten und entwickelt würden, wobei sie berücksichtigten, daß diese Sektoren so wie bisher kein Bestandteil (konstitutiver Teil) der Bundesrepublik Deutschland seien und auch weiterhin nicht von ihr regiert würden. Aus der Anlage II des Abkommens in Verbindung mit dem Interpretationsschreiben der Westmächte an den Bundeskanzler ergaben sich gewisse praktische Beschränkungen; sie betrafen ausschließlich die sogenannte "demonstrative Bundespräsenz" in Berlin. Ausgeschlossen wurden insbesondere Tagungen der Bundesversammlung und Plenarsitzungen des Bundestages und des Bundesrats in den Berliner Westsektoren. Die im Berliner Bundeshaus tätigen Abteilungen der Bundesministerien wurden zu

18 Vgl. Erstauflage, Rdnr. 33.1; Zivier, Rechtsstatus, Kapitel 7, Unterkapitel 2.

einer ständigen Verbindungsbehörde des Bundes in Berlin zusammengefaßt.[19]

Die praktischen Verbesserungen, die das Vertragswerk für die Berliner Westsektoren brachte, waren zwar in dem Viermächteabkommen selbst und seinen Anlagen verankert; diese verwiesen aber auf die Teilregelungen, die von den zuständigen deutschen Behörden zu vereinbaren waren. Es handelte sich um Abkommen über den Transitverkehr und über die Verbesserung des Post- und Fernmeldeverkehrs (zwischen der Bundesregierung und der Regierung der DDR) sowie um die Vereinbarungen über den Besuchsverkehr und den Gebietstausch (zwischen dem Senat und der Regierung der DDR). Von fortwirkender Bedeutung sind vor allem die Gebietstauschabkommen, weil durch sie nicht nur die besatzungsrechtlichen Demarkationslinien, sondern auch die Grenzen der deutschen Gebietskörperschaft Berlin an verschiedenen Punkten geändert wurde (vgl. hierzu Rdnr. 29.3.1).

§ 16 Die rechtliche und politische Entwicklung im Ostteil der Stadt

1. Die Einbeziehung in die DDR

16.1.1 Nachdem die Viermächte-Verwaltung Berlins bereits im Juni 1948 zum Erliegen gekommen war, wurde die administrative Spaltung der Stadt auf der Ebene der deutschen Staatsorgane am 30. November 1948 vollendet, als eine im Sowjetsektor einberufene Versammlung ohne verfassungsrechtliche Grundlage den Magistrat für abgesetzt erklärt und einen neuen (provisorischen) Magistrat wählte, der von der sowjetischen Besatzungsmacht als einziges rechtmäßiges Organ der Stadtverwaltung anerkannt wurde.[20]

Der Ostsektor wurde zunächst nicht voll in die Sowjetische Besatzungszone eingegliedert, er wurde aber durch Gesetzgebungsakte

19 Vgl. Erstauflage, Rdnr. 34.1—34.2; Zivier, Rechtsstatus, Teil III.

20 Vgl. im einzelnen vor allem Mampel, Der Sowjetsektor von Berlin, Frankfurt a.M./Berlin 1963; Zivier, Rechtsstatus, Kap. 6.

des Magistrats und anfangs auch durch Befehle des sowjetischen Stadtkommandanten dem politischen, rechtlichen und wirtschaftlichen System der SBZ und später dem der DDR angeglichen. Diese Angleichung ging im Laufe der Entwicklung weiter als im Verhältnis zwischen den Westsektoren und der Bundesrepublik Deutschland. Sie führte dazu, daß der Ostsektor schließlich fast lückenlos in die DDR eingegliedert wurde.[21]

Anders als in den Westsektoren wurden im sowjetischen Sektor die Kompetenzen zwischen der Besatzungsmacht und der deutschen Verwaltung zunächst nicht eingehend abgegrenzt. Im November 1949 wurden der Regierung der DDR die Verwaltungsfunktionen übertragen. Zugleich wurde die Sowjetische Militärverwaltung aufgelöst und durch eine Kontrollkommission ersetzt.

Die sowjetische Besatzungsmacht mischte sich noch einmal massiv in die inneren Angelegenheiten des Ostsektors ein, als sie nach Ausbruch des Volksaufstandes vom 17. Juni 1953 den Ausnahmezustand im sowjetischen Sektor von Berlin erklärte.

Mit Abschluß des Moskauer Vertrages vom 20. September 1955 wurde auch das Amt des Hohen Kommissars der UdSSR in Deutschland aufgelöst und dieser durch einen Botschafter ersetzt. Kurz darauf wurde die Grenzkontrolle an den Grenzen der DDR sowie an der Demarkationslinie um Berlin und der Sektorengrenze, die bisher von sowjetischen Truppen ausgeübt worden war, von der Grenzpolizei der DDR übernommen. Lediglich die Kontrolle der Alliierten Militärtransporte von und nach Berlin blieb den sowjetischen Besatzungstruppen vorbehalten.

Am 22. 8. 1962 wurde schließlich auch die Kommandantur der sowjetischen Truppen in Berlin aufgelöst.

Auf der Ebene der deutschen Verwaltung wurde die vorläufige 16.1.2
Berliner Verfassung vom 13. August 1946 nach der administrativen Spaltung der Stadt im Ostsektor nicht mehr angewendet, obgleich sie nicht formell außer Kraft gesetzt wurde. Eine Volksvertretung bestand zunächst nicht; auch die "außerordentliche Stadtverordnetenversammlung" trat nach dem 30. November 1948 nicht mehr zusam-

21 Mampel, S. 71 ff.

men. Der Magistrat fungierte zunächst auch als Organ der Gesetzgebung.[22]

Im Januar 1953 wurde die Verwaltungsstruktur des Ostsektors durch eine Reihe von Magistratsverordnungen dem zentralistischen Staatsaufbau, der in der DDR bereits im Jahre 1952 eingeführt worden war, weiter angeglichen. Es wurden wieder Volksvertretungen für Groß-Berlin (de facto also für den Ostsektor) und für die Stadtbezirke gebildet. (vgl. Rdnr. 16.2 ff)

16.1.3 Die Gesetze der DDR galten im Ostsektor von Berlin nicht unmittelbar; sie wurden dort zumeist durch einen Rechtssetzungsakt des Magistrats in Kraft gesetzt. Die Formen der Veröffentlichung im Verordnungsblatt für Groß-Berlin wurden nach Inkrafttreten der DDR-Verfassung vom 6. April 1968 vereinfacht.

In Art. 2 Abs. 2 der ersten DDR-Verfassung wurde Berlin zur Hauptstadt der DDR erklärt; eine entsprechende Formulierung enthält Art. 1 Abs. 2 der Verfassung vom 6. April 1968. Allerdings wurden beide Verfassungen im Ostsektor nicht formell in Kraft gesetzt. Die Geschäftsordnung des Magistrats vom 29. März 1950 nahm jedoch indirekt auf Art. 2 Abs. 2 der ersten DDR-Verfassung Bezug.

Der Ostsektor fungierte auch tatsächlich als Hauptstadt der DDR, d. h. als Sitz der Regierungsorgane und der ausländischen diplomatischen Vertretungen.

16.1.4 Ein entscheidender Schritt zur Eingliederung des Berliner Ostsektors in die DDR erfolgte am 28. 1. 1957 mit der Übernahme des Gesetzes über die örtlichen Organe der Staatsmacht und mit dem Beschluß der Volksvertretung von Groß-Berlin über die Anwendung des Gesetzes über die Rechte und Pflichten der Volkskammer gegenüber den örtlichen Volksvertretungen. Obgleich das Gesetz über die örtlichen Organe der Staatsmacht mit der Einschränkung übernommen wurde, daß es in Berlin nur unter Berücksichtigung des Aufbaus und der Stellung der staatlichen Organe von Groß-Berlin gelte, ordnete sich mit Übernahme dieser Vorschriften die Volksvertretung des Sowjetsektors der Volkskammer und der Magistrat dem Ministerrat der DDR unter. Dieser Akt kam im Ergebnis einer Annexion des Ostsek-

22 Mampel, S. 81.

tors durch die DDR gleich.[23] Die Volksvertretung für Groß-Berlin bezeichnete sich von diesem Zeitpunkt an wieder als Stadtverordnetenversammlung; die Volksvertretungen der Stadtbezirke wurden als Bezirksverordnetenversammlungen bezeichnet.

Ein weiterer Schritt zur Einbeziehung des Ostsektors in die DDR erfolgte, als durch Gesetz vom 12.9.1960 das Amt des Präsidenten der Republik in der DDR abgeschafft und durch ein kollektives Organ, den Staatsrat, ersetzt wurde. Während der Präsident der Republik in Ost-Berlin keine Befugnisse hatte und zum Beispiel das Gnadenrecht dort vom Magistrat ausgeübt wurde, wurden die Befugnisse des Staatsrats, der nicht nur als kollektives Staatsoberhaupt fungierte, sondern in der sitzungsfreien Zeit auch die Funktionen der Volkskammer wahrnahm, auf den Berliner Ostsektor ausgedehnt.[24]

Am 7.9.1961 erließ der Staatsrat aufgrund einer Vorlage des Magistrats Ordnungen über die Aufgaben und Arbeitsweise der Stadtverordnetenversammlung von Groß-Berlin und ihrer Organe sowie der Stadtbezirksversammlungen und ihrer Organe in den Stadtbezirken von Groß-Berlin. Die Ordnungen wurden in einem Sonderdruck des Gesetzblattes der DDR, nicht aber im Verordnungsblatt für Groß-Berlin veröffentlicht. Der Ostsektor wurde damit in einem weiteren wesentlichen Punkt den Großstädten der DDR gleichgestellt und trat praktisch in die Funktion eines Bezirks der DDR ein.

Im übrigen wurde der Berliner Ostsektor fast lückenlos in das **16.1.5**
Rechts-, Wirtschafts- und Verwaltungssystem der DDR einbezogen. Trotzdem verblieben ihm zunächst einige Besonderheiten, von denen allerdings ein großer Teil im Laufe der politischen Entwicklung entfiel. Weder die erste, noch die zweite Verfassung der DDR sind formell für Ost-Berlin übernommen worden, obgleich die Volksabstimmung über die zweite DDR-Verfassung auch dort stattgefunden hat. Dagegen wurden die zahlreichen verfassungsdurchbrechenden Gesetze (die unter der Geltung der ersten Verfassung eine entscheidende Rolle für die staatliche Entwicklung der DDR spielten) ausdrücklich auch auf den Ostsektor ausgedehnt.[25]

23 Mampel, S. 328ff., 332f., 336.
24 Mampel, S. 355, 358.
25 Mampel, S. 94.

Ein entscheidender Schritt zur Annexion des Ostsektors war es, daß auf Anordnung des Ministerrats der DDR am 13. August 1961 die Mauer in Berlin gebaut und die Stadt damit endgültig gespalten wurde.

Deutsche, die in der Bundesrepublik oder in den Westsektoren wohnten, und Ausländer konnten den Ostsektor bis September 1960 ohne besondere Formalitäten betreten, während eine Einreise in die DDR seit dem 20. Mai 1952 nur mit Genehmigung möglich war. Ab 8. September 1960 wurde die Einreise in den Ostsektor für Bewohner Westdeutschlands genehmigungspflichtig, jedoch war eine Tagesaufenthaltsgenehmigung für den Ostsektor weiterhin leichter zu erlangen als für die DDR. Für Deutsche mit dem Wohnsitz in Westdeutschland und Ausländer änderte sich daran auch nach der Spaltung der Stadt im August 1961 nichts. Allerdings trat an die Stelle der Aufenthaltsgenehmigung später ein Visum. Bewohner der Westsektoren konnten ab August 1961 den Ostsektor zunächst nicht betreten; Möglichkeiten dazu wurden vorübergehend im Rahmen der Passierscheinabkommen geschaffen. Später erhielten die Bewohner der Westsektoren im Rahmen des Viermächteabkommens und der Besuchsvereinbarung die Möglichkeit, den Ostsektor und die DDR unter gleichen Bedingungen zu besuchen.[26]

Im verfassungsrechtlichen Bereich entfielen die letzten Besonderheiten, durch die sich der Ostsektor vom Territorium der DDR unterschied, mit der Einstellung des Verordnungsblatts für Groß-Berlin (ab September 1976) und durch die unmittelbare Wahl der auf den Ostsektor entfallenden Volkskammerabgeordneten gemäß Beschluß der Volkskammer vom 28. Juni 1976.

Wie bereits erwähnt, galten die Gesetze der DDR im Berliner Ostsektor ursprünglich nicht unmittelbar; sie wurden vom Magistrat — zumeist durch eine Verordnung — übernommen und im Verordnungsblatt für Groß-Berlin veröffentlicht. Seit Inkrafttreten der zweiten DDR Verfassung am 6. April 1968 wurden sie dort nicht mehr in ihrem Wortlaut wiedergegeben, sondern nur noch aufgezählt. Nach einer vorübergehenden terminologischen Änderung im April/Mai 1974 (Bezeichnung "Hauptstadt der DDR" im Verordnungsblatt)

26 Zivier, Rechtsstatus, Kapitel 6, S. 95.

wurde ab September 1976 das Verordnungsblatt für Groß-Berlin eingestellt, ohne daß dies offiziell bekanntgegeben oder begründet wurde.

Für die Wahlen zur Volkskammer der DDR unterschied noch das Wahlgesetz vom 31. Juli 1963 in der Fassung vom 17. Dezember 1969 zwischen den Abgeordneten der Volkskammer und 66 indirekt gewählten "Vertretern", die die "Hauptstadt der DDR, Berlin" entsandte. In dem Wahlgesetz vom 24. Juni 1976 entfiel die Bezeichnung "Vertreter", ohne daß in der Sache eine Veränderung eintrat. Durch eine Änderung des Wahlgesetzes vom 28. Juni 1979 wurde Berlin (Ost) dann unbeschränkt in die Wahlen zur Volkskammer einbezogen.[27]

Bestehen geblieben waren dagegen bis zur Wiedervereinigung der Stadt einige Besonderheiten des Sowjetsektors, die sich ausschließlich aus dem besatzungsrechtlichen Status der Stadt ergaben. Die Angehörigen der Streitkräfte der drei Westmächte konnten den Sowjetsektor in Uniform betreten. Außerdem konnten sich Flugzeuge aller Besatzungsmächte gemäß den Flugvorschriften vom 22. Oktober 1946 in der Kontrollzone Berlin bewegen und dabei auch den Ostsektor überfliegen.

2. Die verwaltungsrechtliche Entwicklung

Die Verwaltung und das Verwaltungsrecht des Ost-Sektors entwickel- 16.2
ten sich in der Zeit von der administrativen Spaltung der Stadt bis zur Öffnung der Grenzen am 9. November 1989 in folgenden Etappen:

Bis zum Jahre 1953 fungierte der provisorische Magistrat als Or- 16.2.1
gan der Verwaltung, Beschlußfassung und Gesetzgebung. Eine Volksvertretung bestand nicht; auch die "Außerordentliche Stadtverordnetenversammlung" trat nach dem 30. November 1948 nicht mehr zusammen. Die Verfassung vom 13. August 1946 wurde nicht mehr angewandt, obgleich sie nicht formell außer Kraft gesetzt worden war.

27 Vgl. Zivier, Rechtsstatus, Kap. 6 und die dort angegebenen Fundstellen; Mampel in "10 Jahre Berlin-Abkommen", Köln — Berlin — Bonn — München 1983, S. 121 (132ff.).

16.2.2 Erst am 29. März 1950 gab sich der Magistrat eine Geschäftsordnung; am 8. Juni 1950 erließ er eine "Hauptsatzung", die bis zum Jahre 1953 die verfassungsmäßige Grundlage für seine Tätigkeit bildete.[28]

Die Geschäftsordnung vom 29. März 1950 regelte vor allem die Befugnisse des Oberbürgermeisters und des Magistrats gegenüber den Magistratsmitgliedern und den Bezirksbürgermeistern. Der Oberbürgermeister führte den Vorsatz im Magistrat und leitete seine Geschäfte. Er vertrat "Groß-Berlin" nach außen, führte die Dienstaufsicht über die Mitglieder des Magistrats und die Bezirksbürgermeister und bestimmte die politischen Richtlinien.

Dem Magistrat als Kollegium waren alle gesetzlichen Regelungen einschließlich des Volkswirtschaftsplans und des Haushaltsplans, andere vermögensrechtliche Grundsatzentscheidungen (z. B. Errichtung von Anstalten und Betrieben) und bestimmte Einstellungen und Entlassungen vorbehalten. Er hatte die Geschäftsbereiche der einzelnen Magistratsabteilungen festzulegen sowie den Zuständigkeitsbereich der Hauptverwaltung und der Bezirksverwaltungen abzugrenzen. Schließlich konnten ihm Angelegenheiten von allgemeiner politischer, wirtschaftlicher oder sonstiger grundsätzlicher Bedeutung vorgelegt werden.[29]

16.2.3 Durch die Hauptsatzung vom 8. Juni 1950 wurde die Stellung des Magistrats gegenüber dem Oberbürgermeister formell gestärkt. Der Magistrat vertrat jetzt Groß-Berlin als oberstes Verwaltungsorgan nach außen. Ihm oblag die Gesetzgebung und die Kontrolle der Verwaltung. Die Verwaltung wurde vom Magistrat durch die Hauptverwaltung und die Bezirksverwaltung ausgeübt. Jedes Bezirksamt wurde vom Bezirksbürgermeister geleitet. Zu seiner Unterstützung wurden ihm bis zu sechs weitere Mitglieder (Bezirksräte) als Vertreter beigegeben. Das Bezirksamt war also nicht mehr Kollegialorgan.

16.2.4 Durch eine Verordnung des Magistrats vom 19. Januar 1953 wurde weitgehend die Verwaltungsstruktur der DDR übernommen, ohne daß der Ost-Sektor formell in die DDR eingegliedert wurde. Es wurden wieder Volksvertretungen auf der Ebene der Hauptverwaltung

28 Mampel, S. 74ff.
29 Mampel, S. 74.

(mit 130 Mitgliedern) und auf Bezirksebene (je nach Einwohnerzahl mit 65 oder mit 95 Mitgliedern) vorgesehen.

Diese wurden aber erst am 17. Oktober 1954 (gleichzeitig mit der Volkskammer der DDR) gewählt; bis dahin wurden sie von den in der "Nationalen Front" zusammengeschlossenen Parteien und Massenorganisationen benannt und anschließend von der "Nationalen Front" bestätigt.[30]

Die Volksvertretung von Groß-Berlin war formell das oberste Organ der Staatsmacht für den Ostsektor. Ihre offizielle Zuständigkeit umfaßte die Gesetzgebung und die Anleitung und Kontrolle der Verwaltung und Rechtsprechung.

Sie bildete zur besseren Durchführung ihrer Aufgaben ständige Kommissionen und wählte aus ihrer Mitte den Magistrat, der in der Verordnung als das vollziehende und verfügende Organ der Volksvertretung Groß-Berlin bezeichnet wurde. Er bestand aus dem Oberbürgermeister, acht (später neun) Stellvertretern des Oberbürgermeisters, dem Sekretär des Magistrats und sieben bis zehn weiteren Mitgliedern. Dem Oberbürgermeister und dem Sekretär des Magistrats waren die wichtigsten Abteilungen und Referate der Hauptverwaltung unterstellt; die übrigen Aufgabengebiete wurden den stellvertretenden Oberbürgermeistern zugeordnet. Die übrigen Mitglieder gehörten dem Magistrat also ohne Geschäftsbereich an.[31]

In der Praxis gingen die Befugnisse des Magistrats weiter, als es dem Text der Verordnung entsprach. Insbesondere stand ihm im Bereich der Gesetzgebung ein Verordnungsrecht zu, von dem er so extensiv Gebrauch machte, daß Rechtssetzungsakte der Volksvertretung die Ausnahme blieben.[32]

Auf der Ebene der Bezirke (die als "Stadtbezirke" bezeichnet wurden) hatte die Volksvertretung 65 Mitglieder bei Stadtbezirken bis zu 200000 Einwohnern und 95 Mitglieder bei größeren Stadtbezirken. Auch sie bildeten ständige Kommissionen und wählten aus ihrer Mitte die "Räte der Stadtbezirke" als vollziehende und verfügende Orga-

30 Mampel, S. 81 ff., 89.
31 Mampel, S. 85 ff.
32 Mampel, S. 89.

ne der Volksvertretung. Diese bestanden aus dem Vorsitzenden (Bezirksbürgermeister), drei Stellvertretern des Vorsitzenden, dem Sekretär des Rates und sechs weiteren Mitgliedern.[33]

Für die gesamte Verwaltungsstruktur galten die Grundsätze des "demokratischen Zentralismus". Maßgeblich war vor allem das Prinzip der doppelten Unterstellung; dies bedeutete, daß die Räte sowohl an die Weisungen der örtlichen Volksvertretungen wie an die Weisungen der nächsthöheren Räte (im Fall der Bezirke also des Magistrats) gebunden waren. Tatsächlich wurde dieses Prinzip (ebenso wie die Möglichkeit eines Stichentscheides durch die jeweils höhere Volksvertretung) durch die beherrschende Stellung der SED überlagert, die in der Praxis alle wesentlichen Entscheidungen fällte.[34]

Ab 17. Oktober 1954 wurde gleichzeitig mit der Wahl zur Volkskammer eine Volksvertretung Groß-Berlin mit 180 Abgeordneten gewählt. Die Wahl erfolgte entsprechend dem in der DDR üblichen Verfahren mit einer Einheitsliste und mit grundsätzlich offener Stimmabgabe.[35]

Einige Änderungen brachte die Arbeitsordnung des Magistrats von Groß-Berlin vom 15. Mai 1955, durch die die Verwaltungsstruktur weiterhin der DDR angeglichen wurde. Die Stellung der Volksvertretung gegenüber dem Magistrat wurde formell weiter gestärkt.

16.2.5 Am 28. Januar 1957 wurde der Ost-Sektor in die Verwaltungsstruktur der DDR eingegliedert, und zwar durch das Gesetz zur Übernahme des Gesetzes über die örtlichen Organe der Staatsmacht und mit dem Beschluß der Volksvertretung Groß-Berlin über die Anwendung des Gesetzes ... über die Rechte und Pflichten der Volkskammer gegenüber den örtlichen Volksvertretungen.[36] Die Stadtverordnetenversammlung ordnete sich damit als "örtliche Volksvertretung" dem Anleitungs- und Aufsichtsrecht der Volkskammer unter. Sie führte seit diesem Zeitpunkt wieder die Bezeichnung "Stadtverordnetenversammlung". Gemäß §§ 17 ff. des Gesetzes über die örtlichen Organe der Staatsmacht bildete sie 12 ständige Kommissionen.

33 Mampel, S. 87.
34 Mampel, S. 78 f., 80.
35 Mampel, S. 89.
36 Vgl. Mampel, S. 329 f.; VOBl. I S. 69 und S. 77.

Für den Magistrat galt jetzt ebenfalls das Prinzip der doppelten Unterstellung; abgesehen von der Weisungsbefugnis der Stadtverordnetenversammlung unterlag er der Weisungsbefugnis des Ministerrats der DDR.

Die Volksvertretungen der Stadtbezirke erhielten wieder die Bezeichnung "Bezirksverordnetenversammlung".

Der Berliner Ost-Sektor nahm damit faktisch weitgehend die Stellung eines Bezirks der DDR ein. Allerdings bestand auch im administrativen Bereich eine Reihe von Besonderheiten; dies kam u. a. dadurch zum Ausdruck, daß das Gesetz über die örtlichen Organe der Staatsmacht dort nur mit der Einschränkung übernommen wurde, daß es "unter Berücksichtigung des Aufbaus und der Stellung der staatlichen Organe von Groß-Berlin" gelte.

An der Struktur des Magistrats änderte sich nicht viel.[37] Er bestand im Jahre 1957 aus dem Oberbürgermeister, 17 teils haupt- und teils ehrenamtlichen Stadträten und dem Sekretär. Ein Stadtrat hatte die Funktion des ständigen Stellvertreters des Oberbürgermeisters, acht weitere Stadträte die eines Stellvertreters des Oberbürgermeisters. Mitglied des Magistrats war auch der Bezirksbürgermeister des Stadtbezirks Pankow.[38]

Bei den Bezirksverordnetenversammlungen bestanden elf ständige Kommissionen.

In der Zeit von 1958 bis 1973 wurde das Selbstverwaltungssystem **16.2.6**
der DDR und damit auch die Verwaltung des Berliner Ost-Sektors mehrfach reformiert, ohne daß sich die Grundstruktur dadurch wesentlich änderte. Durch ein Gesetz vom 11. Februar 1958, das aufgrund einer Magistratsverordnung vom 14. Februar 1958 auf den Berliner Ost-Sektor angewandt wurde, wurde die Vormachtstellung der SED eindeutig verankert. Bei dem Magistrat wurde ein Wirtschaftsrat (anstelle der früheren Plankommission) gebildet.[39]

Durch eine "Ordnung" vom 7. September 1961 wurde ausdrücklich bestimmt, daß "die Hauptstadt der Deutschen Demokratischen Republik" die Funktion eines Bezirks ausübte. Für den Magistrat und

37 Mampel, S. 334.
38 Mampel, S. 334.
39 Mampel, S. 344, 347.

die Räte der Bezirke blieb das Prinzip der doppelten Unterstellung zwar bestehen, jedoch wurde die Unterstellung der Fachorgane unter die jeweils höheren Fachorgane abgeschafft.[40]

Die in den Jahren 1973 und 1985 erlassenen Gesetze über die örtlichen Volksvertretungen und ihre Organe in der DDR wurden ebenfalls auf den Berliner Ostsektor erstreckt.[41] Vor allem das Gesetz von 1973 diente der Rechtsbereinigung; es löste u. a. 26 Verordnungen und Staatsratsbeschlüsse ab, die die örtliche Selbstverwaltung betrafen. Durch das Gesetz von 1985 wurde formal der Entscheidungsspielraum der örtlichen Volksvertretungen erweitert. In der Praxis brachten beide Gesetze keine wesentlichen Änderungen. Das Prinzip der doppelten Unterstellung blieb bestehen. Auch die Grundstruktur der Berliner Verwaltungsorgane (Stadtverordnetenversammlung und Magistrat; Stadtbezirksversammlungen und Räte in den Bezirken) änderte sich nicht. Bemerkenswert ist, daß bei der Aufzählung der Volksvertretungen[42] die Berliner Stadtverordnetenversammlung in dem Gesetz von 1973 gesondert aufgeführt wurde, während in dem Gesetz von 1985 die Stadtverordnetenversammlung mit den Bezirkstagen der DDR und die Berliner Stadtbezirksversammlungen mit den Kreistagen ausdrücklich auf eine Stufe gestellt wurden.

§ 17 Rechtslage Berlins in der Übergangszeit

1. Von der Öffnung der Grenzen bis zu den ersten Kommunalwahlen

17.1.1 Als Beginn der Übergangszeit kann der 9. November 1989 angesehen werden. Zu diesem Zeitpunkt sah sich die Regierung der DDR durch den Druck der Bevölkerung und die Entwicklung in den anderen Ostblockländern gezwungen, die Grenzen zu öffnen und allgemeine Aus- und Einreisefreiheit zu gewähren. Die Rechtslage Berlins änderte sich dadurch zunächst nicht. Berlin (West) war weiterhin ein Gebiet unter Besatzungsrecht, dessen Zugehörigkeit zur Bundesre-

40 Mampel, S. 366 ff.

41 Gesetz von 12. Juli 1973 und vom 4. Juli 1985.

42 Jeweils § 1 der beiden Gesetze.

publik durch Vorbehalte der drei Westmächte beschränkt wurde; Berlin (Ost) war de facto ein Bezirk und die Hauptstadt der DDR, obgleich die Bundesrepublik und die Westmächte an ihren Rechtspositionen (Viermächtestatus für ganz Berlin, Geltungsanspruch der Verfassung für ganz Berlin) festhielten.

Verschiedene Vorschriften des Viermächteabkommens und der innerdeutschen Ausführungsvereinbarungen — insbesondere die Besuchsregelung und weitgehend auch die Transitregelung — wurden durch die Öffnung der Grenzen praktisch obsolet, traten aber nicht außer Kraft.

Im Machtbereich der DDR setzten die oppositionellen Kräfte durch, daß auf gesamtstaatlicher, regionaler und lokaler Ebene sogenannte Runde Tische gebildet wurden, an denen bis zur Durchführung freier Wahlen alle politisch relevanten Gruppen an den Entscheidungen mitwirkten.

Die verstärkte Zusammenarbeit zwischen der Bundesrepublik **17.1.2**
und Berlin (West) auf der einen und der DDR und Berlin (Ost) auf der anderen Seite fand für Berlin einen institutionellen Rahmen in dem sogenannten provisorischen Regionalausschuß und den von ihm eingesetzten Arbeitsgruppen. Hoheitliche Befugnisse wurden diesen Gremien aber nicht übertragen; die von ihnen erarbeiteten technischen Regelungen mußten auf beiden Seiten von den zuständigen Organen in Kraft gesetzt werden.

An dem provisorischen Regionalausschuß beteiligt waren der Bevollmächtigte der Bundesregierung in Berlin und die Regierung der DDR, der Senat (Regierender Bürgermeister / Senatskanzlei und verschiedene Senatsverwaltungen), der Magistrat, die Räte der DDR-Bezirke Potsdam und Frankfurt/Oder sowie die Verwaltungen der Bezirke bzw. Stadtbezirke in Berlin-Ost und -West. Durch einen Senatsbeschluß vom 3. Juli 1990 und einen gleichlautenden Magistratsbeschluß wurde eine einheitliche Vertretung Berlins im provisorischen Regionalausschuß hergestellt. Ihr gehörten der Chef der Senatskanzlei als Vorsitzender und vier weitere Staatssekretäre des Senats sowie vier Stadträte des Magistrats an. Die Bezirke und Stadtbezirke entsandten je einen Vertreter.[43]

43 Senatsbeschluß Nr. 1189/90, Magistratsbeschluß Nr. 60/90.

Ein weiterer wesentlicher Schritt in der politischen Entwicklung waren die freien Wahlen zur Volkskammer der DDR am 18. März 1990. Sie führten zur Bildung einer Koalitionsregierung unter Ausschluß der bisher staatsbeherrschenden SED. Die Verfassung der DDR war zwar durch verschiedene Gesetze, insbesondere durch das Gesetz über die Wahlen zur Volkskammer und das Gesetz über Parteien und andere politische Vereinigungen (Parteiengesetz) vom 21. Februar 1990,[44] im Sinne einer pluralistischen Demokratie geändert worden, blieb aber im übrigen in Kraft.

2. Von den Kommunalwahlen am 6. Mai 1990 bis zum Inkrafttreten des Einigungsvertrages

17.2.1 Wesentliche Änderungen der Rechtslage für Berlin traten erst mit den freien Kommunalwahlen in der DDR am 6. Mai 1990 ein. Die Sonderstellung des Berliner Ostsektors im Verhältnis zu den übrigen Teilen der DDR trat danach deutlich zutage. Die Wahlen hatten auf Kreis-, Gemeinde- und Stadtbezirksebene stattgefunden, nicht aber auf der Ebene der DDR-Bezirke, weil diese durch neu zu bildende Länder ersetzt werden sollten. In Berlin wurde außer den Bezirksversammlungen jedoch auch die Stadtverordnetenversammlung neu gewählt, obgleich diese nach dem damals geltenden Recht der DDR die Funktionen einer Volksvertretung auf Bezirksebene wahrnahm.

Das Wahlergebnis führte dazu, daß auch in Berlin ein Exekutivorgan (Magistrat) unter Ausschluß der SED gebildet wurde.

17.2.2 Die Berliner Stadtverordnetenversammlung ging in ihrer Tätigkeit aber noch über die Funktionen hinaus, die ihr als Volksvertretung eines DDR-Bezirks zugestanden hätten. Sie nahm gewissermaßen die Ländergliederung der DDR vorweg und entfaltete eine Gesetzgebungstätigkeit, die in den übrigen neu gebildeten Ländern erst ab 14. Oktober 1990 (mit Inkrafttreten des Ländereinführungsgesetzes vom 22. Juli 1990) für die Länderparlamente vorgesehen war. Insbesondere erarbeitete sie eine Verfassung (verabschiedet am 11. Juli 1990, ausgefertigt am 22. Juli 1990), die mit Verkündung in einem besonderen für die Ost-Berliner Bezirke geschaffenen Gesetz-, Verordnungs- und

44 GBl. I S. 66 mit verschiedenen Änderungen.

Amtsblatt am 25. Juli 1990 in Kraft trat. Grundlage des Textes war die Verfassung, die am 22. April 1948 von der Gesamtberliner Stadtverordnetenversammlung verabschiedet worden war, aber wegen fehlender Zustimmung der sowjetischen Besatzungsmacht nicht in Kraft gesetzt werden konnte. Die Ostberliner Verfassung enthielt aber auch eigenständige Regelungen. Dazu gehörten u.a. das Ausländerwahlrecht auf Bezirksebene und ein erweiterter Katalog von Grundrechten und Staatszielbestimmungen. Gesetzgebung durch Volksbegehren und Volksentscheid waren vorgesehen. Das Parlament und die Regierung wurden als Stadtverordnetenversammlung und Magistrat (statt als Abgeordnetenhaus und Senat) bezeichnet. Als Gesetzgebungs- und Regierungsorgane waren Stadtverordnetenversammlung und Magistrat (statt Abgeordnetenhaus und Senat) vorgesehen.

Mit Verabschiedung einer eigenen Verfassung für den Ostsektor durch eine demokratisch legitimierte Volksvertretung war die Möglichkeit entfallen, die VvB, auch im Ostteil der Stadt kurzerhand in Kraft zu setzen. Die VvB erhob zwar einen Geltungsanspruch für ganz Berlin; dieser konnte aber nach ihrem Selbstverständnis nur verwirklicht werden, wenn sich die Bevölkerung des Ostsektors unmittelbar durch Volksentscheid oder durch eine demokratisch gewählte Volksvertretung dafür entschied.

Art. 88 Abs. 4 der Verfassung für den Ostsektor bestimmte, daß die Verfassung außer Kraft treten würde, wenn am Tage der konstituierenden Sitzung des neugewählten Gesamtberliner Parlaments die Gültigkeit einer Gesamtberliner Verfassung auch für die östlichen Bezirke festgestellt würde; Voraussetzung dafür war allerdings, daß die Gesamtberliner Verfassung den Auftrag enthalten müßte, in der ersten Wahlperiode auf der Grundlage der Verfassung vom 22. April 1948, der ("Westberliner") Verfassung vom 1. September 1950 und der am 11. Juli 1990 verabschiedeten ("Ostberliner") Verfassung eine endgültige Verfassung von Berlin zu erarbeiten und durch Volksentscheid in Kraft zu setzen.

Gleichzeitig mit Inkrafttreten der Verfassung wurde — mit gewis- 17.2.3
sen Einschränkungen — das Allgemeine Zuständigkeitsgesetz, das Bezirksverwaltungsgesetz, das Eigenbetriebsgesetz, die Landeshaushaltsordnung und das Personalvertretungsgesetz in den in Berlin (West) geltenden Fassungen übernommen.

17.2.4 Auch in den folgenden Monaten war die Stadtverordnetenversammlung gesetzgeberisch tätig. Die Parlamente und die Regierung in beiden Teilen der Stadt verfolgten das Ziel, schon in der Übergangszeit eine möglichst weitgehende Übereinstimmung der Rechtsverhältnisse und der Verwaltungsstrukturen herbeizuführen. Wesentliche gesetzliche Neuregelungen wurden im Wege der Parallelgesetzgebung in Berlin (West und Ost) in Kraft gesetzt. Eine weitgehende Angleichung des in Berlin (Ost) geltenden Rechts an das Recht in Berlin (West) erfolgte durch die beiden Gesetze über die Vereinheitlichung des Berliner Landesrechts.[45]

Die gesetzgeberische Tätigkeit der Stadtverordnetenversammlung wurde von den Regierungsorganen der DDR — trotz einiger Bedenken, die vorübergehend von dem zuständigen Ministerium für regionale und kommunale Angelegenheiten geäußert worden waren — zunächst stillschweigend und später durch Rechtsvorschriften ausdrücklich anerkannt. Anhaltspunkte hierfür finden sich in § 99 Abs. 4 des Kommunalverfassungsgesetzes der DDR und vor allem in § 1 Abs. 2 des Ländereinführungsgesetzes. Das Kommunalverfassungsgesetz sah vor, daß es für Berlin bis zur Inkraftsetzung einer Verfassung durch die Stadtverordnetenversammlung sinngemäß gelten sollte, und erkannte damit mindestens die Befugnis der Stadtverordnetenversammlung an, eine Verfassung für Berlin zu verabschieden. Im Ländereinführungsgesetz heißt es, daß Berlin, Hauptstadt der DDR, Landesbefugnisse erhält, die von der Stadtverordnetenversammlung und vom Magistrat wahrgenommen werden.

17.2.5 In dem Bestreben, die Wiedervereinigung der Stadt auch auf der Ebene der Exekutive voranzutreiben, tagten der Senat und der Magistrat ab Mitte Juni 1990 gemeinsam (erste gemeinsame Sitzung am 12. Juni 1990; von da ab nur noch vereinzelt getrennte Sitzungen).

17.2.6 In den westlichen Bezirken wurden die rechtlichen Voraussetzungen für die Wiedervereinigung der Stadt vor allem durch die Verfassungsänderung vom 3. September 1990 geschaffen.[46] In Art. 88 Abs. 2 VvB wurde eine Bestimmung aufgenommen, nach der die Verfas-

45 Vom 28./29. September 1990, GVBl. S. 2119, GV Amtsbl. S. 240 und vom 10./11. Dezember 1990, GVBl. S. 2889, GV Amtsbl. S. 534.

46 22. Gesetz zur Änderung der Verfassung von Berlin vom 3. September 1990, GVBl. S. 1877.

sung während der ersten Wahlperiode des Gesamtberliner Abgeordnetenhauses auf der Grundlage der Verfassungen vom 22. April 1948, 1. September 1950 und 11. Juli 1990 zu überarbeiten und die überarbeitete Verfassung durch Volksabstimmung in Kraft zu setzen ist. Damit waren im wesentlichen die in Art. 88 Abs. 4 der Ostberliner Verfassung verankerten Voraussetzungen dafür geschaffen, daß das erste Gesamtberliner Abgeordnetenhaus die in Berlin (West) geltende Verfassung durch einfachen Beschluß für ganz Berlin in Kraft setzen konnte. Allerdings bestand keine vollständige Übereinstimmung zwischen den beiden Verfassungstexten. Art. 88 Abs. 4 der Ostberliner Verfassung sah den Auftrag vor, eine endgültige Verfassung zu *erarbeiten*; in Art. 88 Abs. 2 VvB heißt es dagegen, daß die (geltende) Verfassung zu *überarbeiten* ist.[47]

Die neu eingefügten Art. 87a und b enthielten Übergangsvorschriften für die Wahl und die Wahlperiode des ersten Gesamtberliner Abgeordnetenhauses, Art. 85 über die Amtsführung des Senats und Magistrats bis zur Bildung des ersten Gesamtberliner Senats. In Art. 87b wurde später noch einmal durch ein 3. Änderungsgesetz vom 5. Oktober 1990[48] eine Übergangsvorschrift über die Wahlperiode der Bezirksverordnetenversammlungen aufgenommen.

Die Umschreibung des Staatsgebiets und der Bezirksgliederung (Art. 4 VvB) wurde durch das 22. Änderungsgesetz den neuen politischen Verhältnissen angeglichen. In Absatz 1 sind die 23 Bezirke in beiden Teilen Berlins aufgezählt; dadurch wurde auch die Neubildung von drei Bezirken in Berlin (Ost), die bis dahin nicht in Übereinstimmung mit der in Berlin (West) geltenden Verfassung gestanden hatte, sanktioniert. Durch Art. 49 wird der Landesgesetzgeber ermächtigt, die Rechtseinheit zwischen beiden Teilen Berlins herzustellen, soweit dafür nicht der Bundesgesetzgeber zuständig ist.

Schließlich enthält das 22. Änderungsgesetz auch eine Reihe von Verfassungsänderungen und Bereinigungen, die nicht oder nicht un-

47 Die weitere in der Verfassung von Berlin (Ost) enthaltene Forderung, daß die Rechtsstellung der Mitglieder der Stadtverordnetenversammlung auch nach Ende der Mitgliedschaft zu gewährleisten ist, wurde durch Einfügung eines § 37a in das Landesabgeordnetengesetz erfüllt (Art. 2 des 22. Gesetzes zur Änderung der Verfassung von Berlin).

48 GVBl. S. 2136.

mittelbar im Zusammenhang mit der Wiedervereinigung Deutschlands und Berlins stehen. Dazu gehören die Aufnahme einer Staatszielbestimmung Umweltschutz, eines Grundrechts auf Datenschutz und des Petitionsrechts in den Grundrechtskatalog (Art. 21 a bis c), Bestimmungen über die Unabhängigkeit der Abgeordneten und die Rechte der Opposition im Abschnitt über das Abgeordnetenhaus (Art. 25 Abs. 3 und 4), die Herabsetzung des passiven Wahlrechts auf 18 Jahre (Art. 26 Abs. 4) und eine Bestimmung über die Bildung und Zuständigkeit des Verfassungsgerichtshofs (Art. 72).

17.2.7 Weitere maßgebliche Regelungen für die Herstellung der Rechtseinheit wurden auf staatlicher Ebene zwischen der Bundesrepublik und der DDR sowie zwischen den beiden deutschen Staaten und den vier Hauptsiegermächten vereinbart. Maßgeblich sind auf der Ebene der deutschen Staaten vor allem der Vertrag über die Schaffung einer Währungs-, Wirtschafts- und Sozialunion vom 18. Mai 1990[49], der Vertrag vom 3. August 1990 zur Vorbereitung und Durchführung der ersten gesamtdeutschen Wahl mit Änderungsvertrag vom 20. August 1990[50] sowie der Einigungsvertrag vom 31. August 1990 mit der ergänzenden Vereinbarung vom 18. September 1990[51]. Durch den Vertrag über die Währungs-, Wirtschafts- und Sozialunion wurde mit Wirkung vom 1. Juli 1990 die Deutsche Mark (West) als alleiniges Zahlungsmittel in der DDR und im Ostsektor eingeführt. Durch den Wahlvertrag wurden die Voraussetzungen für die erste Wahl des gesamtdeutschen Bundestages am 2. Dezember 1990 geschaffen. Am gleichen Tag fanden die Wahlen zum ersten Gesamtberliner Abgeordnetenhaus statt (im einzelnen vgl. hierzu unten § 18). Mit Inkrafttreten des Einigungsvertrages am 3. Oktober 1990 wurde schließlich die Einheit Deutschlands und Berlins hergestellt und die Geltung des Grundgesetzes auf die bisherige DDR und den bisherigen Ostsektor erstreckt (im einzelnen vgl. hierzu unten § 18).

17.2.8 Durch Vereinbarungen auf gesamtstaatlicher Ebene wurde schließlich auch die Rechtsstellung der bisherigen Besatzungstruppen und

49 BGBl. II S. 518, 537.
50 BGBl. II S. 813.
51 BGBl. II S. 885, 889, 1239.

der Stationierungstruppen in Berlin und in der bisherigen DDR geregelt. In Art. 4 des Vertrages vom 12. September 1990 über die abschließende Regelung in bezug auf Deutschland[52] ist vorgesehen, daß die sowjetischen Truppen bis zum Ende des Jahres 1994 aus Deutschland zurückgezogen werden. Bis zum Abschluß des Abzuges wird Deutschland nur Truppen der Territorialverteidigung in den Gebieten stationieren, die nicht in die Nato-Strukturen integriert sind. Während des gleichen Zeitraums werden auf deutschen Wunsch Truppen der Westmächte — jedoch nur bis zu ihrer bisherigen Stärke — in Berlin stationiert bleiben (Art. 5 Abs. 2 und 3 des Vertrages). Die Westmächte geben mit Inkrafttreten des Vertrages ihre Rechte in bezug auf Berlin und Deutschland als Ganzes auf (Art. 7). In der Zeit zwischen der rechtlichen Wiedervereinigung Deutschlands (also dem 3. Oktober 1990) und dem endgültigen Inkrafttreten des Vertrages durch Übergabe der letzten Ratifikationsurkunden wurden diese Rechte zunächst suspendiert. Nachdem die Ratifikationsurkunden hinterlegt worden sind, sind die zunächst nur suspendierten besatzungsrechtlichen Restbefugnisse der Hauptsiegermächte in bezug auf Berlin und Deutschland als Ganzes am 15. März 1991 endgültig erloschen. Die Rechtsstellung der westlichen Stationierungskräfte in Berlin ist durch einen Notenwechsel vom 25. September 1990 geregelt, den die Bundesregierung durch Rechtsverordnung vom 28. September 1990 in Kraft gesetzt hatte;[53] für die Stationierung sowjetischer Truppen in der ehemaligen DDR und in Berlin gilt der Vertrag über die Bedingungen des befristeten Aufenthalts und die Modalitäten des planmäßigen Abzugs sowjetischer Truppen aus dem Gebiet der Bundesrepublik Deutschland (im einzelnen vgl. § 18 Rdnr. 18.6).

3. Vom Inkrafttreten des Einigungsvertrages bis zur tatsächlichen Herstellung der staatlichen Einheit

Mit Inkrafttreten des Einigungsvertrages am 3. Oktober 1990 bildeten 17.3.1
die 23 Bezirke von Berlin das Land Berlin innerhalb der Bundesrepublik Deutschland (Art. 1 Abs. 2 des Vertrages). Während auf Bundes-

52 Sogenannter 2 + 4-Vertrag — BGBl. II S. 1317.

53 BGBl. II S. 1250.

ebene sofort einheitliche Regierungs- und Gesetzgebungsorgane gebildet wurden, begann in Berlin zunächst nur eine neue Phase der Übergangszeit. Gemäß Art. 16 des Vertrages waren die Aufgaben der Gesamtberliner Landesregierung zunächst vom Senat gemeinsam mit dem Magistrat wahrzunehmen. Konflikte, die sich aus dieser keineswegs eindeutigen Formulierung ergeben konnten, wurden vermieden; Senat und Magistrat tagten von diesem Zeitpunkt an nur noch gemeinsam. Im übrigen bestanden aber zunächst weiterhin zwei Parlamente (Abgeordnetenhaus und Stadtverordnetenversammlung) mit unterschiedlichen räumlichen Zuständigkeiten und es galten im Ost- und im Westteil der Stadt unterschiedliche Verfassungen. Einheitliche Gesetze wurden im Wege der Parallelgesetzgebung in Kraft gesetzt.

17.3.2 Im Bereich der Hauptverwaltung wurden die Behörden in beiden Teilen Berlins (Senats- und Magistratsverwaltungen und nachgeordnete Behörden) zügig zusammengefaßt. Die Verfahrensregeln hierfür und für die Tätigkeit der gemeinsamen Landesregierung waren bereits durch einen Senatsbeschluß vom 18. September 1990 festgelegt worden, der "vorbehaltlich der Ratifizierung des Einigungsvertrages und unbeschadet der parlamentarischen Verantwortlichkeiten gegenüber Abgeordnetenhaus und Stadtverordnetenversammlung ..." verabschiedet worden war. Der Regierende Bürgermeister und der Oberbürgermeister hatten in den Sitzungen der gemeinsamen Landesregierung zwei Stimmen, die einheitlich abgegeben werden mußten, die übrigen Mitglieder des Senats und des Magistrats je eine Stimme. Bei Verwaltungshandeln mit Außenwirkung traten die Senats- und Magistratsverwaltungen noch unter eigenem Namen auf.

17.3.3 Auf der Ebene der Bezirksverwaltung bestanden weiterhin zum Teil unterschiedliche Strukturen, weil das Bezirksverwaltungsgesetz und das Allgemeine Zuständigkeitsgesetz zwar in Berlin (Ost) übernommen worden waren, die nach den Vorschriften der DDR gewählten Bezirksverordnetenversammlungen und Bezirksämter aber im Amt blieben.

17.3.4 Die Wahlen zum ersten Gesamtberliner Abgeordnetenhaus fanden zeitgleich mit den Wahlen zum ersten gesamtdeutschen Bundestag am 2. Dezember 1990 statt. Die Regelungen in den in Berlin (Ost und West) verabschiedeten gleichlautenden Wahlgesetzen lehnten sich weitgehend an den Vertrag über die Wahl des ersten gesamt-

Auf der konstituierenden Sitzung des ersten Gesamtberliner Abgeordnetenhauses am 11. Januar 1991 wurde die durch das 22. und 23. Änderungsgesetz revidierte Verfassung von Berlin für ganz Berlin in Kraft gesetzt; dies geschah durch einen einfachen Parlamentsbeschluß, der allerdings im Gesetz- und Verordnungsblatt bekanntgemacht wurde.[54]

Ein einheitlicher Senat wurde am 24. Januar 1991 gebildet.

§ 18 Rechtslage nach Herstellung der staatlichen Einheit — fortbestehende Besonderheiten und Übergangsregelungen —

1. Ende der Übergangszeit

Rechtstheoretisch endete die Übergangszeit für Berlin genauso wie für 18.1
Deutschland als Ganzes mit Inkrafttreten des Einigungsvertrages am 3. Oktober 1990.

Praktisch war die volle Rechtseinheit Berlins erst am 11. Januar 1991 wieder hergestellt, als das erste Gesamtberliner Abgeordnetenhaus zusammentrat und die Berliner Verfassung, deren Geltungsbereich sich bisher auf die Westsektoren beschränkt hatte, für ganz Berlin in Kraft setzte (vgl. § 17, Rdnr. 17.3.1 f.).

Schon vor dem 3. Oktober 1990 war in verschiedenen Sachbereichen Rechts*gleichheit* zwischen dem östlichen und dem westlichen Teil Berlins hergestellt worden; für den Bereich des Bundesrechts hauptsächlich durch den Vertrag über die Schaffung einer Währungs-, Wirtschafts- und Sozialunion, für den Bereich des Landesrechts im Wege der Parallelgesetzgebung. Mit Inkrafttreten des Einigungsvertrages war die Rechts*einheit* hergestellt, soweit der Vertrag selbst oder andere bundes- und landesrechtliche Vorschriften keine Ausnahmen vorsehen.

54 GVBl. 1991 S. 35.

2. Kompetenzbereich der Bundesgesetzgebung

18.2.1 a) Im Kompetenzbereich der Bundesgesetzgebung mußte nicht nur das Recht der Bundesrepublik Deutschland auf die fünf neuen Länder und den bisherigen Ostsektor erstreckt werden; es war auch auf die *Berliner Westsektoren* zu erstrecken, soweit die Gesetze und Rechtsverordnungen des Bundes — infolge besatzungsrechtlicher Vorbehalte — vorher nicht nach Berlin übernommen werden konnten. Dies ist durch das Gesetz zur Überleitung von Bundesrecht nach Berlin (West) nach Fortfall des alliierten Vorbehaltsrechts[55] geschehen. Die Rechtsangleichung wird durch § 1 nach dem Prinzip eines Negativkatalogs hergestellt: Bundesrecht, das in Berlin (West) bisher nicht oder nicht in vollem Umfang galt, gilt dort mit Inkrafttreten des Gesetzes[56] uneingeschränkt, soweit sich aus den folgenden Vorschriften (§§ 2 und 3) nichts anderes ergibt. Diese Regelung gilt nicht nur für innerstaatliches Recht, sondern auch für völkerrechtliche Verträge. Nicht in Berlin anwendbar sind nach § 3 vor allem die Verträge, die die Stationierung westlicher Truppen in den Altländern der Bundesrepublik betreffen. § 2 enthält Übergangsregelungen für das Inkrafttreten bestimmter innerstaatlicher Gesetze im Bereich des Waffenrechts, des Flugverkehrsrechts sowie des Rechts der Eisenbahnen und Bundeswasserstraßen.

In § 4 des Gesetzes werden verschiedene bundesgesetzliche Sonderregelungen aufgehoben, die bisher für Berlin galten. Hier handelt es sich um einen Positivkatalog. Sonderregelungen (z. B. im Bereich des Mietrechts und der Wirtschaftsförderung) die nicht ausdrücklich aufgehoben werden, gelten also bis zu einer anderweitigen gesetzlichen Regelung weiter.

18.2.2 Eine besondere Erstreckung von Rechtsvorschriften der EG ist nicht notwendig, weil diese schon bisher unmittelbar in Berlin (West) galten.

18.2.3 Bundesgesetze, die nach dem 3. Oktober 1990 in Kraft treten, gelten unmittelbar in Berlin, ohne daß eine Berlin-Klausel oder ein besonderer Übernahmeakt notwendig ist. In einigen Fällen enthal-

55 6. Überleitungsgesetz vom 25. September 1990 — BGBl. I/1990 S. 2106.

56 D. h. ebenfalls ab 3. Oktober 1990 — vgl. Bekanntmachung des Bundesministers des Auswärtigen — BGBl. I/1990 S. 2153.

ten solche Gesetze — insbesondere wenn sie vor diesem Zeitpunkt formuliert worden sind — überflüssigerweise noch eine Berlin-Klausel.

b) Für den *bisherigen Ostsektor* wird die Rechtseinheit im Bereich des Bundesrechts grundsätzlich durch die gleichen Rechtsvorschriften hergestellt wie in den fünf Ländern der ehemaligen DDR. Maßgeblich sind also: **18.2.4**

der Vertrag über die Schaffung einer Währungs-, Wirtschafts- und Sozialunion vom 18. Mai 1990,[57]

der Vertrag vom 3. August 1990 zur Vorbereitung und Durchführung der ersten gesamtdeutschen Wahl des Deutschen Bundestages sowie der Änderungsvertrag dazu vom 20. August 1990,[58]

der Einigungsvertrag vom 31. August 1990 mit der ergänzenden Vereinbarung vom 18. September 1990[59]

und die EG-Recht-Überleitungsverordnung vom 28. September 1990.[60]

Mit Inkrafttreten des Vertrages über die Währungs-, Wirtschafts- und Sozialunion am 1. Juli 1990 wurde die Deutsche Mark der Bundesrepublik Deutschland als alleiniges Zahlungsmittel in der damaligen DDR und im Ostteil Berlins eingeführt, die Zuständigkeit der Deutschen Bundesbank auf diese Gebiete erstreckt und Rechtsgleichheit in einigen wichtigen Bereichen hergestellt. Der Wahlvertrag betraf die Vorbereitung und Durchführung der ersten gesamtdeutschen Wahl des Deutschen Bundestages; seine Bedeutung hat sich mit der Durchführung dieser Wahl am 2. Dezember 1990 weitgehend erschöpft. **18.2.5**

Die größte Bedeutung kommt dem Einigungsvertrag zu. Er erstreckt das Grundgesetz und das gesamte einfache Bundesrecht ebenfalls nach dem Prinzip eines Negativkatalogs auf das Gebiet **18.2.6.1**

57 BGBl. II S. 518, 537.

58 BGBl. II S. 813, vgl. dazu auch die Änderungsgesetze zum Bundeswahlgesetz vom 8. Oktober 1990, BGBl. I S. 2141 und vom 19. Oktober 1990, BGBl. I S. 2218.

59 BGBl. II S. 885, 889, 1239.

60 BGBl. I S. 2117.

der ehemaligen DDR und den Ostteil Berlins. Allerdings enthält er eine große Anzahl von Ausnahmen, Sonderregelungen und Übergangsvorschriften, die hier noch nicht einmal in groben Zügen dargestellt werden können. Soweit sie für die Rechtslage und die Verwaltung in Berlin von Bedeutung sind, wird an geeigneter Stelle darauf hingewiesen. Zu beachten ist, daß diese Einschränkungen für Berlin (West) nicht gelten, so daß — jedenfalls bis zum Ablauf aller im Einigungsvertrag vorgesehenen Übergangsfristen in Berlin (Ost) und Berlin (West) — teilweise unterschiedliches Bundesrecht gilt.[61]

18.2.6.2 Durch den Einigungsvertrag (Art. 10) ist grundsätzlich auch das gesamte Recht der EG auf das Gebiet der ehemaligen DDR und auf Berlin (Ost) erstreckt worden, soweit die zuständigen Organe keine Ausnahmeregelungen erlassen. In Art. 4 des Zustimmungsgesetzes zum Überleitungsvertrag wird die Bundesregierung ermächtigt, durch Rechtsverordnung die Anwendung und Durchführung von EG-Rechtsvorschriften und von Bundesrecht, das aufgrund von EG-Recht ergangen ist, in diesen Gebieten zeitweise aufzuschieben, zu erleichtern und die betreffenden Rechtsvorschriften anzupassen. Dies muß in Ausübung von Ermächtigungen des Rates der EG oder gemäß entsprechenden Rechtsakten der EG geschehen. Die Bundesregierung hat von dieser Möglichkeit in der EG-Recht-Überleitungsverordnung vom 28. September 1990 (BGBl. S. 2117) Gebrauch gemacht. Dies hatte zur Folge, daß in Berlin (Ost) und Berlin (West) während einer Übergangszeit auch das EG-Recht in unterschiedlichem Ausmaß angewandt wird und bestimmte Produkte bis zum 31. Dezember 1992 in Berlin (Ost) aber nicht in Berlin (West) hergestellt und in den Verkehr gebracht werden können.

18.2.6.3 Soweit das Recht der DDR nach dem Einigungsvertrag in Kraft bleibt, gilt es als Landesrecht fort, wenn es nach der Kompetenzordnung der Bundesrepublik zum Landesrecht gehört oder wenn es der konkurrierenden Gesetzgebung unterliegt und in den Altländern nicht bundeseinheitlich geregelt ist. Wenn es der ausschließlichen Bundesgesetzgebung unterliegt oder im Bereich der konkurrierenden Gesetzgebung in den Altländern bundeseinheitlich geregelt ist, gilt es als Bundesrecht fort (Art. 9).

61 Vgl. auch Ortloff in Landes- und Kommunalverwaltung 1991 S. 146.

3. Kompetenzbereich der Landesgesetzgebung

Im Bereich des Landesrechts konnte bis zur Konstituierung des ersten Gesamtberliner Abgeordnetenhauses am 11. Januar 1991 Rechtsgleichheit nur im Wege der Parallelgesetzgebung, d. h. durch Verabschiedung inhaltsgleicher Gesetze des Abgeordnetenhauses und der Stadtverordnetenversammlung hergestellt werden. Die wichtigsten Gesetze über die Berliner Verwaltung wurden bereits mit Inkrafttreten der Verfassung von Berlin (Ost) am 25. Juli 1990 auf den Ostsektor erstreckt (z. B. Bezirksverwaltungsgesetz, Allgemeines Zuständigkeitsgesetz). Abgesehen von zahlreichen Einzelgesetzen, die im Wege der Parallelgesetzgebung in ganz Berlin in Kraft gesetzt oder im Ostsektor übernommen wurden, ist eine umfassende Rechtsangleichung durch drei Gesetze über die Vereinheitlichung des Berliner Landesrechts erfolgt.[62] Das erste Gesetz erstreckt die Rechtsvorschriften, die in Berlin (West) bei Inkrafttreten des Gesetzes galten, ebenfalls in der Form eines Negativkatalogs auf Berlin (Ost); dies gilt auch für Gesetze, die bis zum 25. September 1990 vom Abgeordnetenhaus verabschiedet wurden aber bei Inkrafttreten des Gesetzes noch nicht verkündet waren. Durch das zweite Gesetz wird vor allem eine Reihe von Rechtsvorschriften (in Form eines Positivkatalogs) auf Berlin (Ost) erstreckt, die vom Abgeordnetenhaus nach dem 25. September 1990 beschlossen wurden; außerdem enthalten das 2. und 3. Gesetz aber eine Reihe von Ergänzungen und Änderungen zum Ersten Vereinheitlichungsgesetz. Im einzelnen gilt folgendes: 18.3

Das Landesrecht, das bei Inkrafttreten des Ersten Vereinheitlichungsgesetzes in Berlin (West) galt oder bis zum 25. September 1990 vom Abgeordnetenhaus verabschiedet war, gilt auch in Berlin (Ost), soweit in den Anlagen zum Gesetz keine Ausnahmen oder Einschränkungen vorgesehen sind. Das von der Stadtverordnetenversammlung zwischen dem 11. Juli und dem 26. September 1990 beschlossene einfache Landesrecht bleibt in seinem Geltungsbereich unberührt. Rechtsvorschriften der DDR, die als Landesrecht weitergelten, treten

62 Erstes, Zweites und Drittes Gesetz über die Vereinheitlichung des Berliner Landesrechts vom 28./29. September 1990, GVBl. S. 2119, GV Amtsbl. S. 240, vom 10./11. Dezember 1990, GVBl. S. 2289, GV Amtsbl. S. 534 und vom 19. Dezember 1991, GVBl. S. 294.

in Berlin außer Kraft, soweit sich aus dem Einigungsvertrag und aus der Anlage 3 zu dem Ersten Vereinheitlichungsgesetz nichts anderes ergibt. Soweit der Einigungsvertrag und seine Anlagen ausdrücklich vorsehen, daß bestimmte Rechtsvorschriften der DDR als Landesrecht fortgelten, kann dies dazu führen, daß die entgegenstehenden Berliner Landesgesetze durch das Erste Rechtsvereinheitlichungsgesetz noch nicht auf den Ostsektor erstreckt worden sind.[63] Die am 3. Oktober 1990 anhängigen Verwaltungsverfahren werden in der Lage, in der sie sich befinden, nach den inkraftgesetzten (also den neuen) Vorschriften fortgesetzt. Verfahrensrechtliche Fristen, die vor dem 3. Oktober 1990 begonnen haben, richten sich nach den bis zu diesem Tage geltenden Vorschriften (§ 4 des Ersten Gesetzes).

4. Exekutive

18.4.1 a) Spätestens seit der Wahl des ersten Gesamtberliner Senats am 24. Januar 1990 besteht eine einheitliche *Hauptverwaltung* für ganz Berlin. Magistratsverwaltungen bestehen nicht mehr; die Zuständigkeit der Senatsverwaltungen erstreckt sich auf das gesamte Stadtgebiet. Soweit vorübergehend noch nachgeordnete Dienststellen oder juristische Personen des öffentlichen Rechts bestehen, deren Zuständigkeitsbereich sich auf die Westsektoren oder den Ostsektor beschränkt, stehen die Aufsichts- und Weisungsbefugnisse in beiden Teilen der Stadt der zuständigen Senatsverwaltung zu. Zur Rechtslage der Eigenbetriebe vergleiche Rdnr. 74.1.2.

18.4.2 b) Für den Bereich der *Bezirksverwaltungen* sieht Art. 87 a Abs. 2 VvB in der Fassung des 23. Änderungsgesetzes vom 5. November 1990 (GVBl. S. 2136) dagegen eine Übergangsfrist vor. Danach ist die Wahlperiode der derzeitigen Bezirksverordnetenversammlungen nicht mit der Wahlperiode des 11. Abgeordnetenhauses abgelaufen; sie wurde bis zum 30. Juni 1992 verlängert. Infolgedessen bleiben in den Bezirken des bisherigen Ostsektors die Bezirksverordnetenversammlungen zunächst im Amt, die am 6. Mai 1990 als "Stadtbezirksversammlungen" gewählt wurden. Auch die Bezirks-

63 Vgl. dazu Beschluß des OVG Berlin vom 23. 5. 1991 — 1B 49/90 —, Landes- und Kommunalverwaltung 1991 S. 311.

ämter bleiben bis zur Neuwahl der Bezirksverordnetenversammlungen im Amt; infolgedessen bestehen in den Bezirken des ehemaligen Ostsektors weiterhin die Bezirksämter, die dort nach den Kommunalwahlen am 6. Mai 1990 als "Räte der Bezirke" gebildet worden waren.

Abgesehen von den Besonderheiten, die sich daraus für die Mitgliederzahl der Stadtverordnetenversammlungen und für die Mitgliederzahl und Zusammensetzung der Bezirksämter ergeben,[64] gelten aber die Bestimmungen des Allgemeinen Zuständigkeitsgesetzes und des Bezirksverwaltungsgesetzes auch für die Bezirksverwaltungen im Ostteil der Stadt.

Für die bis zum 30. Juni 1992 zu wählenden Bezirksverordnetenversammlungen und die von ihnen zu bildenden Bezirksämter gilt eine verkürzte Amtszeit. Für die darauf folgenden Wahlen soll nach Art. 87 a Abs. 2 VvB wieder der gleichzeitige Wahltermin von Abgeordnetenhaus und Bezirksverordnetenversammlungen hergestellt werden.

5. Rechtsprechung

Die im Einigungsvertrag vorgesehenen Übergangsfristen im Bereich 18.5
des Gerichtsverfassungs- und Prozeßrechts gelten für Berlin (Ost) nicht. Die Justizgesetze der Bunderepublik sind seit dem 3. Oktober 1990 in ganz Berlin anwendbar. Durch ein Gesetz vom 25. September 1990[65], wurde die Zuständigkeit des Kammergerichts, des Landgerichts Berlin und der Amtsgerichte auf den bisherigen Ostsektor erstreckt. In § 2 des Gesetzes wird die örtliche Zuständigkeit der ver-

64 Als Wahltag für die neuen BVV'en wurde der 24. 5. 92 festgesetzt. Die Bezirksverordnetenversammlungen im Ostteil haben je nach der Einwohnerzahl 51 bis 124 Mitglieder. Für die Bezirksämter sah die im Ostsektor verabschiedete Verfassung einen Bezirksbürgermeister und 6 Stadträte vor, die, anders als im Westteil der Stadt für bestimmte Ressorts gewählt wurden. Vor Inkrafttreten der Verfassung waren jedoch zum Teil Bezirksämter mit mehr als 7 Mitgliedern gebildet worden, die nach Inkrafttreten ihre ursprüngliche Stärke behielten. Eine proportionale Beteiligung der in der BVV vertretenen Parteien war bei der Bildung der Bezirksämter nicht vorgeschrieben.

65 GVBl. S. 2076, GV Amtsbl. S. 225.

schiedenen Amtsgerichte im Westteil der Stadt für bestimmte Ostberliner Bezirke geregelt. § 3 enthält entsprechende Bestimmungen für den Bereich der Arbeitsgerichtsbarkeit, der Finanzgerichtsbarkeit, der Sozialgerichtsbarkeit und der Verwaltungsgerichtsbarkeit.

Auf Grund des Gesetzes, das nach der Begründung zum Senatsentwurf Übergangscharakter hat, wurden in den Gebäuden der ehemaligen Stadtbezirksgerichte Außenstellen der Westberliner Amtsgerichte eingerichtet, die im Laufe des Jahres 1991 zum Teil schon durch Gesetzesänderung in selbständige Amtsgerichte umgewandelt worden sind. Für die Errichtung weiterer Gerichte im ehemaligen Ostsektor (z. B. auf Landgerichtsebene oder im Bereich der besonderen Gerichtsbarkeiten) besteht noch keine konkrete Planung.

6. Stationierung und Abzug ehemaliger Besatzungstruppen

18.6 Aufgrund des Vertrages vom 12. September 1990 über die abschließende Regelung in bezug auf Deutschland[66] ist der besatzungsrechtliche Status Berlins mit Inkrafttreten des Einigungsvertrages am 3. Oktober 1990 zunächst suspendiert und nach Ratifikation des Vertrages vom 12. September 1990 aufgehoben worden. Für die besatzungsrechtlichen Befugnisse, die die Westmächte in ihren früheren Sektoren ausübten, ist dies durch das Schreiben der Alliierten Kommandatura Berlin an den Regierenden Bürgermeister vom 2. Oktober 1990[67] ausdrücklich festgestellt worden. Die Alliierte Kommandantur besteht seit diesem Zeitpunkt nicht mehr.

Bis zum Abzug der sowjetischen Truppen aus Deutschland, der bis zum Ende des Jahres 1994 vorgesehen ist, bleiben alliierte Truppen jedoch auf Wunsch der Bundesregierung gemäß Art. 5 Abs. 2 und 3 des Vertrages vom 12. September 1990 als Stationierungstruppen in Berlin.

Grundlegende Regelungen über die Stationierung und die Rechtsstellung von Truppen der vier Hauptsiegermächte in dieser Übergangszeit finden sich in der Vereinbarung vom 24. September 1990 (BGBl. II S. 1246), die den befristeten Aufenthalt von sowjetischen Truppen

66 BGBl. II S. 1317.
67 GVBl. S. 2159.

in Deutschland insgesamt (Berlin Ost und DDR) und den befristeten Aufenthalt von Truppen der Westmächte in Berlin betrifft. Aufgrund der in dem Zustimmungsgesetz (Art. 3 Abs. 1 Satz 1) enthaltenen Verordnungsermächtigung hat die Bundesregierung Detailregelungen über die Stationierung und die Rechtsstellung dieser Truppen in Kraft gesetzt, die sie in getrennten Notenwechseln vom 25. September 1990 mit der Sowjetunion, den Westmächten und der DDR vereinbart hat.[68] Nach Nr. 4 Buchst. b der deutschen Note an die Westmächte (a. a. O. S. 1251) entspricht die Rechtsstellung der westlichen Truppen in Berlin grundsätzlich ihrer Rechtsstellung in den westlichen Bundesländern. Ein Übereinkommen mit den Westmächten zur Regelung bestimmter Fragen in bezug auf Berlin vom 25. September 1990, das hauptsächlich Übergangsregelungen enthält (z. B. Fortwirkung besatzungsrechtlicher Entscheidungen, vermögensrechtliche Ansprüche), wurde ebenfalls durch Rechtsverordnung in Kraft gesetzt.[69]

§ 19 Änderungen des Verfassungs- und Verwaltungsrechts in der Zeit bis zur Wiedervereinigung

Die Berliner Verfassung ist trotz einer Anzahl von Änderungen in ihrer 19
Grundsubstanz bis jetzt erhalten geblieben.

In den Westsektoren traten vor allem im Jahre 1958 wesentliche verwaltungsrechtliche Regelungen in Kraft. Es handelte sich u. a. um das Bezirksverwaltungsgesetz, das Allgemeine Zuständigkeitsgesetz und das Polizeizuständigkeitsgesetz.[70] Zu den beiden letztgenannten Gesetzen ergingen Durchführungsverordnungen. Während das Polizeizuständigkeitsgesetz und die auf seiner Grundlage erlassenen Verordnungen durch das Allgemeine Gesetz über Sicherheit und Ordnung (ASOG — 1975 —) und die Verordnung über die Zuständigkeiten der Ordnungsbehörden (DVO-ASOG — 1986 —) abgelöst wurden, ist

68 BGBl. 1990 II S. 1250 und 1254.

69 BGBl. 1990 II S. 1273.

70 Bezirksverwaltungsgesetz (BezVG) vom 30. Januar 1958 (GVBl. S. 126), vgl. hierzu Kreutzer DÖV 1959 S. 429 ff.

das Allgemeine Zuständigkeitsgesetz (AZG) trotz zahlreicher Einzeländerungen vor allem in der Durchführungsverordnung in seiner Grundstruktur erhalten geblieben. Es grenzt die Zuständigkeiten der Hauptverwaltung und der Bezirke gegeneinander ab, enthält aber auch andere wichtige Zuständigkeitsregelungen, z. B. über die Staatsaufsicht gegenüber der mittelbaren Landesverwaltung, über den Erlaß von Verwaltungsvorschriften, die rechtsgeschäftliche und staatsrechtliche Vertretung des Landes u. a.

Erhebliche Änderungen sind vor allem im Recht der bezirklichen Selbstverwaltung eingetreten. Sie beruhten zumeist auf dem Erlaß und der Neufassung einfacher Landesgesetze, insbesondere dem Inkrafttreten und den späteren Änderungen des Bezirksverwaltungsgesetzes, waren aber in einzelnen Fällen auch mit einer Novellierung von Verfassungsvorschriften verbunden.

Durch die Verfassung selbst wurde die Deputation als drittes Organ der bezirklichen Selbstverwaltung eingeführt. Das Bezirksverwaltungsgesetz reformierte die Bezirksverwaltung im Sinne einer "Entpolitisierung". Die Amtszeit der Bezirksamtsmitglieder wurde auf sechs Jahre verlängert und damit von der Wahlperiode des Abgeordnetenhauses und der Bezirksverordnetenversammlungen gelöst.

Diese Reform wurde durch eine Änderung des Bezirksverwaltungsgesetzes im Jahre 1971 wieder rückgängig gemacht; zugleich wurde eine Regelung eingeführt, nach der die BVV-Fraktionen entsprechend ihrem Stärkeverhältnis an dem Bezirksamt zu beteiligen sind. Die Deputationen wurden durch eine Verfassungsänderung abgeschafft.

Durch eine weitere Gesetzesänderung aus dem Jahre 1978 wurde das Grundmandat in den Ausschüssen der BVV eingeführt (im einzelnen vgl. Teil IV § 86).

§ 20 Reformpläne

20.1 Die Überlegungen über eine grundlegende Reform der Berliner Verfassung und Verwaltung haben in den Westsektoren für den Bereich des Verwaltungsrechts ihren Niederschlag u. a. in den Arbeitsergebnissen und dem Bericht einer Enquete-Kommission zur Verwaltungsreform gefunden, die in der 9. Wahlperiode des Abgeordnetenhauses eingesetzt worden war.[71] Zu ihren Forderungen gehörten u. a. eine Neuverteilung der Aufgaben zwischen den Bezirken und der Hauptverwaltung (überwiegend zugunsten der Bezirke) und gewissen Änderungen in der Struktur der Bezirksverwaltung (z. B. Wahl der Bezirksamtsmitglieder für ein bestimmtes Ressort).

Im Bereich des Verfassungsrechts ist aufgrund einer Absprache zwischen den Regierungschefs von Berlin, Bremen und Hamburg eine Expertenkommission, die sogenannte Stadtstaatenkommission, beauftragt worden, bestimmte Regelungskomplexe, in denen die Verfassungen dieser drei Länder von den Verfassungen der Flächenstaaten abweichen, zu untersuchen. 20.2

Das Ergebnis der Kommission wurde im März 1988 vorgelegt.[72] Soweit es die Verfassung von Berlin betrifft, werden im wesentlichen folgende Änderungen vorgeschlagen:

— Bei der Regierungsbildung soll die Wahl des Bürgermeisters und der einzelnen Senatoren durch das Abgeordnetenhaus entfallen. Das Abgeordnetenhaus soll nur noch den Regierenden Bürgermeister wählen und die Amtsübernahme des Senats sowie später ernannte Senatsmitglieder bestätigen. Außerdem soll die Befugnis des Abgeordnetenhauses entfallen, die Zahl der Geschäftsbereiche und ihre Abgrenzung zu bestimmen.
— Die Befugnis des Abgeordnetenhauses, einzelnen Senatoren oder dem Bürgermeister das Vertrauen zu entziehen, soll entfallen. Es soll nur noch ein Konstruktives Mißtrauen gegen den Regierenden Bürgermeister zulässig sein, das durch Neuwahl eines Nachfolgers auszuüben ist.
— Die Vorschrift, daß die Richtlinien der Regierungspolitik der Billigung des Abgeordnetenhauses bedürfen (Art. 43 Abs. 2 Satz 2 VvB), soll entfallen. Der Regierende Bürgermeister soll die Richtlinien im Einvernehmen mit dem Senat bestimmen. Bei Zweifeln über ihre Auslegung soll der Regierende Bürgermeister entscheiden, jedoch

71 Drucksache des Abgeordnetenhauses von Berlin 9/1823. Im einzelnen s. Teil III, Rdnr. 75.6.

72 Berlin — Bremen — Hamburg. Zur Regierungsstruktur in den Stadtstaaten. Bericht der Kommission zur Überprüfung der Regierungsstrukturen in den Stadtstaaten Berlin, Bremen und Hamburg (Stadtstaatenkommission), Walter de Gruyter, Berlin — New York, 1989.

soll jedes Senatsmitglied die Möglichkeit haben, eine Entscheidung des Senats zu beantragen.

— Die Vorschrift des Art. 44 VvB soll gestrichen werden. Absatz 1 wird als überflüssig angesehen; die in Absatz 2 vorgesehene Wahl und Abberufung der Generalstaatsanwälte und des Polizeipräsidenten durch das Abgeordnetenhaus soll entfallen. Ebenfalls entfallen soll die in Art. 69 Abs. 2 VvB vorgesehene Wahl der Präsidenten der obersten Landesgerichte durch das Abgeordnetenhaus.

20.3 Nach der Koalitionsvereinbarung zwischen CDU und SPD, die der Bildung des ersten Gesamtberliner Senats zugrunde liegt, ist die Bildung einer Verfassungs-Enquete-Kommission vorgesehen, die vorrangig auch Fragen der Parlamentsreform aufgreifen soll. Unter anderem sollen die Bedeutung der Fraktionen herausgehoben, die Rechte des einzelnen Abgeordneten gestärkt und die verfassungsmäßigen Rechte der Opposition konkretisiert werden. Die Enquete-Kommission soll im übrigen die sozialen Grundrechte neu fassen sowie die Erweiterung der Staatszielbestimmungen und plebiszitäre Elemente prüfen. Ferner soll sie Vorschläge für die Ernennung und Entlassung der Senatsmitglieder durch den Regierenden Bürgermeister und für die Ausgestaltung seiner Richtlinien-Kompetenz unterbreiten.

TEIL II

DIE VERFASSUNG VON BERLIN

Erstes Kapitel
Vorspruch und Grundlagenteil

§ 21 Der Vorspruch

Ähnlich wie das Grundgesetz beginnt der Text der Berliner Verfassung mit einem "Vorspruch". 21

In dem Willen, Freiheit und Recht jedes einzelnen zu schützen, Gemeinschaft und Wirtschaft demokratisch zu ordnen, dem Geiste des sozialen Fortschritts und des Friedens zu dienen, und in dem Wunsche, die Hauptstadt eines neuen geeinten Deutschlands zu bleiben, hat sich Berlin diese Verfassung gegeben.

Diesen Zielsetzungen kommt im Rahmen des Landesverfassungsrechts etwa der gleiche Stellenwert zu, den das Bundesverfassungsgericht der Präambel des Grundgesetzes zugebilligt hat.[1] Das heißt, daß der Vorspruch in erster Linie politische Bedeutung hat; er hat aber auch einen rechtlichen Gehalt. Die Staatsorgane sind verpflichtet, die darin enthaltenen Verfassungsaufträge mit allen Kräften anzustreben und alles zu unterlassen, was ihre Verwirklichung rechtlich oder faktisch unmöglich machen würde. Es steht aber weitgehend im Ermessen der politischen Staatsorgane, mit welchen Mitteln sie diese Ziele verwirklichen oder ihrer Verwirklichung näherkommen wollen. Insbesondere kann niemand aus dem Vorspruch einen Anspruch auf ein bestimmtes Tun oder Unterlassen der Verfassungsorgane herleiten.

1 BVerfGE 5, S. 85 (127 f.).

Außerdem kommt den Aussagen des Vorspruchs eine rechtliche Bedeutung als Interpretationsvorschrift für die operativen Bestimmungen der Verfassung zu.

§ 22 Stellung des Grundlagenteils

22 Der operative Teil des Verfassungstextes beginnt mit einem Abschnitt über die Grundlagen des politischen Zusammenlebens.[2] Ein großer Teil der darin enthaltenen Grundsatzbestimmungen betrifft Fragen, die in anderen Teilen der Verfassung näher geregelt sind.

§ 23 Rechtsidentität der Gebietskörperschaft Berlin Möglichkeit einer Eingliederung in das Land Brandenburg

1. Rechtsidentität der Gebietskörperschaft

23.1 Die Gebietskörperschaft Berlin ist mit der durch das Preußische Gesetz vom 27. April 1920 geschaffenen Stadtgemeinde Berin rechtsidentisch. Seit dem Inkrafttreten der Vorläufigen Verfassung vom 13. August 1946, spätestens aber mit der Auflösung des Landes Preußen durch das Kontrollratsgesetz Nr. 46-vom 25. Februar 1947 hat sie den Status eines deutschen Landes erworben; sie ist seitdem, wie in Art. 1 Abs. 1 der geltenden Verfassung ausdrücklich festgelegt ist, ein deutches Land und zugleich eine Stadt. Aufgrund der Rechtsidentität (nicht aufgrund einer Rechtsnachfolge) sind die Rechte und Pflichten der Stadtgemeinde Berlin und des Landes Berlin auf die heute bestehende Gebietskörperschaft übergegangen.

2 Ähnliche Vorschriften für den Regelungsbereich des Grundgesetzes finden sich dort vor allem in dem II. Abschnitt Der Bund und die Länder. Die bayerische Verfassung und die Verfassung von Hamburg beginnen mit einem ausführlichen Grundlagenteil; die entsprechenden Abschnitte der Verfassungen von Niedersachsen (Art. 1—2), Nordrhein-Westfalen (Art. 1—3) und Baden-Württemberg (Art. 23—26) sind kürzer. In anderen Landesverfassungen sind Bestimmungen über die Grundlagen der Staatsgewalt mit Grundrechten, grundrechtähnlichen Bestimmungen und Bestimmungen über die Sozialordnung verbunden.

Zweifel können dagegen bestehen, ob im Verhältnis zu der Selbstverwaltungskörperschaft "Berlin — Hauptstadt der DDR — ", die von der Gründung der DDR bis zur Wiedervereinigung im Ostsektor der Stadt bestand, Rechtsidentität oder Rechtsnachfolge besteht. Einerseits hat die noch heute in Berlin geltende Verfassung stets an der rechtlichen Einheit der Stadt festgehalten und einen Geltungsanspruch für ganz Berlin erhoben. Andererseits ist nicht zu übersehen, daß während der Spaltung der Stadt im Ostsektor de facto eine selbständige Verwaltungskörperschaft bestand, deren Organe nicht an die Verfassung von Berlin gebunden waren. Letzten Endes ist die Frage von eher theoretischer Bedeutung. Festzuhalten ist, daß mit Wiederherstellung des einheitlichen Landes Berlin durch den Einigungsvertrag am 3. Oktober 1990 auch die Rechte der Körperschaft "Berlin — Hauptstadt der DDR —" auf das Land Berlin übergegangen sind, soweit der Einigungsvertrag oder andere Bundesrechtliche Vorschriften nichts anderes bestimmen.

2. Möglichkeit einer Vereinigung mit dem Land Brandenburg

In Art. 5 des Einigungsvertrages haben die Regierungen der Bundes- 23.2
republik und der DDR den gesetzgebenden Körperschaften des vereinten Deutschland empfohlen, sich innerhalb von zwei Jahren mit den im Zusammenhang mit der deutschen Einigung aufgeworfenen Fragen zur Änderung oder Ergänzung des Grundgesetzes zu befassen, und zwar u. a. in bezug auf die Möglichkeit einer Neugliederung für den Raum Berlin/Brandenburg, abweichend von den Vorschriften des Art. 29 des Grundgesetzes durch Vereinbarung der beteiligten Länder. Ziel dieses Gesetzgebungsauftrages ist sicher nicht eine Revision des Grenzverlaufs zwischen den Ländern Berlin und Brandenburg; es soll vielmehr die Möglichkeit geschaffen werden, daß die beiden Länder ohne Einhaltung des in Art. 29 GG vorgesehenen sehr komplizierten Verfahrens zu einem einheitlichen Land (Brandenburg oder Berlin-Brandenburg) zusammengeschlossen werden. Die vorgesehene Änderung des Grundgesetzes hat aber bis jetzt noch nicht stattgefunden; zur Zeit wäre eine Verschmelzung der beiden Länder genauso wie eine Änderung des Grenzverlaufs nur nach Art. 29 GG möglich.

Spekulationen darüber, wie das Verfahren durch eine spätere Grundgesetzänderung geregelt werden wird, sind zur Zeit ebensowenig möglich wie über die Frage, ob die Bildung des neuen Landes schließlich zustande kommt. Angesichts der Einwohnerzahlen kann es sich nur um die Bildung eines neuen Landes handeln und nicht um eine Eingliederung der Stadtgemeinde Berlin in das Land Brandenburg — unabhängig davon, wie der Name des zukünftigen Landes lautet, welches Wappen es führt usw. Die Rechte und Pflichten der Gebietskörperschaft Berlin (ebenso wie die des Landes Brandenburg) würden nach Maßgabe des Gesetzes oder Staatsvertrages auf das neue Land übergehen, soweit sie nach dem Grundgesetz den Aufgabenbereich der Länder betreffen. Die Gebietskörperschaft Berlin, die innerhalb des neuen Landes sicher weiterbestehen würde, wäre — falls die für die Verschmelzung maßgeblichen Normen nichts anderes bestimmen — weiterhin mit der heute bestehenden Gebietskörperschaft Berlin rechtsidentisch. Sie wäre Träger der Rechte und Pflichten im kommunalen Bereich; außerdem könnten ihr in Anbetracht ihrer Größe Aufgaben übertragen werden, die über die Aufgaben sonstiger Gemeinden (einschließlich der kreisfreien Städte) hinausgehen.

§ 24 Einheitliche Gebietskörperschaft

24 Nach Art. 1 Abs. 1 und Art. 3 Abs. 2 der Verfassung ist Berlin eine einheitliche Gebietskörperschaft, die die Aufgaben eines Landes ebenso wahrnimmt wie die Aufgaben einer Gemeinde und eines Gemeindeverbandes. In § 1 des Allgemeinen Zuständigkeitsgesetzes (AZG) wird außerdem klargestellt, daß die staatlichen und kommunalen Aufgaben nicht getrennt werden. Eine Konstruktion, nach der der Senat oder das Abgeordnetenhaus in manchen Fällen als Staatsorgan und in anderen Fällen als Organ einer Gemeinde tätig werden, kommt daher nicht in Betracht.[3]

3 Ähnlich ist die verfassungsrechtliche Lage in Hamburg (Art. 4 Abs. 1 der Hamburgischen Verfassung). Das Land Bremen besteht aus den Stadtgemeinden

Auch in Berlin bestehen landesunmittelbare juristische Personen des öffentlichen Rechts (Körperschaften, rechtsfähige Anstalten und Stiftungen des öffentlichen Rechts — mittelbare Staatsverwaltung —), aber keine Gebietskörperschaften unterhalb der Landesebene.[4]

§ 25 Träger der öffentlichen Gewalt (Staatsvolk)

Träger der öffentlichen Gewalt ist nach Art. 2 Abs. 1 VvB die Gesamtheit der Deutschen, die in Berlin ihren Wohnsitz haben. Sie bilden das Staatsvolk Berlins, obgleich diese Bezeichnung im Verfassungstext vermieden wird. 25.1

Der Begriff des "Deutschen" ist in Art. 116 GG definiert. Er umfaßt, außer den deutschen Staatsangehörigen, Personen, die als Flüchtling oder Vertriebene wegen ihrer deutschen Volkszugehörigkeit oder als deren Ehegatte oder Abkömmling Aufnahme in dem Gebiet des Deutschen Reiches nach dem Stand vom 31. Dezember 1937 gefunden haben (Art. 16 Abs. 1 GG). Der zuletzt genannte Personenkreis kann die staatsbürgerlichen Rechte ausüben, ohne die deutsche Staatsangehörigkeit zu erwerben. Wer deutscher Staatsangehöriger ist, ergibt sich aus den einschlägigen Gesetzen der Bundesrepublik, insbesondere dem Reichs- und Staatsangehörigkeitsgesetz (RuStAG) und dem Gesetz zur Regelung von Fragen der Staatsangehörigkeit (StAReG). Die 25.2

Bremen und Bremerhaven, wobei die Kommunalorgane der Stadt Bremen (insbesondere im Bereich der Exekutive) teilweise mit denen des Landes zusammenfallen.

Eine Identität von Staat und Gemeinde ist natürlich nur bei den Ländern zulässig, die kraft Tradition und unter Zugrundelegen des normalen Sprachgebrauchs als Stadtstaaten angesehen werden können. Bei Territorialländern würde eine solche Rechtskonstruktion gegen die Garantie der kommunalen Selbstverwaltung (Art. 28 Abs. 2 GG) verstoßen.

4 Am klarsten war die Rechtslage in der Vorläufigen Verfassung vom 13. August 1946 formuliert. In Art. 1 Abs. 1 hieß es, daß Groß-Berlin die für das Gebiet der Stadtgemeinde Berlin alleinige berufene Gebietskörperschaft sei.

Berliner Verfassung verweist insoweit auf Bundesrecht.

25.3 Die Zugehörigkeit zum Staatsvolk Berlins setzt ferner voraus, daß man seine Wohnung in Berlin hat.

Das Wort "Wohnsitz" verweist nicht zwingend auf den Wohnsitzbegriff des bürgerlichen Rechts. Es ist anerkannt, daß im öffentlichen Recht der Wohnsitz anders definiert werden kann, insbesondere ist es zulässig für bestimmte Bereiche (z. B. für das Wahlrecht) stärker an formelle Merkmale anzuknüpfen.

Für das Wahlrecht ist nach § 1 Abs. 2 Landeswahlgesetz die Hauptwohnung im Sinne des Melderechts maßgeblich. Damit kommt dem Melderecht (Melderechtsrahmengesetz des Bundes[5] und dem Berliner Meldegesetz[6]) rechtsbegründende Bedeutung zu.[7] Bis zum Inkrafttreten dieser Gesetze konnten Meldepflichtige mit mehreren inländischen Wohnungen frei entscheiden, welche Wohnung als Hauptwohnung gelten sollte; daher hing ggf. auch ihr Wahlrecht in Berlin von ihrer freien Entscheidung ab. Nach § 12 Abs. 2 MRRG, § 17 Abs. 2 Meldegesetz ist jetzt gesetzlich festgelegt, wo sich der Betroffene mit Hauptwohnung melden muß, nämlich in der vorwiegend benutzten Wohnung; bei verheirateten Meldepflichtigen grundsätzlich in der vorwiegend benutzten Wohnung der Familie.

25.4 Nach Art. 2 Abs. 2 der Verfassung üben die Deutschen in Berlin ihren Willen unmittelbar durch Wahl zur Volksvertretung und durch Volksentscheid sowie mittelbar durch die Volksvertretung aus. Ein Volksentscheid ist seit Aufhebung des Art. 49 VvB zur Zeit nur zur vorzeitigen Beendigung der Wahlperiode und zur Bestätigung der überarbeiteten Verfassung (Art. 39 VvB in Verbindung mit dem Gesetz über Volksbegehren und Volksentscheid zur vorzeitigen Beendigung der

5 Vom 16. August 1980, (BGBl. III 210—4).

6 Vom 26. Februar 1985 (GVBl. S. 507).

7 Bei den Wahlen zum ersten Gesamtberliner Abgeordnetenhaus waren für die Bezirke des ehemaligen Ostsektors noch die melderechtlichen Vorschriften der DDR maßgeblich. Inzwischen ist insoweit die Rechtseinheit hergestellt worden.

Eine recht begrenzte Bedeutung besteht darin, daß die Verletzung eines Landesgrundrechtes auch vor dem Landesverfassungsgerichtshof geltend gemacht werden kann.

Wahlperiode des Abgeordnetenhauses sowie Art. 88 Abs. 2 VvB) möglich.

Volksvertretung im Sinne von Art. 2 Abs. 2 ist das Abgeordnetenhaus. Die Bezirksverordnetenversammlungen können nicht als kommunale Volksvertretungen angesehen werden, obgleich sie von der Bevölkerung im Bezirk gewählt werden und in ihrer Funktion einem kommunalen Vertretungsorgan ähneln.[8]

§ 26 Übertragung öffentlicher Aufgaben auf fremde Staatsorgane Wahrnehmung öffentlicher Aufgaben für andere Länder

Es versteht sich von selbst, daß die Staatsgewalt des Landes Berlin 26.1
grundsätzlich von Berliner Staatsorganen und Behörden wahrgenommen wird. Dem steht aber nicht entgegen, daß Landesaufgaben zur Koordinierung durch Verträge oder sonstige Vereinbarungen auf Dienststellen des Bundes anderer Länder oder gemeinsame Dienststellen übertragen werden. Hiergegen bestehen keine verfassungsrechtlichen Bedenken vorausgesetzt, daß die im Grundgesetz vorgesehene Kompetenzverteilung hierdurch nicht gezielt unterlaufen wird.[9] Beispiele für multilaterale Regelungen dieser Art sind die Staatsverträge über das Zweite Deutsche Fernsehen und über die Vergabe von Studienplätzen. Ein interessantes Beispiel für eine bilaterale Vereinbarung ist der Vertrag zwischen dem Land Berlin und dem Land Niedersach-

8 Umstritten. Vgl. hierzu Pfennig in Neumann/Pfennig, Rdnr. 4 zu Art. 2 und die dort angegebene Literatur. Daß "Volksvertretung" in Berlin nur das Abgeordnetenhaus ist, ergibt sich unmittelbar aus Art. 25 Abs. 1 und mittelbar auch aus Art. 3 Abs. 1 (den Bezirksverordnetenversammlungen stehen keine legislativen Befugnisse zu) sowie aus dem Wortlaut von Art. 2 Abs. 2 (das Wort Volksvertretung erscheint nur im Singular). Bei der Wahl der BVV übt die wahlberechtigte deutsche Bevölkerung des Bezirks allerdings als Teil des Staatsvolks Staatsgewalt im Sinne von Art. 2 VvB aus. Zur Rechtsstellung der BVV im einzelnen vgl. § 88 (88.1 ff.), zur Frage, ob das Wahlrecht zur BVV auf Ausländer ausgedehnt werden kann, vgl. Teil IV § 88 (88.1.4).

9 Zur Verfassungsmäßigkeit solcher Vereinbarungen vgl. zum Beispiel Münch, Grundgesetz-Kommentar, 2. Aufl., Ch. Beck München 1983, Rdnr. 16 zu Art. 30, BayVerfGH, NJW 1975 S. 1733.

sen über die Bergbehörden vom 13. April 1981.[10] Hiernach werden die Funktionen der mittleren Bergbehörde (Oberbergamt) für das Land Berlin vom Oberbergamt Clausthal-Zellerfeld und die Funktionen der unteren Bergbehörde (Bergamt) vom Bergamt Hannover wahrgenommen. Die Fachaufsicht übt insoweit die Senatsverwaltung für Wirtschaft und Verkehr Berlin aus. Die Dienstaufsicht obliegt dem Niedersächsischen Minister für Wirtschaft und Verkehr.

26.2 Umgekehrt können Dienststellen des Landes Berlin auch Aufgaben für den Bund und andere Länder wahrnehmen. Beispiele hierfür sind das Sekretariat der Kultusministerkonferenz (Dienststelle des Landes Berlin mit Sitz in Bonn) und das Institut für Bautechnik, landesunmittelbare Anstalt des öffentlichen Rechts mit Sitz in Berlin, dessen Tätigkeit durch ein Abkommen der Länder und des Bundes geregelt wird.[11]

§ 27 Gemeinsame Einrichtungen mit anderen Bundesländern und dem Bund

27.1 Die Möglichkeit, daß gemeinsame Einrichtungen mit anderen Ländern geschaffen und Hoheitsbefugnisse des Landes Berlin auf ländergreifende Behörden und Gremien übertragen werden, ist seit der Verfassungsänderung vom 3. September 1990 in Art. 85 VvB ausdrücklich vorgesehen.

Durch Vereinbarung mit Zustimmung des Abgeordnetenhauses kann Berlin mit anderen Ländern gemeinsame Behörden, Gerichte, Körperschaften, Anstalten und Stiftungen des öffentlichen Rechts bilden.

27.2 Speziell mit dem Land Brandenburg oder einzelnen seiner Gebietskörperschaften können gemeinsame Behörden oder Gremien geschaffen werden, denen das Land Berlin einzelne Befugnisse zur Raumplanung und Flächennutzungsplanung übertragen kann.

Die Bestimmungen des Baugesetzbuches und des Raumordnungsgesetzes bleiben dabei unberührt; dies ergibt sich unmittelbar

10 Gesetz und Vertrag GVBl. S. 546.

11 Zustimmungsgesetz vom 9. Juli 1968, Gesetz und Vertrag GVBl. S. 970.

aus der Überordnung des Bundesrechts (Art. 31 GG), wird aber in Art. 45 Abs. 3 VvB ausdrücklich bestätigt. Denkbar wäre es demnach, daß das Land Berlin mit Gemeinden des Landes Brandenburg gemäß § 205 Abs. 2 Satz 3 Baugesetzbuch zu einem länderübergreifenden Planungsverband zusammengefaßt wird. Eine solche Mitgliedschaft könnte sich auf einen Teil des Berliner Landesgebiets beschränken; das Land könnte auch mit verschiedenen Teilen seines Gebiets an mehreren Planungsverbänden beteiligt sein.

Ob für den Abschluß einer entsprechenden Vereinbarung die Zustimmung des Gesetzgebers notwendig ist, geht weder aus dem Baugesetzbuch noch aus Art. 85 VvB eindeutig hervor. Aufgrund allgemeiner verfassungsrechtlicher Grundsätze muß man aber annehmen, daß die Übertragung hoheitlicher Befugnisse auf einen selbständigen Rechtsträger (insbesondere wenn es sich um die "nicht rückholbare" Übertragung auf einen länderübergreifenden Verband handelt) nur mit Zustimmung des Gesetzgebers möglich ist. Daß bei der Bildung solcher Verbände und bei der Ausübung der Mitgliedschaftsrechte die betroffenen Berliner Bezirke in angemessener Weise zu beteiligen sind, ergibt sich aus Art. 50 Abs. 2 VvB.

Bei der Bildung eines derartigen Planungsverbandes würde Berlin gleichzeitig als Land und Gemeinde, bei der Ausübung der Mitgliedschaftsrechte dagegen wegen der Kompetenzzuweisung des Baugesetzbuchs nur als Gemeinde auftreten.

Gemeinsame Einrichtungen mit dem Land Brandenburg können 27.3
selbstverständlich nicht nur aufgrund der speziellen Ermächtigung in Art. 85 Satz 2 VvB, sondern auch aufgrund der allgemeinen Ermächtigung in Satz 1 gebildet werden. Dies dürfte wegen der engen geographischen, wirtschaftlichen und verkehrstechnischen Verflechtung der beiden Länder in verschiedenen Bereichen mindestens aus praktischen Gründen geboten sein.

Ein Staatsvertrag zwischen den Ländern Brandenburg und Berlin ist bis jetzt nicht zustandegekommen. Aufgrund von Vereinbarungen unterhalb dieser Ebene wurden drei gemeinsame Ausschüsse geschaffen, nämlich der Gemeinsame Regierungsausschuß, die Gemeinsame Staatssekretärskonferenz und die Arbeitsgemeinschaft der Bürgermeister und Landräte.[12]

Hoheitliche Befugnisse sind diesen Einrichtungen nicht übertragen worden; die von ihnen erarbeiteten Regelungen und Maßnahmen müssen in beiden Ländern von den jeweils zuständigen Organen in Kraft gesetzt werden.

Gemeinsame Einrichtungen und eine mögliche Übertragung von Hoheitsbefugnissen kommen auch im Verhältnis zum Bund in Betracht. Hierüber bestehen zur Zeit noch keine Vereinbarungen oder konkreten Überlegungen. Erwogen wird unter anderem ein Verkehrsverbund, an dem außer den Ländern Brandenburg und Berlin auch die Reichsbahn/Bundesbahn beteiligt sein könnte. Zweifelhaft ist es dagegen, ob Art. 85 VvB als Ermächtigung ausreicht, um bei der zukünftigen Verlagerung von Bundesorganen nach Berlin Aufgaben im Bereich der Stadtplanung auf den Bund zu übertragen. Hierfür dürfte also eine Änderung der VvB und des GG notwendig sein.

§ 28 Gewaltenteilung

28 Nach Art. 3 Abs. 1 steht die gesetzgebende Gewalt der Volksvertretung zu. Die vollziehende Gewalt liegt in den Händen der Regierung und der ihr nachgeordneten Verwaltung, die richterliche Gewalt in den Händen unabhängiger Gerichte.

Die Formulierung, daß die gesetzgebende Gewalt "allein" der Volksvertretung zusteht, ist irreführend; Rechtsverordnungen aufgrund einer gesetzlichen Ermächtigung sind zulässig. Die Verfassung von Berlin enthält in Art. 47 Abs. 1 sogar eine allgemeine Ermächtigung an den Senat zum Erlaß von Rechtsverordnungen; diese wird allerdings von Bundesrecht überlagert.

Die Gewaltenteilung und die Unabhängigkeit der Gerichte sind auch im Grundgesetz (Art. 20 Abs. 2, 92 GG) verankert und gehören zu den Grundprinzipien der parlamentarisch-rechtsstaatlichen Demokratie. Auch wenn sie nicht in der Verfassung von Berlin erwähnt wären, wären sie daher Bestandteil der verfassungsmäßigen Ordnung in Berlin (Art. 28 GG).[13]

12 Vgl.: Mitteilung des Senats über Bildung eines Regionalverbandes Berlin-Brandenburg, Abghs. Drs. 12/184.

§ 29 Staatsgebiet von Berlin; Einteilung in Bezirke

1. Geltende Rechtsvorschriften

Nach Art. 4 Abs. 1 VvB umfaßt Berlin die dort aufgezählten 23 Bezirke. Die Vorschrift wurde durch die Verfassungsänderung vom 3. September 1990 neu gefaßt. Eine ähnliche Bestimmung findet sich in Art. 1 Abs. 2 des Einigungsvertrages. Dort heißt es: "Die 23 Bezirke von Berlin bilden das Land Berlin." 29.1

Beide Vorschriften enthalten allerdings keine detaillierte Umschreibung des Staatsgebiets. Anhaltspunkte hierfür finden sich in dem Protokoll zum Einigungsvertrag. Es heißt dort zu Art. 1:

"(1) Die Grenzen des Landes Berlin werden durch das Gesetz über die Bildung einer Stadtgemeinde Berlin vom 27. April 1920 (Pr. GS 1920 S. 123) bestimmt mit der Maßgabe

— daß der Protokollvermerk zu Art. 1 der 'Vereinbarung zwischen dem Senat und der Regierung der Deutschen Demokratischen Republik vom 31. März 1988 über die Einbeziehung von weiteren Enklaven und anderen kleinen Gebieten in die Vereinbarung vom 20. Dezember 1971 über die Regelung der Fragen von Enklaven durch Gebietsaustausch' als auf alle Bezirke erstreckt gilt und im Verhältnis zwischen den Ländern Berlin und Brandenburg fortwirkt;
— daß alle Gebiete, in denen nach dem 7. Oktober 1949 eine Wahl zum Abgeordnetenhaus oder zur Stadtverordnetenversammlung von Berlin stattgefunden hat, Bestandteile der Bezirke von Berlin sind.

(2) Die Länder Berlin und Brandenburg überprüfen und dokumentieren innerhalb eines Jahres den sich nach Abs. 1 ergebenden Grenzverlauf."

Die Bundesrepublik und die DDR waren bei Abschluß des Einigungsvertrages souveräne Staaten und daher befugt, Grenzfragen und Fragen der territorialen Gliederung zu regeln. Allerdings konnte die Bundesrepublik bei Vertragsschluß über die Grenzen des Landes

13 Vgl. Pfennig in Neumann/Pfennig, Rdnrn. 2 und 8 zu Art. 8; Herzog in Maunz-Dürig Rdnr. 124 zu Art. 20 GG.

Berlin wegen des fortbestehenden Besatzungsrechts noch nicht verfügen. Die besatzungsrechtlichen Vorbehalte sind aber bei Inkrafttreten des Vertrages zunächst suspendiert worden und später entfallen, so daß der Vertrag auch hinsichtlich des Grenzverlaufs in Berlin voll wirksam werden konnte.

Für die Staatsorgane der Bundesrepublik ergab sich die verfassungsrechtliche Kompetenz zu dieser Regelung aus den Art. 32 und 59 GG sowie aus Art. 23 Satz 2 alte Fassung. Sie waren nicht an die Bestimmungen des Art. 29 GG gebunden, weil bei Abschluß und Ratifikation des Vertrages nach Art. 23 Satz 1 (alte Fassung) GG zwar das Land Berlin, nicht aber das angrenzende Territorium der DDR zum Geltungsbereich des Grundgesetzes gehörte.

Im einzelnen ergibt sich für den Gebietsstand des Landes Berlin aus diesen Vorschriften folgendes:

2. Gebietsstand bis 1945

29.2 Bis zu der Verfassungsänderung vom 3. September 1990 hieß es in Art. 4 Abs. 1 VvB, daß Berlin das Gebiet der bisherigen Gebietskörperschaft Groß-Berlin umfasse. Damit verwies der alte Verfassungstext auf die vorläufige Verfassung vom 13. August 1946 und vor allem auf das Groß-Berlin-Gesetz von 1920. Maßgeblich waren nicht die Grenzen, die durch das Gesetz von 1920 festgelegt wurden, sondern die Grenzen, die bei Inkrafttreten der Verfassung bestanden. Zu Berlin gehörten daher auch die Gebietsteile (im Raum von Düppel), die die Gebietskörperschaft Berlin zwischen den Jahren 1920 und 1945 erworben hatte.

3. Gebietsänderungen zwischen 1945 und 1990

29.3.1 Durch die Regelungen unter a und b in dem Protokoll zu Art. 1 des Einigungsvertrages sind aber auch einige Gebietsänderungen sanktioniert worden, die zwischen den Jahren 1945 und 1990 ohne die nach Art. 4 VvB (alte und neue Fassung) an sich notwendige Zustimmung des Abgeordnetenhauses eingetreten waren. Außerdem stellt das Protokoll zum Einigungsvertrag im Raum von Staaken den ursprünglichen Gebietsstand wieder her, der durch einseitige Maßnahmen der sowjetischen Besatzungsmacht und später der DDR gemindert worden war.

Zu Berlin gehören daher auch folgende Gebietsteile:

a) Britische Interessengebiete im Bereich des Flugplatzes **Gatow** (Groß-Glienicke Ost und Weinmeisterhöhe), die ab 1958 in die Gesetzgebung, Rechtsprechung und Verwaltung Berlins (Bezirk Spandau) eingegliedert worden waren, ohne daß ein formeller Umgemeindungsakt stattgefunden hatte, oder ein Beschluß des Abgeordnetenhauses herbeigeführt worden war. Sie waren ab 1958 an den Wahlen zum Berliner Abgeordnetenhaus beteiligt.

b) Der westliche Teil des Spandauer Ortsteils **Staaken**, der nach 1945 sowjetisches Interessengebiet geworden war. Er wurde am 1. Februar 1951 gegenüber den Westsektoren abgeriegelt und der Verwaltung des Berliner Ostsektors, später der Verwaltung des Bezirks Potsdam (Kreis und Gemeinde Nauen), unterstellt.

   Da dieser Ortsteil im Jahre 1950, an den Wahlen zum Berliner Abgeordnetenhaus teilnahm, gehört er nach Buchstabe b des Protokolls zu Art. 1 des Einigungsvertrages zum Land Berlin.
   Wegen der Regelung für den Bereich von Gatow und Staaken waren allerdings Klagen der angrenzenden brandenburgischen Gemeinden vor dem Bundesverfassungsgericht anhängig, über die bei Abschluß des Manuskripts noch nicht entschieden war.

c) Kleinere Gebietsteile, z. B. im Gebiet von Steinstücken und Eiskeller, die das Land Berlin nach Abschluß des Viermächte-Abkommens durch **Gebietstauschvereinbarungen** mit der DDR erworben hat. Auch hierüber wurde keine Entscheidung des Abgeordnetenhauses herbeigeführt. Umgekehrt gehören Gebietsteile, die das Land Berlin im Rahmen der Gebietstauschvereinbarungen an die ehemalige DDR abgegeben hat, nach wie vor nicht zu Berlin.

d) Gebietsteile, die in **Neubauprojekte** an der Grenze des ehemaligen Berliner Ostsektors einbezogen worden waren. Sie wurden durch geheimgehaltene Vereinbarungen zwischen den betroffenen Gebietskörperschaften der DDR in die Verwaltung des Berliner Ostsektors einbezogen. Eine offizielle Umgemeindung fand aus statusrechtlichen Gründen nicht statt. Da diese Gebiete im Mai 1990 an den Wahlen zur Ostberliner Stadtverordnetenversammlung teilnahmen, gehören sie nach b des Protokolls ebenfalls zum Land Berlin.

29.3.2 Nicht zum Berliner Staatsgebiet gehören Grundstücke außerhalb der Landesgrenzen, die **privatrechtlich Eigentum des Landes Berlin** sind. (Z. B. Stadtgüter und Forsten.)

4. Auftrag zur Überprüfung und Dokumentation

29.4 Das Protokoll zu Art. 1 des Einigungsvertrages bestimmt in seinem zweiten Absatz, daß die Länder Berlin und Brandenburg den Grenzverlauf innerhalb eines Jahres überprüfen und dokumentieren. Die Frist kann frühestens mit der Neubildung der Länder in der DDR, also am 14. Oktober 1990, möglicherweise sogar erst mit dem Zusammentritt des ersten Landtags von Brandenburg, beginnen, weil das an dem Verfahren beteiligte Land Brandenburg bis zu diesem Zeitpunkt rechtlich nicht existierte oder jedenfalls nicht handlungsfähig war.

Die Dokumentation der Grenze hat nur klarstellenden Charakter und dürfte allenfalls mit technischen Problemen verbunden sein. Das gleiche gilt von der Überprüfung der Grenze, soweit es sich hierbei nur um die Klärung eines streitigen Grenzverlaufes oder Markierungsberichtigungen handelt.[14]

Der Auftrag in dem zitierten Vertragsprotokoll könnte sich allerdings auch darauf erstrecken, daß der Grenzverlauf sachlich überprüft und ggf. berichtigt werden soll.

Allerdings sehen weder der Einigungsvertrag noch das Protokoll ein vereinfachtes Verfahren für eine solche Grenzberichtigung vor. Solange das Grundgesetz nicht gemäß den Empfehlungen in Art. 5 des Einigungsvertrages geändert wird, unterliegt daher jede zukünftige Änderung des Gebietsstandes den Bestimmungen der Art. 29 GG und 4 VvB (im einzelnen vgl. unten 5).

Verstreicht die Jahresfrist ergebnislos, so käme für eine Grenzberichtigung ein Verfahren durch Bundesgesetz gemäß Art. 29 Abs. 7 GG in Frage. Für eine klarstellende Überprüfung und Dokumentation dürf-

14 Vgl. von Münch, Grundgesetz, 2. Auflage, Rdnr. 69 zu Art. 29.

te es dagegen an einer Bundeszuständigkeit fehlen. Die Dokumentation durch die Länder Brandenburg und Berlin wird voraussichtlich Mitte 1992 abgeschlossen sein.

5. Voraussetzungen einer Gebietsänderung

Der Grenzverlauf zwischen Berlin und Brandenburg ist durch den 29
Einigungsvertrag und Abs. 1 des Protokolls zu Art. 1 des Vertrages definiert. Soweit die in Art. 5 des Einigungsvertrages empfohlene Grundgesetzänderung zur Neugliederung des Raumes Berlin-Brandenburg nichts anderes bestimmt, unterliegt jede zukünftige Gebietsänderung den Bestimmungen der Art. 29 GG und 4 VvB, unabhängig davon, ob sie im Rahmen des vorgesehenen Überprüfungsverfahrens oder unabhängig davon stattfindet.

Für Grenzänderungen, bei denen weniger als 10000 Einwohner betroffen sind, käme die vergleichsweise einfache Regelung in Betracht, die in Art. 29 Abs. 7 GG in Verbindung mit dem Bundesgesetz vom 30. Juli 1979 (BGbl. 1 S. 1325) vorgesehen ist. Hiernach reicht ein Staatsvertrag aus; dieser ist allerdings auch erforderlich, wenn es sich nur um minimale Grenzberichtigungen handelt.[14a]

Ob ein solcher Staatsvertrag der parlamentarischen Zustimmung bedarf, ergibt sich aus dem Verfassungsrecht der beteiligten Länder. Für Berlin gilt insoweit Art. 4 Abs. 2 Satz 1, wonach jede (also auch eine geringfügige) Änderung des Staatsgebiets einer Zustimmung der Volksvertretung bedarf. Art. 29 Abs. 7 und das dazu ergangene Bundesgesetz sehen außerdem vor, daß die betroffenen Kreise und Gemeinden anzuhören sind. Eine entsprechende Anhörung der auf Berliner Seite betroffenen Bezirke ist zwar weder im Grundgesetz und dem Ausführungsgesetz des Bundes noch in der Berliner Verfassung ausdrücklich vorgeschrieben, dürfte aber nach Art. 50 Abs. 2 VvB geboten sein. Außerdem muß nach Art. 52 VvB dem Rat der Bürgermeister Gelegenheit zur Stellungnahme gegeben werden.

Kommt ein Staatsvertrag nicht zustande, so käme außerdem eine Grenzberichtigung durch Bundesgesetz in Frage; dabei ist den betei-

14a Münch, a. a. O., Rdnr. 69.

ligten Ländern spätestens vor der zweiten Lesung Gelegenheit zur Stellungnahme zu geben.

Zweifelhaft kann sein, ob das vereinfachte Verfahren nach Art. 29 Abs. 7 auch zulässig ist, wenn mehrere Gebietsteile mit jeweils weniger als 10000, aber insgesamt mehr als 10000 Einwohnern, betroffen sind. Dies könnte vertretbar sein, wenn es sich bei natürlicher Betrachtungsweise um getrennte "Gebiete" handelt, also wenn zwischen Gebietsteilen weder ein örtlicher noch ein besonders enger wirtschaftlicher oder geschichtlicher Zusammenhang besteht.

Größere Gebietsänderungen könnten dagegen genauso wie eine vollständige Verschmelzung der Länder Berlin und Brandenburg nur gemäß Art. 29 Abs. 1 bis 6 herbeigeführt werden, es sei denn, daß eine Grundgesetzänderung, wie sie in Art. 5 des Einigungsvertrages empfohlen wird, ein einfacheres Verfahren vorsieht. Dabei brauchten allerdings die Bestimmungen der Berliner Landesverfassung — wenn die neue Vorschrift des Grundgesetzes dies nicht ausdrücklich vorsieht — nicht berücksichtigt zu werden (Art. 31 GG).

6. Einteilung in Bezirke

29.6 Seit der Verfassungsänderung vom 3. September 1990 sind die 23 Berliner Bezirke in Art. 4 Abs. 1 namentlich aufgezählt. Eine bestimmte Zahl von Bezirken ist im Verfassungstext nicht mehr festgelegt. Bis zur Verfassungsänderung vom 5. Oktober 1990 hatte Art. 4 Abs. 2 Satz 1 bestimmt, daß Berlin in 20 Bezirke (ohne Namensnennung) aufgeteilt war. Damit gab diese Verfassung ihren Geltungsanspruch für ganz Berlin (nicht nur für die Westsektoren) zu erkennen. Der Wortlaut führte aber zu Schwierigkeiten, nachdem im Ostsektor drei neue Bezirke (Marzahn, Hohenschönhausen und Hellersdorf) gebildet worden waren.

Eine Änderung der Zahl und der Grenzen der Bezirke bedarf grundsätzlich eines Gesetzes (Art. 4 Abs. 2 Satz 2). Erforderlich ist hier allerdings nur ein einfaches Gesetz und keine Verfassungsänderung. Wenn durch ein solches Gesetz neue Bezirke mit neuen Namen geschaffen oder bestehende Bezirke aufgelöst werden, so ändert sich auch der Text des Art. 4 Abs. 1, ohne daß ein verfassungsänderndes Gesetz notwendig wäre. Der Verfassungsgeber ermächtigt insoweit den einfachen Gesetzgeber zur Verfassungsänderung.[15]

In Art. 4 Abs. 2 Satz 3 ist vorgesehen, daß wenn bei Grenzänderungen von geringer Bedeutung, denen die beteiligten Bezirke zustimmen, durch Gesetz ein anderes Verfahren vorgesehen werden kann. Die entsprechende Regelung findet sich in § 12 Abs. 2 Nr. 4 Bezirksverwaltungsgesetz. Geringfügige Grenzänderungen zwischen den Bezirken können mit Zustimmung der betroffenen Bezirksverordnetenversammlungen durch eine Rechtsverordnung des Senats vorgenommen werden.

§ 30 Ortsteile — sonstige Einteilungen des Staatsgebiets

Nach der Bildung der neuen Stadtgemeinde Berlin im Jahre 1920 be- 30
stand in den sogenannten äußeren Bezirken eine räumliche Untergliederung, die sich weitgehend an die Grenzen der ehemaligen Städte, Landgemeinden und Gutsbezirke anlehnte. Diese Einteilung ist seit Außerkrafttreten des Groß-Berlin-Gesetzes weder in der Verfassung noch sonst gesetzlich vorgeschrieben. Sie hat vor allem die Bedeutung, daß bestimmte Ortsnamen, die im Bewußtsein der Bevölkerung fortleben, als Grundlage für die geografische Einteilung des Staatsgebiets erhalten bleiben. In dieser Funktion haben sie in bestimmten Bereichen der Verwaltung (z. B. Statistik und Einwohnererfassung) noch heute praktische Bedeutung. Außerdem werden sie in den Landeskartenwerken nachgewiesen. Das Kataster- und Grundbuchwesen geht zum Teil von anderen Bereichen aus.

Erscheint die Änderung von Ortsteilsgrenzen angebracht, so werden sie von den betroffenen Stellen der Hauptverwaltung im Einvernehmen mit dem zuständigen Bezirksamt geändert. Ein Gesetz oder eine Rechtsverordnung ist hierfür nicht notwendig. Die Forderung, Ortsteile oder andere Untergliederungen der Bezirke mit Selbstverwal-

15 Anderer Ansicht: Pfennig in Neumann/Pfennig, Rdnr. 6 zu Art. 4 der gegen den Wortlaut der Verfassung annimmt, daß die Zahl der Bezirke nur durch verfassungsänderndes Gesetz geändert werden könnte. Vgl. auch Landsberg/Götz, S. 57.

tungsrechten auszustatten, ist zwar gelegentlich erhoben worden, hat sich aber bis jetzt nicht durchgesetzt.

Die Verfassung für die östlichen Bezirke von 23. Juli 1990 bestimmte im Art. 50 Abs. 2 Satz 2, daß die Verwaltungen die Belange der einzelnen Ortsteile angemessen zu berücksichtigen hätten.

Unabhängig von den Ortsteilen und oft auch von den Bezirksgrenzen bestehen unterschiedliche Gliederungen des Staatsgebiets für unterschiedliche Verwaltungen (z. B. Polizei, Post, Finanzverwaltung) und für die Justiz (Amtsgerichtsbezirke).

§ 31 Hoheitszeichen

31 Nach Art. 5 VvB führt Berlin Flagge, Wappen und Siegel mit dem Bären, die Fahne mit den Farben weiß/rot. Einzelheiten hierzu sind in dem Gesetz über die Hoheitszeichen des Landes Berlin[16], in der Landes-Siegelverordnung[17] und in der Beflaggungsverordnung vom 21. Juni 1972[18] geregelt. Außerdem bestehen Verwaltungsvorschriften, z. B. die Ausführungsvorschriften zum Gesetz über die Hoheitszeichen.[19] Nach § 2 Abs. 1 des Gesetzes über Hoheitszeichen zeigt die Landesflagge die Farben rot/weiß/rot in drei Längsstreifen mit dem Wappentier (ohne Schildumrahmung) im weißen Feld. Die allgemeine Dienstflagge zeigt im weißen Feld das Landeswappen, also den Bären mit Schildumrahmung. Nach § 3 der Beflaggungsverordnung zeigen die Dienststellen des Landes Berlin, die überwiegend hoheitliche Aufgaben wahrnehmen, Bundesflagge und die allgemeine Dienstflagge, die sonstigen Einrichtungen und Dienststellen des Landes und der seiner Aufsicht unterstehenden Körperschaften die Bundesflagge und die Landesflagge jeweils nebeneinander.

16 Vom 13. Mai 1954, GVBl. S. 289.

17 Vom 28. Oktober 1954, GVBl. S. 622, geändert durch Verordnung vom 5. November 1979.

18 Vom 21. Juni 1972, GVBl. S. 1079.

19 Vom 25. April 1977, Amtsblatt für Berlin (ABl.) S. 636, geändert durch Verwaltungsvorschriften vom 21. Januar 1978, ABl. S. 186.

In der Verordnung über Landessiegel ist ein großes Landessiegel und ein kleines Landessiegel vorgesehen. Das große Landessiegel kommt ausschließlich als Prägesiegel (Oblate und Prägung), das kleine Landessiegel als Prägesiegel, als Siegelmarke oder als Farbdruckstempel zur Verwendung.

Den Bezirken sind gemäß § 1 Abs. 2 des Hoheitszeichengesetzes Bezirkswappen verliehen worden, die bei besonderen Anlässen neben dem Landeswappen geführt werden können.

Sanktionen gegen einen Mißbrauch der Wappen lassen sich auf § 124 OWiG sowie auf § 12 BGB (analoge Anwendung) stützen.

Zweites Kapitel
Die Grundrechte in der Berliner Verfassung

§ 32 Die Bedeutung der Grundrechte in der Berliner Verfassung

32.1 Wie die meisten Verfassungen der Bundesrepublik enthält auch die Verfassung von Berlin einen Grundrechtskatalog (Abschnitt II).[1] Außerdem haben einige Bestimmungen im VII. Abschnitt (Rechtswesen) grundrechtsähnlichen Charakter. Dies gilt insbesondere für Art. 65 (Rechte des Beschuldigten) und 66 (Verbot rückwirkender Strafrechtsbestimmungen). Die Grundrechte der Berliner Verfassung decken sich zum Teil mit denen des Grundgesetzes. In einigen Fällen gewährt die Berliner Verfassung weitergehende Rechte; in anderen bleibt sie hinter dem Grundgesetz zurück, oder sie enthält Formulierungen, die sich im Vergleich zum Grundgesetz weder eindeutig zugunsten noch zuungunsten des Grundrechtsträgers auswirken.

32.2 Eine Reihe von Grundrechtsbestimmungen der VvB findet im Grundgesetz keine Parallele. Es handelt sich vor allem um Vorschriften, die das wirtschaftliche und soziale Leben betreffen. Hierzu gehören Art. 12 Abs. 1 und 2 (Recht auf Arbeit; Vollbeschäftigung und Wirtschaftslenkung; Schutz für Frauen, Jugendliche und Körperbehinderte im Arbeitsverhältnis), Art. 14 (Anspruch auf Sozialunterstützung für jeden, der durch Krankheit oder aus anderen Ursachen in Not gerät), Art. 16 (Verbot des Mißbrauchs wirtschaftlicher Macht), Art. 17 (Mitbestimmungsrecht für Arbeiter und Angestellte in Wirtschaft und Verwaltung), Art. 18 Abs. 3 (Streikrecht), Art. 19 Abs. 1 (Recht auf Wohnraum). Außerdem gibt es Bestimmungen, die zwar zum traditionellen Bereich der liberalen Grundrechtskataloge gehören, aber eine wesentlich stärkere wirtschaftlich-soziale Komponente

1 Echte Grundrechtskataloge enthalten außer der Verfassung von Berlin die Verfassungen von Bayern, Hessen, Bremen und Rheinland-Pfalz. Die Verfassungen von Nordrhein-Westfalen und Baden-Württemberg verweisen auf die Grundrechte des Grundgesetzes. In die Verfassung von Nordrhein-Westfalen ist außerdem neuerdings ein Grundrecht auf Datenschutz eingefügt worden (Art. 4 Abs. 2 Verfassung NRW).

aufweisen als die Parallelvorschriften des Grundgesetzes. Dies gilt z. B. für den Gleichheitsgrundsatz (Art. 6). Hier heißt es nicht nur, daß Männer und Frauen vor dem Gesetz gleich sind, sondern auch, daß sie das gleiche Recht auf wirtschaftliche, soziale und geistige Entwicklungsmöglichkeit haben, und daß die Frau auf allen Gebieten des staatlichen, wirtschaftlichen und sozialen Lebens dem Manne gleichgestellt ist. In Art. 7 wird ausdrücklich betont, daß man bei der Wahrnehmung bürgerlicher Rechte und öffentlicher Ehrenämter insbesondere nicht durch sein Arbeitsverhältnis gestört werden darf.

Schließlich enthält der II. Abschnitt der VvB im Gegensatz zum 32.3
Grundgesetz auch einige Grundpflichten und Verbote, beispielsweise in Art. 11 die Verpflichtung bei Überwindung öffentlicher Notstände zu helfen, das Verbot des Mißbrauchs wirtschaftlicher Macht (Art. 16), das Verbot der Rassenhetze und Bekundung nationalen oder religiösen Hasses (Art. 20 Abs. 1).

Diesen Vorschriften der Berliner Verfassung kommt ähnlich wie 32.4
den Grundrechtsvorschriften anderer Landesverfassungen nur eine begrenzte rechtspraktische Bedeutung zu. Nach Art. 142 GG bleiben Bestimmungen der Landesverfassungen "ungeachtet der Vorschrift des Art. 31 auch insoweit in Kraft, als sie in Übereinstimmung mit den Art. 1 bis 18 dieses Grundgesetzes Grundrechte gewährleisten". Die Auslegung dieser Vorschrift ist allerdings umstritten. Man kann aber folgende Feststellungen als gesichert ansehen:

a) Das Wort "bleiben" bedeutet nicht, daß Art. 142 GG nur für Landesverfassungen gilt, die schon vor dem Grundgesetz in Kraft getreten waren. Die Vorschrift betrifft also auch den Grundrechtsteil der Berliner Verfassung und läßt den verfassunggebenden Organen der Länder die Möglichkeit, die Grundrechtskataloge zu ändern oder zu ergänzen.[2]
b) Die Worte "in Übereinstimmung mit den Art. 1 bis 18 dieses Grundgesetzes" werden von der fast einhelligen Rechtslehre so verstanden, daß die Regelung zugunsten aller Ländergrundrechte gilt, die nicht im Widerspruch zu den Bestimmungen des Grundgesetzes stehen. Damit scheint Art. 142 allerdings eine Selbstverständlichkeit zu normieren, denn auch andere Vorschriften in Lan-

2 Maunz-Dürig-Herzog-Scholz, Rdnr. 6 zu Art. 142 GG.

desverfassungen werden durch das Grundgesetz nicht außer Kraft gesetzt, wenn sie ihnen nicht widersprechen.[3]

Die Vorschrift hat also weitgehend klarstellenden Charakter. Sie bedeutet im Ergebnis, daß die Grundrechtsbestimmungen der Länder in Kraft bleiben, soweit sie gleichen Inhalt haben wie die Art. 1 bis 18 des Grundgesetzes oder weitergehende Rechte gewährleisten. Soweit sie dagegen hinter den Grundrechtsgarantien der Art. 1 bis 18 GG zurückbleiben oder weitergehende Einschränkungen vorsehen, hat das Grundgesetz als höherrangige Norm den Vorrang.[4]

c) Die Formulierung, daß die Ländergrundrechte "ungeachtet des Art. 31 GG in Kraft bleiben" bedeutet jedoch nicht, daß sie dem Grundgesetz oder dem einfachen Bundesrecht übergeordnet oder gleichgeordnet sind. Dies ist vor allem von Bedeutung, wenn die Landesverfassungen weitergehende oder ganz andersartige Grundrechte gewähren als das Grundgesetz. Die einschlägigen Bestimmungen bleiben zwar bestehen und sind gegenüber dem Landesgesetzgeber und der Landesverwaltung verbindlich; soweit die

3 Maunz- a. a. O., Rdnr. 13 zu Art. 142 GG; anderer Ansicht Leisner, die Bayerischen Grundrechte, Wiesbaden 1968, Seite 17.

4 Maunz- a. a. O., Fn. 2. Es braucht hier nicht erörtert zu werden, ob sich die Unterordnung der Landesverfassungen unter das einfache Bundesrecht auf Art. 31 GG oder auf den Kompetenzvorschriften der Art. 71 ff. GG beruht, weil das Ergebnis in beiden Fällen das gleiche ist. Allerdings ist in der Rechtslehre auch die Auffassung vertreten worden, daß die Behörden und Gerichte der Länder bei der Ausführung von Bundesrecht die Grundrechtsbestimmungen der Landesverfassungen zu berücksichtigen hätten (so Jutzi, DÖV 1983, S. 836, ähnlich — für den Fall, daß das Bundesgesetz einen Ermessensspielraum vorsieht — Schwan in Neumann-Pfennig, Vorbemerkung zum II. Abschnitt der VvB., Rdnr. 13).

Demnach müßte zum Beispiel ein Verdächtiger, der gemäß § 127 StPO vorläufig festgenommen worden ist, in Hessen und Rheinland-Pfalz bereits innerhalb von 24 Stunden dem Richter vorgeführt werden und nicht erst im Laufe des Tages nach seiner Festnahme, wie es § 128 StPO und Art. 104 Abs. 3, Satz 2 GG vorschreiben. Auch bei der Ermessensausübung im Rahmen eines Bundesgesetzes sollen die Behörden verpflichtet sein, die Ländergrundrechte zu berücksichtigen. Hierbei handelt es sich aber um eine isolierte Mindermeinung, die in der Rechtslehre und Rechtsprechung kein nennenswertes Echo gefunden hat.

Gesetzgebungskompetenz dem Bund zusteht, können sie aber durch einfaches Bundesrecht (Gesetze, Rechtsverordnungen des Bundes) außer Kraft gesetzt oder mindestens überlagert werden.

Zu überlegen wäre, ob insbesondere den wirtschaftlichen und so- 32.5
zialen Bestimmungen im Grundrechtsteil der Berliner Verfassung eine gewisse Bedeutung gesichert werden könnte, indem man sie als Staatszielbestimmungen interpretiert oder de lege ferrenda zu Staatszielbestimmungen umformuliert. Dies hätte zur Folge, daß die Organe des Landes Berlin auch in den Bereichen, in denen eine Gesetzgebungszuständigkeit des Bundes besteht, im Rahmen der dem Land verbleibenden rechtlichen und tatsächlichen Möglichkeiten auf die Verwirklichung bestimmter Ziele (z. B. Arbeit für alle, Wohnung für alle, materielle Gleichstellung der Frauen) hinwirken müßten. Eine Interpretation als Staatszielbestimmung ist z. B. im Falle des Art. 12 Abs. 1 Satz 1 und 2 schon nach dem jetzigen Text der Vorschrift geboten (das Recht auf Arbeit ist durch eine Politik der Vollbeschäftigung und Wirtschaftslenkung zu verwirklichen). In anderen Fällen käme eine entsprechende Umformulierung in Betracht.

§ 33 Einzelne Grundrechte

Die Unterordnung unter das Bundesrecht führt dazu, daß den Län- 33.1
dergrundrechten in wesentlichen Bereichen kaum eine praktische Bedeutung bleibt. Dies gilt insbesondere für die wirtschaftlichen und sozialen Grundrechte, weil die einschlägigen Gesetzgebungsmaterien (bürgerliches Recht, Handelsrecht, Arbeitsrecht, Kartellrecht, Sozialversicherungsrecht, Recht der Sozialhilfe) überwiegend zum Bereich der konkurrierenden Gesetzgebung (Art. 74 GG) gehören und der Bund von seiner Gesetzgebungskompetenz ausgiebig Gebrauch gemacht hat. Konkret bedeutet dies, daß gerade die Grundrechte, die die eigentliche Besonderheit des Berliner Grundrechtskatalogs im Vergleich zum Grundgesetz ausmachen, in den meisten Fällen dem Bundesrecht widersprechen und daher nicht anzuwenden sind oder aufgrund inhaltsgleicher bundesrechtlicher Vorschriften leerlaufen.

Eine gewisse Bedeutung im landesrechtlichen Rahmen dürfte folgenden Bestimmungen zukommen:

33.2 *Art. 7:* Niemand darf an der Wahrnehmung staatsbürgerlicher Rechte oder öffentlicher Ehrenämter gehindert werden, insbesondere nicht durch sein Arbeitsverhältnis. Diese Bestimmung ist für den Bereich des öffentlichen Dienstes, soweit er dem Landesrecht unterliegt, verbindlich. Wie weit die Vorschrift auch in privatrechtliche Arbeitsverhältnisse eingreifen kann, ist problematisch.

33.3 *Art. 17:* Das Mitbestimmungsrecht der Arbeiter und Angestellten in Wirtschaft und Verwaltung ist durch Gesetz zu gewährleisten. Für den Bereich der Wirtschaft ist diese Verfassungsvorschrift durch Bundesrecht (Betriebsverfassungsgesetz) überlagert. Dagegen ist sie für den Bereich der Verwaltung anwendbar.

Sie gilt dort nicht nur für Arbeiter und Angestellte, sondern aufgrund des Gleichbehandlungsprinzips auch für Beamte. Als die Berliner Verfassung formuliert und beraten wurde, gab es in Berlin noch keine Beamten, sondern nur Arbeiter und Angestellte im öffentlichen Dienst; das Berufsbeamtentum wurde erst später aufgrund bundesrechtlicher Vorschriften (Art. 33 Abs. 5 GG) wieder hergestellt.

Die Einzelheiten sind in dem Berliner Personalvertretungsgesetz[5] geregelt. Es gilt für die Verwaltung, die Gerichte und Betriebe des Landes Berlin sowie die landesunmittelbaren juristischen Personen des öffentlichen Rechts. Vorgesehen ist ein Personalrat für jede Dienststelle, ein Gesamtpersonalrat für bestimmte Bereiche der öffentlichen Verwaltung (Polizei, Justiz, Finanzverwaltung, kulturelle Angelegenheiten, Wissenschaft und Forschung sowie jede Universität — § 50 —) und ein Hauptpersonalrat für den gesamten Bereich der unmittelbaren Landesverwaltung (§ 55). Die Dienststellen, für die jeweils ein Personalrat zu wählen ist, sind in einer Anlage, die Bestandteil des Gesetzes ist, aufgeführt.

Für die Zwecke der Personalvertretung sind die Bediensteten in drei Gruppen (Angestellte, Arbeiter und Beamte) eingeteilt, die ihre Vertreter getrennt wählen. Die Mitgliederzahl des Personalrats ergibt sich aus § 14, die Stärke der jeweiligen Gruppenvertretung aus § 15 des Gesetzes.

5 Gesetz vom 26. Juli 1974, GVBl. S. 1669, zuletzt geändert durch Gesetz vom 21. Dezember 1981, GVBl. S. 1564.

Die Mitglieder werden aufgrund eines Verhältniswahlsystems anhand von Listen gewählt. Je nach Anzahl der vertretenen Dienstkräfte ist ein Teil der Personalratsmitglieder auf Antrag von seiner dienstlichen Tätigkeit freizustellen.

Das Gesetz sieht in §§ 70 bis 90 eine Beteiligung der Personalvertretungen in Form der Mitbestimmung und der Mitwirkung vor. Kommt in Mitbestimmungsangelegenheiten keine Einigung zustande, so entscheidet nach § 80 zwar grundsätzlich die Dienstbehörde mit Zustimmung der obersten Dienstbehörde, jedoch kann der Hauptpersonalrat oder der zuständige Gesamtpersonalrat die Entscheidung der sogenannten Einigungsstelle herbeiführen. Diese besteht aus einem unparteiischen Vorsitzenden und sechs Beisitzern, von denen die Hälfte von den Dienstbehörden und die Hälfte von den Personalräten vorgeschlagen wird.

Art. 22: Garantie des Sonntags und des 1. Mai als gesetzliche Feier- 33.4
tage, soweit keine bundesgesetzlichen Regelungen bestehen (z. B. Ladenschlußgesetz). Die Vorschrift gehört aber eigentlich nicht in den Grundrechtskatalog.

Folgenden Vorschriften könnte eine begrenzte Bedeutung als 33.5
Staatszielbestimmung zukommen, ohne daß der einzelne aus ihnen — wie es bei einem echten Grundrecht der Fall ist — unmittelbar subjektive Rechte herleiten kann:

Art. 6: Soweit er über die rechtliche Gleichstellung hinaus gleiche wirtschaftliche und soziale und geistige Entwicklungsmöglichkeiten für alle Grundrechtsträger und insbesondere für Frauen vorsieht;

Art. 12 Abs. 1: Das Recht auf Arbeit, das durch eine Politik der Vollbeschäftigung und Wirtschaftslenkung zu verwirklichen ist;

Art. 12 Abs. 2: Besonderer Schutz für Frauen, Jugendliche und Körperbehinderte;

Art. 19 Abs. 1: (Recht auf Wohnraum).

Die übrigen Grundrechtsbestimmungen werden zum Teil von in- 33.6
haltsgleichen Bundesgrundrechten überlagert, zum Teil sind sie mit dem Grundgesetz oder einfachem Bundesrecht unvereinbar und können daher nicht angewandt werden. Dies gilt im wesentlichen auch für die Verbotsvorschriften in Art. 20 Abs. 2 (Verbot der Rassenhetze und Bekundung nationalen oder religiösen Hasses) und Art. 21 Abs. 1 (Ver-

bot von Handlungen, die geeignet sind, das friedliche Zusammenleben der Völker zu stören); durch Bundesrecht überlagert ist die Formulierung, daß derartige Handlungen unter Strafe zu stellen sind (vgl. §§ 130, 131, 166 StGB). Beiden Vorschriften kann allenfalls eine begrenzte rechtliche Bedeutung verbleiben, wenn man sie als Staatszielbestimmung interpretiert.

33.7 Durch die Verfassungsänderung vom 3. September 1990 sind zwei neue Grundrechte, nämlich das informationelle Selbstbestimmungsrecht (Art. 21 b) und das Petitionsrecht (Art. 21 c) sowie eine neue Staatszielbestimmung, nämlich der Schutz der Umwelt und der natürlichen Lebensgrundlagen (Art. 21 a) in den Grundrechtskatalog aufgenommen worden.

Drittes Kapitel
Die Volksvertretung (Das Abgeordnetenhaus) — Abschnitt III VvB

§ 34 Rechtsstellung des Abgeordnetenhauses

Die Berliner Verfassung betont die übergeordnete Stellung des Parlaments stärker als das Grundgesetz und die meisten Landesverfassungen. Nach Art. 25 Abs. 1 VvB ist das Abgeordnetenhaus "die von den wahlberechtigten Deutschen gewählte Volksvertretung". Außerdem räumt die VvB dem Parlament weitgehende Befugnisse — insbesondere gegenüber der Exekutive — ein, die eine Parallele allenfalls in den Verfassungen der beiden anderen Stadtstaaten Hamburg und Bremen finden, zum Teil aber noch darüber hinausgehen. Dazu gehört die Wahl der Regierungsmitglieder (Senatoren) (Art. 41 Abs. 2), die Zustimmung zu den Richtlinien der Regierungspolitik, die Beschlußfassung über die Zahl der Geschäftsbereiche des Senats und ihre Abgrenzung (Art. 42 Abs. 3 und 4) sowie die Wahl der Generalstaatsanwälte, des Polizeipräsidenten und der Präsidenten der obersten Landesgerichte (Art. 44 Abs. 2 und 69 Abs. 2). 34

§ 35 Rechtsstellung der Opposition nach Art. 25 Abs. 3 VvB

Nach Art. 25 Abs. 3 VvB ist die Opposition notwendiger Bestandteil 35 der parlamentarischen Demokratie (Satz 1); sie hat das Recht auf politische Chancengleichheit (Satz 2). Die Bestimmung wurde durch das Änderungsgesetz vom 3. September 1990 in Anlehnung an die Ostberliner Verfassung vom 11/22 Juli 1990 in den Verfassungstext aufgenommen.

Aus der systematischen Stellung im Abschnitt über die Volksvertretung ist zu schließen, daß die Vorschrift die parlamentarische und nicht die außerparlamentarische Opposition betrifft. Auch der Terminus "parlamentarische Demokratie" im ersten Satz deutet darauf hin. Ob politische Parteien, die (noch) nicht im Abgeordnetenhaus vertreten sind, aber sich ernsthaft an Parlamentswahlen beteiligen oder beteiligen wollen, aus Art. 25 Abs. 3 Rechte herleiten können, ist zweifelhaft. Die Verhaltensregeln, die die Rechtsprechung und die Staatenpraxis (insbesondere die Praxis der Wahlorgane) aus dem Grundsatz der Wahlrechtsgleichheit (Art. 21 Abs. 1 Satz 2 GG, 26 Abs. 1 VvB) und aus § 5 des Parteiengesetzes hergeleitet haben, dürften ausreichen, um für diese Parteien eine ausreichende Chancengleichheit zu gewährleisten.

Der Singular in Art. 25 Abs. 3 Satz 1 ("die Opposition") bedeutet nicht, daß sich nur eine Oppositionsgruppe (oder alle Oppositionsgruppen gemeinsam) auf diese Vorschrift berufen könnten. Begünstigt werden alle Parteien, die aufgrund der jeweils letzten Wahl im Abgeordnetenhaus vertreten sind und die von ihnen gebildeten Fraktionen, soweit sie nicht an der Senatsbildung beteiligt sind. Das gleiche dürfte — mit gewissen Einschränkungen, z. B. bei der Zuerkennung des Fraktionsstatus — auch für Parteien gelten, die nur aufgrund einer Abspaltung nach der letzten Wahl im Abgeordnetenhaus vertreten sind, obgleich sie sich nur auf eine unvollkommene demokratische Legitimation berufen können.

Parteien und Fraktionen, die keine Senatsmitglieder stellen, aber einen Senat, der über keine ausreichende parlamentarische Mehrheit verfügt, "tolerieren", dürften ebenfalls von der Vorschrift erfaßt werden. "Opposition" ist jede im Parlament vertretene Partei, die sich nicht an der Regierung beteiligt und daher keinen unmittelbaren Zugriff auf die Hilfsmittel der Exekutive hat.

Der erste Satz der Vorschrift könnte, isoliert betrachtet, als Institutionsgarantie verstanden werden. Bei dieser Interpretation wäre es zweifelhaft, ob die Bildung einer großen Koalition mit der Verfassung vereinbar wäre, wenn danach keine Oppositionsfraktionen im Abgeordnetenhaus mehr vorhanden sind oder wenn die an der Senatsbildung nicht beteiligten Fraktionen oder Gruppen zu klein sind, um die Aufgaben der Opposition praktisch wirksam wahrzunehmen.

Diese Frage stellt sich nicht, wenn man die beiden Sätze für die Interpretation als Einheit betrachtet. Der erste Satz hat eher erklärenden oder begründenden Charakter; der operative Teil des Wortlauts ist im zweiten Satz zu suchen. Der Opposition wird hier von der Verfassung ein (organschaftliches) Recht zugebilligt, das gemäß § 14 Nr. 1 des Gesetzes über den Verfassungsgerichtshof im Wege einer

Organklage vor dem Verfassungsgerichtshof geltend gemacht werden kann. Allerdings handelt es sich um eine Generalklausel; der Anspruch auf "politische Chancengleichheit" für die Opposition kann im übrigen auch aus anderen Rechtsvorschriften und aus der Rechtsprechung des Bundesverfassungsgerichts hergeleitet werden.[1] Auf jeden Fall dürfte zur Gleichbehandlung eine angemessene Beteiligung an den Parlamentsausschüssen und anderen Organen des Parlaments gehören sowie Bestimmungen über die Fraktionsstärke, die die Opposition nicht diskriminieren. Zweifelhaft ist, ob und wie weit der Vorteil ausgeglichen werden muß, über den die Regierungsparteien dadurch verfügen, daß der Senat und die Senatsmitglieder z. B. bei der Formulierung von Gesetzesvorlagen auf die Hilfe der Verwaltung zurückgreifen können. Soweit eine solche Hilfe in Anspruch genommen wird, um Gesetzesvorlagen des Senats auszuarbeiten, dürfte ein Ausgleich nicht in Betracht kommen. Wenn die Hilfe der Verwaltung dagegen in Anspruch genommen wird, um auch Initiativvorlagen der Regierungsparteien zu formulieren, dürfte es mit Art. 25 Abs. 3 kaum vereinbar sein, den Oppositionsparteien eine entsprechende Hilfe zu verweigern.

§ 36 Die Rechtsstellung der Abgeordneten

1. Unabhängigkeit

Art. 25 Abs. 4 VvB bestimmt in Anlehnung an Art. 38 Abs. 1 Satz 2 GG, daß die Abgeordneten, Vertreter aller Berliner, an Aufträge und Weisungen nicht gebunden und nur ihrem Gewissen unterworfen sind. Die Vorschrift wurde erst durch die Verfassungsänderung vom 3. September 1990 in den Verfassungstext aufgenommen; es konnten bis zu diesem Zeitpunkt daher Zweifel bestehen, ob beispielsweise die Einführung eines imperativen Mandats in Berlin zulässig gewesen wäre. Überwiegend wurde aber angenommen, daß die Unabhängigkeit der Abgeordneten zu den Grundsätzen des republikanischen, 36.1

1 Vgl. z. B. die Rechtsprechung des Bundesverfassungsgerichts zum Anspruch von parlamentarischen Gruppen und einzelnen Abgeordneten auf Mitwirkung in den Ausschüssen und zum Anspruch der im Parlament vertretenen Parteien auf Mitwirkung bei der Kontrolle der Geheimdienste.

demokratischen und sozialen Rechtsstaats im Sinne des Grundgesetzes gehört und daher auch ohne eine entsprechende ausdrückliche Regelung in den Länderverfassungen für die verfassungsmäßige Ordnung der Länder verbindlich ist.[2]

Eine Rechtsvorschrift, nach der die Abgeordneten an Weisungen gebunden sind oder gebunden werden können, wäre daher verfassungswidrig und nichtig.[3] Bei entsprechenden Vorschriften in Parteisatzungen, Parteitagsbeschlüssen, Koalitionsabsprachen usw. ist es zweifelhaft, ob sie mit Art. 21 GG vereinbar sind. Sie sind auf jeden Fall rechtlich nicht einklagbar und könnten allenfalls mit (zulässigen) politischen Mitteln durchgesetzt werden, vor allem dadurch, daß Abgeordnete, die den Parteibeschlüssen zuwiderhandeln, bei der Aufstellung neuer Wahlvorschläge nicht mehr berücksichtigt werden.[4] Dies gilt nicht nur, wenn die Abgeordneten zu einem bestimmten Abstimmungsverhalten gezwungen werden sollen sondern auch in anderen politischen Fragen.[5]

2 Vgl. hierzu die Entscheidung des Niedersächsischen Staatsgerichtshofs vom 10. Mai/5. Juli 1985 (StGH 3/84 S. 1063 ff.; Jung, Die Verwaltung 1984 S. 197; Achterberg/Kasten, DVBl. 1985 S. 1066).

3 Das gleiche gilt auch für ein "programmgebundenes Mandat", nach dem die Abgeordneten nur an die Parteibeschlüsse gebunden sind, die offiziell Bestandteil des Wahlprogramms der betreffenden Partei waren.

4 Mit dieser Möglichkeit müssen Abgeordnete ohnehin rechnen, wenn sie das politische Vertrauen der zuständigen Parteigremien verlieren. Unzulässig und rechtlich unwirksam sind dagegen alle Vorkehrungen, die den Zweck haben, einen anderen als einen rein politischen Druck auf die gewählten Abgeordneten auszuüben, z. B. die Vereinbarung von Vertragsstrafen, die Hinterlegung von Blankounterschriften, von vordatierten oder undatierten Rücktrittserklärungen usw.

5 Das sogenannte Rotationsprinzip, nach dem die Abgeordneten der AL in Berlin und der Grünen parteiintern zeitweise verpflichtet waren, zur Mitte der Wahlperiode zurückzutreten und Nachrückern Platz zu machen, ist — unabhängig von den Mitteln, mit denen es durchgesetzt wird — verfassungsrechtlich problematisch, weil die Vorschriften der Verfassungen, die die Wahlperiode und die Amtszeit der gewählten Abgeordneten regeln, dadurch umgangen werden.

Der niedersächsische Staatsgerichtshof hat es in seiner Entscheidung vom 10. Mai / 5. Juni 1985 (StGH 3/84 — DVBl. 1985 S. 1063 ff.) als einen Verfassungsverstoß angesehen, wenn die Abgeordneten einer Fraktion gleichzeitig aufgrund des innerparteilich vorgeschriebenen Rotationsprinzips vor Ab-

2. Schutz der Mandatsausübung, Indemnität und Immunität

Art. 35 VvB und § 22 des Landesabgeordnetengesetzes[6] dienen der ungestörten Mandatsausübung. Art. 35 VvB garantiert die Indemnität der Abgeordneten (Abs. 1), die Immunität (Abs. 3 und 4) sowie das Recht der Abgeordneten, Angaben über Informanten und die Herausgabe von Schriftstücken zu verweigern, wenn sie die Informationen oder Schriftstücke in ihrer Eigenschaft als Abgeordneter erhalten haben. 36.2.1

36.2.2 Die Verfassungsvorschrift über die Indemnität der Abgeordneten, d.h. über ihre Straffreiheit für Äußerungen, die sie im Plenum, in Ausschüssen oder in Fraktionssitzungen des Parlaments gemacht haben, geht etwas weiter als die entsprechende Bestimmung des Strafgesetzbuchs (§ 36 StGB), weil sie keine Ausnahme bei verläumdnerischer Beleidigung vorsieht. Ähnliche Abweichungen zwischen der VvB auf der einen und dem StGB und der StPO auf der anderen Seite bestehen bei der Straffreiheit für wahrheitsgetreue Parlamentsberichte (Art. 36 VvB) und dem Zeugnisverweigerungsrecht der Abgeordneten (Art. 35 Abs. 2). Wäre die Materie dem Straf- und Strafprozeßrecht zuzurechnen, so unterläge sie der konkurrierenden Gesetzgebungskompetenz des Bundes, mit der Konsequenz, daß die Vorschriften der VvB nicht anwendbar wären, soweit sie dem Strafgesetzbuch oder Prozeßordnungen widersprechen. Bei der Frage, welchem Bereich eine Gesetzgebungsmaterie zuzurechnen ist, ist aber die Kompetenzvermutung zugunsten der Länder (Art. 30 und 70 GG) und vor allem der historische Zusammenhang in der deutschen Gesetzgebung zu beachten; dem Merkmal des "Traditionellen" und "Herkömmlichen" kommt dabei besonderes Gewicht zu.[7] Traditionell gehört die Regelung der

schluß der Wahlperiode zurücktreten. Trotzdem hat er die Rücktrittserklärungen als wirksam angesehen und den Landtag damit gezwungen, die Nachrücker in ihre Mandate zu berufen. Zur Frage des Rotationsprinzips vgl. u.a. Jung, Die Verwaltung 1984, S. 197; Achterberg/Kasten DVBl. 1985, S. 1066; Scholz 3.

Inzwischen haben die Grünen und die Alternative Liste die Rotation während der Wahlperiode in Bund und Ländern aufgegeben.

6 Gesetz über die Rechtsverhältnisse der Mitglieder des Abgeordnetenhauses von Berlin (Landesabgeordnetengesetz) vom 21. Juli 1978 (GBl. S. 1497) zuletzt geändert durch Gesetz vom 21. März 1991 (GVBl. S. 62).

Immunität und Indemnität — sowie andere Regelungen, die den Schutz der freien Mandatsausübung und der Parlamentsberichterstattung dienen — zum Parlamentsrecht und damit zum Verfassungsrecht. Sie unterliegt daher, soweit es sich um die Landesparlamente handelt, der Gesetzgebungskompetenz der Länder. Die Art. 35, 36 VvB sind daher auch insoweit anwendbar, als sie einen Schutz gewähren, der über die Bestimmungen des Strafgesetzbuchs und der Prozeßordnungen hinausgeht.[8]

36.2.3 Von der Indemnität (Straffreiheit) ist die Immunität (Verfolgungsfreiheit) zu unterscheiden. Sie dient der Arbeitsfähigkeit des Parlaments und kann daher vom Abgeordnetenhaus selbst aufgehoben werden (das Abgeordnetenhaus muß die Genehmigung dazu erteilen, daß ein Abgeordneter zur Untersuchung gezogen oder verhaftet wird — Art. 35 Abs. 3 VvB).

Von praktischer Bedeutung sind in diesem Zusammenhang vor allem die Richtlinien in Immunitätsangelegenheiten. Sie sind Anlage und damit Bestandteil der Geschäftsordnung des Abgeordnetenhauses, haben also nicht den Rang eines Gesetzes im materiellen Sinne. Da sie das Verfahren bei einer beantragten Immunitätsaufhebung regeln, entfalten sie gegenüber den Antragsberechtigten (Staatsanwaltschaften und Gerichte, oberste Dienstbehörden, Privatkläger und Nebenkläger) aber eine faktische Außenwirkung. Die Richtlinien enthalten u.a. eine Aufstellung der Maßnahmen gegenüber Abgeordneten — insbesondere im Ermittlungsverfahren —, die ohne Aufhebung der Immunität zulässig sind.[9] Ferner hat das Abgeordnetenhaus die Möglichkeit durch Beschluß die Durchführung von Ermittlungsverfahren wegen bestimmter Straftaten generell zu genehmigen. Notwendig ist eine Aufhebung der Immunität in jedem Fall bei jeder Art von Haft (innerhalb und außerhalb eines Strafverfahrens), vor Erhe-

7 BVerfGE 41, S. 205 und ständige Rechtsprechung. Im Ergebnis ebenso: Wolfrum, DÖV 1982, S. 674; Härth in Neumann-Pfennig, Rdnr. 3 zu Art. 35 VvB. Die Frage ist aber umstritten.

8 Vgl. die bei Härth, a.a.O., zitierte Literatur und Rechtsprechung.

9 Härth, a.a.O., Rdnr. 5 zu Art. 35.

bung der öffentlichen Klage oder einer Privatklage im Strafverfahren und vor Erlaß eines Strafbefehls.[10]

3. Sonstige Vorschriften zum Schutz der freien Mandatsausübung

Die §§ 2—4 des Landesabgeordnetengesetzes enthalten zusätzliche Vorschriften zum Schutz der freien Mandatsausübung insbesondere gegen Nachteile im Rahmen von Arbeitsverhältnissen und über einen Wahlvorbereitungsurlaub für Parlamentskandidaten. Diese Bestimmungen gelten nach § 5 des Gesetzes auch zugunsten von Mitgliedern anderer gesetzgebender Körperschaften im Geltungsbereich des Grundgesetzes. Hierunter sind aber nur der Bundestag und Landesparlamente zu verstehen, nicht aber die Satzungsorgane von Gemeinden und anderen öffentlich-rechtlichen Körperschaften.[11] 36.3

Nach § 2 darf niemand gehindert werden, sich um ein Parlamentsmandat zu bewerben, es zu übernehmen und auszuüben. Benachteiligungen am Arbeitsplatz (insbesondere Kündigung oder Entlassung) wegen der Annahme oder Ausübung des Mandats sind unzulässig. Im übrigen dürfen die Kandidaten und Parlamentsmitglieder nur aus wichtigem Grund gekündigt werden. Den Abgeordneten ist aufgrund des 9. Änderungsgesetzes zum Abgeordnetengesetz vom 21. März 1991 (GVBl. S. 62) für die Dauer ihrer Mandatszeit Teilzeitarbeit oder Sonderurlaub ohne Bezahlung zu gewähren (Abs. 4). Außerdem ist ihnen nach Beendigung der Mandatszeit ein gleichwertiger Arbeitsplatz zur Verfügung zu stellen. Der Antrag auf Teilzeitarbeit oder unbezahlten Urlaub kann von dem Arbeitgeber abgelehnt werden, wenn zwingende betriebliche Belange der Gewährung entgegenstehen. Da die Rechtsstellung von Angehörigen des öffentlichen Dienstes, die in das Abgeordnetenhaus gewählt sind, in §§ 27 bis 34 b des Gesetzes geregelt ist, betrifft diese Vorschrift private Arbeitsverhältnisse.

Die Bewerber um einen Parlamentssitz haben während der letzten zwei Monate vor dem Wahltag einen Anspruch auf unbezahlten Urlaub zur Wahlvorbereitung (§ 3). Die Zeiten der Parlamentsmitgliedschaft (§ 3) sind (z. B. bei der Altersversorgung) auf die Betriebszu-

10 Nach § 152 a StPO sind die entsprechenden Vorschriften der Landesverfassungen im gesamten Bundesgebiet wirksam.

11 Härth, a. a. O., Rdnr. 3 bis 10 zu Art. 35 VvB.

gehörigkeit anzurechnen (§ 4). Diese Bestimmungen greifen auch in privatrechtliche Arbeitsverhältnisse ein. Auch hier handelt es sich — wie bei der Regelung der Immunität und Indemnität — um eine Materie, die in der deutschen Gesetzgebungspraxis herkömmlicherweise dem Landesverfassungsrecht und dem Parlamentsrecht zugerechnet wird und daher der Gesetzgebungskompetenz der Länder unterliegt. Die Sonderregelungen des Abgeordnetengesetzes haben im Fall eines Konflikts Vorrang vor zivilrechtlichen Vorschriften, auch wenn es sich um Bundesrecht handelt.[12]

Der Anspruch auf Teilzeitarbeit oder unbezahlten Urlaub während der Mandatsausübung ist allerdings mit einem Eingriff in die Grundrechte des Arbeitgebers (Art. 12, 14 GG) verbunden; dieser Eingriff wird aber durch die Härteregelung des § 2 Abs. 4 erheblich gemildert.

4. Die finanzielle Entschädigung der Parlamentsmitglieder

36.4 Die finanzielle Entschädigung der Abgeordneten ist in dem Landesabgeordnetengesetz geregelt. Die Bestimmungen entsprechen der Forderung des Bundesverfassungsgerichts, daß den Abgeordneten mindestens die Möglichkeit gegeben werden muß, ihr Mandat als Ganztagsberuf ohne andere Einkünfte auszuüben.[13] Die gesetzliche Regelung in Berlin geht aber zugleich von der Annahme aus, daß die Parlamentarier jedenfalls in einem Stadtstaat von dieser Möglichkeit nicht in jedem Fall Gebrauch machen. Dies zeigt sich vor allem bei den Abgeordneten, die im öffentlichen Dienst tätig sind. Soweit ihre Stellung (als Beamter oder Angestellter im öffentlichen Dienst) mit der Ausübung des Abgeordnetenmandats vereinbar ist, bestimmt der 4. Teil des Gesetzes (insbesondere § 34 b), daß sie zwischen drei Möglichkeiten wählen können:

- sie können Urlaub ohne Besoldung erhalten;
- ihre Arbeitszeit und damit ihre Bezüge können auf Antrag bis auf 50 % ermäßigt werden;
- sie können ihre Tätigkeit im öffentlichen Dienst voll beibehalten und das Mandat als "Freizeitparlamentarier" ausüben. In diesem

12 Vgl. Fn. 6.
13 Vgl. oben BVerfGE 40, S. 296 (315 ff.).

Fall erhalten sie die vollen Bezüge aus ihrem Dienstverhältnis, während sich ihre Abgeordnetenentschädigung um 50 %, höchstens jedoch um 50 % des Gehalts, mindert.

Nach einem Änderungsgesetz zum Landesabgeordnetengesetz vom 15. Oktober 1990 (GVBl. S. 2197) ist die Möglichkeit, die Tätigkeit im öffentlichen Dienst voll beizubehalten, entfallen. Die betroffenen Abgeordneten hatten danach nur die Wahl zwischen vollständiger und 50 %iger Beurlaubung. Diese Regelung ist jedoch durch das 9. Änderungsgesetz vom 21. März 1991 wieder rückgängig gemacht worden.

Die Frage, welche öffentlichen Ämter mit der Ausübung des Abgeordnetenmandats vereinbar sind, ist im Wahlrecht geregelt.

§ 37 Organisation und Arbeitsweise des Abgeordnetenhauses

Die VvB enthält in Art. 28 ff. nur wenige Besonderheiten gegenüber 37
dem Grundgesetz und anderen Landesverfassungen; es kann daher weitgehend auf die allgemeine Literatur zum Parlamentsrecht verwiesen werden.

1. Die Geschäftsordnung

Nach Art. 29 VvB gibt sich das Abgeordnetenhaus eine Geschäftsord- 37.1.1
nung. Diese wird herkömmlicherweise im Gesetz- und Verordnungsblatt veröffentlicht, obgleich dies in der Verfassung nicht vorgeschrieben ist. Trotzdem handelt es sich jedenfalls nicht um ein Gesetz im formellen Sinne. Im übrigen ist die Rechtsnatur der parlamentarischen Geschäftsordnungen umstritten. Sie sind für das Parlament selbst verbindlich; ein Geschäftsordnungsverstoß steht der materiellen Wirksamkeit eines Parlamentsbeschlusses (z. B. Verabschiedung eines Gesetzes, Wahl des Regierenden Bürgermeisters usw.) aber nicht entgegen.

Die Geschäftsordnung des Abgeordnetenhauses gilt jeweils für eine Wahlperiode. Normalerweise beschließt das neugewählte Abgeordnetenhaus aber in der ersten Sitzung die Fortgeltung der alten Geschäftsordnung; etwaige Änderungen werden später beschlossen.[14]

37.1.2 Anlage und damit Bestandteil der Geschäftsordnung sind die Verhaltensregeln für Abgeordnete, die Richtlinien in Immunitätsangelegenheiten und die Grundsätze zur Stellung der Ausschußvorsitzenden. Nach den Verhaltensregeln sind die Abgeordneten verpflichtet, die gegenwärtig ausgeübten Berufe zur Aufnahme in das Handbuch des Abgeordnetenhauses anzugeben. Das gleiche gilt unter bestimmten Voraussetzungen für früher ausgeübte Berufe, vergütete und ehrenamtliche Tätigkeiten als Mitglied eines Vorstandes, Aufsichtsrats usw. und für vergütete und ehrenamtliche Funktionen sowie Mitgliedschaften in Berufsverbänden, Wirtschaftsvereinigungen, Interessenverbänden oder ähnlichen Organisationen. Bestimmte andere bezahlte Tätigkeiten sind dem Präsidenten anzuzeigen.

2. Beschlußfähigkeit

37.2 Eine Regelung, die vom Grundgesetz abweicht, findet sich in Art. 31 Abs. 1 VvB: Die Beschlußfähigkeit hängt davon ab, daß die Hälfte der gewählten Abgeordneten anwesend ist.[15] Eine Zählung der Abgeordneten ist nach § 73 der Geschäftsordnung aber nur vorgesehen, wenn sie unmittelbar vor Eröffnung der Abstimmung gefordert wird; sie unterbleibt, wenn das Präsidium über die Beschlußfähigkeit einig ist. Eine nachträgliche Feststellung der Beschlußunfähigkeit ist vorgesehen, wenn sich bei namentlicher Abstimmung herausstellt, daß die erforderliche Zahl von Abgeordneten nicht anwesend war. Auch wenn die Bestimmungen der Geschäftsordnung eingehalten worden sind, läßt sich bei dem eindeutigen Wortlaut des Art. 31 VvB aber der spätere Nachweis nicht ausschließen, daß bei einer Abstimmung die erforderliche Anzahl von Abgeordneten nicht anwesend war und deshalb z. B. ein Gesetz nicht wirksam zustande gekommen ist.

14 Härth in Neumann-Pfennig, Rdnr. 2 zu Art. 29.

15 Das Grundgesetz überläßt die Frage der Beschlußfähigkeit der parlamentarischen Geschäftsordnung; die meisten Landesverfassungen enthalten allerdings ähnliche Bestimmungen wie die VvB.

3. Mehrheiten

Das Abgeordnetenhaus beschließt mit einfacher Mehrheit, soweit die Verfassung nichts anderes bestimmt; Stimmengleichheit bedeutet Ablehnung (Art. 31 Abs. 2 VvB). Für Wahlen kann durch Gesetz oder durch Geschäftsordnung eine andere Mehrheit vorgeschrieben werden. 37.3.1

Der Begriff der (einfachen) Mehrheit ist in § 79 Abs. 2 der Geschäftsordnung definiert: Bei Abstimmungen zählen Stimmenthaltungen und ungültige Stimmen zur Feststellung der Beschlußfähigkeit mit; bei der Ermittlung der Mehrheit bleiben sie außer Betracht. Diese Vorschrift findet nach § 74 Abs. 3 Satz 2 GOA auch auf Wahlen, die das Abgeordnetenhaus vorzunehmen hat, entsprechende Anwendung. Bei der Wahl des Regierenden Bürgermeisters zählen die Stimmenthaltungen und ungültigen Stimmen bei der Ermittlung der Mehrheit jedoch mit (Art. 41 Abs. 1 VvB, § 75 Abs. 1 Satz 2 GOA). 37.3.2

§ 38 Organe des Parlaments

1. Rechtsgrundlagen

Außer dem Plenum sind in der VvB als Organe des Parlaments ausdrücklich vorgesehen: der Präsident, das Präsidium (Art. 28) und die Ausschüsse (Art. 32 Abs. 1); auch die Sonderstellung der Petitionsausschüsse und der Untersuchungsausschüsse ist in der Verfassung ausdrücklich verankert (Art. 32 Abs. 4 und Art. 33). 38.1

Weitere Organe des Abgeordnetenhauses beruhen auf Vorschriften der Geschäftsordnung und verschiedenen Einzelgesetzen (z. B. Enquete-Gesetz); dort werden auch die Befugnisse der in der Verfassung vorgesehenen Parlamentsorgane geregelt.

2. Der Präsident

Der Präsident wird nach Art. 28 VvB — ebenso wie die übrigen Mitglieder des Präsidiums — für die Dauer der Wahlperiode gewählt. Eine Abwahl ist nicht vorgesehen; kraft der Parlamentssouveränität ist 38.2

das Abgeordnetenhaus jedoch befugt, vor Ablauf der Legislaturperiode einen neuen Präsidenten zu wählen; damit wäre die Funktion des alten erloschen.[16] Der Präsident beruft das Abgeordnetenhaus ein (Art. 30 Abs. 1); er ist hierzu verpflichtet, wenn ein Fünftel der Mitglieder des Abgeordnetenhauses oder der Senat es verlangen. Außerdem vertritt der Präsident das Abgeordnetenhaus in allen Angelegenheiten; er übt das Hausrecht und die Polizeigewalt im Abgeordnetenhaus aus. Weitere Einzelheiten sind in § 14 der Geschäftsordnung geregelt. Der Präsident führt den Vorsitz in den Sitzungen des Plenums (§ 58 GoA), des Präsidiums und des Ältestenrates. Er kann mit beratender Stimme an den Sitzungen aller übrigen Ausschüsse teilnehmen. Die Stellvertreter unterstützen den Präsidenten in seiner Amtsführung; sie vertreten ihn bei Abwesenheit oder Behinderung in allen Rechten und Pflichten. Den Vertretungsplan vereinbart der Präsident mit den Stellvertretern (§ 15 GoA).

Aufgrund einer parlamentarischen Tradition, die aber in den Verfassungstexten nicht verankert ist und auch keinen gewohnheitsrechtlichen Charakter hat, wird der Präsident in den deutschen Parlamenten von der stärksten Fraktion gestellt, auch wenn diese an der Regierungsbildung nicht beteiligt ist.

3. Haus- und Polizeigewalt des Präsidenten — Bannmeile

38.3.1 Der Präsident des Abgeordnetenhauses übt nach Art. 37 VvB im Abgeordnetenhaus das Hausrecht und die Polizeigewalt aus. Im Rah-

16 So für den Bundestagspräsidenten; Maunz in Maunz-Dürig-Herzog-Scholz, Rdnr. 10 zu Art. 40 GG; anderer Ansicht Härth, a. a. O., Rdnr. 4 zu Art. 29 und ein Teil der dort angegebenen Literatur. Gegen die Zulässigkeit einer Abwahl wird angeführt, daß ein Parlamentspräsident, der mit der Möglichkeit rechnen muß, von der Mehrheit seines Amtes enthoben zu werden, nicht mehr in der Lage ist, sein Amt unparteiisch wahrzunehmen. Dem steht entgegen, daß das Parlament kraft seiner Souveränität die Möglichkeit haben muß, den Präsidenten mindestens im Fall der Unfähigkeit oder des Amtsmißbrauchs zu ersetzen. Die lege ferenda könnte viel für eine Abwahlmöglichkeit mit qualifizierter Mehrheit sprechen.

Das Amt des Parlamentspräsidenten erlischt im übrigen, wenn er (z. B. durch Rücktritt oder Verlust der Wählbarkeit) aus dem Parlament ausscheidet. Er kann auch unter Beibehaltung seines Mandats von dem Amt des Präsidenten zurücktreten.

men des Hausrechts hat er die Befugnis, das Betreten der betreffenden Räume und das Verhalten in diesen Räumen zu regeln. Im Rahmen der Polizeigewalt ist er anstelle des Polizeipräsidenten Polizeibehörde; die ihm vom Polizeipräsidenten zur Verfügung gestellten Polizeibeamten unterstehen ausschließlich seiner Weisungsbefugnis. Die Polizeigewalt des Präsidenten umfaßt allerdings nicht den sogenannten verwaltungspolizeilichen und kriminalpolizeilichen Bereich.

Das Haus- und Polizeirecht des Präsidenten des Abgeordnetenhauses erstreckt sich nur auf die Räume, in denen das Parlament tagt und in denen seine Verwaltung arbeitet, also nicht auf das gesamte Gebäude, in dem auch andere Organe des Landes ihren Sitz haben können.

Die Bannmeile um den Sitz des Abgeordnetenhauses wird durch 38.3.2
ein besonderes Gesetz festgelegt. Zur Zeit gilt noch das auf das Rathaus Schöneberg bezogene Berliner Bannmeilen-Gesetz vom 17. März 1983. Innerhalb des befriedeten Bannkreises sind öffentliche Versammlungen unter freiem Himmel und Aufzüge verboten; Ausnahmen kann der Präsident des Abgeordnetenhauses im Einvernehmen mit dem Senator für Inneres zulassen. Nach § 3 des Gesetzes hat der Präsident des Abgeordnetenhauses das Recht, im Einvernehmen mit dem Regierenden Bürgermeister allgemeine Anordnungen über das Betreten des Rathauses Schöneberg zu erlassen.

4. Das Präsidium

Das Präsidium ist in Art. 28 VvB vorgesehen, jedoch enthält die Verfas- 38.4
sung keine Bestimmungen über seine Zusammensetzung und seine Funktionen.[17] Nach § 12 der Geschäftsordnung besteht es aus dem Präsidenten, zwei Stellvertretern und acht Beisitzern. Es beschließt in allen inneren Angelegenheiten des Abgeordnetenhauses, soweit sie nicht dem Präsidenten vorbehalten sind, entwirft den Haushaltsplan des Abgeordnetenhauses und verfügt über die dem Abgeordnetenhaus vorbehaltenen Räume (§ 13 GOA).

17 Das Bonner Grundgesetz bestimmt in Art. 40 Abs. 1, daß der Bundestag seinen Präsidenten, dessen Stellvertreter und die Schriftführer wählt. Die Bezeichnung "Präsidium" wird dort im offiziellen Text nicht verwendet, erscheint aber in der nicht offiziellen Überschrift fast aller Textausgaben.

5. Ausschüsse

38.5 Nach Art. 32 Abs. 1 VvB wählt das Abgeordnetenhaus nach Bedarf Ausschüsse aus seiner Mitte; sie bereiten die Beschlußfassung des Plenums vor. Gesetzesvorlagen sollen zwischen der ersten und der zweiten Lesung im allgemeinen in dem zuständigen Ausschuß vorberaten werden (Art. 45 Abs. 3 S. 2 VvB).

Die Verfassung von Berlin (Art. 32 Abs. 2) sieht vor, daß in den Ausschüssen "die Parteien nach den Grundsätzen der Verhältniswahl" vertreten sein müssen.[18] Die Fraktionen wählen die auf sie entfallenden ordentlichen Mitglieder und benennen sie dem Präsidenten (§ 20 Abs. 3 Satz 2 GOA); Stellvertretung ist zulässig (§ 20 Abs. 4). Gegen Neubenennungen während der Wahlperiode bestehen keine Bedenken.

Für die Sitzungen der Ausschüsse gilt die Geschäftsordnung des Abgeordnetenhauses sinngemäß (Art. 32 Abs. 3 VvB). Einzelheiten sind in § 26 GOA und in den Grundsätzen zur Stellung der Ausschußvorsitzenden (Anlage 3 zur GOA) geregelt. Nach § 26 Abs. 5 GOA tagen die Ausschüsse grundsätzlich öffentlich; eine Ausnahme bilden die Ausschüsse für Bundesangelegenheiten, Gesamtberliner Fragen, Sicherheit und Ordnung, Rechnungsprüfung und für Vermögensverwaltung sowie der Ausschuß für Verfassungsschutz. In den anderen Ausschüssen kann die Öffentlichkeit auf Antrag für eine Sitzung oder einen Teil einer Sitzung ausgeschlossen werden.

6. Der Ältestenrat

38.6 Der Ältestenrat wird in der Verfassung von Berlin nicht erwähnt, er ist aber in der Geschäftsordnung des Abgeordnetenhauses (§§ 17 bis 19) vorgesehen. Er ist kein Ausschuß im Sinne von Art. 32 VvB; seine Sitzungen sind nicht öffentlich. Mitglieder sind der Präsident des Abgeordnetenhauses, seine beiden Stellvertreter und eine vom Plenum festzusetzende Anzahl von Abgeordneten, die von den Fraktionen entsprechend ihrer Stärke entsandt werden. Er wird vom Präsidenten einberufen, der auch die Sitzungen leitet, und berät den Präsidenten bei der Führung der Geschäfte, insbesondere bei der Aufstellung des

18 Im einzelnen vgl. hierzu Rdnr. 38.11.2.

Arbeitsplans. Er verteilt auf die Fraktionen nach Maßgabe ihrer Stärke die Stellen der Ausschußvorsitzenden, der Schriftführer und ihrer Stellvertreter.

7. Untersuchungsausschüsse

Untersuchungsausschüsse sind in Art. 33 VvB vorgesehen und neh- 38.7.1
men gegenüber anderen Ausschüssen eine Sonderstellung ein. Während das Recht der Untersuchungsausschüsse für den Bund nur in Art. 44 GG verankert ist,[19] besteht in Berlin, ähnlich wie in einigen anderen Ländern, ein Gesetz, das die Befugnisse und das Verfahren der Untersuchungsausschüsse näher regelt.[20]

Untersuchungsausschüsse müssen vom Parlament eingesetzt wer- 38.7.2
den, wenn ein Viertel der Mitglieder dies verlangt. Es muß ein bestimmter Untersuchungsauftrag erteilt werden; dieser kann von der Mehrheit gegen den Willen der Antragsteller erweitert werden, wenn dadurch keine wesentliche Verzögerung des Untersuchungsverfahrens zu erwarten ist (§ 2 des Gesetzes).

Der Ausschuß setzt sich aus höchstens sieben ordentlichen Mit- 38.7.3
gliedern und einer gleichen Anzahl von Stellvertretern zusammen, wobei die Fraktionen nach den Grundsätzen der Verhältniswahl beteiligt werden sollen. Fraktionen, die nach diesem Berechnungsmodus nicht berücksichtigt werden können, haben das Recht, ein Mitglied und einen Stellvertreter mit beratender Stimme in den Ausschuß zu entsenden. Der Vorsitzende und sein Vertreter werden vom Abgeordnetenhaus gewählt; sie sollen verschiedenen Fraktionen angehören (§ 3 des Gesetzes). Die Sitzungen des Ausschusses sind grundsätzlich öffentlich. Die Öffentlichkeit oder einzelne Personen können unter bestimmten Voraussetzungen ausgeschlossen werden; der Ausschluß der gesamten Öffentlichkeit bedarf der Zweidrittelmehrheit (§ 7).

Nach Art. 33 Abs. 2 VvB ist jedermann verpflichtet, den Aufforde- 38.7.4
rungen des Ausschusses zum Zwecke der Beweiserhebung Folge zu

19 Hilf NVwZ 1987, S. 537.

20 Gesetz über die Untersuchungsausschüsse des Abgeordnetenhauses von Berlin vom 22. Juni 1970 (GVBl. S. 925) geändert durch Gesetz vom 26. November 1974 (GVBl. S. 2746).

leisten. Gerichte und Behörden haben Rechts- und Amtshilfe zu leisten; sie haben auf Verlangen Akten vorzulegen und ihren Dienstkräften Aussagegenehmigungen zu erteilen, soweit nicht Gründe der Staatssicherheit entgegenstehen. Die Einzelheiten der Beweiserhebung durch den Ausschuß sind in den §§ 10 bis 15 des Gesetzes geregelt; dieses verweist in vielen Punkten auf die Strafprozeßordnung. Die grundsätzliche Pflicht der Behörden zur Vorlage von Akten an parlamentarische Untersuchungsausschüsse ist vom Bundesverfassungsgericht bestätigt worden.[21] In dieser Entscheidung werden aber auch die Grenzen definiert, die sich aus dem öffentlichen Interesse und den berechtigten Interessen Einzelner ergeben können. Zweifelhaft ist, ob die Behörden des Bundes und anderer Länder verpflichtet sind, dem Untersuchungsausschuß eines Landesparlamentes im Wege der Amtshilfe Auskünfte zu erteilen.

38.7.5 Der Untersuchungsausschuß erstattet dem Abgeordnetenhaus einen schriftlichen Bericht; jedes Mitglied hat das Recht, einen abweichenden Bericht vorzulegen (§ 19 des Gesetzes). Die Berichte der Untersuchungsausschüsse sind der richterlichen Nachprüfung entzogen (Art. 33 Abs. 3 VvB). Dagegen können einzelne Maßnahmen der Untersuchungsausschüsse, insbesondere im Rahmen der Beweiserhebung, Gegenstand eines Rechtsstreites sein, wobei die Zuständigkeiten zum Teil umstritten sind.[22]

38.7.6 Der Untersuchungsausschuß kann seine Tätigkeit aussetzen, wenn anderweitige Aufklärung zu erwarten ist oder ein Gerichts- oder Ermittlungsverfahren gestört werden könnte. In diesem Fall kann das Verfahren auch durch Beschluß des Abgeordnetenhauses jederzeit wiederaufgenommen werden. Das Abgeordnetenhaus kann mit Zustimmung der Antragsteller das Verfahren einstellen und den Untersuchungsausschuß auflösen, es sei denn, daß mindestens ein Viertel der Mitglieder des Abgeordnetenhauses widerspricht (§ 18 des Gesetzes).

38.7.7 Die Aufgaben und Befugnisse der parlamentarischen Untersuchungsausschüsse sind in vielen Punkten umstritten. Die grundsätzliche Entscheidung des Bundesverfassungsgerichts[23] hat die Diskus-

21 BVerfGE 67, S. 100 ff.
22 Hilf, a. a. O., S. 543.
23 BVerfGE, a. a. O. (Fn. 21).

sion nicht abgeschlossen, sondern eine große Anzahl neuer Veröffentlichungen und gerichtlicher Entscheidungen provoziert. Ob das Recht der parlamentarischen Untersuchungsausschüsse für den Bund in absehbarer Zeit durch Gesetz geregelt wird, bleibt abzuwarten. Ein solches Bundesgesetz hätte, auch wenn es für die Länder nicht unmittelbar verbindlich wäre, sicher eine erhebliche Reflexwirkung auf die parlamentarische Praxis und die Gesetzgebung in den Ländern.

8. Der Petitionsausschuß

Seine Stellung ist ebenfalls in einem besonderen Gesetz geregelt.[24] 38.8
Nach § 4 dieses Gesetzes entscheidet er nach pflichtgemäßem Ermessen über die dem Abgeordnetenhaus zugeleiteten Petitionen einzelner Personen. Eine Vorlage an das Plenum ist nur vorgesehen, wenn der Ausschuß selbst dies beschließt oder eine Fraktion des Abgeordnetenhauses oder 10 seiner Mitglieder einen entsprechenden Antrag stellen. Im übrigen wird dem Abgeordnetenhaus ein mindestens halbjährlicher Bericht über die Arbeit des Ausschusses vorgelegt. Der Petitionsausschuß klärt den Sachverhalt auf; anschließend hat er folgende Entscheidungsmöglichkeiten:[25]
Überweisung der Petition an den Senat
zur Kenntnisnahme,
zur Überprüfung,
mit der Empfehlung, bestimmte näher bezeichnete Maßnahmen zu veranlassen,
dem Petenten wird anheim gegeben zunächst den Rechtsweg auszuschöpfen,
die Petition wird für erledigt erklärt,
die Petition wird, ohne auf die Sache einzugehen, zurückgewiesen oder an eine andere zuständige Stelle weitergegeben,
die Petition wird nach Beratung im Ausschuß für ungeeignet zur weiteren Behandlung erklärt.

Die Überweisung an den Senat, insbesondere zur Überprüfung oder mit der Empfehlung, bestimmte näher bezeichnete Maßnahmen

24 Gesetz über die Behandlung von Petitionen an das Abgeordnetenhaus von Berlin (Petitionsgesetz) vom 25. November 1969 (GVBl. S. 2511).
25 § 7 PetG.

zu veranlassen, ist rechtlich für die Exekutive nicht verbindlich (Gewaltenteilung); sie hat jedoch ein nicht zu unterschätzendes politisches Gewicht.

Der Petitionsausschuß kann sich auch mit Verwaltungsentscheidungen befassen, die bestandskräftig geworden oder durch rechtskräftige Gerichtsentscheidungen bestätigt worden sind. In anhängige Gerichtsverfahren darf er nicht eingreifen, jedoch kann er Empfehlungen an die Verwaltung richten, die ihr Verhalten in einem solchen Verfahren betreffen.[26]

9. Die Kontrolle des Verfassungsschutzes

38.9.1 Durch eine gesetzliche Regelung vom 2. Oktober 1987 war die Kontrolle der Exekutive im Bereich des Verfassungsschutzes einem besonderen Organ — der sogenannten Parlamentarischen Kontrollkommission — übertragen worden.[27] Es handelte sich nicht um einen Parlamentsausschuß; zweifelhaft konnte sein, ob es sich um ein Hilfsorgan des Parlaments oder um ein besonderes selbständiges Kontrollorgan handelte. Nach § 5 des Gesetzes blieben die Rechte des Abgeordnetenhauses und seiner Ausschüsse unberührt.

Die Kommission bestand aus fünf Mitgliedern; ihre Sitzungen waren geheim. Die geringe Mitgliederzahl hatte offensichtlich den Zweck, kleinere Parlamentsfraktionen von der Kontrolle des Verfassungsschutzes auszuschließen.[28] Dies führte zu heftigen politischen und rechtlichen Kontroversen. Das Bundesverfassungsgericht hat es für den Zuständigkeitsbereich des Bundestages trotz gewisser Bedenken als verfassungsmäßig anerkannt, wenn aus zwingenden Gründen des Geheimschutzes einzelne Fraktionen bei der Besetzung eines Ausschusses, der die Geheimdienste kontrolliert, unberücksichtigt bleiben.[29] Es ist aber zu bedenken, daß das Grundgesetz anders als

26 §§ 9, 10 Petitionsgesetz.

27 Gesetz über das Landesamt für Verfassungsschutz vom 21. Februar 1952 (GVBl. S. 106) i. d. F. vom 2. Oktober 1987 (GVBl. S. 2385). Auf Bundesebene besteht für die Kontrolle der Geheimdienste eine ähnliche gesetzliche Regelung.

28 Andererseits wurde einer der auf die CDU entfallenden Sitze in der Kommission mit einem Parlamentsmitglied besetzt, das der F.D.P.-Fraktion angehörte.

29 Siehe Fn. 28.

die VvB die Mitwirkung von Parlamentsausschüssen und die proportionale Beteiligung an diesen Ausschüssen nicht ausdrücklich vorschreibt.

In der 11. Wahlperiode ist die Parlamentarische Kontrollkommission durch eine weitere Gesetzesänderung abgeschafft worden.[30] Der Senat unterliegt jetzt hinsichtlich der Tätigkeit des Landesamtes für Verfassungsschutz der Kontrolle durch einen Parlamentsausschuß (Ausschuß für Verfassungsschutz des Abgeordnetenhauses). Dieser soll aus höchstens 10 Mitgliedern bestehen; jede Fraktion erhält mindestens einen Sitz. Die Verteilung der Sitze soll insgesamt den Mehrheitsverhältnissen und soweit wie möglich dem Stärkeverhältnis im Abgeordnetenhaus entsprechen. Durch Beschluß des Abgeordnetenhauses hat er im Rahmen seiner Kontrolle auch die Rechte eines Untersuchungsausschusses; er beschließt insoweit selbst über Untersuchungsgegenstand und -auftrag. Seine Kontrollbefugnisse gegenüber denen der Parlamentarischen Kontrollkommission sind erweitert worden; die Rechte des Abgeordnetenhauses und seiner anderen Ausschüsse bleiben unberührt. 38.9.2

10. Enquete-Kommissionen

Die Enquete-Kommissionen sind nicht in der VvB, sondern in dem Gesetz über die Enquete-Kommissionen des Abgeordnetenhauses von Berlin (EnqueteG) vorgesehen.[31] Im Unterschied zu Untersuchungsausschüssen, die einzelne Vorgänge untersuchen, haben sie die Aufgabe, zur Vorbereitung gesetzlicher Regelungen und anderer vom Parlament zu fassender Entscheidungen umfassende Sachverhalte in einem Lebensbereich durch Sammlung und Auswertung von Material zu klären. 38.10

Sie sind Hilfsorgane des Abgeordnetenhauses, aber keine Ausschüsse. Im Gegensatz zu den Ausschüssen tagen sie grundsätzlich nicht öffentlich.

30 BVerfGE 70, S. 324 ff.

31 Gesetz über die Enquete-Kommissionen des Abgeordnetenhauses von Berlin vom 7. Dezember 1970 (GVBl. S. 1974) zuletzt geändert durch Gesetz vom 23. Februar 1976 (GVBl. S. 350). Auf Bundesebene ist die Einrichtung von Enquete-Kommissionen nur in der Geschäftsordnung des Bundestages geregelt vgl. Kretschmar, DVBl. 1986, S. 923.

Über die Einsetzung entscheidet das Abgeordnetenhaus durch Beschluß; sie muß erfolgen, wenn ein Viertel der Mitglieder des Abgeordnetenhauses dies verlangt (§ 1 Abs. 2).

Mitglieder der Kommission können außer Abgeordneten auch Sachverständige sein, die nicht dem Abgeordnetenhaus angehören. Die Mitglieder werden aufgrund einer Vereinbarung von den Fraktionen benannt und vom Präsidenten des Abgeordnetenhauses berufen. Kommt keine Einigung zustande, so benennen die Fraktionen entsprechend ihrer Stärke die Mitglieder; jede Fraktion jedoch mindestens ein Mitglied (§ 2 Abs. 1).

Für den Untersuchungsauftrag, den Bericht und die Auflösung der Kommission sieht das Gesetz ähnliche Regelungen vor wie das Untersuchungsausschußgesetz. Das Recht zur Beweiserhebung ist zum Teil abweichend geregelt.

11. Fraktionen

38.11.1 Die Zusammensetzung und Rechtsstellung der Fraktionen war bis Juni 1991 nicht in der Verfassung, sondern nur in der GOA (§ 7) geregelt.[32] Durch das 24. Gesetz zur Änderung der Verfassung von Berlin ist jetzt eine Vorschrift über den Fraktionsstatus in die Verfassung aufgenommen worden (Art. 27).

38.11.2 Nach Abs. 1 bildet eine Vereinigung von mindestens 5 v. H. der verfassungsmäßigen Mindestzahl der Abgeordneten eine Fraktion. Die Vorschrift läßt offen, ob die Abgeordneten derselben Partei angehören müssen; diese Frage bleibt der Geschäftsordnung vorbehalten. Nach der derzeitigen Regelung (§ 7 GOA) ist dies erforderlich, um einen Anspruch auf Fraktionsstatus zu begründen. Abgeordnete, die der betreffenden Partei (Wählergemeinschaft oder Listenverbindung) nicht angehören, können als Gäste (Hospitanten) in den Fraktionen mitwirken; sie werden aber bei der Berechnung der Fraktionsstärke nicht berücksichtigt. Eine Gruppe von mindestens 5 % der Abgeordneten, die nicht

32 Ob der Fraktionsstatus durch die Parlamentarische Geschäftsordnung von einer Mitgliederzahl abhängig gemacht werden kann, die über die bereits durch die 5 %-Klausel bedingte Mindeststärke hinausgeht, war umstritten. Vgl. hierzu Härth, a. a. O., Rdnr. 5 zu Art. 32 und die dort zitierte Literatur.

derselben Partei angehören, kann vom Abgeordnetenhaus als Fraktion anerkannt werden.

Nach Art. 27 Abs. 2 nehmen die Fraktionen unmittelbar Verfassungsaufgaben wahr, indem sie mit eigenen Rechten und Pflichten als selbständige und unabhängige Gliederungen der Volksvertretung an deren Arbeit mitwirken und die parlamentarische Willensbildung unterstützen. Sie sind durch die Verfassung (und nicht nur wie bisher durch die GOA) legitimiert, vor dem Berliner Verfassungsgerichtshof an einem Organstreit im Sinne von Art. 72 Abs. 2 Nr. 1 BVvB beteiligt zu sein.

Nach Art. 32 Abs. 2 VvB müssen die Fraktionen (bis zum 24. Gesetz zur Änderung der VvB hieß es irreführend "Parteien") nach den Grundsätzen der Verhältniswahl in den Ausschüssen vertreten sein. Diese Bestimmung wird in § 9 GOA erweitert und präzisiert. Die Fraktionen erhalten auch einen ihrer Stärke entsprechenden Anteil an den Stellen des Präsidiums, des Ältestenrats, der Ausschüsse sowie der Ausschußvorsitzenden, der Schriftführer und ihrer Stellvertreter. In gleicher Weise werden auch ihre Anteile bei den sonst vom Abgeordnetenhaus vorzunehmenden Wahlen festgestellt. Für die Enquete-Kommissionen enthält § 2 Abs. 1 Enquete-Gesetz eine Sonderregelung: Grundsätzlich werden die Mitglieder aufgrund einer interfraktionellen Vereinbarung von den Fraktionen benannt und vom Präsidenten berufen. Kommt kein Einvernehmen zwischen den Fraktionen zustande, so benennen die Fraktionen entsprechend ihrer Stärke die Mitglieder der Kommission, jede Fraktion jedoch ein Mitglied.

Bei der Beteiligung der Fraktionen gemäß § 9 GOA ist ein bestimmtes Berechnungssystem (D'Hondt, Hare, Niemeyer) nicht vorgeschrieben. In der Praxis wird das System d'Hondt angewandt. Die Verteilung im einzelnen nimmt der Ältestenrat vor; die Minderheitsfraktionen haben keinen Anspruch auf den Vorsitz in bestimmten Ausschüssen.[33]

Den Fraktionen steht nach § 39 Abs. 1 Satz 2 GOA das Initiativ- 38.11.3
recht und das Recht zu Großen Anfragen zu. Sowohl Anträge wie Gro-

33 In der Praxis wird mindestens bei der Wahl der Ausschußvorsitzenden das sogenannte Zugriffsverfahren angewandt. Das heißt, daß man das Höchstzahlverfahren (d'Hondt) zugrunde legt und die Fraktionen sich jeweils in der Reihen-

ße Anfragen können allerdings auch von 10 nicht in einer Fraktion zusammengeschlossenen Abgeordneten eingebracht werden.

12. Einzelne Abgeordnete

38.12 Einzelne Abgeordnete können ebenfalls als Organ des Parlaments auftreten, wenn sie Kleine oder Mündliche Anfragen einbringen.[34]

§ 39 Wahlrecht

1. Wahlperiode

39.1.1 a) Die normale Wahlperiode beträgt nach Art. 39 Abs. 1 Satz 1 VvB vier Jahre. Seit einer Verfassungsänderung vom 17. Dezember 1988 heißt es, daß das Abgeordnetenhaus "unbeschadet der Vorschrift des Abs. 5" für vier Jahre gewählt wird. Dies zeigt, daß es sich nicht um eine exakte Zeitangabe handelt. Die Detailregelung findet sich in Art. 39 Abs. 1 Satz 3 und Abs. 5. Die Neuwahl findet frühestens 46 Monate und spätestens 48 Monate nach dem Beginn der Wahlperiode statt. Die Wahlperiode des alten Abgeordnetenhauses endet mit dem Zusammentritt des neugewählten; dieser muß spätestens sechs Wochen nach der Wahl erfolgen. Auf diese Weise wird — was in Berlin wegen der notwendigen Übernahme von Bundesgesetzen besonders wichtig ist — eine parlamentslose Zeit vermieden. Der früher vorgesehene Ausschuß zur Wahrnehmung der Rechte des Parlaments zwischen den Wahlperioden ist damit entfallen.[35]

folge der auf sie entfallenden Höchstzahlen einen der noch freien Posten aussuchen können; vgl. Härth in Neumann-Pfennig, Rdnr. 4 zu Art. 32. Ein Anspruch hierauf ist aber weder in der Verfassung noch in der Geschäftsordnung verankert. Theoretisch steht es einer Mehrheitsfraktion oder -Koalition frei, den anderen Fraktionen die auf sie entfallenden Vorsitzendenstellen nach eigenem Ermessen zuzuteilen.

34 Die Geschäftsordnung des Abgeordnetenhauses sieht Kleine, Große und Mündliche Anfragen vor. Große Anfragen können nur von einer Fraktion oder mindestens zehn Abgeordneten eingebracht werden.

35 Die Regelung, daß die Wahlperiode mit dem Zusammentritt des neugewählten Abgeordnetenhauses beginnt, geht auf eine Verfassungsänderung vom 22. November 1974 (GVBl. S. 2741) zurück.

Für das erste Gesamtberliner Abgeordnetenhaus besteht eine Sonderregelung (Art. 87 Abs. 1). Die Wahlperiode beträgt fünf Jahre. Die Neuwahl findet frühestens 56 und spätestens 59 Monate nach dem Beginn der Wahlperiode (also nach dem Zusammentritt des ersten Gesamtberliner Abgeordnetenhauses am 11. Januar 1991) statt. 39.1.1.1

Innerhalb der Zeitspanne, die für die Wahl in Betracht kommt, setzt der Senat den Wahltag fest; die Wahlen finden an einem Sonntag oder einem gesetzlichen Feiertag statt (§ 31 Landeswahlgesetz). 39.1.2

Das Abgeordnetenhaus tritt spätestens 6 Wochen nach der Wahl unter dem Vorsitz des ältesten Abgeordneten zusammen.

b) Das Abgeordnetenhaus kann mit einer Zweidrittelmehrheit seiner Mitglieder beschließen, die Wahlperiode vorzeitig zu beenden (Art. 39 Abs. 2). Es handelt sich um keine "Auflösung" des Abgeordnetenhauses; das alte Abgeordnetenhaus bleibt bis zum Zu sammentritt des neugewählten im Amt, weil eine parlamentslose Zeit vermieden werden soll. 39.1.3

Nach Art. 39 Abs. 3 VvB kann die Wahlperiode auch durch Volksentscheid vorzeitig beendet werden. Die Einzelheiten sind in dem Landesabstimmungsgesetz und der dazu ergangenen Durchführungsverordnung (Landesabstimmungsordnung) geregelt.[36] Das Verfahren hat 3 Stufen: 39.1.4

— *Antrag auf Durchführung* eines Volksbegehrens: erforderlich sind die Unterschriften von 80 000 Wahlberechtigten. Die Wahlberechtigung der Unterschreibenden wird von den Bezirksämtern geprüft und dann dem Senator für Inneres zugeleitet. Dem Senator für Inneres ist wegen der erforderlichen organisatorischen Vorbereitungen mindestens 7 Tage vor dem Beginn des Sammelns eine schriftliche Mitteilung zu machen (§ 3 Abs. 4 Landesabstimmungsgesetz). 39.1.5

36 Gesetz über Volksbegehren und Volksentscheid zur vorzeitigen Beendigung der Wahlperiode des Abgeordnetenhauses vom 27. November 1974 (GVBl. S. 2774) i. d. F des Gesetzes vom 17. April 1984 (GVBl. S. 600) und die hierzu ergangene Verordnung (Landesabstimmungsordnung) vom 22. September 1976 (GVBl. S. 2291) i. d. F. der Verordnung vom 15. März 1986 (GVBl. S. 528).

39.1.6 — Liegt die erforderliche Unterschriftenzahl vor und erfüllt der Antrag auch sonst die gesetzlichen Erfordernisse, so wird von den zuständigen staatlichen Behörden *das Volksbegehren* durchgeführt. In den Bezirken werden Wählerlisten ausgelegt, in die sich die Stimmberechtigten, die das Volksbegehren unterstützen wollen, innerhalb einer Woche eintragen können. Die Zeit der Auslegung und die Auslegungsstellen werden im Amtsblatt von Berlin bekanntgegeben.

39.1.7 Werden mehrere wirksame Anträge mit der erforderlichen Unterschriftenzahl eingereicht, so kann sinnvollerweise trotzdem nur ein einheitliches Volksbegehren durchgeführt werden. Dagegen muß jeder Antrag, um wirksam zu werden, von 80 000 Wahlberechtigten unterschrieben sein. Es reicht nicht aus, wenn mehrere Anträge mit jeweils einer geringeren Unterschriftenzahl vorliegen, die gemeinsam aber die erforderliche Mindestzahl erreichen. Der Initiator eines Antrags kann die von ihm gesammelten Unterschriften auch nicht nachträglich einem anderen Initiator zur Verfügung stellen. Ist dies beabsichtigt, so müssen sich die Initiatoren von vornherein zusammenschließen und einen einheitlichen Antrag stellen. Werden für mehrere Anträge Unterschriften gesammelt, so steht es jedem wahlberechtigten Bürger aber frei, jeden dieser Anträge durch seine Unterschrift wirksam zu unterstützen; Doppelunterschriften sind insoweit also zulässig.

39.1.8 Das Volksbegehren ist zustande gekommen, wenn sich 1/5 der Wahlberechtigten eingetragen hat. Nach § 20 des Landesabstimmungsgesetzes macht der Senat in diesem Fall binnen 3 Tagen nach Veröffentlichung des Gesamtergebnisses dem Präsidenten des Abgeordnetenhauses eine entsprechende Mitteilung. Nach § 21 des Gesetzes hat das Abgeordnetenhaus nun eine Frist von einer Woche, innerhalb deren es mit der erforderlichen Zweidrittelmehrheit die vorzeitige Beendigung der Wahlperiode beschließen kann.

39.1.9 — Kommt dieser Beschluß nicht zustande, so ist *ein Volksentscheid* durchzuführen. Dieser entspricht in seinem Verfahren weitgehend einer Wahl, jedoch können die Wähler nur mit ja oder nein (für oder gegen Beendigung der Legislaturperiode) stimmen. Die Wahlperiode ist vorzeitig beendet, wenn sich mindestens die Hälfte der Wähler an dem Volksentscheid beteiligt und mehr Wähler für die Beendigung als gegen die Beendigung stimmen.

Hat ein Volksbegehren sein Ziel nicht erreicht, so ist die 39.1.10
Durchführung eines zweiten Volksbegehrens für zwei Jahre unzulässig. Diese Voraussetzung liegt vor, wenn die für das Zustandekommen des Volksbegehrens erforderliche Anzahl von Eintragungen nicht erreicht worden ist oder wenn der Volksentscheid negativ ausging. Ein erfolgloser Antrag auf Durchführung eines Volksbegehrens ist dagegen unerheblich.

Für die Wahl, die bei einer vorzeitigen Beendigung der Legislaturperiode innerhalb von 8 Wochen stattfinden muß, sieht die sogenannte Fristenverkürzungsverordnung besondere Fristen (z. B. für die Einreichung der Wahlvorschläge) vor.[37]

2. Wahlrecht / Wahlsystem

Die Mindestzahl der Abgeordneten beträgt nach Art. 25 Abs. 2 VvB für 39.2.1
ganz Berlin 200. Eine Verminderung der Abgeordnetenzahl wird z. Z. angestrebt.[38]

Das Wahlrecht steht allen Deutschen (im Sinne von Art. 116 Abs. 1) 39.2.2
zu,[39] die am Tage der Wahl das 18. Lebensjahr vollendet und seit

37 Fristenverkürzungsverordnung vom 11. Februar 1981 (GVBl. S. 269, 312), geändert durch Verordnung vom 31. August 1984 (GVBl. S. 1364).

38 Bis zur Wiedervereinigung Berlins wurde die Zahl der im Geltungsbereich der Verfassung zu wählenden Abgeordneten zunächst von Wahl zu Wahl durch einen Vergleich der Bevölkerungszahlen zwischen den Westsektoren und dem Ostsektor ermittelt, später durch eine Vorschrift im Landeswahlgesetz auf 119 festgesetzt.

Zur Zeit wird politisch gefordert, die Mitgliederzahl des Berliner Abgeordnetenhauses zu verringern. Mit diesem Ziel wird erwogen, die in Art. 25 Abs. 2 VvB vorgesehene Mindestzahl von 200 Abgeordneten herabzusetzen und die Zahl der Überhang- und Ausgleichsmandate dadurch zu verringern, daß das Verhältnis der Direktmandate zu den Listenmandaten von 60:40 (wie bisher in Berlin) auf 50:50 (wie bei den Wahlen zum Bundestag) geändert wird.

mindestens drei Monaten in Berlin ihren "Wohnsitz" haben. Der in Art. 26 Abs. 3 VvB enthaltene Ausdruck "Wohnsitz" wird in § 1 Abs. 2 Landeswahlgesetz als Hauptwohnung im Sinne des Meldegesetzes definiert.[40] Änderungen des Melderechts haben daher auch eine Auswirkung auf das Wahlrecht und damit auf den staatsbürgerlichen Status der Bewohner. Nach den jetzt geltenden melderechtlichen Vorschriften (Melderechtsrahmengesetz des Bundes und Landesmeldegesetz) ist die Hauptwohnung an dem Ort anzumelden, an dem der Meldepflichtige seinen Lebensmittelpunkt hat; bei nicht getrennten Familien ist die Wohnung der Familie Hauptwohnung.

39.2.3 Ein Ausschluß vom aktiven Wahlrecht ist nach den geltenden Gesetzen nur bei wenigen Straftatbeständen vorgesehen. Auch der Verlust des Wahlrechts bei psychischen Erkrankungen ist in den letzten Jahren weitgehend eingeschränkt worden. An die Stelle der früher vorgesehenen Vormundschaft für Volljährige und der Pflegschaft wegen geistigen Gebrechens tritt ab 1. 1. 1992 das Rechtsinstitut der Betreuung (§§ 1896 ff. BGB). In Anlehnung an das Bundeswahlgesetz (§ 13) wird auch in Berlin voraussichtlich eine Regelung eingeführt werden, nach der das Wahlrecht entfällt, wenn ein Betreuer zur Besorgung aller Angelegenheiten des Betroffenen eingesetzt worden ist. Ferner tritt der Ausschluß vom Wahlrecht ein, wenn der Betroffene sich nach § 63 i. V. m. § 20 des Strafgesetzbuches (Schuldunfähigkeit infolge psychischer Störung) in einem psychiatrischen Krankenhaus befindet.

39.2.4 Das passive Wahlrecht (Wählbarkeit) steht allen Wahlberechtigten zu, die am Wahltag das 18. Lebensjahr vollendet haben.[41]

Ein Verlust der Wählbarkeit wegen strafrechtlicher Verurteilung ist

39 Zur Frage, ob das Wahlrecht zu den Bezirksverordnetenversammlungen auf Ausländer ausgedehnt werden kann, vgl. Teil III § 88 (88.1.4).

40 Für wahlberechtigte Strafgefangene, die weder in der Haftanstalt noch unter einer anderen Adresse gemeldet sind, muß ein besonderes Wahlverzeichnis geführt werden (§ 3 Abs. 1 Satz 3 Landeswahlgesetz). Dies ist erforderlich, weil in der Haftanstalt keine Meldepflicht besteht.

41 Für die Wählbarkeit zur Bezirksverordnetenversammlung reicht es nach derzeitiger Rechtslage aus, daß der Betreffende in Berlin wählbar ist. Ein Wohnsitz im Bezirk ist nicht erforderlich. Wegen der Einzelheiten vgl. die Broschüre zum Berliner Wahlrecht, die die Berliner Landeszentrale für politische Bildungsarbeit vor jeder Wahl herausgibt.

wesentlich häufiger als beim aktiven Wahlrecht (§ 45 Abs. 1 und 2 StGB).[42]

Das Wahlsystem ist in der Berliner Verfassung ebensowenig wie im Grundgesetz festgelegt. Es steht zur Disposition des einfachen Gesetzgebers, der aber an die in Art. 28 Abs. 1 Satz 2 GG und Art. 26 Abs. 1 VvB niedergelegten Wahlrechtsgrundsätze gebunden ist. Für die Wahl zum Abgeordnetenhaus hat es sich unter der Geltung der VvB mehrfach geändert. Bis zum Jahre 1958 wurde das Abgeordnetenhaus (genauso wie die Stadtverordnetenversammlung unter der Vorläufigen Verfassung) nach einem reinen Verhältniswahlsystem mit gebundenen Listen gewählt. Für die Wahlen von 1958 bis 1971 (d. h. am 7. Dezember 1958, 17. Februar 1963, 12. März 1967 und 14. März 1971) galt ein personalisiertes Verhältniswahlsystem ohne Listen. Es ähnelte dem Wahlsystem, das noch heute in Baden-Württemberg besteht. Die Parteien stellten für jeden Wahlkreis einen Bewerber und einen ersten und zweiten Ersatzbewerber auf. Der Wähler hatte nur eine Stimme. Das sogenannte Direktmandat in jedem Wahlkreis fiel auf den Erstbewerber, der die meisten Stimmen erhalten hatte. Die übrigen Mandate verteilten sich nach dem Verhältniswahlsystem auf die Erstbewerber, die noch kein Direktmandat erhalten hatten, und die Ersatzbewerber der betreffenden Parteien. Die Direktmandate, die eine Partei erhalten hatte, wurden von der Zahl der Mandate, die ihr nach dem Verhältniswahlsystem zustand, abgezogen. 39.2.5

Seit 1979 ist ein personalisiertes Verhältniswahlsystem mit Kreiswahlvorschlägen und Listen eingeführt worden. Der Wähler hat jetzt zwei Stimmen (die Erststimme für den Wahlkreis und die Zweitstimme für die Verhältniswahl). Bis zur Wahl am 10. März 1985 waren ausschließlich Bezirkslisten vorgesehen; seit 1989 steht es den Parteien frei, ob sie außer den Kreiswahlvorschlägen Bezirkslisten oder eine Landesliste für das gesamte Wahlgebiet einreichen wollen. 39.2.6

Das personalisierte Verhältniswahlsystem, so wie es heute für das Berliner Abgeordnetenhaus gilt, ähnelt dem Wahlsystem des Bundes, ohne mit ihm vollkommen identisch zu sein. Das Wahlergebnis kommt folgendermaßen zustande: 39.2.7

— Das Wahlgebiet wird in Wahlkreise eingeteilt; jeder Bezirk bildet

42 Vgl. § 108 c StGB.

einen Wahlkreisverband. Die Zahl der Wahlkreise, die auf jeden Bezirk entfallen, werden vom Senat festgesetzt; die Abgrenzung der Wahlkreise ist Sache der Bezirke.

— Für jeden Wahlkreis kann jede politische Partei einen Bewerber aufstellen; außerdem sind in den Wahlkreisen parteifreie Einzelbewerber zulässig.[43]

— Für jeden Bezirk können politische Parteien im Sinne des Parteiengesetzes (Bundesgesetz) eine Bezirksliste aufstellen. "Neue" Parteien brauchen für ihre Wahlvorschläge die Unterstützungsunterschrift von 30 Wahlberechtigten pro Wahlkreis (§ 10 Abs. 9—11 Landeswahlgesetz).[44]

Seit Inkrafttreten des Landeswahlgesetzes vom 27. September 1987 ist außerdem vorgesehen, daß die Parteien anstelle von Bezirkslisten eine Landesliste einreichen können.

Der Wähler hat zwei Stimmen (auf getrennten Stimmzetteln), eine Erststimme für die Wahl im Wahlkreis und eine Zweitstimme für die Wahl der Bezirks- oder Landeslisten.

— In den Wahlkreisen ist der Bewerber gewählt, der die meisten Erststimmen erhalten hat (relatives Mehrheitswahlrecht).

— Die Stimmen, die einer Partei insgesamt zustehen, werden anhand der Zweitstimmen zunächst für das gesamte Wahlgebiet nach den Grundsätzen der Verhältniswahl (seit 1990 Hare-Niemeyer, bis dahin d'Hondt) berechnet.

Hat eine Partei eine Landesliste eingereicht, so hat es damit zunächst sein Bewenden; bei Parteien, die Bezirkslisten eingereicht

43 Diese Regelung im Landeswahlgesetz geht auf eine Entscheidung des Wahlprüfungsgerichts Berlin vom 12. November 1975 (NJW 1976 S. 560 L) zurück. Bis dahin hatten die Verfassung von Berlin (Art. 26 Abs. 2) und das Landeswahlgesetz vorgesehen, daß Wahlvorschläge auch in den Wahlkreisen nur von politischen Parteien eingereicht werden konnten. Diese Bestimmungen sind vom Wahlprüfungsgericht als unvereinbar mit den in Art. 28 Abs. 1 Satz 2 verankerten Wahlrechtsgrundsätzen angesehen worden.

44 Diese Zahl wird für die Wahlkreisvorschläge und die Bezirks- oder Landeslisten gesondert berechnet. Für eine Bezirksliste ist also die Unterschriftenzahl erforderlich, die der Anzahl der Wahlkreise dieses Bezirks multipliziert mit 30 entspricht. Bei der Landesliste ist die Zahl aller Wahlkreise mit 30 zu multiplizieren.

haben, werden die Sitze, die auf die verschiedenen Bezirkslisten entfallen, durch eine parteiinterne Berechnung ermittelt.[45]

— Von den Sitzen, die nach dieser Berechnung entweder auf die Landesliste oder die verschiedenen Bezirkslisten der Parteien entfallen, werden die Sitze abgezogen, die dieselbe Partei als Direktmandate errungen hat. Dadurch wird der Proporz wiederhergestellt.
— Hat eine Partei in einem Bezirk oder insgesamt mehr Direktmandate errungen als ihr nach dem Proporz zustehen, so verbleiben ihr diese Sitze (Überhangmandate). Anders als im Bund sind in Berlin jedoch Ausgleichsmandate vorgesehen:
— Hat eine Partei ein Überhangmandat errungen, so wird zunächst berechnet, ob bei der dadurch entstandenen erhöhten Abgeordnetenzahl ein weiteres Mandat auf diese Partei entfiele. Ist dies der Fall, so hat es damit sein Bewenden. Entfällt das Mandat dagegen auf eine andere Partei, so erhält diese ein Ausgleichsmandat; dieses kann nach der oben geschilderten Berechnungsmethode in einem anderen Bezirk (Wahlkreisverband) anfallen, als in dem Bezirk, in dem das Überhangmandat entstanden ist.[46]

Für die Wahl zum ersten Gesamtberliner Abgeordnetenhaus (12. Wahlperiode) galten Sonderregelungen, die sich weitgehend an die entsprechenden Regelungen des Bundeswahlgesetzes anlehnten und zum Teil auf die Entscheidung des Bundesverfassungsgerichts vom 17.

45 Dies geschieht nach einer parteiinternen Berechnung; der Gesetzeswortlaut ist insoweit schwer verständlich. Das Verfahren läßt sich am besten folgendermaßen darstellen: Sobald nach dem Gesamtproporz feststeht, daß einer Partei eine bestimmte Zahl von Parlamentssitzen zusteht (z. B. 50 von 119), läßt man die Parlamentssitze, die auf die anderen Parteien entfallen, zunächst außer Betracht. Man verfährt jetzt so, als ob diese 50 Sitze das gesamte Parlament und die einzelnen Bezirkslisten der betreffenden Partei konkurrierende Parteien wären. Dabei kommt es auf die tatsächliche (absolute) Zahl der Zweitstimmen an, die die betreffende Partei in jedem Bezirk erhalten hat. Wenn die Parteien in einem kleinen, einwohnerschwachen Bezirk also einen hohen Stellenanteil erreicht haben, kann dies trotzdem zu einer geringeren Anzahl von Listenplätzen führen, als ein relativ geringer Stimmenanteil in einem einwohnerstarken Bezirk.

46 Zur Berechnung im einzelnen vgl. § 73 Abs. 6d Landeswahlordnung.

Oktober 1990 über die Bundestagswahlen zurückgingen. Außer Parteien im Sinne des Bundesparteiengesetzes konnten auch solche politischen Vereinigungen Bezirks- oder Landeslisten einreichen, die die Erfordernisse des Parteiengesetzes der DDR erfüllten. Ihre Parteien oder Vereinigungen konnten gemeinsame Bezirks- oder Landeslisten einreichen (Listenverbindungen). Die für die Teilnahme an der Sitzverteilung notwendigen 5 % der Zweitstimmen wurden für den Ost- und den West-Teil der Stadt getrennt berechnet.

3. Inkompatibilität und andere Regelungen für Angehörige des öffentlichen Dienstes

39.3.1 Nach Art. 137 GG kann die Wählbarkeit von Beamten, Angestellten des öffentlichen Dienstes und anderen Personengruppen gesetzlich beschränkt, aber nicht vollkommen ausgeschlossen werden. Eine "Ineligibilität" (d. h. eine Regelung, nach der diese Personengruppen von vornherein nicht wählbar sind) ist demnach nicht zulässig.[47] Die Frage der Inkompatibilität ist im Berliner Wahlgesetz geregelt. Nach § 26 dürfen Beamte und Angestellte in der Hauptverwaltung nicht gleichzeitig Mitglieder des Abgeordnetenhauses sein; die gleiche Regelung gilt für Beamte und Angestellte des Rechnungshofs, den Berliner Datenschutzbeauftragten und seine Beamten und Angestellten, Mitglieder der Bezirksämter und Berufsrichter im Dienste des Landes Berlin.

39.3.2 Bei den Bezirksverordnetenversammlungen besteht nach § 26 Abs. 3 Landeswahlgesetz eine Inkompatibilität für Beamte und Angestellte, die in der Verwaltung desselben Bezirks tätig sind. Die Bezirksverwaltung umfaßt auch die Schulen und staatlichen Krankenhäuser des Bezirks. Ebenfalls unvereinbar ist die Mitgliedschaft in den Bezirksverordnetenversammlungen für die anderen dort genannten Personengruppen (Berliner Datenschutzbeauftragter und seine Beamten und Angestellten, Mitglieder des Rechnungshofs, Berufsrichter im Dienste des Landes Berlin). Für Bezirksamtsmitglieder enthält das Gesetz eine Übergangsregelung bis zu ihrer Wiederwahl.[48]

47 Die Wählbarkeit kann für bestimmte Personengruppen nach Art. 137 GG eingeschränkt, aber nicht vollkommen ausgeschlossen werden — BVerfGE 12, S. 3 (77) —.

Die Folgen der Inkompatibilität sind für das Abgeordnetenhaus und die Bezirksverordnetenversammlungen unterschiedlich geregelt. Ein Beamter oder Angestellter, der unter die Unvereinbarkeitsregel fällt und ein Mandat im Abgeordnetenhaus annimmt, scheidet aus seinem Amt aus. Die Rechte und Pflichten aus dem Dienstverhältnis (mit Ausnahme der Pflicht zur Amtsverschwiegenheit und dem Verbot der Annahme von Vorteilen) ruhen (§ 28 Abgeordnetengesetz).[49] Nach Beendigung der Mitgliedschaft im Abgeordnetenhaus hat er einen Anspruch auf Wiedereinstellung in der gleichen oder einer gleichwertigen Laufbahn und in derselben Besoldungsgruppe wie vor seinem Ausscheiden. Die Wiedereinstellung ist innerhalb von drei Monaten zu beantragen. Geschieht dies nicht, so ruhen die Rechte und Pflichten aus dem Dienstverhältnis bis zum Eintritt des Ruhestandes; d. h., daß der Betroffene bis zum Eintritt in den Ruhestand keine Bezüge erhält. Sofern er dem Abgeordnetenhaus weniger als zwei Legislaturperioden angehört oder das 55. Lebensjahr vollendet hat; kann er jedoch in sein früheres Dienstverhältnis zurückgeführt werden. Lehnt er dies ab, so ist er zu entlassen (§ 29 Landesabgeordnetengesetz).[50]

Für Bezirksverordnete ist dagegen im Landeswahlgesetz die wahl- 39.3.3
rechtliche Variante der Inkompatibilität vorgesehen. Scheidet ein gewählter Bewerber nicht innerhalb der Annahmefrist aus dem Amt oder der Tätigkeit aus, die seine Inkompatibilität begründet, so verliert er das Mandat.

48 Nach § 26 Abs. 1 Nr. 6 Landeswahlgesetz gilt die Inkompatibilität auch für Mitglieder des zur Geschäftsordnung berufenen Organs einer der Aufsicht des Landes Berlin unterstehenden Körperschaft, Anstalt oder Stiftung des öffentlichen Rechts oder eines privatrechtlichen Unternehmens, an dem das Land Berlin oder eine seiner Aufsicht unterstehende Körperschaft, Anstalt oder Stiftung des öffentlichen Rechts mit mehr als 50 v. H. beteiligt ist, sowie für die ständigen Stellvertreter dieser Personen. Diese neu eingeführte Regelung wird erst mit dem Beginn der 12. Wahlperiode des Abgeordnetenhauses (der 2. Wahlperiode des Gesamtberliner Abgeordnetenhauses) wirksam.

49 Bis zum Jahre 1978 bestand auch für das Abgeordnetenhaus eine "wahlrechtliche" Inkompatibilität. Das heißt, daß ein gewählter Kandidat sein Mandat verlor, wenn er nicht spätestens bis zum Ende der Annahmefrist nachweisen konnte, daß er aus allen mit dem Abgeordnetenmandat unvereinbaren Ämtern ausgeschieden war. Die jetzt geltende Regelung wird als dienstrechtliche Inkompatibilität bezeichnet.

4. Die Durchführung der Wahlen (Wahlorgane)

39.4.1 Die Durchführung der Wahlen ist zum Teil Vorbehaltsaufgabe der Hauptverwaltung, zum Teil übertragene Vorbehaltsaufgabe der Bezirke. Federführend im Bereich der Hauptverwaltung ist der Senator für Inneres, unter dessen Aufsicht das gesamte Wahlverfahren steht (§ 1 LWO). Zu den Aufgaben der Bezirke gehört vor allem die technische Durchführung des Verfahrens in den Stimmbezirken (z. B. Einrichtung von Wahllokalen), aber auch die Abgrenzung der Wahlkreise im Bezirk.

39.4.2 Neben der regulären Verwaltung sind aber außerdem unabhängige, nur dem Gesetz unterworfene Wahlorgane an der Durchführung der Wahl beteiligt. Dies sind der Landeswahlleiter und sein Stellvertreter, die Bezirkswahlleiter und ihre Stellvertreter, der Landeswahlausschuß, die Bezirkswahlausschüsse und die Wahlvorstände.

39.4.3 Die Wahlvorstände werden vom Bezirksamt (Bezirkswahlamt — normalerweise identisch mit dem Bezirkseinwohneramt) berufen. Sie bestehen aus dem Wahlvorsteher und dessen Stellvertreter, vier bis sechs Mitgliedern, einem Protokollführer und seinem Stellvertreter. Ihre Aufgabe ist die Durchführung der Wahl und das Auszählen der Stimmen im Stimmbezirk.

39.4.4 Die Bezirkswahlausschüsse bestehen aus dem Bezirkswahlleiter und seinem Stellvertreter sowie sechs bis acht wahlberechtigten Mitgliedern aus dem Bezirk. Ihre Aufgabe ist vor allem die Zulassung von Wahlvorschlägen mit Ausnahme der Landeslisten und der einzelnen Kandidaten sowie die Feststellung des endgültigen Wahlergebnisses auf Bezirksebene.

39.4.5 Der Landeswahlausschuß setzt sich aus dem Landeswahlleiter, seinem Stellvertreter und acht bis zehn wahlberechtigten Mitgliedern zusammen. Er stellt fest, welche Organisationen als Parteien anzuerkennen sind und sich an der Wahl zum Abgeordnetenhaus (mit Bezirks- oder Landeslisten) beteiligen können; außerdem ist er zuständig für die Zulassung von Landeslisten. Nach der Wahl stellt er das endgültige Wahlergebnis für die Wahlen zum Abgeordnetenhaus fest. Außerdem

50 Zur Rechtsstellung der Abgeordneten, deren Amt mit dem Mandat vereinbar ist, vgl. § 36 (Rdnr. 36.4).

entscheidet er über Beschwerden gegen Beschlüsse der Bezirkswahlausschüsse.

Der Landeswahlleiter und sein Stellvertreter werden vom Senator für Inneres, die Bezirkswahlleiter und ihre Stellvertreter vom Bezirksamt ernannt. Sie berufen ihrerseits die übrigen Mitglieder der Wahlausschüsse. Dabei werden die Vorschläge politischer Parteien unter Berücksichtigung des Stärkeverhältnisses dieser Parteien berücksichtigt. 39.4.6

Bei der Ausübung ihrer Funktion unterliegen die Wahlorgane keiner Weisungsbefugnis, sie sind aber strikt an die gesetzlichen Vorschriften gebunden. Ein politisches Ermessen steht ihnen nicht zu. Die Tätigkeit in den Wahlorganen ist ehrenamtlich; jeder Bürger kann hierzu verpflichtet werden. Zur Tätigkeit in den Wahlorganen müssen jedoch regelmäßig in großem Umfang Angehörige des öffentlichen Dienstes herangezogen werden. 39.4.7

5. Wahlprüfung

Im Bund und in den meisten Ländern ist Wahlprüfung in erster Instanz Sache des Parlaments; in zweiter Instanz wird das Bundesverfassungsgericht bzw. der Verfassungsgerichtshof des Landes eingeschaltet.[51] 39.5.1

In Berlin war für die Wahlprüfung bis zur Wahl des ersten Gesamtberliner Abgeordnetenhauses in erster und letzter Instanz ein besonderes Wahlprüfungsgericht zuständig, das sich aus drei Berufsrichtern und zwei vom Abgeordnetenhaus aus seiner Mitte gewählten Beisitzern zusammensetzte; das Verfahren war in einem besonderen Wahlprüfungsgesetz geregelt. In dem Gesetz über den Verfassungsgerichtshof vom 8. November 1990 ist jetzt eine Zuständigkeit des Verfassungsgerichtshofs vorgesehen. Diese Regelung muß allerdings nach den Übergangsvorschriften noch durch einen besonderen Gesetzgebungsakt in Kraft gesetzt werden; mindestens für die Wahl zum ersten 39.5.2

51 Echte Wahlprüfungsgerichte bestehen z. Z. nur noch in Hessen und Bremen. In Rheinland-Pfalz ist an die Stelle des Wahlprüfungsgerichts ein Wahlprüfungsausschuß des Landtags getreten, dessen Entscheidungen vom Staatsgerichtshof überprüft werden können.

Gesamtberliner Abgeordnetenhaus wird das Wahlprüfungsverfahren noch nach den Vorschriften des Wahlprüfungsgesetzes vom Wahlprüfungsgericht durchgeführt.

Die Verfassungsvorschriften im Gesetz über den Verfassungsgerichtshof unterscheiden sich, soweit sie sich auf das Wahlprüfungsverfahren und ähnliche Verfahren im Zusammenhang mit Volksbegehren und Volksentscheiden beziehen, wenig von den Bestimmungen des früheren Wahlrüfungsgesetzes. Eine Einschaltung des Parlaments selbst oder eines Parlamentsausschusses ist weder in dem alten noch in dem neuen Gesetz vorgesehen.

39.5.3 Im Rahmen des Wahlprüfungsverfahrens muß das Gericht auch die Vereinbarkeit des Landeswahlgesetzes, der Landeswahlordnung und anderer Rechtsvorschriften mit höherrangigem Recht insbesondere mit der Verfassung von Berlin prüfen. Dies gilt auch, soweit die Verfassung von Berlin und das Grundgesetz gleichlautende Vorschriften enthalten, insbesondere also bei den Wahlrechtsgrundsätzen (Art. 26 Abs. 1 VvB, Art. 28 Abs. 1 GG). Allerdings muß der Berliner Verfassungsgerichtshof die Vorlagepflicht nach Art. 100 Abs. 3 GG beachten, wenn er von der Entscheidung eines anderen Landesverfassungsgerichts oder des Bundesverfassungsgerichts abweichen will.

Soweit ausschließlich die Vereinbarkeit eines Berliner Gesetzes oder der Verfassung von Berlin mit dem Grundgesetz in Frage steht, ist dagegen das Bundesverfassungsgericht zuständig. Gegebenenfalls kommt eine Vorlage nach Art. 100 Abs. 1 GG durch das zuständige Berliner Gericht in Betracht. Dies könnte der Fall sein, wenn nur ein Verstoß gegen den Grundsatz der freien Wahl in Betracht kommt, der in Art. 28 Abs. 1 GG, aber nicht in Art. 26 Abs. 2 VvB verankert ist.

Solange die Zuständigkeit des Bundesverfassungsgerichts für Berlin durch besatzungsrechtlichen Vorbehalt ausgeschlossen war, mußte das Wahlprüfungsgericht die Vereinbarkeit der Berliner Rechtsvorschriften mit dem Grundgesetz selbst prüfen (Inzidentnormenkontrolle, vgl. Rdnr. 15.5.3).

39.5.4 Einspruch gegen die Wahlen kann nur auf bestimmte Gründe gestützt werden, die in den maßgeblichen Gesetzen (Wahlprüfungsgesetz bzw. Gesetz über den Verfassungsgerichtshof) aufgezählt sind. Wenn geltend gemacht wird, daß Wahlberechtigte zu Unrecht nicht im Wahlverzeichnis eingetragen worden sind, ist außerdem Voraussetzung für die Zulässigkeit, daß durch den Fehler die Verteilung der Sitze beeinflußt sein kann (Mandatsrelevanz). Die Wahlanfechtung kann nicht darauf gestützt werden, daß Wahlvorschläge zu Unrecht zugelassen worden seien.

Zum Einspruch legitimiert sind nur die jeweils betroffenen Parteien, Kandidaten und Wahlberechtigten sowie bestimmte Amtsträger (Senator für Inneres, Landeswahlleiter, Bezirkswahlleiter usw.).

Im Rahmen des Wahlprüfungsverfahrens ist das Gericht auch berechtigt und verpflichtet, die Vereinbarkeit der Berliner Wahlrechtsvorschriften und der Verfassung von Berlin mit dem Grundgesetz (insbesondere den in Art. 28 GG verankerten Grundsätzen) zu prüfen.

Bereits vor der Wahl kann eine einstweilige Anordnung ergehen; dies ist seit einer Änderung des Gesetzes vom 17. April 1984[52] in § 4 b ausdrücklich vorgesehen, nachdem schon vor der Novellierung entsprechend verfahren wurde.

§ 40 Besondere Rechte des Berliner Abgeordnetenhauses

Besondere Befugnisse des Berliner Abgeordnetenhauses, die über die 40.1
normale Funktion eines Landesparlaments hinausgehen, sind in den Art. 44 Abs. 2 und 69 Abs. 2 verankert. Nach Art. 44 Abs. 2 werden die Generalstaatsanwälte und der Polizeipräsident auf Vorschlag des Senats vom Abgeordnetenhaus mit der Mehrheit seiner Mitglieder gewählt und abberufen. Die Präsidenten der obersten Landesgerichte werden nach Art. 69 Abs. 2 — ebenfalls auf Vorschlag des Senats und mit der Mehrheit der Mitglieder — vom Abgeordnetenhaus gewählt; für sie ist eine Abwahl jedoch nicht vorgesehen. Die derzeitige Fassung beider Vorschriften geht auf eine Verfassungsänderung aus dem Jahre 1957[53] zurück. Nach der alten Regelung war nur die einfache Mehrheit erforderlich. Außerdem war für die "höchsten Richter" eine Amtszeit von sechs Jahren vorgesehen, nach der sie sich zur Wiederwahl stellen mußten.

52 GVBl. S. 600.

53 Gesetz vom 1. Juli 1957 (GVBl. S. 741).

40.2 Die Einzelheiten sind in dem Gesetz über die Wahl und die Rechtsstellung des Polizeipräsidenten[54] und in dem Gesetz über die Wahl der Präsidenten der obersten Landesgerichte und der Generalstaatsanwälte[55] geregelt. In allen Fällen legt der Senat einen Vorschlag vor, der einen oder mehrere Kandidaten enthalten kann und über den das Abgeordnetenhaus geheim abstimmt.

Umstritten ist, ob ein Vorschlag des Senats auch bei einer Abwahl des Polizeipräsidenten und der Generalstaatsanwälte verfassungsrechtlich geboten ist. Neumann[56] nimmt dies — wohl zutreffend — im Gegensatz zu Landsberg-Goetz[57] an. Die beiden Landesgesetze fordern jedenfalls für die Abwahl einen Vorschlag des Senats (§§ 4 Abs. 1 PolPräsG und 6 Abs. 1 Richterwahlgesetz). Die Möglichkeit der Abwahl führt — jedenfalls in ihrer gegenwärtigen Ausgestaltung — auch zu beamtenrechtlichen Problemen. Die Berliner Gesetze sehen vor, daß der Polizeipräsident und die Generalstaatsanwälte im Fall ihrer Abwahl vom Senat entlassen werden und in den "Wartestand" treten. Dieses Rechtsinstitut ist im geltenden Beamtenrecht nicht mehr vorgesehen. An seine Stelle ist der einstweilige Ruhestand (§ 31 Beamtenrechtsrahmengesetz) für sogenannte politische Beamte getreten. Der Polizeipräsident und die Generalstaatsanwälte sind im Berliner Landesbeamtengesetz (§ 72) aber nicht unter den politischen Beamten aufgeführt; allerdings heißt es dort in Absatz 3, daß gesetzliche Vorschriften, nach denen andere Beamte in den einstweiligen Ruhestand versetzt werden können, "unberührt bleiben". Man kann daraus folgern, daß die Regelungen der §§ 31 Beamtenrechtsrahmengesetz und 72 Landesbeamtengesetz auf den Polizeipräsidenten und die Generalstaatsanwälte ausgedehnt werden.

40.3 Im Fall der Gerichtspräsidenten ist zwar eine Wahl durch das Abgeordnetenhaus, aber keine Abwahl vorgesehen. Insoweit bestehen keine beamtenrechtlichen Bedenken. Allerdings muß gemäß § 75 des Deutschen Richtergesetzes bei der Neubesetzung dieser Stellen auch

54 Gesetz vom 7. Juli 1953 (GVBl. S. 572).

55 Gesetz vom 11. Juli 1957 (GVBl. S. 471) geändert durch Gesetz vom 21. Dezember 1965 (GVBl. S. 1979).

56 Neumann-Pfennig, Rdnr. 6 zu Art. 44.

57 Landsberg-Götz, S. 117.

der Präsidialrat des jeweils betroffenen Gerichts eingeschaltet werden.[58]

Unabhängig von etwaigen rechtlichen Bedenken sind die in Art. 44 Abs. 2, 69 Abs. 2 VvB verankerten besonderen Wahlrechte des Berliner Abgeordnetenhauses allerdings höchst umstritten. Die sogenannte Stadtstaatenkommission hat vorgeschlagen, die Bestimmungen ersatzlos zu streichen.

58 Pfennig in Neumann-Pfennig, Rdnr. 7, 8 zu Art. 69.

Viertes Kapitel
Senat und Rat der Bürgermeister

§ 41 Rechtsstellung des Senats

41.1 Nach Art. 40 Abs. 1 VvB "übt der Senat die Regierung aus". Damit weist die VvB der Landesregierung eine bestimmte verfassungsrechtliche Funktion zu und beschränkt sich nicht darauf, ihre Zusammensetzung zu regeln.[1] Praktisch kommt diesem Unterschied keine große Bedeutung zu, weil der Begriff "Regierung" nicht näher definiert wird. Die Befugnisse, die dem Senat als Landesregierung zustehen, werden in der VvB ebensowenig wie im Grundgesetz und in den anderen Landesverfassungen abschließend aufgezählt. Die VvB enthält auch keine Bestimmung, aus der umfassend hervorgeht, wann der Senat als Kollegium tätig werden muß und wann die einzelnen Senatsmitglieder die Regierungstätigkeit selbständig ausüben können.

41.2 Unter "Regierung" im Sinne von Art. 40 Abs. 1 VvB ist die politische Leitung der Exekutive zu verstehen. Außerdem untersteht dem Senat nach Art. 44 VvB unmittelbar die Hauptverwaltung; die Verfassungsvorschrift bestimmt (überflüssigerweise) ausdrücklich, daß dies auch für die Justizverwaltung und die Polizei gilt. Weitere Befugnisse des Senats im Verwaltungsbereich ergeben sich aus Art. 51 VvB: Er stellt Grundsätze und Richtlinien für die Verwaltung auf und nimmt durch die Hauptverwaltung die Angelegenheiten wahr, die ... einer einheitlichen Durchführung bedürfen. Außerdem übt er die Aufsicht über die Verwaltungen der Bezirke aus.

1 Die Verfassungen von Bremen, Hessen, Nordrhein-Westfalen und Rheinland-Pfalz sowie die saarländische Verfassung nach dem Stand vom 4. Juli 1979 (ABl. S. 650) beschränken sich darauf, die Zusammensetzung der Landesregierungen bzw. des Senats zu regeln. Nach der bayerischen Verfassung (Art. 43 Abs. 1) ist die Staatsregierung die oberste leitende und vollziehende Behörde des Staates. Die Landessatzung von Schleswig-Holstein (Art. 21 Abs. 1) bestimmt, daß die Landesregierung das oberste Organ der vollziehenden Gewalt ist. Nach den Verfassungen von Niedersachsen (Art. 19 Abs. 2) und Baden-Württemberg (Art. 45 Abs. 1) sowie nach der saarländischen Verfassung nach dem bis 1979 geltenden Text üben die Landesregierungen die vollziehende Gewalt aus. Nach der Verfassung von Hamburg (Art. 33 Abs. 1) ist der Senat die Landesregierung.

Der Senat ist also befugt und durch die Verfassung verpflichtet, auch die Verwaltung (d. h. den "unpolitischen" Teil der Exekutive) zu leiten. Daraus folgt, daß alle Verwaltungsorgane im Bereich der Hauptverwaltung grundsätzlich seiner Weisungsbefugnis unterliegen müssen; der Senat und seine Mitglieder tragen gegenüber dem Parlament die politische Verantwortung für das Handeln der Verwaltung. Weisungsunabhängige Verwaltungsträger sind nur begrenzt zulässig; insbesondere wenn es die Verfassung selbst vorschreibt sowie in Bereichen, in denen es kraft Gewohnheitsrecht üblich ist.

Von der Verfassung selbst vorgeschrieben ist vor allem die Selbst- 41.3
verwaltung der Bezirke. Gewohnheitsrechtlich sind weisungsunabhängige Verwaltungsstellen vor allem in der Form von Ausschüssen (z. B. Beschwerdeausschüsse) und Kommissionen (insbesondere Prüfungskommissionen im Bildungsbereich) üblich. Das gleiche dürfte bei reinen Kontrollorganen ohne nennenswerte Exekutivbefugnisse gelten, die unmittelbar dem Parlament verantwortlich sind. Für den Rechnungshof ist dies in Art. 83 VvB ausdrücklich vorgesehen. Dagegen ist die Unabhängigkeit des Datenschutzbeauftragten in Berlin nur in einem einfachen Gesetz (Landesdatenschutzgesetz) verankert. Dies entspricht der Rechtslage im Bund und in allen Ländern außer in Nordrhein-Westfalen, wo die Institution des Datenschutzbeauftragten in der Verfassung verankert ist.

Zulässig ist es schließlich auch, daß bestimmte Verwaltungsaufgaben der mittelbaren Landesverwaltung — also selbständigen juristischen Personen des öffentlichen Rechts — übertragen werden, die in bestimmten Bereichen nur einer staatlichen Rechtsaufsicht unterliegen. Auch diese Möglichkeit unterliegt aber verfassungsrechtlichen Grenzen, die sich letzten Endes aus dem Demokratieprinzip ergeben: Das Parlament als Volksvertretung und der parlamentarisch verantwortliche Senat dürfen ihre politische Verantwortung nicht unbegrenzt auf rechtliche selbständige Verwaltungsträger abwälzen.

Obgleich der Senat also auch im Bereich der Verwaltung tätig 41.4
wird, tritt er (anders als z. B. der Hamburger Senat und die Berliner Bezirksämter) im Normalfall nicht als Verwaltungsbehörde auf.[2]

2 Etwas anderes gilt ausnahmsweise, wenn die Verfassung oder ein Gesetz ausdrücklich vorschreiben, daß der Senat in bestimmten Fällen als Kollegium Ent-

Behörden der Hauptverwaltung sind die Senatsmitglieder und die ihnen nachgeordneten Sonderbehörden, auch wenn sie aufgrund eines Senatsbeschlusses handeln.

§ 42 Bildung und Zusammensetzung des Senats; Wahl und Abwahl seiner Mitglieder

42.1 Der Senat besteht aus dem Regierenden Bürgermeister (Regierungschef), dem Bürgermeister als seinem Stellvertreter und den Senatoren. Die Anzahl der Senatoren ist auf 16 begrenzt; der Senat kann also höchstens 18 Mitglieder haben.

42.2 Nach Art. 41 Abs. 1 und 2 VvB werden der Regierende Bürgermeister und auf seinen Vorschlag die übrigen Senatsmitglieder vom Abgeordnetenhaus gewählt. Unter "Abgeordnetenhaus" ist — obgleich es im Verfassungstext nicht ganz eindeutig zum Ausdruck kommt — das im Amt befindliche gewählte Parlament zu verstehen. Nach einer Neuwahl des Abgeordnetenhauses muß also der Senat neu gebildet werden. Dies gilt insbesondere, wenn sich die Mehrheitsverhältnisse nicht geändert haben und keine personellen Änderungen im Senat beabsichtigt sind. In diesem Fall wäre es mit der Verfassung unvereinbar, wenn auf eine Neuwahl verzichtet würde und man sich einfach darauf beriefe, daß der alte Senat bis zur Bildung eines neuen im Amt bleibt.

Anders ist die Lage, wenn das neugebildete Abgeordnetenhaus aufgrund geänderter Mehrheitsverhältnisse nicht oder noch nicht in der Lage ist, einen neuen Senat zu bilden. Eine Pflicht des alten Senats nach Neuwahl des Abgeordnetenhauses zurückzutreten, läßt sich aus der Verfassung nicht herleiten.[3] Solange die Bildung des

scheidungen mit Außenwirkung trifft. Dies ist vor allem bei den in §§ 11 bis 13 AZG vorgesehenen Maßnahmen der Bezirksaufsicht (Aufhebung, Anweisung und Ersatzbeschlußfassung) der Fall.

3 Dies ist vor allem von Bedeutung, wenn sich im neugewählten Parlament keine tragfähige Mehrheit für die Neuwahl des Senats findet. Die Verfassungsorgane sind zwar rechtlich verpflichtet, sich um die Bildung eines Senats zu bemühen, der sich auf das Vertrauen einer Parlamentsmehrheit stützen kann, jedoch ist diese Rechtspflicht praktisch nicht durchsetzbar.

neuen Senats nicht abgeschlossen ist, führt der alte die Regierungsgeschäfte mit vollen Rechten und Pflichten weiter. Bis dahin hat das Abgeordnetenhaus zwar die Möglichkeit, dem Senat oder einzelnen seiner Mitglieder das Vertrauen zu entziehen, jedoch verliert dieses Votum seine Wirksamkeit, wenn nicht innerhalb von 21 Tagen eine Neuwahl erfolgt.

Im übrigen würde das Abgeordnetenhaus gegen seine verfas- 42.3
sungsrechtlichen Pflichten verstoßen, wenn es nach einem Mißtrauensvotum gegen den alten Senat und vor Bildung des neuen nicht wenigstens einen Rumpfsenat von mindestens drei Mitgliedern mit der Fortführung der Geschäfte beauftragte, weil in diesem Fall ein von der Verfassung zwingend vorgeschriebenes Staatsorgan nicht vorhanden wäre.

Die Neubildung des Senats beginnt mit der Wahl des Regierenden 42.4
Bürgermeisters. Hierfür ist nach Art. 41 Abs. 1 VvB die Mehrheit der abgegebenen Stimmen erforderlich. Stimmenthaltungen und ungültige Stimmen sind also mitzuzählen und im Ergebnis als Gegenstimmen zu berechnen.[4] Von Stimmenthaltungen sind nicht abgegebene Stimmen zu unterscheiden; diese werden bei Ermittlung des Wahlergebnisses nicht mitgerechnet. Wird der bisherige Regierende Bürgermeister nicht wiedergewählt, so beschränken sich die Aufgaben und Befugnisse des neugewählten zunächst auf die Präsentation und Bildung des neuen Senats. Bis diese abgeschlossen ist, übt der alte Senat die Regierungsfunktionen aus. Der neue Regierende Bürgermeister kann — außer den für die Senatsbildung notwendigen Maßnahmen — keine Amtshandlungen vornehmen.

Der Bürgermeister und die Senatoren werden auf Vorschlag des 42.5
Regierenden Bürgermeisters vom Abgeordnetenhaus gewählt (Art. 41 Abs. 2).[5] Hierbei ist eine qualifizierte Mehrheit nicht vorgesehen; es

4 So auch § 75 Abs. 1 GOA. Diese Regelung ist nach dem Wortlaut der Berliner Verfassung ausdrücklich geboten. Das abweichende "dominierende Verfassungsverständnis" auf das Neumann in Pfennig/Neumann, Rdnr. 4 zu Art. 41 hinweist, bezieht sich auf den abweichenden Text des Grundgesetzes.

5 Die Berliner Verfassung nimmt insoweit eine Mittelstellung zwischen den Verfassungen des Bundes und der Flächenländer auf der einen Seite und den Verfassungen der Stadtstaaten Hamburg und Bremen auf der anderen Seite ein. Im Bund und in den Territorialländern werden die Minister ohne weitere par-

genügt, daß mehr Stimmen für als gegen die Bewerber abgegeben werden. Die Wahl der Senatoren erfolgt jeweils für ein bestimmtes Ressort; damit beschließt das Abgeordnetenhaus zugleich gemäß Art. 43 Abs. 4 Satz 1 VvB auf Vorschlag des Regierenden Bürgermeisters über die Zahl und Abgrenzung der Geschäftsbereiche.

42.6 Erhält ein vorgeschlagener Bewerber für ein Senatsressort nicht die erforderliche Mehrheit, so hat der Regierende Bürgermeister drei Möglichkeiten:

a) Er kann einen anderen Bewerber für dasselbe Ressort vorschlagen;
b) er kann — in der Hoffnung, daß die Abgeordneten der an der Senatsbildung beteiligten Fraktionen jetzt Disziplin üben werden — denselben Bewerber noch einmal vorschlagen;
c) er kann — mit Zustimmung des Abgeordnetenhauses — das Ressort, das der abgewiesene Bewerber erhalten sollte, einem anderen Senatsmitglied übertragen oder auf mehrere andere Senatsmitglieder verteilen.

Dagegen ist es bei der Neubildung eines Senats nicht zulässig, ein Ressort von einem anderen Senatsmitglied "kommissarisch" verwalten zu lassen. Diese Möglichkeit besteht erst nach abgeschlossener Senatsbildung, wenn einzelne Senatsmitglieder (durch Tod, Rücktritt oder Mißtrauensvotum gemäß Art. 42 Abs. 2 Satz 1 VvB) ausscheiden.

42.7 Kommt die Senatsbildung innerhalb von 21 Tagen nicht zustande, so erlischt der Auftrag des gewählten Regierenden Bürgermeisters. Ein neuer Regierender Bürgermeister ist zu wählen, jedoch steht es der Mehrheit des Abgeordnetenhauses frei, den gescheiterten Regierenden Bürgermeister erneut mit der Senatsbildung zu beauftragen.

lamentarische Mitwirkung vom Ministerpräsidenten (bzw. vom Bundespräsidenten auf Vorschlag des Bundeskanzlers) ernannt. Das Parlament kann nur der Regierung im Ganzen und nicht den einzelnen Ministern das Vertrauen entziehen. In Hamburg und Bremen wählen die Parlamente die Senatsmitglieder; diese wählen unter sich den Regierungschef (Bürgermeister, Senatspräsidenten) und dessen Stellvertreter. Das Vertrauen kann in allen drei Stadtstaaten dem Senat im Ganzen und jedem einzelnen Mitglied entzogen werden. Die "Stadtstaatenkommission" hat in ihrem Gutachten vorgeschlagen, daß die Verfassungen der drei Stadtstaaten in diesem Punkt den Verfassungen der Flächenstaaten angeglichen werden sollten (vgl. Gutachten S. 7, 20, 151 ff.). Es bleibt abzuwarten, ob die Vorschläge der Kommission politisch verwirklicht werden.

Nach Art. 42 Abs. 1 VvB bedarf der Senat des Vertrauens des Abgeordnetenhauses. Das Abgeordnetenhaus kann aber nicht nur dem Senat im ganzen, sondern jedem einzelnen Senatsmitglied das Vertrauen entziehen (Art. 42 Abs. 2 Satz 1).[6] Die Abstimmung erfolgt namentlich und darf frühestens 48 Stunden nach der Bekanntgabe des Mißtrauensantrages erfolgen (Art. 42 Abs. 2 Satz 2) — Zufallsmehrheiten sollen also vermieden werden. Der Beschluß bedarf der Mehrheit der gewählten Mitglieder des Abgeordnetenhauses. Im Falle eines Mißtrauensantrages "haben die davon betroffenen Mitglieder des Senats sofort zurückzutreten". Der Wortlaut der Vorschrift ist allerdings irreführend; die Rechtsfolgen eines Mißtrauensvotums treten unmittelbar ein, ohne daß eine ausdrückliche Rücktrittserklärung der betroffenen Senatsmitglieder notwendig ist. 42.8

Die von der Abwahl betroffenen Senatsmitglieder sind nach Art. 43 Abs. 3 Satz 3 VvB verpflichtet, "auf Verlangen" die Geschäfte bis zum Amtsantritt des Nachfolgers weiterzuführen. Die Vorschrift ist analog anwendbar, wenn einzelne Senatsmitglieder oder der gesamte Senat zurücktreten, ohne daß ein Mißtrauensvotum des Abgeordnetenhauses vorliegt. Sie ist aber unglücklich formuliert und kann in verschiedenen Punkten zu Mißverständnissen und Zweifeln Anlaß geben. 42.9

Die Formulierung, nach der die betroffenen Senatsmitglieder zur Fortführung der Geschäfte "auf Verlangen verpflichtet" sind, bedeutet vor allem, daß sie hierauf keinen Rechtsanspruch haben. Die Fortführung der Geschäfte tritt nicht automatisch ein, sondern nur, wenn ein entsprechendes Verlangen ausgesprochen wird. Fraglich ist dagegen — trotz des Wortlauts der Vorschrift —, ob für die betroffenen Senatsmitglieder eine Rechtspflicht zur Fortführung der Geschäfte besteht. Diese ließe sich jedenfalls in der Praxis nicht durchsetzen.

Zweifelhaft ist auch, welche Staatsorgane befugt sind, die vom Mißtrauensvotum betroffenen oder zurückgetretenen Senatsmitglieder zur Fortführung der Geschäfte aufzufordern. Unstreitig trifft dies auf das Abgeordnetenhaus zu, das die Senatsmitglieder wählt und ih-

6 Die Abwahl einzelner Regierungsmitglieder durch das Parlament ist in den Verfassungen der drei Stadtstaaten, aber nicht in den Verfassungen des Bundes und der Flächenstaaten vorgesehen. Vgl. hierzu Anmerkung 5.

nen das Vertrauen entziehen kann. Bei der Formulierung des Art. 42 bestand unter den Fraktionen der Stadtverordnetenversammlung (mit Ausnahme der SED) jedoch Übereinstimmung, daß auch der Senat gegenüber seinen Mitgliedern zu einer entsprechenden Erklärung befugt sein sollte.[7] In der Praxis wird das Verlangen traditionell ausgesprochen. Er handelt dabei aber nur als Sachwalter des Abgeordnetenhauses. Die frühere Praxis, nach der der Regierende Bürgermeister die anderen Senatsmitglieder zur Fortführung der Amtsgeschäfte aufforderte, ist aufgegeben worden.

42.10 Wird dem Senat insgesamt das Vertrauen entzogen, so steht es dem Abgeordnetenhaus frei, lediglich einen Teil seiner Mitgieder zur Fortführung der Geschäfte aufzufordern. Ein Rumpfsenat (von mindestens drei Mitgliedern) muß bis zur Senatsneubildung aus allgemeinen verfassungsrechtlichen Gründen aber fortbestehen (vgl. oben, Rdnr. 55.3).

42.11 Der alte Senat oder die Senatsmitglieder, die in der Übergangszeit die Geschäfte fortführen, haben die gleichen verfassungsrechtlichen Befugnisse wie vor dem Mißtrauensvotum oder dem Rücktritt. Auch die dienstrechtliche Stellung eines Senatsmitglieds endet nach § 14 Senatorengesetz erst mit dem Amtsantritt des Nachfolgers.

42.12 Nach Art. 42 Abs. 3 Satz 4 VvB verliert das Mißtrauensvotum seine Wirksamkeit, wenn nicht binnen 21 Tagen eine Neuwahl erfolgt ist. Dabei ist zu berücksichtigen, daß das Abgeordnetenhaus bei der Neuwahl des Regierenden Bürgermeisters frei ist, daß die übrigen Senatsmitglieder aber auf Vorschlag des Regierenden Bürgermeisters zu wählen sind. Richtet sich das Mißtrauensvotum gegen den Bürgermeister oder einen Senator, so ist der Regierende Bürgermeister verpflichtet, dem Abgeordnetenhaus innerhalb der Frist einen Kandidaten für die Neubesetzung vorzuschlagen. Als Alternative kommt in Betracht, daß das Abgeordnetenhaus auf Vorschlag des Regierenden Bürgermeisters den Geschäftsbereich des ausgeschiedenen Senatsmitglieds gemäß Art. 43 Abs. 4 Satz 1 VvB einem anderen Senatsmitglied überträgt oder es auf mehrere andere Senatsmitglieder verteilt.[8]

7 Neumann in Neumann-Pfennig, Rdnr. 10 zu Art. 42.

8 Der Regierende Bürgermeister könnte allerdings absichtlich einen Kandidaten

Ist ein Senatsmitglied dagegen nicht aufgrund eines Mißtrauensvotums, sondern durch freiwilligen Rücktritt ausgeschieden, so kann sein Geschäftsbereich beliebig lange einem anderen Senatsmitglied zur kommissarischen Wahrnehmung übertragen werden.

§ 43 Rechtsstellung der Senatsmitglieder — Verhältnis der Senatsmitglieder untereinander

Die Mitglieder des Senats sind politische Amtsträger und damit Beamte im Sinne des Strafrechts- und des Amtshaftungsrechts. Die Vorschriften des Beamtenrechts finden auf sie aber (anders als bei den Staatssekretären und Bezirksamtsmitgliedern) keine Anwendung, soweit das Senatorengesetz nicht auf die beamtenrechtlichen Bestimmungen verweist. Dies hat u. a. zur Folge, daß ein Disziplinarverfahren gegen Senatsmitglieder nicht möglich ist; ein dienstliches oder außerdienstliches Fehlverhalten kann — wenn strafrechtliche Maßnahmen nicht in Betracht kommen — nur durch politische Sanktionen (Abwahl gemäß Art. 42 Abs. 3 Satz 3 VvB) geahndet werden.[9] 43.1

Die Rechtsverhältnisse der Senatsmitglieder sind in dem Senatorengesetz (SenG)[10] geregelt. Die besoldungs- und versorgungsrechtlichen Vorschriften dieses Gesetzes lehnen sich zum Teil an das Besoldungs- und Versorgungsrecht der Berufsbeamten an.[11]

vorschlagen, der im Abgeordnetenhaus keine Mehrheit findet, so daß das Mißtrauensvotum nach Ablauf der 21-Tage-Frist seine Wirkung verliert. Ein solches Verhalten käme — jedenfalls unter normalen Verhältnissen — aber einem politischen Selbstmord gleich. Das Abgeordnetenhaus hätte im übrigen die Möglichkeit, nach Ablauf der 21-Tage-Frist ein erneutes Mißtrauensvotum auszusprechen.

9 So ausdrücklich auch § 10 Satz 2 SenatorenG (vgl. Fn. 10). Nach dieser Vorschrift findet ein Disziplinarverfahren gegen ein Senatsmitglied während seiner Amtszeit nicht statt. Dies gilt also auch für dienstliche Verfehlungen, die er vor seinem Amtsantritt als Senator in einem anderen öffentlichen Amt begangen hat. Zweifelhaft ist es dagegen, ob das Verhalten während der Amtszeit in einem Disziplinarverfahren berücksichtigt werden kann, wenn der Senator später wieder ein anderes Amt im öffentlichen Dienst übernimmt.

10 Gesetz über die Rechtsverhältnisse der Senatsmitglieder (Senatorengesetz — SenG) vom 7. Juli 1953 i. d. F. vom 1. März 1979 (GVBl. 1979 S. 469) zuletzt geändert durch Gesetz vom 4. November 1983 (GVBl. S. 1418).

43.2 Die Verfassung von Berlin betont die Gleichstellung und Selbständigkeit der einzelnen Senatsmitglieder (Ressortprinzip, Kollegialprinzip) stärker als das Grundgesetz und die meisten anderen Landesverfassungen.

Nach Art. 43 Abs. 5 Satz 1 VvB leitet jedes Mitglied des Senats seinen Geschäftsbereich selbständig und in eigener Verantwortung innerhalb der Richtlinien der Regierungspolitik. Der Regierende Bürgermeister überwacht die Einhaltung der Richtlinien und hat das Recht über alle Amtsgeschäfte Auskunft zu verlangen (Art. 43 Abs. 3); er hat aber keine Befugnis, den anderen Senatsmitgliedern Weisungen zu erteilen.

43.3 Durch das Ressortprinzip, das vor allem durch Art. 42 Abs. 2 VvB stärker betont wird als in anderen Verfassungen (unmittelbare Verantwortlichkeit der einzelnen Senatsmitglieder gegenüber dem Parlament!) wird das Recht der Exekutive zur Selbstorganisation empfindlich beschränkt. Genauso wie die gesamte Hauptverwaltung grundsätzlich vom Senat bzw. seinen Mitgliedern zu leiten ist (Art. 44 Abs. 1 VvB), muß jede Verwaltungsstelle innerhalb der Hauptverwaltung grundsätzlich einem bestimmten Senatsmitglied unterstehen, das für ihre Tätigkeit die politische Verantwortung trägt. Dadurch wird die Einführung moderner Managementmethoden (z. B. ressortübergreifender Projektgruppen) beeinträchtigt.[12]

11 Die Vorschriften über die Besoldung der Senatsmitglieder verweisen auf das Beamtenrecht (Besoldungsgruppe B 11 für Senatoren; 120 bzw. 107 % der Besoldungsgruppe B 11 für den Regierenden Bürgermeister und den Bürgermeister — § 11 SenG —). Das gleiche gilt für Reisekosten, Umzugskosten und Trennungsentschädigung (§ 12 SenG). Nach § 21 SenG erhalten die Mitglieder des Senats die den Landesbeamten allgemein gewährten Leistungen. Für das Ruhegehalt sowie für das Übergangsgeld, das Senatsmitglieder erhalten, wenn ihnen kein Ruhegehalt zusteht, enthalten die §§ 16, 17 des Gesetzes besondere Vorschriften.

Führt das Senatsmitglied nach seiner Abwahl oder seinem Rücktritt die Geschäfte gemäß Art. 42 Abs. 3 Satz 3 VvB weiter, so endet sein Amt und damit sein Gehaltsanspruch erst mit dem Amtsantritt des Nachfolgers. Verliert ein Mißtrauensvotum gemäß Art. 42 Abs. 3 Satz 4 VvB seine Wirksamkeit, so gilt das Amt des Senatsmitglieds als nicht beendet.

12 Die Bildung ressortübergreifender Projektgruppen ist in der GGO I (§ 7) vorgesehen aber einschränkend geregelt. Für die Bearbeitung laufender Angelegenheiten dürfen Projektgruppen nicht gebildet werden. Die Geschäftsführung

Bei Meinungsverschiedenheiten zwischen den Senatsmitgliedern entscheidet nach Art. 43 Abs. 5 Satz 2 VvB der Senat (Kollegialprinzip). Ein Beschluß des Senatskollegiums ist nach § 10 der Geschäftsordnung des Senats in folgenden Fällen vorgesehen: 43.4

a) Bei Meinungsverschiedenheiten über Angelegenheiten, die den Zuständigkeitsbereich verschiedener Senatsmitglieder berühren,
b) bei Meinungsverschiedenheiten über Angelegenheiten, die die Richtlinien der Regierungspolitik berühren,
c) in Fällen, in denen ein Beschluß des Senatskollegiums durch Gesetz, durch die Geschäftsordnung des Senats oder durch Verwaltungsvorschriften vorgeschrieben ist,
d) in Angelegenheiten, die das zuständige Senatsmitglied wegen ihrer politischen Bedeutung dem Senat vorlegt.

Die Entscheidung des Senatskollegiums ist für das federführende Senatsmitglied verbindlich, dies gilt auch in den Fällen, in denen die Vorlage freiwillig erfolgte.

Die Richtlinien der Regierungspolitik sind nach Art. 43 Abs. 2 vom Regierenden Bürgermeister im Einvernehmen mit dem Senat zu bestimmen. Sie bedürfen der Billigung durch das Abgeordnetenhaus. Diese Regelung, für die sich im Grundgesetz und den Verfassungen der anderen Länder keine Parallele findet, räumt dem Parlament ein Mitwirkungsrecht in Fragen ein, die eigentlich zum innersten Zuständigkeitsbereich der Exekutive gehören. Die Richtlinien der Regierungspolitik werden traditionell im Rahmen der Regierungserklärungen des Senats dem Abgeordnetenhaus unterbreitet und zur Abstimmung gestellt. 43.5

Nach Art. 43 Abs. 4 Satz 2 gibt sich der Senat seine Geschäftsordnung.[13] 43.6

für die Projektgruppe obliegt in der Regel der federführenden Organisationseinheit. Vgl. auch Teil IV § 83.

13 Für den Erlaß und die Änderung der Geschäftsordnung des Senats (GOSen) besteht keine besondere Formvorschrift. Die jetzt geltende Fassung der Geschäftsordnung ist vom Senat am 29. November 1988 beschlossen und im Amtsblatt für Berlin vom 16. Dezember 1988 (ABl. 1988 S. 1936) veröffentlicht worden. Die bis dahin geltende Fassung war durch zahlreiche Änderungen unübersichtlich geworden und enthielt außerdem erhebliche Überschneidungen mit der Gemeinsamen Geschäftsordnung für die Berliner Verwaltung

Der Regierende Bürgermeister leitet die Senatssitzungen; bei Stimmengleichheit gibt seine Stimme den Ausschlag. Nach Art. 43 Abs. 1 Satz 1 vertritt er Berlin nach außen. Diese Vorschrift betrifft den Bereich der staatsrechtlichen Vertretung. Sie begründet zugleich die Zuständigkeit des Regierenden Bürgermeisters für den Bereich der auswärtigen Beziehungen (der Beziehungen mit Bund, Ländern und auswärtigen Staaten einschließlich der Alliierten) und zum Abschluß von auswärtigen Verträgen.

Eingehendere Regelungen zum Abschluß von staatsrechtlichen Verträgen Berlins, von Verwaltungsvereinbarungen und zu Fragen der rechtsgeschäftlichen Vertretung Berlins finden sich in §§ 20 ff. des Allgemeinen Zuständigkeitsgesetzes. Die Verfassung bestimmt nicht, in welchen Fällen eine Zustimmung des Abgeordnetenhauses zu auswärtigen Verträgen erforderlich ist; dies richtet sich nach allgemeinen verfassungsrechtlichen Grundsätzen. Eine Zustimmung des Abgeordnetenhauses ist insbesondere erforderlich, wenn auswärtige Verträge die politischen Beziehungen des Landes regeln oder Angelegenheiten berühren, die in den Kompetenzbereich der Gesetzgebung fallen.

§ 44 Staatssekretäre/Staatssekretärskonferenz

44.1 Die Staatssekretärskonferenz (bis 1985 "Senatsdirektorenkonferenz") ist kein Verfassungsorgan. Ihre Aufgaben sind durch Verwaltungsvorschrift, nämlich in § 16 der GGO II geregelt. Sie bereitet die Beschlußfassung des Senats vor jeder regelmäßigen Senatssitzung vor, berät über Vorlagen des Bundesrats, bevor sie dem Senat zur Beschlußfassung vorgelegt werden, sowie über Angelegenheiten, die ihr der Senat überwiesen hat oder deren Erörterung ein Senatsmitglied vorgeschlagen hat.

44.2 Die Staatssekretäre (bis 1985 "Senatsdirektoren") sind politische Beamte im Sinne von § 31 Beamtenrechtsrahmengesetz. Nach § 72 des Berliner Beamtengesetzes können sie jederzeit vom Senat in den

(GGO), die als Verwaltungsvorschrift die Arbeit der Berliner Behörden regelt. Die Doppelregelungen sind jetzt entfallen, so daß die neue GOSen mit 19 Paragraphen wesentlich kürzer ist, als frühere Fassungen.

einstweiligen Ruhestand versetzt werden. Ihre Ämter gehören keiner Laufbahn an,[14] sie unterliegen daher auch keinen Ausbildungs- und Prüfungsbestimmungen. Für bestimmte Ausnahmeregelungen, die bei anderen Beamten vom Landespersonalausschuß zu genehmigen sind, ist bei ihnen der Senat zuständig.

§ 45 Rat der Bürgermeister (Artikel 52 VvB)

Der Rat der Bürgermeister (RdB) ist ein Verfassungsorgan, hat aber nur 45.1
beratende Funktion. Er setzt sich aus dem Regierenden Bürgermeister und dem Bürgermeister sowie den Bezirksbürgermeistern oder ihren Stellvertretern zusammen. Nach Art. 52 VvB ist ihm die Möglichkeit zu geben, zu den grundsätzlichen Fragen der Verwaltung und Gesetzgebung Stellung zu nehmen; seine Stellungnahme ist aber für den Senat und andere Verfassungsorgane nicht verbindlich.

Einzelheiten finden sich in dem dritten Abschnitt (§§ 14—19) des Allgemeinen Zuständigkeitsgesetzes — AZG — sowie in §§ 22 ff. GGO II. Sowohl das AZG wie die GGO verweisen auf Art. 52 VvB, d. h. daß Stellungnahmen des RdB zu grundsätzlichen Fragen der Gesetzgebung und Verwaltung einzuholen sind und nicht nur zu Angelegenheiten, an denen die Bezirke ein besonderes Interesse haben. In der Praxis führt die Einschaltung des RdB oft zu einem erheblichen Zeitverlust, weil dieser nur einmal im Monat tagt und einen Ausschuß einschalten kann.

Auch wenn die Stellungnahmen des Rats der Bürgermeister rechtlich nicht verbindlich sind, so darf sein politischer Einfluß nicht unterschätzt werden, weil die Bezirksbürgermeister in den Ortsverbänden ihrer politischen Parteien über einen beträchtlichen Einfluß verfügen.

Durch eine Änderung des Allgemeinen Zuständigkeitsgesetzes 45.2
sind im Jahre 1989 die Befugnisse des Rats der Bürgermeister erweitert worden. Wenn besondere bezirkliche Interessen berührt werden, oder Meinungsverschiedenheiten von Bezirken und Senatsverwaltungen hemmend wirken, so können der Rat der Bürgermeister und der Senat verlangen, daß ein Beauftragter des RdB an der Sitzung

14 § 32 des Berliner Laufbahngesetzes vom 17. Juli 1984 (GVBl. S. 976).

des Senats mit beratender Stimme teilnimmt. Die Stellungnahmen des RdB sind den Vorlagen des Senats an das Abgeordnetenhaus beizufügen. Es ist außerdem vorgesehen, daß durch die Geschäftsordnung des Abgeordnetenhauses eine Pflicht für den Beauftragten des RdB begründet wird, an den Sitzungen des Abgeordnetenhauses mit beratender Stimme teilzunehmen.[15]

15 § 16a des Allgemeinen Zuständigkeitsgesetzes (AZG) i.d.F. des 5. Änderungsgesetzes vom 6. Juli 1989 (GVBl. S. 1289).

Fünftes Kapitel
Kontrollorgane

§ 46 Definition, Rechtsstellung

Das Gewaltenteilungsprinzip, das u.a. in Art. 20 GG und Art. 3 Abs. 46
1 VvB verankert ist, wird dadurch gerechtfertigt, daß die Organe der Gesetzgebung, der Rechtsprechung und der Exekutive ein Gleichgewicht der Kräfte bilden und sich gegenseitig kontrollieren (System der Checks und Balances).[1]

Eine besondere Bedeutung kommt dabei traditionell der Kontrolle der Exekutive durch das Parlament zu. Diese wird zum Teil direkt ausgeübt (z. B. durch Kleine und Große Anfragen), wobei Hilfsorgane des Parlamets eingeschaltet werden können, über deren Bildung und Berichtsauftrag das Plenum entscheidet (z. B. Untersuchungsausschüsse, sonstige Ausschüsse). Hiervon zu unterscheiden sind die selbständigen Kontrollorgane. Ihre Tätigkeit besteht zwar auch im wesentlichen darin, daß sie die Exekutive kontrollieren und dem Parlament hierüber Bericht erstatten, ihre Zusammensetzung und ihre Aufgaben sind aber entweder in der Verfassung selbst oder wenigstens in einem Gesetz geregelt und stehen daher — wenn man von der Möglichkeit einer Gesetzesänderung oder Verfassungsnovellierung absieht — nicht zur Disposition der Parlamentsmehrheit. Die Kontrollorgane sind als oberste Landesbehörden organisiert, haben aber im wesentlichen keine exekutiven Befugnisse und unterliegen keinem Weisungsrecht.

Im Rahmen des Berliner Verfassungs- und Verwaltungsrechts sind zwei Organe dieser Art zu erwähnen. Das eine, der Landesrechnungshof ist in der Verfassung selbst verankert und blickt auf eine alte Tradition zurück. Bei dem anderen, dem Landesdatenschutzbeauftragten, handelt es sich um eine relativ neue Einrichtung, die in Berlin (ebenso wie im Bund und den Bundesländern außer Nordrhein-Westfalen) nicht in der Verfassung, sondern nur in einem einfachen Gesetz verankert ist.

1 BVerfGE 3 S. 225 (247), 7 S. 183 (189), 9 S. 268 (279 f) und ständige Rechtsprechung.

§ 47 Der Rechnungshof

47.1 Die Organisation und Tätigkeit des Rechnungshofs als Kontrollorgan ist in Art. 83 der Verfassung von Berlin verankert. Er hat nach dem Verfassungstext die Rechnungslegung aufgrund des Haushaltsplanes und der Haushaltsführung zu prüfen und das Ergebnis dem Abgeordnetenhaus vorzulegen. Außerdem können ihm das Abgeordnetenhaus und der Senat besondere Prüfungsaufträge erteilen. Bei der Durchführung seiner Aufgaben ist er unabhängig.

47.2 Grundlegende Bestimmungen über den Aufbau des Rechnungshofs enthält die Verfassung (Art. 83 Abs. 2) Nach Abs. 3 wird alles nähere durch Gesetz geregelt.

Die betreffenden einfachgesetzlichen Vorschriften finden sich in dem Gesetz über den Landesrechnungshof und in der Landeshaushaltsordnung (insbesondere §§ 88 bis 104).[2]

Das Gesetz über den Rechnungshof regelt vor allem die allgemeine Rechtsstellung, die Zusammensetzung und die Organisation. § 1 betont noch einmal die bereits in der Verfassung verankerte Unabhängigkeit und bestimmt, daß der Rechnungshof eine oberste Landesbehörde ist. Nach §§ 2 ff. besteht der Rechnungshof aus dem Präsidenten, dem Vizepräsidenten und weiteren Mitgliedern. Der Präsident wird auf Vorschlag des Senats vom Abgeordnetenhaus gewählt; die übrigen Mitglieder einschließlich des Vizepräsidenten werden auf Vorschlag des Präsidenten vom Senat ernannt. Alle Mitglieder sind Beamte auf Lebenszeit, jedoch ist ihre Rechtsstellung im Interesse der Unabhängigkeit in verschiedenen Punkten denen der Richter angenähert (z. B. bei Disziplinarverfahren, § 8). Grundsätzlich leiten die Mitglieder die Prüfung ihres jeweiligen Geschäftsbereichs selbständig und in eigener Verantwortung. Etwas anderes gilt nur, wenn — aufgrund eines Vorbehalts des Präsidenten oder auf Initiative des betreffenden Mitglieds selbst — eine Mitwirkung des Präsidenten herbeigeführt wird oder wenn der Rechnungshof als Kollegium entscheidet. Dem Kollegium sind alle Angelegenheiten von grundsätzlicher oder

2 Gesetz über den Rechnungshof von Berlin (Rechnungshofgesetz — RHG —) i. d. F. vom 1. Januar 1980, GVBl. S. 2, zuletzt geändert durch Gesetz vom 17. April 1984, GVBl. S. 600; Landeshaushaltsordnung vom 5. Oktober 1978 (GVBl. S. 1961) zuletzt geändert durch Gesetz vom 21. September 1990 (GVBl. S. 2074).

sonst erheblicher Bedeutung vorbehalten, die ihm vom Präsidenten oder einem anderen Mitglied zur Beschlußfassung unterbreitet werden (§ 5).

Nach § 2 Abs. 2 des Gesetzes werden dem Rechnungshof Prüfer 47.3
und die sonstigen notwendigen Dienstkräfte beigegeben. Die Prüfer nehmen, wie schon die Formulierung der Vorschrift zeigt, eine Sonderstellung ein. Sie genießen zwar keine quasi-richterliche Unabhängigkeit wie die Mitglieder des Rechnungshofs, jedoch erstreckt sich die Bestimmung des § 12, daß die Erfüllung der Aufgaben des Rechnungshofs durch Weisungen nicht eingeschränkt werden darf, auch auf ihre Tätigkeit. Sie dürfen, ebenso wie die Mitglieder, wegen ihrer Erhebungen, Feststellungen, gutachtlichen Äußerungen oder Berichte nicht benachteiligt oder in ihrem Fortkommen behindert werden und sind zur Verschwiegenheit verpflichtet (§ 12).

Der Präsident übt die Dienstaufsicht über die Mitglieder und son- 47.4
stigen Bediensteten des Rechnungshofs aus; er selbst unterliegt der Dienstaufsicht des Regierenden Bürgermeisters.

Die Aufgaben, die die Landeshaushaltsordnung dem Rechnungs- 47.5
hof zuweist, gehen über die ausdrücklich in der Verfassung verankerte Prüfung der Rechnungslegung im klassischen Sinne hinaus. Sie umfassen die gesamte Haushalts- und Wirtschaftsführung Berlins einschließlich seiner Sondervermögen und Betriebe (§ 89 HO) und erstrecken sich auch auf die landesunmittelbaren juristischen Personen des öffentlichen Rechts, mit Ausnahme der Selbstverwaltungskammern der Wirtschaft und der öffentlich-rechtlichen Religionsgemeinschaften. Ferner prüft der Rechnungshof die Bestätigung Berlins bei privatrechtlich organisierten Unternehmen (§ 92); er ist unter bestimmten Voraussetzungen auch berechtigt, Stellen außerhalb der Verwaltung zu überprüfen, z. B. wenn diese Teile des Haushaltsplans ausführen oder von Berlin Ersatz von Aufwendungen erhalten (§ 91).

In der Sache erstreckt sich die Prüfung auf die Einhaltung der für Haushalts- und Wirtschaftsführung geltenden Vorschriften und Grundsätze, insbesondere auch auf die Frage, ob bei der Verwendung von Haushaltsmitteln wirtschaftlich und sparsam verfahren wird (§ 90). Das Ergebnis der Prüfungen faßt der Rechnungshof, soweit es für die Entlastung des Senats wegen der Haushaltsrechnung und der Vermögensrechnung von Bedeutung sein kann, in sogenannten Bemerkungen zusammen, die jährlich dem Senat und dem Abgeordnetenhaus zugeleitet werden (§ 97).

Der Rechnungshof kann auch den Senat, einzelne Senatsmitglieder und das Abgeordnetenhaus beraten. Soweit er das Abgeordnetenhaus berät, unterrichtet er gleichzeitig den Senat (§ 88).

§ 48 Der Berliner Datenschutzbeauftragte

48.1 Ein weiteres weisungsunabhängiges Kontrollorgan ist der Berliner Datenschutzbeauftragte. Seine Rechtsstellung und seine Aufgaben sind nicht in der Verfassung von Berlin, sondern nur in einem einfachen Gesetz, dem Berliner Datenschutzgesetz (§§ 18 bis 26), geregelt.[3] Dies entspricht der Rechtslage im Bund und allen Bundesländern außer Nordrhein-Westfalen.

Der Berliner Datenschutzbeauftragte wird nach § 18 des Datenschutzgesetzes auf Vorschlag des Senats vom Abgeordnetenhaus gewählt und anschließend vom Senat ernannt. Seine Amtszeit beträgt 5 Jahre. Nach § 19 Abs. 2 des Gesetzes ist seine Dienststelle eine oberste Landesbehörde. Er ist in der Ausübung seines Amtes unabhängig und nur dem Gesetz unterworfen: dienstrechtlich steht er nach Maßgabe des Gesetzes in einem öffentlich-rechtlichen Amtsverhältnis, unterliegt also nicht dem Beamtenrecht. Er kann während der Amtszeit nur aus Gründen entlassen werden, die bei einem Richter auf Lebenszeit die Entlassung aus dem Dienst rechtfertigen. Die Dienstaufsicht steht dem Präsidenten des Abgeordnetenhauses zu.

Zu den Aufgaben des Datenschutzbeauftragten gehört es, die Einhaltung der Datenschutzvorschriften durch die Behörden und öffentlichen Stellen zu kontrollieren. Die Gerichte unterliegen seiner Aufsicht nur, soweit sie in Verwaltungsangelegenheiten tätig werden.

Der Datenschutzbeauftragte kann die Behörden beraten, Verstöße gegen Datenschutzbestimmungen beanstanden und Verbesserungsvorschläge machen. Er erstattet dem Abgeordnetenhaus mindestens einmal im Jahr Bericht und hat auf Anforderung des Abgeordne-

3 Berliner Datenschutzgesetz i. d. F. vom 17. Dezember 1990 (GVBl. 1991, S. 16). Geändert durch Gesetz vom 17. Dezember 1990 (GVBl. 1991 S. 16)

tenhauses oder des Senats Gutachten zu erstellen und Berichte zu erstatten. Jedermann kann sich an den Datenschutzbeauftragten wenden, wenn er der Ansicht ist, bei der Verarbeitung seiner personenbezogenen Daten durch die öffentlichen Stellen Berlins (mit Ausnahme der Gerichte, soweit sie nicht in Verwaltungsangelegenheiten tätig werden) verletzt worden zu sein (§ 24).

Für die datenschutzrechtliche Kontrolle im privaten Bereich ist 48.2
nach derzeitiger Rechtslage nicht der Datenschutzbeauftragte, sondern das zuständige Senatsmitglied (Senator für Inneres) zuständig. Materiellrechtliche Grundlage ist insoweit das Bundesdatenschutzgesetz.

Sechstes Kapitel
Die Gesetzgebung

§ 49 Stellung des Abschnitts V. VvB

49 Es entspricht der deutschen Verfassungstradition, daß die Gesetzgebung — wie auch im Grundgesetz — in einem besonderen Abschnitt der VvB behandelt wird. Während sich der III. Abschnitt mit dem Parlament als Institution befaßt, betrifft der V. die Legislative als Funktion der Staatsgewalt. Diese Trennung wird aber nicht strikt eingehalten. Verfahrensregelungen, die — auch — für die Gesetzgebung maßgeblich sind, finden sich sowohl im III. Abschnitt (z. B. in Art. 30, 31) als auch im V. (z. B. Art. 45 Abs. 2—4, 46). Außerdem fehlen im Verfassungsrecht der Länder verschiedene Regelungsbereiche, die für das Verfassungsrecht des Bundes von Bedeutung sind (z. B. Kompetenzverteilung zwischen Bund und Ländern, Mitwirkung des Bundesrats), so daß man bezweifeln kann, ob im Rahmen der Berliner Verfassung ein besonderer Abschnitt über die Gesetzgebung gerechtfertigt ist.

§ 50 Vorbehalt des Gesetzes / Vorrang des Gesetzes

50.1 Der Vorbehalt des Gesetzes ist in der Verfassung von Berlin ausdrücklich verankert; nach Art. 45 Abs. 1 müssen die für alle verbindlichen Gebote und Verbote auf Gesetz beruhen. Eine entsprechende allgemeine Vorschrift fehlt im Grundgesetz; dort bestehen nur Einzelregelungen z. B. die Gesetzesvorbehalte in den verschiedenen Grundrechtsvorschriften. Andererseits ist in Art. 20 Abs. 3 des Bonner Grundgesetzes der Vorrang des Gesetzes ausdrücklich normiert; insoweit fehlt eine entsprechende Vorschrift in der Berliner Verfassung.

50.2 Praktisch wird Art. 45 Abs. 1 VvB aber von Bundesrecht überlagert. Der Vorbehalt des Gesetzes (oft auch als Parlamentsvorbehalt bezeichnet) wird vom Bundesverfassungsgericht aus dem Demokratieprinzip (Art. 20 Abs. 3, 28) hergeleitet und ist für die Verfassungsordnung der Länder unmittelbar verbindlich.[1] Das gleiche gilt für den Vorrang des Gesetzes (Art. 20 Abs. 3 GG).

Maßgeblich für die Frage, ob und in welchem Umfang staatliches Handeln auf Gesetz beruhen muß, sind also vor allem die Grundsätze, die das Bundesverfassungsgericht aus dem Grundgesetz hergeleitet hat, vor allem also der Parlamentsvorbehalt in der Form der sogenannten Wesentlichkeitstheorie.[2]

Ob Art. 45 Abs. 1 VvB daneben noch eingenständige Bedeutung zukommt, ist zweifelhaft; dies gilt umsomehr, als die Vorschrift unglücklich gefaßt ist. Zunächst sind die Worte "für alle verbindlich" mißverständlich; richtiger wäre "allgemeinverbindlich". Die Formulierung kann aber vor allem zu dem Irrtum verleiten, daß es der Exekutive und der Rechtsprechung freisteht, im Einzelfall Gebote und Verbote ohne gesetzliche Grundlage zu erlassen. Gerade dies soll durch den Gesetzesvorbehalt grundsätzlich ausgeschlossen werden. Gebote und Verbote müssen auf einer allgemeinverbindlichen Norm beruhen; offen ist lediglich die Frage, in welchem Umfang der Gesetzgeber die Regelung der Einzelheiten selbst vornehmen muß oder der Exekutive und der Rechtsprechung überlassen kann. Nach dem Wesentlichkeitsprinzip bedürfen im übrigen nicht nur Gebote und Verbote einer gesetzlichen Grundlage, sondern auch andere wichtige Regelungen, z. B. das Lehrangebot und die Bewertungsmaßstäbe im Schulbereich. 50.3

Keine eindeutige Antwort geben die Verfassungstexte auf die Frage, wie weit es den Parlamenten freisteht, auch solche Bereiche gesetzlich zu regeln, die nicht dem Vorbehalt des Gesetzes unterliegen (sogenanntes Zugriffsrecht des Gesetzgebers). Grundsätzlich können Gesetze in allen Bereichen erlassen werden, die einer staatlichen Regelung überhaupt zugänglich sind. Dies gilt vor allem auch für Fragen der inneren und äußeren Behördenorganisation, die traditionell dem Selbstorganisationsrecht der Exekutive überlassen werden. Ein verfassungsmäßig garantierter Vorbehaltsbereich der Exekutive wird in der Rechtslehre gelegentlich angenommen, läßt sich aber aus den Verfassungstexten nicht herleiten.[3] Begrenzt wird das Zugriffsrecht des Ge- 50.4

1 Vgl. BVerfGE 40, S. 237 (248 f), 48 S. 210 (221), 49 S. 89 (126) (Rechtsstaatsprinzip) und 33 S. 125 (159) (Demokratieprinzip).

2 Z. B. BVerfGE 44, S. 125 (138), 47 S. 253 (271). Vgl. u. a. auch v. Arnim DVBl. 1987 S. 1 241 und die dort zitierte Rechtsprechnung und Literatur.

3 Herzog in M.D.H.S. Rdnr. 44 zu Art. 20 Abs. 3 GG und Rdnr. 96—108 zu Art. 20 GG — Stichwort "Gewaltenteilung".

setzgebers durch das Gewaltenteilungsprinzip, dessen genaue Bedeutung in Rechtslehre und Rechtsprechung freilich noch immer intensiv diskutiert wird. Verboten sind dem Gesetzgeber auf jeden Fall sogenannte Einzelfall- und Einzelpersonengesetze; zu beachten ist ferner, daß er zwar Entscheidungen fällen, diese aber nicht selbst vollziehen darf.[4]

§ 51 Verfahren der Gesetzgebung

51.1 Das Gesetzgebungsverfahren mit seinen verschiedenen Abschnitten (Initiative, Beratung, Verabschiedung, Ausfertigung und Verkündung) ist nach der Berliner Verfassung im wesentlichen das gleiche wie nach dem Grundgesetz und den anderen deutschen Landesverfassungen.

51.2 Eine Abweichung vom Grundgesetz ergibt sich daraus, daß die Voraussetzungen für die Beschlußfähigkeit des Abgeordnetenhauses in der Verfassung (Art. 31 Abs. 1 VvB) und nicht nur in der Parlamentarischen Geschäftsordnung niedergelegt sind.[5] Gesetzesvorlagen können von dem Senat (nicht von einzelnen Senatsmitgliedern) und aus der Mitte des Abgeordnetenhauses eingebracht werden.

51.3 Bei einer Vorlage des Senats ist dem Rat der Bürgermeister nach Art. 52 VvB, § 14 AZG Gelegenheit zur Stellungnahme zu geben.

51.4 Anträge aus der Mitte des Abgeordnetenhauses können nach der Geschäftsordnung (§ 39 Abs. 4 Satz 2) nur von einer Fraktion oder von einer Gruppe von mindestens 10 Abgeordneten eingebracht werden.

51.5 Anders als das Grundgesetz und die meisten Landesverfassungen (außer Hamburg), die diese Frage der parlamentarischen Geschäftsordnung überlassen, verlangt die VvB (Art. 45 Abs. 3) ausdrücklich mindestens zwei Lesungen. Zwischen beiden Lesungen soll "im allgemeinen" eine Vorberatung in dem zuständigen Ausschuß erfolgen. Diese Bestimmungen gelten trotz des etwas unklaren Wortlauts nur für die Annahme von Gesetzen. Eine sofortige Ablehnung ohne Bera-

4 Herzog a. a. O. Rdnr. 110, 111 zu Art. 20.
5 Vgl. hierzu § 50 (50.2).

tung in den Ausschüssen dürfte zulässig sein, wird aber in der Praxis vermieden (vgl. auch § 30 Abs. 2 GOA).

Eine dritte Lesung findet nur auf Verlangen des Präsidenten des Abgeordnetenhauses oder des Senats statt (Art. 45 Abs. 4).

Gesetze werden grundsätzlich mit einfacher Mehrheit beschlossen (Art. 46 Abs. 1); für Verfassungsänderungen ist eine Zweidrittelmehrheit erforderlich (Art. 88). (Vgl. § 50)

Die Ausfertigung der Gesetze, d. h. die authentische Feststellung 51.6
des zustandegekommenen Gesetzestextes in einer Urkunde, weist die Verfassung von Berlin als einzige deutsche Verfassung dem Präsidenten des Abgeordnetenhauses zu (Art. 46 Abs. 2). Er handelt dabei aufgrund einer selbständigen verfassungsrechtlichen Kompetenz und nicht als bloßes Hilfsorgan des Abgeordnetenhauses. Unstreitig ist, daß er, genauso wie der Bundespräsident bei der Ausfertigung von Bundesgesetzen, die formelle Verfassungsmäßigkeit (d. h. das verfassungsmäßige Zustandekommen des Gesetzes) prüfen muß und daß er nicht befugt ist, die Ausfertigung aus politischen Gründen zu verweigern. Umstritten ist, ob die ausfertigenden Organe berechtigt und verpflichtet sind, die materielle Verfassungsmäßigkeit eines Gesetzes im Rahmen des Ausfertigungsverfahrens zu überprüfen. Für den Bundespräsidenten nimmt die herrschende Lehre in Anlehnung an die neuere Verfassungspraxis an, daß ein solches Prüfungsrecht nur besteht, wenn ein offenkundiger und zweifelsfreier Verfassungsverstoß vorliegt (vgl. Maurer in "Bonner Kommentar" (Zweitbearbeitung), Rdnr. 30 ff. zu Art. 82). Durch diese Formulierung wird das Problem allerdings nicht gelöst, sondern nur verlagert; die Frage, ob ein Verfassungsverstoß offenkundig und zweifelsfrei ist, muß letzten Endes der Bundespräsident entscheiden.

Für Berlin wird überwiegend angenommen, daß der Präsident des Abgeordnetenhauses, wenn er Zweifel an der materiellen Verfassungsmäßigkeit eines Gesetzes hat, eine dritte Lesung herbeiführen muß. Bleibt das Abgeordnetenhaus auch im dritten Durchgang bei seinem Gesetz, so muß er nach dieser Rechtsauffassung das Gesetz ausfertigen (Härth, JR 1978 S. 492, und Inpfennig/Neumann, Rdnr. 3 zu Art. 46; offensichtlich zustimmend: Maurer a. a. O., unter III der rechtsvergleichenden Hinweise zu Art. 82 GG). Allerdings dürften sich auf diesem Wege nur unbeabsichtigte Verfassungsverstöße beheben lassen; die dritte Lesung ist kaum ein geeignetes Mittel, um offene Verfassungskonflikte zwischen der Parlamentsmehrheit und dem Parlamentspräsidenten zu entscheiden. Solange die Gesetze des Berliner Abgeordnetenhauses aus statusrechtlichen Gründen weder von einem Berliner Verfassungsgerichtshof noch vom Bundesverfassungsgericht auf ihre materielle Verfassungsmäßigkeit überprüft werden konnten, war diese Frage von größter Bedeutung; sie hat jetzt einen großen Teil ihrer Brisanz verloren.

51.7 Die ausgefertigten Gesetze werden vom Regierenden Bürgermeister im Gesetz- und Verordnungsblatt verkündet (Art. 46 Abs. 2). Redaktionell wird das Gesetz- und Verordnungsblatt allerdings von der Senatsverwaltung für Justiz bearbeitet.

§ 52 Verfassungsänderungen, Überprüfungsauftrag (Art. 88 VvB)

52.1 1. Nach Art. 88 Abs. 1 VvB erfordern Verfassungsänderungen eine Mehrheit von zwei Drittel der gewählten Mitglieder des Abgeordnetenhauses. Obgleich die Bestimmung — anders als Art. 79 GG — nicht zum Abschnitt über die Gesetzgebung, sondern zu den Übergangsvorschriften gehört, handelt es sich bei jeder Verfassungsänderung um einen Gesetzgebungsakt; abgesehen von der notwendigen Zweidrittelmehrheit muß also das in Art. 45, 46 VvB vorgesehene Verfahren eingehalten werden; insbesondere sind also zwei Lesungen und eine Verkündung im Gesetz- und Verordnungsblatt notwendig. Notwendig ist auch, daß der Verfassungswortlaut ausdrücklich geändert wird; Art. 79 Abs. 1 Satz 1 GG betrifft zwar unmittelbar nur die Änderung des Grundgesetzes, das dort verankerte Rechtsprinzip bindet aber nach Art. 28 GG auch die Verfassungsgesetzgebung der Länder. Verfassungsdurchbrechungen sind also auch für den Geltungsbereich der Verfassung von Berlin unzulässig.[6]

52.2.1 2. Nach Art. 88 Abs. 2 ist die Verfassung während der ersten Wahlperiode des Gesamtberliner Abgeordnetenhauses einer Überarbeitung zu unterziehen. Grundlage dafür ist die Verfassung vom 22. April 1948 (die von der Stadtverordnetenversammlung verabschie-

6 Härth in Neumann-Pfennig Rdnr. 1 zu Art. 88.

det, aber wegen eines Vetos der sowjetischen Besatzungsmacht nicht in Kraft gesetzt wurde), die Verfassung vom 1. September 1950 (deren Geltungsbereich bis zum 1. Januar 1991 de facto auf die Berliner Westsektoren beschränkt war) und die Verfassung vom 11. Juli 1990 (die vom 25. Juli 1990 bis zum 11. Januar 1991 in den Bezirken des ehemaligen Ostsektors galt). Eine gemäß Art. 88 Abs. 1 überarbeitete Verfassung ist gemäß Abs. 2 Satz 3 durch Volksabstimmung in Kraft zu setzen. Dies entspricht einer Forderung, die in Art. 88 Abs. 4 Nr. 3 der Verfassung von Berlin (Ost) enthalten war; allerdings weicht der geltende Verfassungstext in einem Detail von diesem Wortlaut ab: Nach der Verfassung von Berlin (Ost) sollte eine neue Verfassung erarbeitet werden, in der VvB ist nur von einer Überarbeitung die Rede. Außerdem fehlt in der Verfassung von Berlin (Ost) der Hinweis auf Art. 88 Abs. 1.

Daß trotz dieser Abweichungen die Verfassung von Berlin (Ost) außer Kraft getreten und Art. 88 Abs. 3 VvB mit seinem jetzigen Wortlaut verbindlich ist, kann nicht bezweifelt werden. Zwischen der Erarbeitung einer neuen Verfassung und der Überarbeitung der alten läßt sich kaum eine scharfe Grenze ziehen, vor allem, wenn in beiden Fällen die gleichen Texte als Grundlage dienen sollen.

Das Verfahren für die Überarbeitung ist aber problematisch. Abs. 2 52.2.2
Satz 2 verweist auf Abs. 1; der überarbeitete Text ist also zunächst vom Abgeordnetenhaus mit Zweidrittelmehrheit zu verabschieden. Obgleich dies (normalerweise) schon für eine Verfassungsänderung ausreicht, muß er dann aber noch durch eine Volksabstimmung in Kraft gesetzt werden.

Punktuelle Verfassungsänderungen in der Zeit bis zur Gesamt- 52.2.3
überarbeitung werden dadurch nicht ausgeschlossen; sie müssen aber, wenn sie Bestandteil der überarbeiteten Verfassung werden sollen, später mit dem gesamten Text zur Volksabstimmung gestellt werden. Eine Aufhebung des Artikels 88 Abs. 2 selbst würde gegen die Voraussetzungen verstoßen, von denen die Verfassung von Berlin (Ost) ihr eigenes Außerkrafttreten abhängig gemacht hat. Auch wenn der geltende Verfassungstext ein solches Vorgehen nicht eindeutig ausschließt, wäre dies wegen des damit verbundenen Vertrauensbruchs nicht zu rechtfertigen. Das in Art. 88 Abs. 2 vorgesehene Verfahren könnte durch ein verfassungsänderndes Gesetz abgeändert

oder vereinfacht werden, insbesondere könnte für den Text, der durch Volksabstimmung in Kraft zu setzen ist, das Erfordernis einer Zweidrittelmehrheit im Abgeordnetenhaus entfallen, weil dieses Erfordernis in der Verfassung von Berlin (Ost) nicht enthalten war. Die in beiden Verfassungen übereinstimmend vorgesehene Volksabstimmung darf aber nicht entfallen.

52.2.4 Die überarbeitete Verfassung ist durch Volksabstimmung in Kraft zu setzen, d. h., daß der gesamte Text zur Volksabstimmung gestellt wird und von der Wahlbevölkerung nur angenommen oder abgelehnt werden kann. Eine vorangehende Abstimmung über einzelne Teile des Verfassungstextes ist nicht vorgesehen; sie könnte nur durch verfassungsänderndes Gesetz eingeführt werden. Auch in diesem Falle wäre aber die abschließende Volksabstimmung über den gesamten Verfassungstext maßgeblich.

Würde ein vom Abgeordnetenhaus mit Zweidrittelmehrheit verabschiedeter überarbeiteter Text in der Volksabstimmung abgelehnt, so wäre weiter der alte Verfassungstext (mit etwaigen in der Zwischenzeit beschlossenen Einzeländerungen) verbindlich. Punktuelle Verfassungsänderungen wären auch in diesem Fall bis zum Abschluß des Verfahrens weiterhin möglich.

Wird die Volksabstimmung über einen überarbeiteten Verfassungstext innerhalb der ersten Wahlperiode nicht durchgeführt, weil ein vorlagefähiger Entwurf des Abgeordnetenhauses nicht mit der erforderlichen Zweidrittelmehrheit zustande kommt, so hat das Abgeordnetenhaus damit eine verfassungsmäßige Pflicht verletzt, deren Erfüllung aber praktisch nicht durchsetzbar ist. Die Frist kann aber auch dadurch überschritten werden, daß ein Entwurf des Abgeordnetenhauses in der Volksabstimmung scheitert. In beiden Fällen ist der Verfassungsauftrag aus Art. 88 Abs. 2 nicht erloschen; er gilt bis zu seiner Erfüllung für die folgenden Parlamente weiter.

Das Abgeordnetenhaus hat zu entscheiden, ob es den Entwurf eines überarbeiteten Verfassungstextes im Detail selbst ausarbeitet oder ob es diese Aufgabe auf ein anderes Gremium überträgt. In den Vereinbarungen der derzeitigen Senatskoalition ist eine Enquete-Kommission vorgesehen. Nach dem gegenwärtigen Verfassungstext muß der Entwurf, der zur Volksabstimmung gestellt werden soll, aber auf jeden Fall vom Abgeordnetenhaus selbst mit der erforderlichen Zweidrittelmehrheit beschlossen werden.

§ 53 Rechtsverordnungen

Nach Art. 47 Abs. 1 VvB erläßt der Senat die zur Durchführung eines Gesetzes erforderlichen Rechtsverordnungen, soweit durch das Gesetz nichts anderes bestimmt wird. Diese Bestimmung darf nicht als eine generelle Ermächtigung der Exekutive zum Erlaß von Rechtsverordnungen verstanden werden; vielmehr ist für jede Rechtsverordnung eine spezielle gesetzliche Ermächtigung notwendig, die den Erfordernissen des Art. 80 GG entsprechen muß. Diese Vorschrift gilt aus gesetzessystematischen Gründen unmittelbar zwar nur für Rechtsverordnungen des Bundes,[7] die in ihr verankerten Rechtsgrundsätze beruhen aber auf dem Gewaltenteilungsprinzip und sind auch für das Rechtsetzungsverfahren in den Ländern verbindlich.[8] 53.1

§ 47 Abs. 1 VvB kann daher grundgesetzkonform nur als Zuständigkeitesregelung interpretiert werden: Die Rechtsverordnungen sind vom Senat zu erlassen, soweit das Gesetz nichts anderes bestimmt; auch der Senat bedarf aber einer speziellen Ermächtigung, aus der sich Inhalt, Zweck und Ausmaß ergeben.

Nach Art. 47 Abs. 1 kann die Befugnis zum Erlaß von Rechtsver- 53.2
ordnungen auch anderen Stellen übertragen werden. Um welche es sich hierbei handeln kann, geht aus dem Verfassungstext nicht hervor. In der Praxis ist es üblich, daß außer dem Senat auch einzelne Senatsmitglieder zum Erlaß von sogenannten Hausverordnungen ermächtigt werden. Eine entsprechende Ermächtigung an andere Behörden der Exekutive (z. B. nachgeordnete Behörden oder Bezirksämter) dürfte mit Art. 40 VvB nicht vereinbar sein; bei dem Erlaß von Rechtsverordnungen handelt es sich um Regierungstätigkeit. Auch eine Er-

7 BVerwGE 12, S. 319 (325)
8 BVerwGE 7, S. 244

mächtigung sonstiger Stellen (z. B. Rechnungshof, Datenschutzbeauftragter, Parlamentsausschüsse) kommt aus diesem Grund nicht in Betracht.[9]

Wenn ein einzelnes Senatsmitglied zum Erlaß einer Verordnung ermächtigt ist, so ist es zweifelhaft, ob an seiner Stelle auch der Senat als Kollegium tätig werden kann. Lehnt man dies ab, so bliebe dem betreffenden Senator die Möglichkeit, eine interne Beschlußfassung des Senats herbeizuführen, z. B. weil er sich wegen der politischen Bedeutung der Angelegenheit "absichern" möchte; bei dem eigentlichen Erlaß der Verordnung mit Außenwirkung könnte er aber immer nur selbst auftreten. Aus praktischen Gründen spricht aber viel dafür, daß eine derartige Verordnung auch auf Vorlage des ermächtigten Senatsmitglieds vom Senatskollegium erlassen werden kann. Die Ermächtigung an ein Senatsmitglied hat vor allem das Ziel, den Erlaß der Verordnung zu vereinfachen. Wenn es sich später als zweckmäßig erweist, daß das Senatskollegium tätig wird, so ist kein Grund ersichtlich, warum dies nicht möglich sein sollte. Solche Zweckmäßigkeitsgründe können z. B. darin bestehen, daß Vorschriften aufgrund verschiedener Ermächtigungsnormen, die an unterschiedliche Adressaten gerichtet sein können, eine einheitliche Verordnung erlassen werden soll.

53.3 Die Verordnungsermächtigung kann schließlich auch auf einem Bundesgesetz beruhen. Auch in diesem Fall handelt es sich bei der Verordnung um Landesrecht; sie unterliegt also den Bestimmungen der Landesverfassung (BVerfGE 18, S. 14). In Berlin bedeutet dies vor allem, daß sie gemäß Art. 47 Abs. 1 Satz 2 VvB dem Abgeordnetenhaus vorgelegt werden muß.

53.4 Für die Ausfertigung und Verkündung ist bei Verordnungen, die der Senat erlassen hat, der Regierende Bürgermeister und bei Hausverordnungen das erlassene Senatsmitglied zuständig.

53.5 Nach Art. 47 Abs. 1 Satz 2 VvB sind die Rechtsverordnungen unverzüglich (aber nach ihrem Erlaß und ihrer Verkündung) dem Abgeordnetenhaus zur Kenntnis vorzulegen; das Abgeordnetenhaus kann sie — nach dem Verfassungstext — durch Beschluß ändern oder auf-

9 A. A. Neumann in Neumann-Pfennig, Rdnr. 8 zu Art. 47

heben. Diese Vorschrift, bei der es sich um ein Rudiment der Magistratsverfassung handelt, ist in den Verfassungen der Bundesrepublik Deutschland einzigartig. Sie paßt schlecht in die verfassungsrechtliche Systematik; ihre Verfassungsmäßigkeit, insbesondere ihre Vereinbarkeit mit dem Gewaltenteilungsprinzip ist zweifelhaft. Hält man sie für anwendbar, so muß man Änderungs- und Aufhebungsbeschlüsse des Abgeordnetenhauses als Rechtsetzungsakt eigener Art ansehen, die im Rang eines zwischen einem Gesetz und einer Rechtsverordnung stehen.

Das Abgeordnetenhaus hat jedoch andere Möglichkeiten, in verfassungsrechtlich unbedenklicher Weise auf eine Änderung oder Aufhebung von Rechtsverordnungen hinzuwirken:

— Es kann ein Gesetz erlassen, durch das die Verordnung aufgehoben oder geändert wird. Dieses Gesetz hat als höherrangige Rechtsnorm den Vorrang.
— Das Abgeordnetenhaus kann den Senat durch eine politische Resolution auffordern, die Verordnung zu ändern. Ein solcher Beschluß hat zwar keine unmittelbare Rechtswirkung, wenn er von der Mehrheit des Abgeordnetenhauses beschlossen wird, kann sich der Senat ihm jedoch aus politischen Gründen kaum entziehen.

Siebentes Kapitel
Die Vorschriften über die Rechtspflege

§ 54 Allgemeines

54.1 Die Berliner Verfassung enthält im VII. Abschnitt eingehende Vorschriften über die Rechtspflege; sie werden aber, ähnlich wie der Grundrechtsteil der Berliner Verfassung, weitgehend durch abweichendes Bundesrecht außer Kraft gesetzt oder von inhaltsgleichem Bundesrecht überlagert. Dies gilt für die Bestimmungen über die Unabhängigkeit der Richter und ihre Bindung an das Gesetz (Art. 63 und 64), die Vorschriften, die das Strafverfahren betreffen (Art. 65 und 66), das Verbot von Ausnahmegerichten (Art. 67) sowie die Art. 70 und 71 (Disziplinargerichtshof für Richter und Rechtstellung der Verwaltungsgerichte).

54.2 Nach Art. 62 ist die Rechtspflege im Geist dieser Verfassung und des sozialen Verständnisses auszuüben. Die Vorschrift kann aber nur als ein Appell verstanden werden, dessen Befolgung (abgesehen von dem Vorrang des Bundesrechts) in der Praxis weder nachgeprüft noch durchgesetzt werden.

Eine praktische Bedeutung kommt daher im wesentlichen nur Art. 68 (Recht der Begnadigung), seit 1990 Art. 72 (Vorschrift über den Verfassungsgerichtshof) und — mit bundesrechtlich bedingten Einschränkungen — Art. 69 (Ernennung der Richter und Gerichtspräsidenten) zu.

§ 55 Recht der Begnadigung

55.1 Das Recht der Begnadigung steht nach Art. 68 VvB dem Senat zu, der seine Befugnis auf das jeweils zuständige Mitglied übertragen kann. In gesetzlich vorzusehenden Fällen ist ein vom Abgeordnetenhaus zu wählender Ausschuß für Gnadensachen zu hören.

55.2 Das Gnadenrecht der Landesregierungen erstreckt sich nach der bundesstaatlichen Zuständigkeitsregelung des Grundgesetzes auf Strafen und andere Maßnahmen in Verfahren, deren Ausgangspunkt die erstinstanzliche Entscheidung von Gerichten oder Behörden des Landes war;[1] praktisch umfaßt es daher fast den gesamten Bereich des Strafrechts sowie alle Ordnungswidrigkeitsverfahren, die nicht von Bundesbehörden durchgeführt worden sind und Disziplinarverfahren, soweit sie sich nicht gegen Bundesbeamte richten. In der Sache handelt es sich bei Gnadenakten um die Aufhebung von Strafen oder anderen Sanktionen, die in einem Einzelfall gegen den Betroffenen rechtskräftig erlassen worden sind. Ein genereller Straferlaß (Amnestie) ist dem Gesetzgeber vorbehalten.[2]

Die Einzelheiten des Verfahrens sind in dem Gesetz über den Aus- 55.3
schuß für Gnadensachen[3] geregelt. Der Ausschuß besteht aus fünf Mitgliedern und fünf Stellvertretern, die vom neugewählten Abgeordnetenhaus unverzüglich nach seinem Zusammentritt zu wählen sind. Es braucht sich nicht um Mitglieder des Abgeordnetenhauses zu handeln, jedoch muß den Mitgliedern des Ausschusses und den Stellvertretern das passive Wahlrecht zum Abgeordnetenhaus zustehen (§ 1). Nach § 2 ist der Ausschuß zu hören, wenn es sich um eine schwere Strafe oder Maßnahme handelt (Freiheitsstrafe von mehr als zwei Jahren, Sicherungsverwahrung) oder wenn der Vorstand der Vollzugsanstalt die Begnadigung befürwortet und diese trotzdem abgelehnt werden soll, ferner auf seinen eigenen Antrag, in Fällen von besonderer Bedeutung und vor dem Widerruf eines Gnadenerweises, an dem er mitgewirkt hat. Ist die Ausübung des Begnadigungsrechts einem Mitglied des Senats übertragen und beabsichtigt dieses von der Stellungnahme des Gnadenausschusses abzuweichen, so ist eine Entscheidung des Senats (als Kollegium) herbeizuführen (§ 4).

Weitere Einzelheiten über das Verfahren in Gnadensachen sind in 55.4
der Gnadenordnung (Verwaltungsvorschrift) vom 13. Juni 1969 (Amtsblatt S. 418) geregelt. Das Begnadigungsrecht ist dem Senat als Kollegium bei lebenslänglichen Freiheitsstrafen, Sicherungsverwahrung und bei Freiheitsstrafen, die im ersten Rechtszug vom Kammergericht ver-

1 Pfennig in Pfennig-Neumann Rdnr. 5 zu Art. 68, Herzog in M.D.H.S. Rdnr. 33 zu Art. 60 GG

2 Pfennig a.a.O. Rdnr. 2—4

3 Gesetz vom 19. Dezember 1968, GVBl. S. 1 776 zuletzt geändert durch Gesetz vom 11. Januar 1979, GVBl. S. 58

hängt worden sind, vorbehalten; in allen übrigen Fällen ist es auf das zuständige Senatsmitglied übertragen.

§ 56 Berufung der Richter und Gerichtspräsidenten

Zur Wahl oder Ernennung der Berufsrichter enthält die Verfassung von Berlin nur allgemeine Vorschriften.

56.1 Nach Art. 69 Abs. 1 werden sie vom Senat ernannt, wenn sie die Gewähr dafür bieten, daß sie ihr Richteramt im Geist der Verfassung und sozialen Gerechtigkeit ausüben werden. Die höchsten Richter (Gerichtspräsidenten), die nach Art. 69 Abs. 2 vom Abgeordnetenhaus zu wählen sind, haben ein Vorschlagsrecht für ihren Amtsbereich.

56.2 Die konkreten Regelungen beruhen auf Bundesrecht (Art. 98 3—5 GG, Deutsches Richtergesetz) und Landesrecht.[4] Der Landesgesetzgeber hat von der in Art. 98 Abs. 4 GG vorgesehenen Möglichkeit Gebrauch gemacht: Über die Anstellung der Richter entscheidet das für Justiz zuständige Senatsmitglied gemeinsam mit einem Richterwahlausschuß. Außerdem muß nach den Vorschriften des Deutschen Richtergesetzes (§§ 55, 75) der Präsidialrat des betreffenden Gerichts vor allen Wahlen und Ernennungen gehört und bei der Ernennung von höheren Richtern beteiligt werden. Schließlich steht nach Art. 69 Abs. 1 Satz 2 VvB den Präsidenten der obersten Landesgerichte ein Vorschlagsrecht für ihren Amtsbereich zu.[5]

56.3 Die Mitglieder des Richterwahlausschusses und ihre Vertreter werden vom neugewählten Abgeordnetenhaus unverzüglich nach seinem Zusammentritt gewählt. Es handelt sich um sechs Mitglieder, die aufgrund von Vorschlägen aus der Mitte des Abgeordnetenhauses gewählt werden, aber keine Abgeordneten zu sein brauchen, drei richterliche Mitglieder und einen Rechtsanwalt. Für die richterlichen Mitglieder und den Rechtsanwalt werden besondere Vorschlagslisten

4 Berliner Richtergesetz vom 18. Januar 1963 i. d. F. vom 27. April 1970 (GVBl. S. 642, 1638) zuletzt geändert durch Gesetz vom 19. Mai 1987 (GVBl. S. 1636, 1970 S. 650)

5 Dieses Vorschlagsrecht wird zwar in dem Berliner Richtergesetz nicht erwähnt, Art. 69 Abs. 1 Satz 2 VvB ist aber unmittelbar anwendbar. Dies entspricht auch der Verwaltungspraxis.

von den auf Lebenszeit ernannten Richtern der verschiedenen Gerichtszweige und von der Rechtsanwaltskammer aufgestellt.[6] Der für Justiz zuständige Senator oder sein Vertreter beruft den Richterwahlausschuß ein und leitet die Verhandlungen. Er legt dem Richterwahlausschuß eine Liste mit den Namen der Bewerber sowie die Stellungnahme des Präsidialrats vor (§§ 1, 2 Richterwahlordnung). Der Richterwahlausschuß entscheidet mit einfacher Mehrheit.

Das in dem Berliner Richtergesetz, der Richterwahlordnung und 56.4
anderen Landesgesetzen vorgesehene Verfahren entspricht nicht ganz dem Wortlaut des Art. 69 VvB. Art. 69 sieht vor, daß die Richter vom Senat zu ernennen sind; nach dem Berliner Richtergesetz ist der Senat aber an die Entscheidungen des Richterwahlausschusses gebunden. Ein Mitwirkungsrecht steht nur dem jeweils zuständigen Senatsmitglied und nicht dem Senatskollegium zu.[7] Die Verfassung von Berlin wird insoweit aber vom Grundgesetz (Art. 98 Abs. 4) überlagert; hiernach können die Länder nur bestimmen, daß über die Anstellung der Richter der Landesjustizminister (und nicht die Regierung) gemeinsam mit einem Richterwahlausschuß entscheidet.

§ 57 Die Wahl der Gerichtspräsidenten

Die Präsidenten der obersten Landesgerichte werden nach Art. 69 57
Abs. 2 auf Vorschlag des Senats vom Abgeordnetenhaus mit der Mehrheit seiner Mitglieder gewählt und vom Senat ernannt. Es handelt sich um die Präsidenten des Kammergerichts, des Oberverwaltungsgerichts, des Landessozialgerichts, des Landesarbeitsgerichts und des

6 Bei der Entscheidung des Richterwahlausschusses wirken von den richterlichen Mitgliedern die Richter der ordentlichen, der Verwaltungs-, der Arbeits- und der Sozialgerichtsbarkeit mit. Ist über einen Richter der Finanzgerichtsbarkeit zu entscheiden, so tritt an die Stelle eines der beiden Angehörigen der ordentlichen Gerichtsbarkeit ein Richter der Finanzgerichtsbarkeit (§ 12). Das vorher geltende "Rotationsverfahren", bei dem der Ausschuß jedes Mal in einer anderen Besetzung tagte, um den Angehörigen aller Gerichtsbarkeiten eine regelmäßige Mitwirkung zu ermöglichen, ist in der 11. Wahlperiode durch das 4. Gesetz zur Änderung des Berliner Richtergesetzes vom 3. Oktober 1989 (GVBl. S. 1734) abgeschafft werden.

7 Pfennig a. a. O. Rdnr. 10 zu Art. 69

Finanzgerichts. Anders als bei den Generalstaatsanwälten und dem Polizeipräsidenten (Art. 44 Abs. 2) ist bei ihnen eine Abwahl nicht vorgesehen. Bis zu einer Verfassungsänderung aus dem Jahre 1957[8] war für die höchsten Richter eine Amtszeit von sechs Jahren vorgesehen, nach der sie sich zur Wiederwahl stellen mußten.

Die Einzelheiten der jetzt geltenden Regelung sind in dem Gesetz über die Wahl der Präsidenten der obersten Landesgerichte und der Generalstaatsanwälte[9] geregelt. Der Senat legt einen Vorschlag vor, der einen oder mehrere Kandidaten enthalten kann und über den das Abgeordnetenhaus geheim abstimmt.

Es ist umstritten, ob dieses Verfahren mit höherrangigem Bundesrecht vereinbar ist. Weder das Grundgesetz noch das Deutsche Richtergesetz oder andere Bundesgesetze enthalten eine Regelung, durch die die Parlamentswahl der Gerichtspräsidenten eindeutig ausgeschlossen wird. Herzog[10] geht davon aus, daß die Personalhoheit im Bereich der Justiz grundsätzlich der Landesregierung zusteht und nur im Rahmen des Art. 98 Abs. 4 GG durch Einschaltung eines Richterwahlausschusses beschränkt werden kann. Eine Parlamentswahl von Richtern hält er daher für unzulässig, ohne sich mit der Frage auseinanderzusetzen, ob für die Präsidenten der obersten Landesgerichte etwas anderes gelten kann. Zutreffend hält demgegenüber Pfennig[11] die Regelung des Art. 69 Abs. 2 VvB, so wie sie durch das Berliner Richtergesetz ausgestaltet ist, für verfassungsmäßig. Notwendig ist nur, daß gemäß den Bestimmungen des Deutschen Richtergesetzes der Präsidialrat des jeweiligen Gerichts eingeschaltet wird.[12] Anders als im Fall der Exekutivbeamten besteht für die Ernennung und Beförderung von Richtern keine verfassungsmäßig verankerte Personalhoheit der Regierungen. An dem Verfahren können — wie es auch Art. 98 Abs. 4 GG in seiner Ausgestaltung durch die Landesgesetze zeigt — die Legislative, die Exekutive und die Vertretungsorgane der Justiz selbst beteiligt werden.

8 Gesetz vom 1. Juli 1957 (GVBl. S. 741)

9 Gesetz vom 11. Juli 1957, GVBl. S. 741, geändert durch Gesetz vom 21. Dezember 1965 GVBl. S. 1979

10 Herzog in M.D.H.S. Rdnr. 42 zu Art. 98 GG

11 Pfennig in Neumann-Pfennig, Rdnr. 7 zu Art. 69

§ 58 Die Regelungen über den Verfassungsgerichtshof

Ein Verfassungsgerichtshof, der sich aus Berufsrichtern und Laien zusammensetzen sollte, war bereits in Art. 72 des ursprünglichen Verfassungstextes vorgesehen. Aus statusrechtlichen Gründen (umstrittene Rechtsqualität der in Berlin übernommenen Bundesgesetze) hatte man diese Vorschrift jedoch durch ein verfassungsänderndes Gesetz vom 22. November 1974 "suspendiert" (Art. 87 a). 58.1

Durch die Verfassungsänderung vom 3. September 1990[13] wurde die Suspendierungsvorschrift des Art. 87 a aufgehoben; der Text des Art. 72 wurde geändert und durch eine wesentlich detailliertere Regelung ersetzt. Außerdem wurde ein Gesetz verabschiedet, das die Zusammensetzung, die Aufgaben und das Verfahren des Gerichtshofs im einzelnen regelte.[14] Damit waren die Voraussetzungen für die Konstituierung des Gerichtshofs gegeben; er wurde jedoch nicht gebildet, weil die in dem Gesetz vorgesehene Entschädigungsregelung für die Mitglieder als unangemessen angesehen wurde.

Nach einer Sachverständigenanhörung wurden von den Fraktionen der CDU und der SPD Änderungsentwürfe zu Art. 72 VvB und zum Gesetz über den Verfassungsgerichtshof im Abgeordnetenhaus eingebracht. Die Vorlagen wurden nach Beratung in den Ausschüssen mit einigen Änderungen verabschiedet. Nach den bisherigen Vorschriften und der geänderten Fassung gilt folgendes:[14]

58.2 Der Gerichtshof soll aus 9 Mitgliedern bestehen. Art. 72 Abs. 1 VvB und das Gesetz in der Fassung vom 8. November 1990 sahen vor, daß darunter vier Berufsrichter sein mußten; nach der geänderten Fassung sind drei Mitglieder aus dem Kreis der Berufsrichter zu wählen; 3 weitere müssen die Befähigung zum Richteramt haben. Die Formulierungen der alten und der neuen Fassung lassen die Möglichkeit offen, daß mehr Berufsrichter oder Juristen in den Gerichtshof gewählt werden, als es die verfassungsmäßig vorgesehene Mindestzahl erfordert.

13 GVBl. S. 1877.

14 Gesetz über den Verfassungsgerichtshof — VerfGHG — vom 8. November 1990 — GVBl. S. 2246 —, geändert durch Gesetz vom 11. Dezember 1991, GVBl. S. 280 und 25. Gesetz zur Änderung der Verfassung von Berlin vom 11. Dezember 1991, GVBl. S. 279.

Die Mitglieder sollen nach der ursprünglichen Fassung des Gesetzes vom Abgeordnetenhaus mit 3/4 Mehrheit — nach der Änderung mit 2/3 Mehrheit — für 7 Jahre gewählt werden.

Männer und Frauen müssen jeweils drei der Verfassungsrichter stellen (§ 1 Abs. 3). Nach § 3 Abs. 3 werden vier der Verfassungsrichter aus dem Kreise der Berufsrichter gewählt. Unter "Verfassungsrichter" im Sinne dieser Vorschrift sind alle Mitglieder des Gerichts, also auch der Präsident und der Vizepräsident, zu verstehen; dies ergibt sich aus Art. 72 Abs. 1 Satz 1 der Verfassung von Berlin und § 1 Abs. 2 des Gesetzes. Die betreffenden Mitglieder des Gerichtshofes müssen zur Zeit ihrer Wahl bereits Berufsrichter sein; die übrigen Mitglieder brauchen für das Amt eines Berufsrichters nicht qualifiziert zu sein. Der Wortlaut der Verfassung und des Gesetzes deuten darauf hin, daß die Zahl der gewählten Berufsrichter auf vier festgesetzt wird, daß also mehr als vier Berufsrichter nicht in den Verfassungsgerichtshof gewählt werden dürfen.

Gewählt werden kann, wer das 35. Lebensjahr vollendet hat und zum Deutschen Bundestag wählbar ist. Mitglieder einer gesetzgebenden Körperschaft, einer Regierung und Angehörige des öffentlichen Dienstes (mit Ausnahme von Richtern und Professoren) sind nicht wählbar (§ 3 Abs. 2). Als "gesetzgebende Körperschaft" im Sinne dieser Vorschrift sind nur die Gesetzgebungsorgane von Bund und Ländern, aber nicht die Satzungsorgane anderer öffentlich-rechtlicher Körperschaften zu verstehen.

Die Mitglieder sind grundsätzlich ehrenamtlich tätig (§ 3 Abs. 3 Satz 1); nach § 13 können jedoch vier von ihnen, sofern der Geschäftsanfall es erforderlich erscheinen läßt, zu hauptamtlichen Verfassungsrichtern ernannt werden. Die Ernennung erfolgt nach Beschluß des Abgeordnetenhauses durch dessen Präsidenten.

58.3.1 Die Zuständigkeiten des Gerichtshofs sind in § 72 Abs. 2 VvB aufgezählt; § 14 des Gesetzes enthält nähere Regelungen. Beide Bestimmungen (Art. 72 Abs. 2 Nr. 5 VvB und § 14 Nr. 9 des Gesetzes) lassen ausdrücklich die Möglichkeit offen, daß dem Gericht durch Gesetz weitere Zuständigkeiten übertragen werden.

58.3.2 Eine Entscheidung des Gerichts ist in folgenden Fällen vorgesehen:

a) Es entscheidet über die Auslegung der Verfassung von Berlin aus Anlaß von Streitigkeiten über den Umfang der Rechte und Pflichten eines obersten Landesorgans oder anderer Beteiligter, die durch die Verfassung von Berlin oder durch die Geschäftsordnung des Abgeordnetenhauses mit eigenen Rechten ausgestattet sind (Organstreitigkeiten, Art. 72 Abs. 2 Nr. 1 VvB, § 14 Nr. 1 des Gesetzes). Als Beteiligte, die durch die VvB mit eigenen Rechten ausgestattet sind, dürften auch die Bezirksverordnetenversammlungen und die Bezirksämter anzusehen sein (vgl. Art. 56—58 VvB). Bei etwaigen Organstreitigkeiten zwischen Bezirksorganen und Hauptverwaltung kann die Abgrenzung zwischen einem Verwaltungsstreitverfahren und einer öffentlich-rechtlichen Streitigkeit verfassungsrechtlicher Art allerdings Schwierigkeiten bereiten. Noch größere Schwierigkeiten könnten entstehen, wenn die Verwaltungsgerichte eine selbständige klare Befugnis der Bezirksorgane ablehnen und der Verfassungsgerichtshof sie anerkennt oder umgekehrt.

b) Nach Art. 72 Abs. 2 Nr. 2 VvB, § 14 Nr. 4 des Gesetzes entscheidet 58.3.3
das Gericht bei Meinungsverschiedenheiten oder Zweifeln über die förmliche oder sachliche Vereinbarkeit von Landesrecht mit der Verfassung von Berlin auf Antrag des Senats oder eines Viertels — nach der geänderten Fassung eines Drittels — der Mitglieder des Abgeordnetenhauses (abstrakte Normenkontrolle).

c) Nach Art. 72 Abs. 2 Nr. 3 VvB in Verbindung mit § 14 Nr. 5 des 58.3.4
Gesetzes und Art. 100 Abs. 1 des Grundgesetzes kann ein Gericht eine Entscheidung des Verfassungsgerichtshofes herbeiführen, wenn es der Ansicht ist, daß ein Gesetz, auf dessen Gültigkeit es bei einem bestimmten Rechtsstreit ankommt, mit der Landesverfassung unvereinbar und deshalb ungültig ist (konkrete Normenkontrolle). Wegen der Überordnung des Bundesrechts über die Landesverfassungen kommt dieses Verfahren nur bei Landesgesetzen in Betracht. Für die Auslegung der Vorschrift dürften die Maßstäbe sinngemäß anwendbar sein, die das Bundesverfassungsgericht für eine konkrete Normenkontrolle gegenüber Bundesgesetzen entwickelt hat. Das heißt, daß es sich um ein "formelles und nachkonstitutionelles Gesetz" handeln muß.

d) In Art. 72 Abs. 2 Nr. 4 VvB, § 14 Nr. 6 des Gesetzes ist eine Verfas- 58.3.5
sungsbeschwerde vorgesehen. Sie kann von jedermann mit der Behauptung erhoben werden, durch die öffentliche Gewalt des Landes Berlin in einem in der VvB enthaltenen Recht verletzt zu sein,

soweit nicht in derselben Sache Verfassungsbeschwerde zum Bundesverfassungsgericht erhoben ist oder wird (§ 49 des Gesetzes). Wegen der Überordnung des Bundesrechts über die Landesverfassung kommt auch dieses Verfahren nur in Betracht, wenn es ausschließlich um die Verfassungsmäßigkeit oder die verfassungskonforme Anwendung von Landesrecht geht. Nach § 49 Abs. 2 kann die Verfassungsbeschwerde grundsätzlich erst nach Erschöpfung des Rechtsweges erhoben werden, jedoch kann das Gericht von diesem Erfordernis absehen, wenn es sich um Fragen von allgemeiner Bedeutung handelt, oder wenn für den Betroffenen ein schwerer und unabwendbarer Nachteil entstünde, falls er zunächst auf den Rechtsweg verwiesen würde.

In der erneuten Debatte über den Verfassungsgerichtshof wurde — im Ergebnis ohne Erfolg — angeregt, die Möglichkeit einer Verfassungsbeschwerde bis zu einer Bereinigung des Grundrechtskatalogs in der VvB zurückzustellen.

58.3.6 e) Das Gericht entscheidet über Einsprüche gegen die Gültigkeit der Wahlen zum Abgeordnetenhaus und zu den Bezirksverordnetenversammlungen, gegen Entscheidungen über den Verlust des Sitzes im Abgeordnetenhaus oder in einer Bezirksverordnetenversammlung und in Streitigkeiten, die ein Volksbegehren und einen Volksentscheid zur vorzeitigen Beendigung der Wahlperiode betreffen (Wahlprüfungs- und ähnliche Angelegenheiten). Diese Zuständigkeit ist — ebenso wie die unter f) genannte — nicht in der VvB sondern nur im Gesetz (§ 14 Nr. 2, 7 und 8) geregelt. Eine vorangehende Wahlprüfungsentscheidung des Parlamentes selbst, wie sie im Wahlprüfungsgesetz des Bundes und der meisten anderen Länder vorgesehen ist, findet in Berlin jedenfalls nach der gegenwärtigen Fassung des Gesetzes nicht statt. Aufgrund der Übergangsvorschrift in § 58 Abs. 2 werden die Wahlprüfungsverfahren bis auf weiteres noch nicht von dem Verfassungsgerichtshof, sondern vom Wahlprüfungsgericht durchgeführt (vgl. Rdnr. 39.5.2).

58.3.7 f) Nach § 14 Nr. 8 des Gesetzes entscheidet der Gerichtshof schließlich über Einsprüche gegen die Feststellung des Erlöschens oder des Ruhens der Mitgliedschaft im Richterwahlausschuß.

Die allgemeinen Verfahrensvorschriften finden sich in den §§ 15 bis 35, die Verfahrensvorschriften für die einzelnen Verfahrensarten in den §§ 36 bis 56 des Gesetzes. Nach § 31 kann der Gerichtshof im Streitfall einen Zustand durch einstweilige Anordnung vorläufig regeln, wenn dies zur Abwehr schwerer Nachteile, zur Verhinderung drohender Gewalt oder aus einem anderen wichtigen Grund zum gemeinsamen Wohl dringend geboten ist. Wird die einstweilige Anordnung ohne mündliche Verhandlung durch Beschluß erlassen oder abgelehnt, so kann hiergegen Widerspruch erhoben werden. Über den Widerspruch wird nach mündlicher Verhandlung entschieden. 58.4

Die einstweilige Anordnung tritt nach sechs Monaten außer Kraft. Sie kann mit einer Mehrheit von zwei Dritteln der Stimmen wiederholt werden.

Achtes Kapitel
Verfassungsvorschriften über das Finanzwesen

§ 59 Quellen des Berliner Haushaltsrechts

59 Die Verfassung von Berlin enthält in ihrem VIII. Abschnitt (Art. 73—83) Vorschriften über das Finanzwesen. Die z. Z. geltende Fassung beruht auf einem Änderungsgesetz vom 21. Juli 1966.[1] Die Verfassungsvorschriften regeln das Haushaltswesen nicht endgültig. Maßgeblich sind Rechts- und Verwaltungsvorschriften in folgender Rangordnung:

1. Bundesgesetze

59.1 Hierzu gehören Verfassungsvorschriften des Bundes (Insbesondere Art. 109 GG) und einfache Bundesgesetze, z. B. das Gesetz zur Förderung der Stabilität und des Wachstums der Wirtschaft (StWG) und das Haushaltsgrundsätzegesetz (HGrG).

2. Verfassungsvorschriften des Landes Berlin

59.2 Sie enthalten Grundsatzregelungen zu folgenden Fragen:

a) Notwendigkeit des Haushaltsgesetzes (formelles Gesetz); Grundsatz der Jährlichkeit (Art. 73).

Aus dem Grundsatz der Jährlichkeit folgt, daß nicht verbrauchte und nicht übertragene Haushaltsmittel mit Ende des Haushaltsjahres verfallen. Durch Gesetz (Landeshaushaltsordnung) sind von diesem Grundsatz im Rahmen des Art. 73 Ausnahmen vorgesehen.

b) Haushaltsgesetz als Grundlage für die Verwaltung aller Einnahmen und Ausgaben; Grundsatz der sparsamen Verwaltung (Art. 74). Erfordernis einer gsetzlichen Grundlage für die Erhebung von Steuern und die Aufnahme von Anleihen (Art. 75). Soweit es um Steuern geht, weitgehend durch Bundesrecht überlagert.

1 GVBl S. 1144; in Kraft seit dem 1. Januar 1967

c) Voraussetzungen für Haushaltsüberschreitungen (Art. 76).
d) Verfahren für notwendige Ausgaben, wenn der Haushaltsplan des neuen Rechnungsjahres noch nicht festgestellt ist (Art. 77).
e) Erforderlichkeit von zwei Lesungen im Abgeordnetenhaus bei Vorlagen und Anträgen, die eine Minderung von Einnahmen oder Erhöhung der Ausgaben beinhalten (Art. 78), Schadensersatzpflicht von Senatsmitgliedern, Bezirksamtsmitgliedern und sonstigen Angehörigen des öffentlichen Dienstes bei schuldhaften Verstößen gegen die Verfassungsvorschriften über das Finanzwesen (Art. 79). Die Schadensersatzpflicht entfällt, wenn die Handlung zur Abwendung einer nicht voraussehbaren dringenden Gefahr erfolgte und die Verletzung der Vorschriften nicht über das durch die Notlage gebotene Maß hinausgegangen ist.
f) Organisation, Verwaltung, Wirtschaftsführung und Rechnungswesen der Eigenbetriebe ist durch Gesetz zu regeln; die Umwandlung von Eigenbetrieben und Anlagen von bleibendem Wert in juristische Personen bedarf eines Beschlusses des Abgeordnetenhauses (Art. 80, 81).
g) Erfordernis der Rechnungslegung (Art. 82).
h) Stellung des Rechnungshofs; Regelung der Einzelheiten durch ein Gesetz (Art. 83).

3. Einfaches Landesrecht

Hierzu gehören insbesondere die Landeshaushaltsordnung[2] sowie 59.3
das Gesetz über den Rechnungshof von Berlin. Die Landeshaushaltsordnung regelt die Aufstellung und Ausführung des Haushaltsplans einschließlich der Wirtschaftsführung, der Verwaltung des Vermögens und der Führung von Betrieben, Vorschriften über Zahlung, Buchführung und Rechnungslegung, über Rechnungsprüfung sowie über landesunmittelbare juristische Personen des öffentlichen Rechts und Sondervermögen.

Die Grobgliederung des Haushaltsplans ist in § 13 der Landeshaushaltsordnung (LHO) geregelt. Der Gesamtplan ist in Einzelpläne

2 Landeshaushaltsordnung vom 21. Dezember 1965 GVBl. S. 1079 i. d. F. vom 5. Oktober 1978 S. 1961

zu gliedern; diese umfassen jeweils einen Verwaltungszweig (z. B. Geschäftsbereich einer Senatsverwaltung mit ihren nachgeordneten Behörden usw. oder — auf Bezirksebene — eine Abteilung). Die Einzelpläne der Bezirksverwaltung werden zu Bezirksplänen für jeden Bezirk zusammengefaßt. Jeder Einzelplan ist in Kapitel und diese in Titel einzuteilen. Die Kapitel umfassen auf der Ebene der Hauptverwaltung zumeist die Einnahmen und Ausgaben einer einzelnen Behörde. Auf der Ebene der Bezirksverwaltung die Einnahmen und Ausgaben eines Amtes.

Nach § 9 LHO ist bei jeder Dienststelle, die Einnahmen oder Ausgaben bewirtschaftet, ein Beauftragter für den Haushalt zu bestellen, soweit der Behördenleiter diese Aufgabe nicht selbst wahrnimmt. Der Beauftragte soll dem Leiter der Dienststelle unmittelbar unterstellt sein; ihm obliegen die Aufstellung der Unterlagen für die Finanzplanung und den Entwurf des Haushaltsplans sowie die Ausführung des Haushaltsplans.

Landesgesetze im formellen Sinn, die für das Finanzwesen verbindlich sind, sind auch die Haushaltsgesetze, die jährlich verabschiedet werden. Ansprüche und Verbindlichkeiten werden durch sie weder begründet noch aufgehoben (so ausdrücklich § 3 Abs. 2 LHO).

4. Verwaltungsvorschriften

59.4 Hierzu gehören insbesondere die Ausführungsvorschriften zur Landeshaushaltsordnung und die Richtlinien für die Aufstellung der Voranschläge zum Entwurf des Haushaltsplans (haushaltstechnische Richtlinien — HtR).

Die haushaltstechnischen Richtlinien enthalten eingehende Vorschriften über die Feingliederung des Haushltsplans insbesondere über die Einteilung der Kapitel, Titel und die numerische Bezeichnung der einzelnen Einnahme- und Ausgabearten. Die Kapitel sind in Hauptgruppen, Obergruppen, Gruppen und Titel eingeteilt. Bis zur Ebene der Gruppen ist die Einteilung und numerische Bezeichnung bundeseinheitlich vorgeschrieben.

TEIL III

DIE BERLINER VERWALTUNG

Erstes Kapitel
Aufbau der Berliner Landesverwaltung

§ 60 Unmittelbare und mittelbare Landesverwaltung

In Berlin besteht, wie im Bund und den anderen Ländern, eine unmittelbare und die mittelbare Verwaltung. Die unmittelbare Landesverwaltung wird durch Organe und Behörden des Landes selbst wahrgenommen, die mittelbare durch juristische Personen des öffentlichen Rechts (Körperschaften, selbständige Anstalten und öffentlich-rechtliche Stiftungen). Berliner Verwaltung im Sinne des Allgemeinen Zuständigkeitsgesetzes (AZG) ist allerdings nur die unmittelbare Landesverwaltung.[1] Oberste Landesbehörden, die nicht dem Senat unterstehen (z. B. Präsident des Abgeordnetenhauses, Landesrechnungshof, Landesdatenschutzbeauftragte), gehören also nicht zur "Berliner Verwaltung" und damit auch nicht zur Hauptverwaltung i. S. dieses Gesetzes. Sie sind aber der unmittelbaren Landesverwaltung zuzurechnen, weil es sich um Behörden des Landes Berlin und nicht um Dienststellen landesunmittelbarer juristischer Personen handelt. 60

Nach Art. 1 Abs. 1 und 3 Abs. 2 VvB sowie § 1 AZG bestehen in Berlin unterhalb der Landesebene keine Territorialkörperschaften (im einzelnen vgl. Teil III §§ 39, 43). Alle landesunmittelbaren öffentlichrechtlichen Körperschaften in Berlin sind also Personalkörperschaften.

1 Vgl. § 2 abs. 1 AZG: Die Berliner Verwaltung wird vom Senat (der Hauptverwaltung) und den Bezirksverwaltungen wahrgenommen.

§ 61 Die mittelbare Landesverwaltung

61 Juristische Personen des öffentlichen Rechts werden durch Gesetz oder aufgrund einer gesetzlichen Ermächtigung durch staatlichen Hoheitsakt errichtet. Dieses Erfordernis gilt auch für die Bestimmung und Abgrenzung ihrer Zuständigkeiten.[2]

Landesunmittelbare juristische Personen des öffentlichen Rechts werden im Normalfall durch Landesgesetz oder aufgrund eines Landesgesetzes errichtet. Das Allgemeine Zuständigkeitsgesetz (AZG) bezeichnet in Art. 28 Abs. 2b und c Körperschaften, Anstalten und Stiftungen des öffentlichen Rechts aber auch dann als landesunmittelbar, wenn sie auf Bundesrecht beruhen und dem Bund kein Aufsichtsrecht über sie zusteht oder wenn sie durch Staatsvertrag oder Verwaltungsvereinbarung der Aufsicht Berlins unterstellt sind.[3]

Öffentlich-rechtliche Körperschaften, Anstalten und Stiftungen sind nicht befugt, in ihrem Tätigkeitsbereich ihrerseits selbständige Rechtsträger ("Unterkörperschaften") auszugliedern.[4]

§ 62 Staatsaufsicht

62.1 Die landesunmittelbaren juristischen Personen des öffentlichen Rechts unterliegen nach § 28 AZG der Staatsaufsicht. Diese wird von dem fachlich zuständigen Senatsmitglied ausgeübt (§ 28 Abs. 4 AZG). Sie beschränkt sich — soweit nicht durch besondere Rechtsvorschriften weitergehende Aufsichtsbefugnisse begründet werden — im wesentlichen auf eine Rechtsaufsicht, d. h. sie hat die Rechtmäßigkeit und den geordneten Gang der Verwaltung sicherzustellen (§ 28 Abs.

2 Etwas anderes gilt allenfalls, wenn die juristische Person des öffentlichen Rechts seit unvordenklichen Zeiten besteht. In diesem Fall kann Gewohnheitsrecht als Rechtsgrundlage angenommen werden.

3 Derartige Verträge sollten allerdings durch einen Zustimmungsakt des Berliner Landesgesetzgebers in Landesrecht umgesetzt werden. Ist dies unterblieben, so ist zweifelhaft, ob § 28 AZG als Rechtsgrundlage für die Errichtung und Tätigkeit der juristischen Person des öffentlichen Rechts ausreicht.

4 Etwas anderes gilt für die öffentlich-rechtlichen Religionsgemeinschaften, auf die die Organisationsvorschriften des staatlichen Verwaltungsrechts keine Anwendung finden.

Übersicht 1 Aufbau der Verwaltung in Berlin

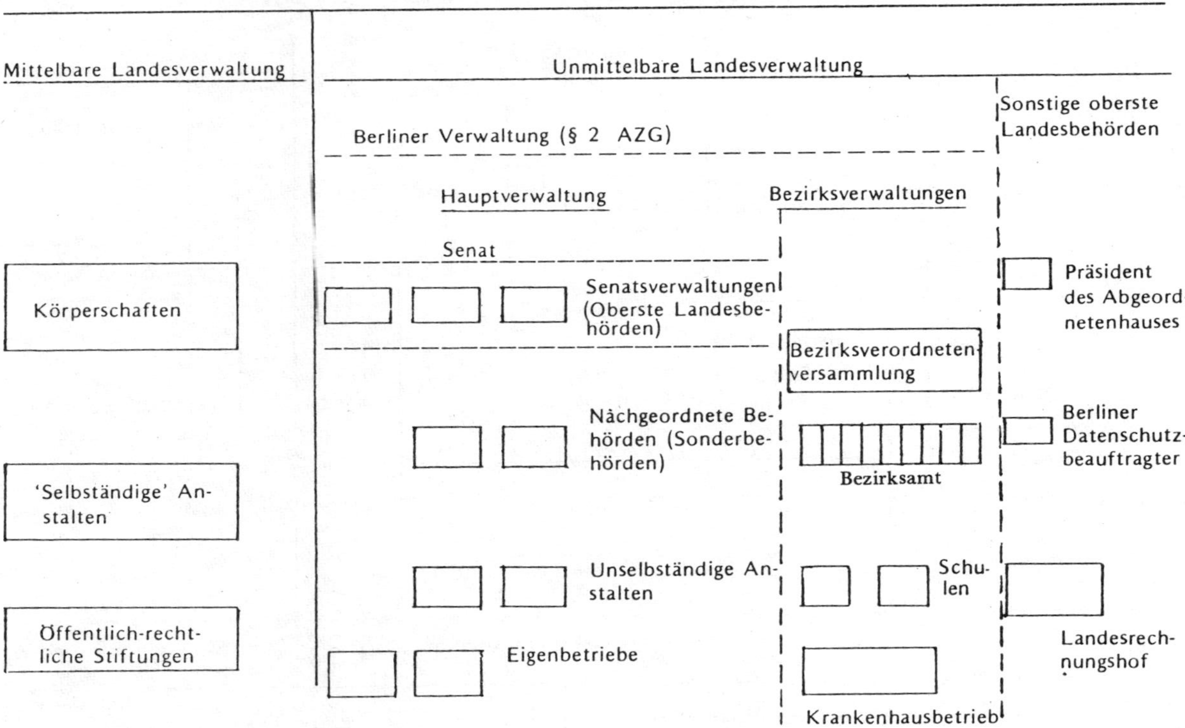

Übersicht 2 Aufsichts- und Weisungsbefugnisse des Senats*

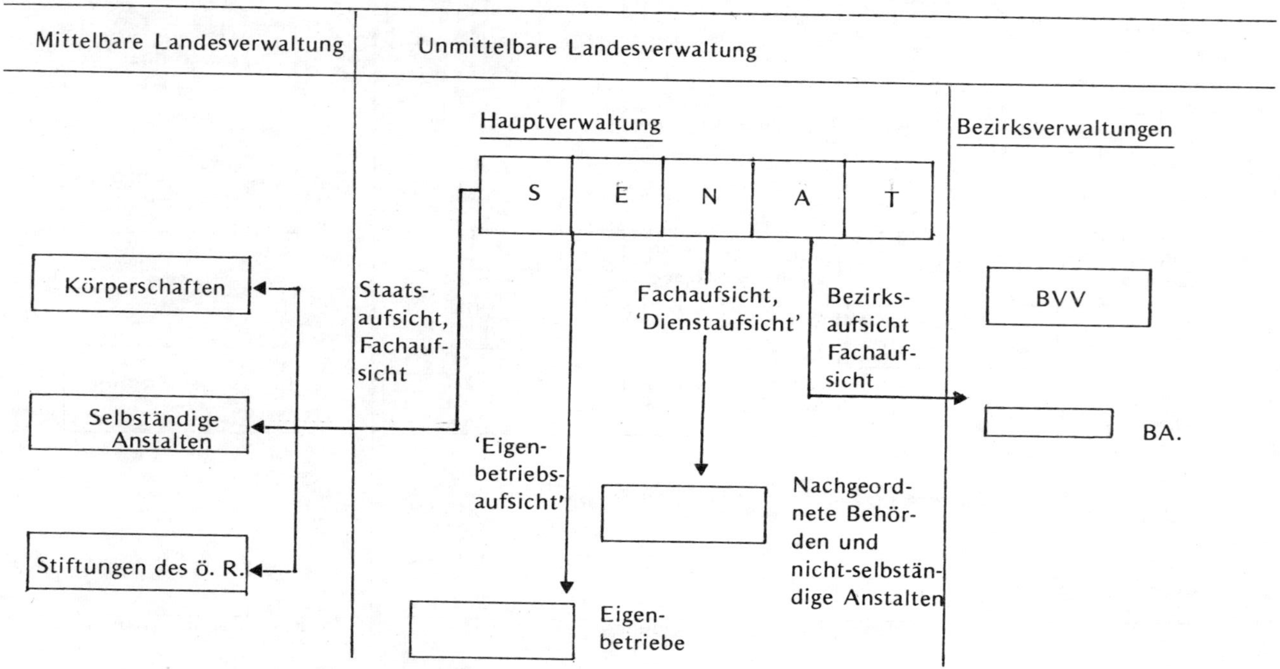

* Diese Übersicht ist stark vereinfacht. Einzelheiten vergl. §§ 8 – 13, 28 AZG und § 2 Abs. 3 und § 8 Eigenbetriebsgesetz, s.a. S.

3 AZG). Die Aufsichtsmittel sind im wesentlichen dieselben wie bei der Bezirksaufsicht (§ 28 Abs. 4 i. V. m. §§ 10 bis 13 AZG); es handelt sich um:

— das Informationsrecht (§ 10 AZG),
— das Aufhebungsrecht gegenüber Beschlüssen und Anordnungen, die das bestehende Recht verletzen oder den geordneten Gang der Verwaltung stören (§ 11 AZG)
— das Anweisungsrecht, wenn das zuständige Organ der juristischen Person es unterläßt, Beschlüsse zu fassen oder Anordnungen zu treffen, die zur Erfüllung rechtlicher Verpflichtungen oder zur Aufrechterhaltung des geordneten Ganges der Verwaltung erforderlich sind (§ 12 AZG) und
— das Ersatzbeschlußfassungsrecht, wenn sich das zuständige Organ der juristischen Person weigert, Maßnahmen rückgängig zu machen, die aufgrund eines aufgehobenen Beschlusses getroffen sind oder die nach § 12 angeordneten Beschlüsse zu fassen oder Anordnungen zu treffen.

Anders als bei der Bezirksaufsicht kann das zuständige Senatsmitglied alle Aufsichtsmittel nach §§ 10 bis 13 AZG in eigener Verantwortung anwenden; der Senat braucht nicht als Kollegium tätig zu werden.[5] Außerdem hat das aufsichtsführende Senatsmitglied die — bei der Bezriksaufsicht nicht vorgesehene — Möglichkeit, Beauftragte zu bestellen, die einzelne oder alle Befugnisse der Organe der juristischen Person ausüben (sogenannte "Staatskommissare" § 28 Abs. 5 AZG).

Durch besondere Vorschriften können weitergehende Befugnisse 62.2
und Aufsichtsmittel gegenüber den Rechtsträgern der mittelbaren Staatsverwaltung angeordnet werden.[6] Im Extremfall können sie durch Rechtsvorschrift einer Aufsicht unterstellt werden, die sich nicht nur auf die Rechtmäßigkeit und den geordneten Gang der Verwaltung, sondern auch auf die zweckentsprechende Handhabung des Verwaltungsermessens erstreckt. Sie umfaßt dann die Befugnis, Einzelweisungen zu erteilen (Weisungsrecht) und Einzelangelegen-

5 Das zuständige Senatsmitglied kann sich der Aufsichtsmittel der §§ 10 bis 13 AZG bedienen, vgl. § 28 Abs. 4 AZG.

6 Dies ist zum Teil aufgrund bundesrechtlicher Vorgaben notwendig. Vgl. z. B. für das Hochschulwesen BVerfGE 35 S. 79 ff. insbes. S. 116; 55 S. 37 ff.

heiten an sich zu ziehen, wenn die erteilte Einzelanweisung nicht befolgt wird (Eintrittsrecht) (§ 28 Abs. 7 i. V. m. § 8 Abs. 2 und 3 AZG).

§ 63 Unmittelbare Landesverwaltung, Zweistufigkeit (Hauptverwaltung und Bezirksverwaltung)

63.1 Die Aussage, daß die Berliner Verwaltung zweistufig aufgebaut ist,[7] wird mit unterschiedlicher Bedeutung verwendet. Sie besagt zunächst, daß die Aufgaben der unmittelbaren Landesverwaltung auf zwei Ebenen wahrgenommen werden: von der Hauptverwaltung und den Bezirksverwaltungen. Die Bezirke sind zwar keine Gemeinden oder sonstige juristische Personen des öffentlichen Rechts, sie sind aber nach Art. 50 Abs. 2 VvB nach den Grundsätzen der (kommunalen) Selbstverwaltung an der Verwaltung Berlins zu beteiligen.

63.2 Zweistufigkeit bedeutet weiter, daß die Aufsichts- und Weisungsbefugnis, die der Hauptverwaltung gegenüber den Bezirksverwaltungen zustehen (Bezirksaufsicht oder Fachaufsicht), von Senatsverwaltungen (unter Umständen vom Senat als Kollegium) wahrgenommen werden und nicht von nachgeordneten Behörden der Hauptverwaltung (vgl. §§ 8 Abs. 1, 9 Abs. 1 Satz 2 AZG). Dieser Grundsatz wird in der Berliner Verwaltungs- und Gesetzgebungspraxis strikt eingehalten; er ist aber in der Verfassung nicht verankert und könnte daher durch ein einfaches Gesetz und u. U. auch aufgrund bundesrechtlicher Vorgaben durchbrochen werden.[8]

63.3 Schließlich ist auch die Hauptverwaltung in sich zweistufig aufgebaut. Dies bedeutet, daß es in der Berliner Verwaltung — jedenfalls soweit ihr Aufbau landesrechtlich geregelt ist — keine Mittelbehörden und selbständigen Unterbehörden mit örtlich beschränktem Zuständigkeitsbereich bestehen.[9]

7 Vgl. z. B. Machalet S. 42 ff.

8 Daß von dem zweistufigen Aufbau der Berliner Verwaltung abgegangen werden muß, wenn bundesrechtliche Vorschriften dies verlangen, wird bereits in der Begründung des Gesetzentwurfs (Drucksachen des Abgeordnetenhauses von Berlin, 2. Wahlperiode Nr. 1572 — ausgegeben am 15. März 1958 —) ausdrücklich festgestellt. Vgl. die Begründung zu § 2 S. 28.

9 Vgl. hierzu § 73 (73.3).

Zweites Kapitel
Zuständigkeitsregelungen

§ 64 Verhältnis Hauptverwaltung — Bezirksverwaltung

1. Grundlegende Bestimmungen

a) Grundlegende Bestimmungen über das *Verhältnis Hauptverwaltung — Bezirksverwaltung* enthält Art. 51 VvB. Der Senat nimmt "durch die Hauptverwaltung die Angelegenheiten wahr, die wegen ihrer übergeordneten Bedeutung oder wegen ihrer Eigenart einer einheitlichen Durchführung bedürfen". Die Bezirke nehmen die sonstigen Angelegenheiten der Verwaltung wahr. Ihnen obliegt insoweit die örtliche Durchführung der Gesetze und Verordnungen nach den allgemeinen Anweisungen des Senats. Der Senat ist befugt, einzelne der Hauptverwaltung vorbehaltene Aufgaben den Bezirken zu übertragen. Die Einzelheiten sind in den §§ 3 bis 8 AZG geregelt.[1] 64.1.1

b) Die Aufgaben der Berliner Verwaltung (unmittelbaren Landesverwaltung) werden durch das AZG in *drei Tätigkeitsbereiche* aufgeteilt: 64.1.2
- die *bezirkseigenen Angelegenheiten*, in denen die Bezirke lediglich der Bezirksaufsicht unterliegen,
- die *übertragenen Vorbehaltsaufgaben*, bei denen der Hauptverwaltung die wesentlich weitergehende Fachaufsicht zusteht und
- die *Vorbehaltsaufgaben*, die von der *Hauptverwaltung unmittelbar* wahrgenommen werden.

c) Das Allgemeine Zuständigkeitsgesetz begründet in § 4 eine *Zuständigkeitsvermutung zugunsten der Bezirke*: alle Verwaltungsaufgaben, die nicht durch Gesetz oder durch Rechtsverordnung zur Vorbehaltsaufgabe der Hauptverwaltung oder zur übertragenen 64.1.3

1 Gesetz über die Zuständigkeiten in der Allgemeinen Berliner Verwaltung (Allgemeines Zuständigkeitsgesetz — AZG —) vom 2. Oktober 1958 (GVBl. S. 947, 1 020); zur Zuständigkeit zum Erlaß von Verwaltungsvorschriften (§ 6 AZG) vgl. § 75.

Vorbehaltsaufgabe erklärt werden, sind bezirkseigene Angelegenheiten.

64.1.4 Die Vorbehaltsaufgaben der Hauptverwaltung und die übertragenen Vorbehaltsaufgaben sind, soweit das AZG selbst oder andere Gesetze keine unmittelbaren Zuständigkeitsregelungen enthalten, in der Anlage zur Durchführungsverordnung zum AZG aufgezählt.[2] Die Anlage ist Bestandteil der Verordnung. Mit dem Erlaß der DVO-AZG (sowie der DVO-ASOG vgl. unten d) hat der Senat auch von seinem Recht Gebrauch gemacht, gemäß Art. 51 Abs. 2 Satz 3 VvB einzelne der Hauptverwaltung vorbehaltene Aufgaben den Bezirken zu übertragen.

64.1.5 d) Die *Zuständigkeitsregelung für den Bereich der Gefahrenabwehr* ergibt sich aus dem Allgemeinen Sicherheits- und Ordnungsgesetz und der hierzu ergangenen Durchführungsverordnung.[3] Nach § 1 Abs. 1 ASOG haben die Ordnungsbehörden und die Polizei die Aufgabe, Gefahren für die öffentliche Sicherheit oder Ordnung abzuwehren. Die Polizeibehörde heißt aus traditionellen Gründen "Der Polizeipräsident in Berlin" (§ 1 Abs. 4 ASOG);[4] sie ist dem Senator für Inneres nachgeordnet.

Die örtlichen Gliederungen der Polizei (Direktionen und Abschnitte) sind keine selbständigen Behörden, sondern rechtlich unselbständige Teile der einheitlichen Polizeibehörde.

64.1.6 Ordnungsbehörden sind die Mitglieder des Senats; nachgeordnete Ordnungsbehörden sind die Bezirksämter sowie bestimmte in § 1 Abs. 3 ASOG aufgezählte nachgeordnete Behörden der Hauptverwaltung (z. B. Berliner Feuerwehr, Berliner Forsten, Landesamt für Arbeitsschutz und technische Sicherheit, Landeseinwohneramt usw.).

Alle Ordnungsaufgaben, die den Bezirksämtern durch das ASOG oder durch die DVO-ASOG zugewiesen sind, sind übertra-

2 Verordnung zur Durchführung des Allgemeinen Zuständigkeitsgesetzes (DVO AZG) i. d. F. vom 8. Juni 1982 (GVBl. S. 969, 1 548) zuletzt geändert durch Verordnung vom 17. August 1987 (GVBl S. 2 125).

3 Verordnung über die Zuständigkeit der Ordnungsbehörden (DVO ASOG) vom 28. Juni 1988 (GVBl S. 1 146). Zu den früher geltenden Fassungen der DVO ASOG vgl. § 19.

4 Es handelte sich bis 1945 um eine staatliche preußische Behörde, nicht um eine kommunale Behörde der Gebietskörperschaft Berlin.

gene Vorbehaltsaufgaben. Anders als die DVO-AZG regelt die DVO-ASOG nicht nur die vertikale sondern auch die horizontale Zuständigkeit; es wird dort also rechtsverbindlich geregelt, welche Senatsverwaltung bestimmte Ordnungsaufgaben selbst wahrnimmt oder die Fachaufsicht über die Bezirksämter (bzw. über die nachgeordneten Behörden der Hauptverwaltung) ausübt.

e) Obgleich die Gesetzgebungspraxis in Berlin darauf gerichtet ist, die 64.1.7
Zuständigkeitsabgrenzung zwischen Bezirken und Hauptverwaltung möglichst umfassend in AZG und ASOG sowie in den Durchführungsverordnungen zu diesen Gesetzen zu regeln, kann nicht ausgeschlossen werden, daß einzelne Rechtsvorschriften abweichende Regelungen enthalten.

Für den Fall, daß der Berliner Verwaltung *durch Bundesrecht* 64.1.8
neue Aufgaben zugewiesen werden, bestimmt § 5 AZG, daß staatliche Aufgaben grundsätzlich Vorbehaltsaufgaben der Hauptverwaltung sind; staatliche Angelegenheiten, die — soweit sie nicht Sonderbehörden zugewiesen sind —, von der unteren Verwaltungsbehörde oder von der Gemeindebehörde als Auftragsangelegenheit oder nach Weisung wahrzunehmen sind, sind übertragene Vorbehaltsaufgaben. Selbstverwaltungsangelegenheiten der Gemeinden und Gemeindeverbände gelten als bezirkseigene Angelegenheiten. Soweit die bundesrechtliche Regelung keine Zuständigkeitsbestimmungen enthält, findet § 4 AZG Anwendung, d. h. daß die Aufgaben als bezirkseigene Angelegenheiten wahrzunehmen sind, soweit eine landesrechtliche Vorschrift nichts anderes bestimmt. Bundesgesetze enthalten oft "Stadtstaaten-Klauseln", durch die die Länder Berlin, Hamburg und Bremen ermächtigt werden, die Organisations- und Zuständigkeitsvorschriften der Bundesgesetze der besonderen Verwaltungsstruktur der Stadtstaaten anzupassen.

f) Zweifelhaft ist, ob man bei Aufgaben, die in den Zuständigkeitska- 64.1.9
talogen der DVO-AZG und der DVO-ASOG nicht aufgeführt sind, also an sich der Kompetenzvermutung zugunsten der Bezirke (§ 4 AZG) unterliegen, eine *Zuständigkeit der Hauptverwaltung unmittelbar aus Art. 51 Abs. 1 Satz 1 VvB* herleiten kann. Wenn es sich offensichtlich um eine Angelegenheit handelt, die wegen ihrer übergeordneten Bedeutung oder ihrer Eigenart einer einheitlichen

Durchführung bedarf, sollte dies möglich sein, weil Art. 51 Abs. 1 VvB als Verfassungsnorm dem AZG übergeordnet ist. Präzedenzfälle hierfür liegen jedoch bisher nicht vor.[5]

2. Aufsichts- und Weisungsbefugnis der Hauptverwaltung gegenüber den Bezirken

64.2.1 a) Bei der Durchführung *bezirkseigener Angelegenheiten* sind die Bezirksverwaltungen (grundsätzlich nur) an Rechts- und allgemeine Verwaltungsvorschriften gebunden. Die fachlich zuständigen Senatsverwaltungen können von den Bezirksverwaltungen zur Erfüllung ihrer Aufgaben Auskünfte und Berichte fordern (§ 7 AZG). Die Bezirksaufsicht, der die Bezirke bei der Erfüllung bezirkseigener Angelegenheiten unterliegen, ist in §§ 9—13 AZG geregelt. Sie beschränkt sich auf die Rechtmäßigkeit und den geordneten Gang der Verwaltung und soll "bezirksfreundlich" ausgeübt werden (§ 9 Abs. 2 und 3 AZG). Zuständig für die Bezirksaufsicht ist die Senatsverwaltung für Inneres soweit der Senat nicht als Kollegium tätig werden muß; auch in diesem Fall ist der Senator für Inneres federführend. Die Aufsichtsmittel sind im wesentlichen dieselben wie bei der Staatsaufsicht über Körperschaften, Anstalten und Stiftungen des öffentlichen Rechts, jedoch ist in den Fällen der §§ 11—13 AZG (Aufhebungsrecht, Anweisungsrecht und Ersatzbeschlußfassungsrecht) eine Entscheidung des Senats als Kollegium notwendig. Ein weiterer wesentlicher Unterschied besteht darin, daß im Rahmen der Bezirksverwaltung die Entsendung eines Beauftragten (Staatskommissar) nicht vorgesehen ist.[6]

64.2.2 b) Im Bereich der *übertragenen Vorbehaltsaufgaben* unterliegen die Bezirke nach § 8 AZG der Fachaufsicht. Diese wird für jeden Sach-

5 Allerdings heißt es in Art. 51 Abs. 3 VvB, daß die Zuständigkeitsbereiche der Hauptverwaltung und der Bezirksverwaltungen durch ein Gesetz über die Verwaltung geregelt werden; dies braucht aber nicht so verstanden zu werden, daß ein unmittelbarer Rückgriff auf den Verfassungstext ausgeschlossen werden soll. Ein solcher Rückgriff ist jedenfalls besser, als wenn die Zuständigkeit der Hauptverwaltung aus allgemeinen Gesichtspunkten (Natur der Sache, Sachzusammenhang) hergeleitet wird.

6 Vgl. Neumann in Neumann-Pfennig in Rdnr. 22 zu Art. 50, 51.

Übersicht 3 Aufsichts- und Weisungsbefugnisse des Senats gegenüber den Bezirksverwaltungen gemäß §§ 8–13 AZG/6.7 ASOG

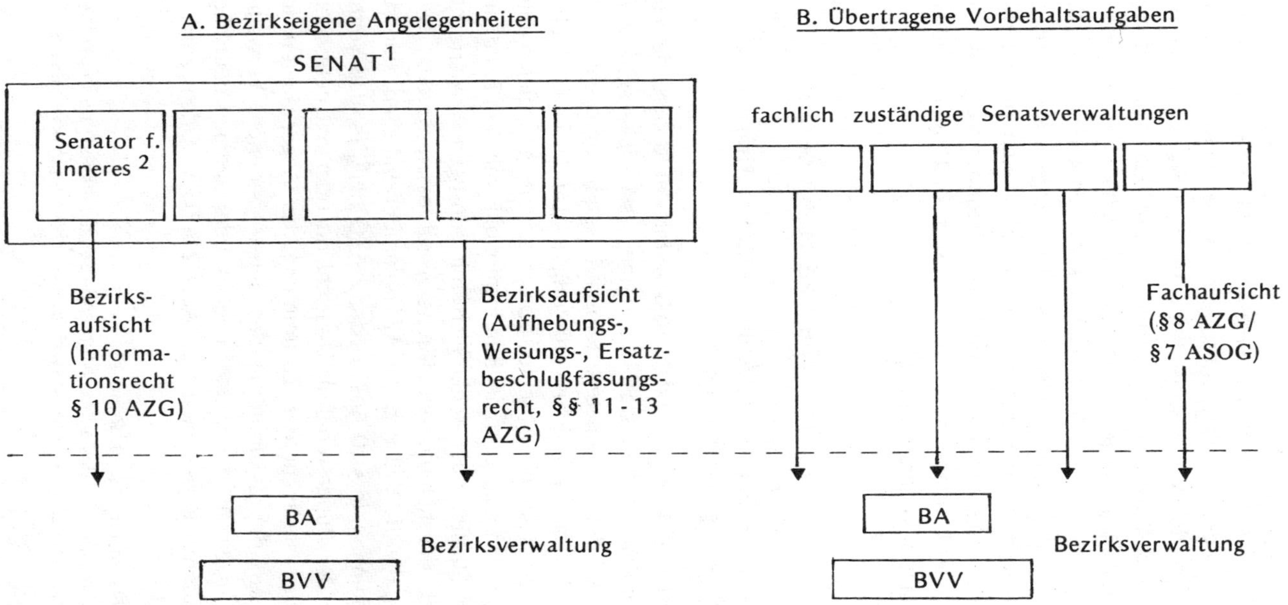

1 Als Kollegium
2 Als Bezirksaufsichtsbehörde

bereich von dem fachlich zuständigen Senatsmitglied ausgeübt. Sie erstreckt sich auch auf die zweckentsprechende Handhabung des Verwaltungsermessens und umfaßt außer dem Informationsrecht die Befugnis, Einzelweisungen an die Bezirksverwaltungen zu erteilen (Weisungsrecht) und eine Angelegenheit an sich zu ziehen, wenn eine erteilte Einzelweisung nicht befolgt wird.[7] Das aufsichtsführende Senatsmitglied ist dagegen nicht befugt, eine Angelegenheit von vornherein an sich zu ziehen, ohne dem Bezirk vorher eine Weisung zu erteilen. Hierdurch würde den Betroffenen unter Umständen eine Instanz im verwaltungsgerichtlichen Vorverfahren verloren gehen.[8]

§ 65 Die Vertretung Berlins

1. Staatsrechtliche Vertretung — Staatsverträge — Verwaltungsvereinbarungen

65.1.1 Nach Art. 43 Abs. 1 Satz 1 VvB vertritt der Regierende Bürgermeister Berlin nach außen. Das Allgemeine Zuständigkeitsgesetz (AZG) interpretiert diese Kompetenz (einschränkend) dahingehend, daß es sich um die staatsrechtliche Vertretung des Landes handelt. Hierzu gehört in erster Linie der Abschluß von Staatsverträgen, gleichgültig ob diese mit anderen Ländern der Bundesrepublik, mit dem Bund, mit auswärtigen Staaten oder schließlich mit sonstigen Völkerrechtssubjekten (z. B. der Katholischen Kirche) geschlossen werden. Die Regelungen, die die VvB und das AZG hierüber enthalten, sind aber äußerst lückenhaft. In § 20 Abs. 1 Satz 2 AZG heißt es, daß Verträge Berlins mit der Bundesrepublik Deutschland oder mit deutschen Ländern, soweit sie nicht der Zustimmung des Abgeordnetenhauses unterliegen, der Zustimmung des Senats bedürfen. Verwaltungsvereinbarungen mit der Bundesrepublik oder anderen deutschen Ländern werden dagegen nach § 20 Abs. 2 AZG von dem zuständigen Mit-

7 Neumann, a. a. O. Rdnr. 21.

8 Zur Frage, ob das aufsichtsführende Senatsmitglied von seiner Weisungsbefugnis im Rahmen eines verwaltungsgerichtlichen Vorverfahrens Gebrauch machen kann, vgl. § 66.

glied des Senats abgeschlossen. Auch sie bedürfen, soweit nicht das betreffende Senatsmitglied zum Erlaß von Verwaltungsvorschriften befugt ist, der Zustimmung des Senats.

Der Unterschied zwischen Staatsverträgen und Verwaltungsvereinbarungen wird weder in der VvB noch im AZG definiert. Es besteht auch keine Vorschrift, die bestimmt, in welchen Fällen zu einem auswärtigen Vertrag die Zustimmung des Parlaments erforderlich ist. Beide Fragen müssen unabhängig voneinander beantwortet werden.[9] 65.1.2

a) *Staatsverträge* sind alle Verträge, die entweder in den Kompetenzbereich der Gesetzgebung eingreifen oder die politischen Beziehungen des Landes regeln. Für ihren Abschluß ist nach § 20 Abs. 1 Satz 1 der Regierende Bürgermeister zuständig; nach § 20 Abs. 1 Satz 2 AZG bedürfen sie, soweit sie nicht der Zustimmung des Abgeordnetenhauses unterliegen, der Zustimmung des Senats.

   Auswärtige Verträge, auf die diese Voraussetzungen nicht zutreffen, sind *Verwaltungsvereinbarungen*. Sie können von dem zuständigen Senatsmitglied abgeschlossen werden (§ 20 Abs. 2 AZG).

b) Die *Zustimmung des Abgeordnetenhauses* ist auf jeden Fall bei Staatsverträgen erforderlich, die in den Kompetenzbereich der Gesetzgebung eingreifen. Bei anderen Verträgen, die nach der Definition unter a) als Staatsverträge anzusehen sind, ist es zweifelhaft, ob sie der Zustimmung des Gesetzgebers bedürfen. Da die Verfassung von Berlin hierzu keine Regelung enthält, könnte man den in Art. 59 Abs. 2 verankerten Rechtsgedanken heranziehen und in jedem Fall eine Zustimmung des Gesetzgebers fordern. Für Staatsverträge, die der Regierende Bürgermeister mit Zustimmung des Senats, aber ohne parlamentarische Zustimmung abschließen könnte, bliebe dann kein Raum mehr. § 20 Abs. 1 Satz 2 AZG liefe praktisch leer.

   Deshalb muß man aus dem Schweigen der Berliner Verfassung den entgegengesetzten Schluß ziehen, nämlich den, daß die Exekutive (Regierender Bürgermeister mit Zustimmung des Senats) Staatsverträge ohne Mitwirkung des Parlaments abschließen kann, wenn ihr Inhalt den Kompetenzbereich der Legislative nicht berührt.[10]

9 Zur Systematik vgl. auch Neumann in Neumann-Pfennig, Rdnr. 3, 5 zu Art. 43.

65.1.3 Daß die Vereinbarungen, die der Senat mit der DDR im Rahmen der Berlin-Regelung abschloß (insbesondere: Vereinbarung über den Reise- und Besuchsverkehr, Gebietstausch), dem Landesgesetzgeber nicht zur Zustimmung vorgelegt wurden, erklärt sich nicht aus den Bestimmungen des Berliner Verfassungsrechts, sondern daraus, daß der Senat hier im Auftrag der Alliierten tätig wurde.

65.1.4 Zur staatsrechtlichen Vertretung im Sinne von Art. 43 Abs. 2 VvB gehört außer dem Abschluß von Staatsverträgen auch die sonstige staatsrechtliche und politische Repräsentation des Landes gegenüber den Besatzungsmächten, den höchsten Organen des Bundes und der anderen Bundesländer, nicht aber die Vertretung Berlins im Bundesrat.[11]

2. Rechtsgeschäftliche Vertretung und Vertretung in Verwaltungsangelegenheiten

65.2.1 Die rechtsgeschäftliche Vertretung Berlins und die Vertretung in Verwaltungsangelegenheiten ist von der staatsrechtlichen Vertretung im Sinne von Art. 43 Abs. 1 VvB zu unterscheiden.

65.2.2 Die rechtsgeschäftliche Vertretung ist in §§ 21 bis 25 AZG geregelt. Zuständig sind grundsätzlich die Leiter der obersten Landesbehörden, Sonderbehörden und nichtrechtsfähigen Anstalten sowie die Bezirksamtsmitglieder in ihrem jeweiligen Zuständigkeitsbereich. Für Eigenbetriebe und Krankenhäuser verweist das AZG auf die entsprechenden Sondergesetze (Eigenbetriebsgesetz und Landeskrankenhausgesetz).

65.2.3 Die Vertretung des Landes in Verwaltungsangelegenheiten richtet sich nach der Verfassung von Berlin, den einschlägigen Gesetzen

10 Für diese Auffassung spricht vor allem die Entscheidung des Bundesverfassungsgerichts zum sog. Nato-Doppelbeschluß (BVerfGE 68 S. 1), in dem die Mitwirkungsbefugnis der Legislative im außenpolitischen Bereich restriktiv interpretiert wird. Neumann a.a.O. Rdnr. 5 versucht, eine mittlere Position einzunehmen, indem er Staatsverträge als zustimmungsbedürftig ansieht, wenn das Land Berlin eine Verpflichtung übernimmt, deren Erfüllung allein durch Verabschiedung eines Gesetzes möglich ist. Damit wäre die Zustimmungsbefugnis des Abgeordnetenhauses praktisch auf die Alternative a beschränkt.

11 Neumann a.a.O. Rdnr. 3 und 4.

(insbesondere AZG) und den Organisationsakten der Exekutive (z. B. Geschäftsverteilung des Senats, innerbehördliche Regelungen). Grundsätzlich vertritt jede Behörde (oberste Landesbehörde, nachgeordnete Behörde, Bezirksamt)[12] das Land Berlin im Rahmen ihrer Zuständigkeit. Innerhalb der Behörden ist die Zeichnungsbefugnis der Verwaltungsbediensteten durch Organisationsakt zu regeln. Allerdings kann das Land Zuständigkeitsüberschreitungen einzelner Verwaltungsangehöriger gegenüber dem Betroffenen nur geltend machen, wenn dieser den Zuständigkeitsmangel kannte oder kennen mußte.

3. Vertretung der Senatsmitglieder

Gegenüber den politischen Staatsorganen (Abgeordnetenhaus, Senat, 65.3.1
Rat der Bürgermeister) wird der Regierende Bürgermeister vom Bürgermeister vertreten; die übrigen Senatsmitglieder vertreten sich nach einem Vertretungsplan gegenseitig. In Verwaltungsangelegenheiten sind die Staatssekretäre ständige Vertreter des Senatsmitglieds als Behördenleiter (§ 17 Abs. 2 GGO I i. V. m. § 9 Abs. 2 GO Sen). Sie unterliegen im Gegensatz zu den Senatsmitgliedern dem Beamtenrecht und sonstigen dienstrechtlichen Vorschriften, können aber als sog. politische Beamte in den einstweiligen Ruhestand versetzt werden.

Im übrigen vertreten alle Bediensteten die Senatsverwaltung nach 65.3.2
außen, soweit ihnen die Zeichnungsbefugnis zusteht (vgl. § 69 ff GGO I). Nach § 71 Abs. 1 GGO I unterzeichnen Staatssekretäre mit dem Zusatz i. V. (in Vertretung) und andere Behördenbedienstete i. A. (im Auftrag).

§ 66 Verwaltungsgerichtliches Vorverfahren

Die Zuständigkeiten im Rahmen des verwaltungsgerichtlichen Vor- 66.1
verfahrens (Widerspruchsverfahren) sind in §§ 26, 27 AZG geregelt. Widerspruchsbehörde ist bei Verwaltungsakten einer Sonderbehörde

12 Vgl. Art. 58 Abs. 2 VvB.

die nächsthöhere Behörde; wegen der Zweistufigkeit der Berliner Verwaltung, also praktisch das zuständige Senatsmitglied. Dieses ist auch Widerspruchsbehörde bei Verwaltungsakten der ihm unterstellten nichtrechtsfähigen Anstalten sowie bei Verwaltungsakten, die die Bezirksämter in übertragenen Vorbehaltsaufgaben seines Zuständigkeitsbereichs erlassen.

66.2 Richtet sich der Widerspruch dagegen gegen einen Verwaltungsakt einer Bezirksverwaltung in bezirkseigenen Angelegenheiten, so ist das Bezirksamt Widerspruchsbehörde. Es entscheidet in diesem Fall als Kollegium; nur in Sozialhilfeangelegenheiten und Angelegenheiten der Gewährung von Pflegegeld für Zivilblinde und Hilflose kann das Bezirksamt diese Befugnis auf sein zuständiges Mitglied übertragen.

66.3 Aus § 26 Abs. 1 Satz 1 ergibt sich (durch Gegenbeschluß), daß gegen Verwaltungsakte der obersten Landesbehörden (insbesondere also der Senatsmitglieder) kein Widerspruch zulässig ist. Das gleiche gilt nach § 26 Abs. 1 Satz 2 ausdrücklich für Prüfungsentscheidungen und Entscheidungen in Hochschul- und Fachschulangelegenheiten.

66.4 Zum Teil gelten bundesrechtliche Sonderregelungen, z. B. für Klagen aus dem Beamtenverhältnis, § 126 Abs. 2 Beamtenrechtsrahmengesetz. Hiernach bedarf es eines Vorverfahrens auch dann, wenn der Verwaltungsakt von der obersten Dienstbehörde erlassen worden ist. Der Widerspruchsbescheid ist von der obersten Dienstbehörde zu erlassen. In begrenztem Umfang kann diese Befugnis auf andere Behörden übertragen werden.

66.5 Das Weisungsrecht der Senatsmitglieder gegenüber den nachgeordneten Behörden — und in übertragenen Vorbehaltsaufgaben gegenüber den Bezirksämtern — erstreckt sich auch auf die Anordnung, in einem bestimmten Einzelfall dem Widerspruch nicht abzuhelfen.

Eine Weisung, dem Widerspruch abzuhelfen, erscheint dagegen jedenfalls dann nicht sinnvoll, wenn die aufsichtsführende Behörde z. B. in übertragenen Vorbehaltsaufgaben selbst als Widerspruchsbehörde entscheiden kann.

§ 67 Erlaß von Verwaltungsvorschriften

Art. 47 Abs. 2 VvB bestimmt (an systematisch falscher Stelle),[13] daß der Senat die zur Ausführung eines Gesetzes erforderlichen Verwaltungsvorschriften erläßt. Sie sind auf Verlangen dem Abgeordnetenhaus vorzulegen. Einzelheiten über den Erlaß von Verwaltungsvorschriften enthält § 6 AZG. 67.1

Mit Ausnahme der Bestimmung, daß Verwaltungsvorschriften auf Verlangen dem Abgeordnetenhaus vorzulegen sind, handelt es sich hierbei nur um Zuständigkeitsregelungen. Die Befugnis der Exekutive, Verwaltungsvorschriften zu erlassen, beruht nicht auf ausdrücklichen gesetzlichen Regelungen, sondern auf dem Weisungsrecht der vorgesetzten Behörde gegenüber den nachgeordneten Dienststellen. 67.2

Grundsätzlich ist der Erlaß von Verwaltungsvorschriften Sache des Senats (Art. 47 Abs. 1 Satz 1 VvB, § 6 Abs. 1 AZG). Das zuständige Senatsmitglied kann (kraft seines Weisungsrechts) Ausführungsvorschriften und sonstige Verwaltungsvorschriften für die ihm nachgeordneten Stellen der Hauptverwaltung und in übertragenen Vorbehaltsaufgaben seines Geschäftsbereichs für die Bezirksverwaltungen erlassen (§ 6 Abs. 2 Buchst. b AZG). Ferner kann es Ausführungsvorschriften erlassen, soweit es in einem Gesetz hierzu ermächtigt ist (§ 6 Abs. 2 Buchst. a AZG). Das AZG enthält selbst einige derartige Ermächtigungen (Verwaltungsvorschriften zur Gewährleistung der inneren Sicherheit sowie in Personalangelegenheiten (§ 6 Abs. 2 Buchst. c und Abs. 3 AZG). 67.3

Die nach § 6 AZG erlassenen Verwaltungsvorschriften sollen eine Begrenzung ihrer Geltungsdauer enthalten, die sich nicht über 10 Jahre hinaus erstrecken darf. Ist die Geltungsdauer nicht begrenzt, so treten sie 10 Jahre nach Ablauf des Jahres außer Kraft, indem sie erlassen worden sind. Durch diese Bestimmung soll die Exekutive gezwungen werden, ihre Verwaltungsvorschriften in regelmäßigen Abständen zu überprüfen. Für Verwaltungsvorschriften in Personalangelegenheiten gilt diese Regelung nicht. 67.4

Soweit Verwaltungsvorschriften zur Ausführung eines Gesetzes ergehen, entspricht ihr Geltungsbereich dem Geltungsbereich des 67.5

13 Neumann in Neumann-Pfennig Rdnr. 17 zu Art. 47.

Gesetzes. Das heißt, daß sie auch für die mittelbare Landesverwaltung gelten, soweit die betreffenden Gesetze von dieser anzuwenden sind. Für andere Verwaltungsvorschriften kann in besonderen gesetzlichen Ermächtigungsnormen vorgesehen werden, daß sie (auch) für die mittelbare Landesverwaltung erlassen werden können. Beispiele hierfür sind die Ermächtigungen in § 6 Abs. 2 c und Abs. 3 AZG (Sicherheitsvorschriften für Verwaltungsangehörige, Personalangelegenheiten der nichtbeamteten Verwaltungsangehörigen). Dagegen gelten die gemäß § 6 Abs. 2 b AZG erlassenen Verwaltungsvorschriften nur für die Hauptverwaltung und Bezirksverwaltung.

Im Bereich der Hauptverwaltung gilt außerdem eine besondere Regelung für die Eigenbetriebe aufgrund von § 2 Abs. 3 Satz 2 Eigenbetriebsgesetz: Verwaltungsvorschriften sind für sie nur verbindlich, wenn dies nach Anhören der Geschäftsleitungen von dem für die Aufsicht zuständigen Senatsmitglied im Einvernehmen mit dem fachlich zuständigen Senatsmitglied angeordnet worden ist.

67.6 Nähere Regelungen über die Zeichnung und Gliederung der Verwaltungsvorschriften enthält die GGO.[14]

14 §§ 81 bis 86 GGO II; § 96 GGO I sieht folgende Bezeichnungen für Verwaltungsvorschriften vor:

...

(2) Verwaltungsvorschriften, die zur Ausführung von Gesetzen, Rechtsverordnungen oder anderen Rechtsvorschriften ergehen, sind als Ausführungsvorschriften zu bezeichnen.

(3) Sonstige Verwaltungsvorschriften sind zu bezeichnen als

1. Ordnungen, wenn sie allgemein geltende Bestimmungen über den Ablauf der Verwaltungsgeschäfte enthalten;
2. Anordnungen, wenn es sich um Zuständigkeitsübertragungen handelt, die keiner Regelung durch Rechtsvorschrift bedürfen;
3. Erlasse, wenn es sich um allgemeine Weisungen des zuständigen Mitglieds des Senats an die Polizeibehörde, an die Berliner Feuerwehr oder an die Finanzbehörden handelt;
4. Allgemeine Verfügungen, wenn es sich um allgemeine Weisungen des zuständigen Mitglieds des Senats für die seiner Aufsicht unterstehenden Gerichtverwaltungen, Strafverfolgungs- und Strafvollzugsbehörden handelt;
5. Arbeitsanweisungen oder Geschäftsanweisungen, wenn sie sich nur an die eigene Behörde wenden.

(4) Verwaltungsvorschriften, die nicht unter die Absätze 2 und 3 fallen, sind zu bezeichnen als

Nicht anwendbar sind Art. 47 Abs. 2 VvB und § 6 AZG auf Arbeitsanweisung oder Geschäftsanweisung, die die Leitung einer Behörde kraft ihres Weisungsrechts an ihre eigenen Mitarbeiter richtet. 67.7

Keine Verwaltungsvorschriften sind sogenannte Rundschreiben, d. h. gleichlautende Schreiben einer Behörde an mehrere Behörden oder Stellen, in denen lediglich Empfehlungen ausgesprochen, Mitteilungen gemacht oder Auskünfte erbeten werden (§ 28 GGO I). Das gleiche gilt für sogenannte Leitlinien, die politische Zielsetzungen enthalten. 67.8

§ 68 Dienstrechtliche Zuständigkeiten

Nach Art. 61 VvB erfolgen alle Einstellungen, Versetzungen und Entlassungen im öffentlichen Dienst durch den Senat. Für die Bezirke wird dieses Recht den Bezirksämtern übertragen. Über die Versetzung aus einem Bezirk in einen anderen oder aus der Hauptverwaltung in eine Bezirksverwaltung oder umgekehrt entscheidet der Senat nach Anhörung der beteiligten Bezirksämter. Diese Vorschrift umfaßt den gesamten öffentlichen Dienst. Sie gilt also nicht nur für Beamte, sondern auch für Angestellte und Arbeiter, die im Dienst des Landes Berlin oder einer landesunmittelbaren juristischen Person des öffentlichen Rechts stehen, sofern diese keine Dienstherrnfähigkeit hat.[15] 68.1

Zweifelhaft ist, ob sie auch für mittelbare Landesbeamte, Angestellte und Arbeiter gilt, die im Dienst einer landesunmittelbaren juristischen Person des öffentlichen Rechts mit Dienstherrnfähigkeit stehen.[16] Diese Auffassung kann sich zwar auf den Verfassungstext stützen, der keine Ausnahmen vorsieht. Sie dürfte jedoch dem Sinn 68.2

1. Grundsätze, wenn sie vom Senat erlassen werden und ganz oder überwiegend die Organisation oder das Verfahren einzelner Verwaltungszweige betreffen;
2. Allgemeine Anweisungen, wenn sie vom Senat erlassen werden und ganz oder überwiegend sachliche Regelungen zum Inhalt haben.

15 Bei Verabschiedung der VvB war in Berlin das Berufsbeamtentum noch nicht wieder hergestellt.

16 So Neumann in Neumann-Pfennig Rdnr. 3 zu Art. 61.

Übersicht 4 Zuständigkeit zum Erlaß von Verwaltungsvorschriften

A Senat	B Zuständige Senatsverwaltung
Berliner Verwaltung (§ 2 Abs.1 AZG): 1. Hauptverwaltung a Senatsverwaltungen b Nachgeordnete Behörden, nicht-rechtsfähige Anstalten c Eigenbetriebe (soweit Geltung gemäß § 27 Abs. 3 Eig.G angeordnet) 2. Bezirksverwaltungen	1 Nachgeordnete Behörden und nicht-rechtsfähige Anstalten des eigenen Zuständigkeitsbereiche 2 Bezirksverwaltungen in übertragenen Vorbehaltsaufgaben des eigenen Zuständigkeitsbereichs Berliner Verwaltung (wie A) aufgrund ausdrücklicher gesetzlicher Ermächtigung
3. Mittelbare Landesverwaltung bei Ausführungsvorschriften zu Gesetzen und aufgrund besonderer gesetzlicher Ermächtigung	Mittelbare Landesverwaltung (wie A)

der Vorschrift nicht gerecht werden. Durch Art. 61 Abs. 1 Satz 1 soll die Möglichkeit nicht ausgeschlossen werden, daß juristische Personen des öffentlichen Rechts, die hierfür geeignet sind, mit Dienstherrnfähigkeit ausgestattet werden. Voraussetzung ist nur, daß dies — sofern die Dienstherrnfähigkeit nicht bereits bei Inkrafttreten der Verfassung gewohnheitsrechtlich begründet war — ausdrücklich in einem Gesetz angeordnet wird. Diese Möglichkeit, die seit jeher als verfassungsrechtlich zulässig gilt, würde aber praktisch ausgehöhlt, wenn jede Einstellung, Versetzung oder Entlassung durch den Senat erfolgen müßte. Selbstverständlich steht es dem Gesetzgeber frei, die Personalhoheit, die er bestimmten juristischen Personen des öffentlichen Rechts überträgt, in bestimmten Fällen durch ein Entscheidungs- oder Mitwirkungsrecht des Senats oder des zuständigen Senators zu beschränken.[17]

Die Ausdrücke "Einstellungen, Versetzungen und Entlassungen im öffentlichen Dienst" sind nicht abschließend gemeint; vielmehr wird hierdurch eine allgemeine Personalhoheit über den öffentlichen Dienst begründet, die z. B. auch die Beförderung umfaßt.[18] Für die Bezirke sind diese Rechte den Bezirksämtern übertragen. Das heißt nicht, daß es sich um eine übertragene Vorbehaltsaufgabe handeln muß. Vielmehr wird hier von der Verfassung eine eigenständige Kompetenz der Bezirksämter begründet. Diese unterliegt grundsätzlich nur den Einschränkungen, die sich aus dem Recht des öffentlichen Dienstes ergeben, insbesondere daraus, daß der Senator für Inneres — für den Schulbereich das insoweit zuständige Senatsmitglied — oberste Dienstbehörde für die Beamten der Bezirksverwaltung ist. Die Weisungs- und Aufsichtsbefugnisse, die sich daraus ergeben, richten sich aber grundsätzlich gegen den einzelnen Beamten und dürfen nicht mit den Rechten der Hauptverwaltung verwechselt werden, die sich aus der Bezirks- oder Fachaufsicht gegenüber den Bezirken ergeben. In allen übrigen Bereichen werden die Einzelpersonalangelegenheiten 68.3

17 So z. B. im Fall der Universitäten dadurch, daß das zuständige Senatsmitglied den Vorsitz in der Personalkommission der Universitäten führt (§ 67 Berliner Hochschulgesetz).

18 Neumann a. a. O. Rdnr. 2.

der Bezirksbediensteten grundsätzlich als bezirkseigene Aufgabe wahrgenommen. Übertragene Vorbehaltsaufgaben sind nur die Funktionen der obersten Dienstbehörde, soweit sie den Bezirken übertragen sind (Anlage zur DVO AZG Nr. 4 Abs. 2).

68.4 Dienstherr der unmittelbaren Landesbeamten und Arbeitgeber der Angestellten und Arbeiter im landesunmittelbaren öffentlichen Dienst ist das Land Berlin; bei den mittelbaren Landesbeamten und Bediensteten ist es die jeweilige Körperschaft, Anstalt oder Stiftung des öffentlichen Rechts.

68.5 Welche Stelle oberste Dienstbehörde ist, ergibt sich für die Landesbeamten aus § 3 des Landesbeamtengesetzes. Bei Beamten der Hauptverwaltung ist es das jeweilige Senatsmitglied, bei Beamten der Bezirksverwaltungen der Senator für Inneres, für Beamte der Bezirksverwaltungen, die im Schul-, Schulaufsichts- und Volkshochschuldienst tätig sind, der Senator für Schulwesen. Soweit die Dienstbehörden ihre Befugnisse auf das Landesverwaltungsamt Berlin übertragen haben, ist der Senator für Inneres oberste Dienstbehörde. Der Präsident des Abgeordnetenhauses, der Präsident des Rechnungshofs und der Berliner Datenschutzbeauftragte sind oberste Dienstbehörde für ihren eigenen Bereich.

68.6 Für die Dienstbehörde enthält das Landesbeamtengesetz in § 4 Abs. 1 nur eine generelle Regelung: Es handelt sich um die Behörde, die als personalaktenführende Behörde für beamtenrechtliche Entscheidungen unmittelbar zuständig ist. Die konkrete Bestimmung der Dienstbehörde bleibt also einem Organisationsakt der Verwaltung überlassen. Lediglich für den Bereich des Abgeordnetenhauses, des Rechnungshofs und vor allem für die Bezirksverwaltungen enthält das Gesetz eine eindeutige Regelung. Dienstbehörde für den Zuständigkeitsbereich der Bezirksverwaltung ist das Bezirksamt.

68.7 Für die Arbeiter und Angestellten des öffentlichen Dienstes besteht keine dem Landesbeamtengesetz entsprechende gesetzliche Regelung. Welche Behörden als Personalstellen die Funktion wahrnehmen, die dem Beamtenrecht der Dienstbehörde und obersten Dienstbehörde zukommen, bestimmt sich durch Organisationsakt.

68.8 Die Funktionen der Dienstbehörden können mit Zustimmung des Senators für Inneres ganz oder teilweise auf das Landesverwaltungsamt Berlin übertragen werden (für Beamte: § 4 Abs. 6 LBG). Dies ist im technischen Bereich (z. B. Gehaltsabrechnung, Beihilfewesen) weitgehend geschehen.

68.9 Für die mittelbaren Landesbeamten und Bediensteten ist durch Gesetz, Satzung oder "in sonstiger Weise" zu bestimmen, wer Dienstbehörde und oberste Dienstbehörde ist (§ 3 Abs. 1 Nr. 6, § 4 Abs. 4 LBG). Zu erwähnen ist die in § 67 des Berliner Hochschulgesetzes vorgesehene Personalkommission, die Dienstbehörde und oberste Dienstbehörde der Beschäftigten an den Berliner Universitäten und der Hochschule der Künste ist. Ihre Mitglieder sind, das für Hochschulen zuständige Senatsmitglied als Vorsitzender, der Senator für Inneres, der Senator für Finanzen sowie der Präsident und der erste und ein weiterer Vizepräsident der jeweiligen Hochschule. Auch die Befugnisse dieser Kommission können auf andere Stellen (z. B. Universitätspräsident, Landesverwaltungsamt Berlin) übertragen werden.

68.10 Als unabhängige Stelle gemäß §§ 61, 62 Beamtenrechtsrahmengesetz ist in dem Berliner Landesbeamtengesetz (§§ 87 bis 97) ein Landespersonalausschuß vorgesehen, der aus 11 Mitgliedern und 11 stellvertretenden Mitgliedern besteht. Vorsitzender ist der Präsident des Rechnungshofs, je ein weiteres Mitglied werden vom Senator für Inneres und vom Senator für Finanzen für vier Jahre ernannt. Die übrigen Mitglieder und ihre Vertreter werden vom Senat ebenfalls auf vier Jahre ernannt, und zwar drei auf Vorschlag des Rats der Bürgermeister, zwei auf Vorschlag der Spitzenorganisationen der Gewerkschafts- und Berufsverbände und zwei auf Vorschlag des Hauptpersonalrats. Die Mitwirkungs- und Entscheidungsrechte des Landespersonalausschusses sind — unbeschadet möglicher Einzelregelungen in anderen Gesetzen — in § 90 Landesbeamtengesetz aufgezählt. Er wirkt bei der Vorbereitung von beamtenrechtlichen Regelungen und Ausbildungsvorschriften mit, entscheidet über die allgemeine Anerkennung von Prüfungen, über die Befähigung freier Bewerber und Ausnahmen von laufbahnrechtlichen Vorschriften, nimmt zu Beschwerden von Beamten Stellung und kann Vorschläge für die Beseitigung von Mißständen in der Handhabung beamtenrechtlicher Vorschriften machen. Einige seiner Aufgaben kann er auf einen unabhängigen Ausschuß übertragen.

68.11 Besondere dienstliche Zuständigkeitsregelungen finden sich in verschiedenen anderen Gesetzen. So ist nach § 2 des Bezirksamtsmitgliedergesetzes der Regierende Bürgermeister oberste Dienstbehörde für alle Mitglieder der Bezirksämter und Dienstbehörde für die Bezirksbürgermeister; der Bezirksbürgermeister ist Dienstbehörde für die Bezirksstadträte. Der Berliner Datenschutzbeauftragte untersteht nach § 19 Abs. 2 des Berliner Datenschutzgesetzes der Dienstaufsicht des Präsidenten des Abgeordnetenhauses.

Drittes Kapitel
Vorschriften über das Verwaltungsverfahren

§ 69 Das Berliner Verwaltungsverfahrensgesetz

Das Berliner Verwaltungsverfahrensgesetz verweist in § 1 auf das Verwaltungsverfahrensgesetz des Bundes und in § 5 auf das Verwaltungszustellungs- und auf das Verwaltungsvollstreckungsgesetz des Bundes.[1] Ursprünglich war in allen drei Fällen vorgesehen, daß das Bundesgesetz "in der jeweils geltenden Fassung" Anwendung finden sollte. Eine solche dynamische Verweisung des Landesrechts auf das Bundesrecht — insbesondere wenn sie ganze Rechtsbereiche betrifft — ist verfassungsrechtlich problematisch; einmal, weil sie gegen den Grundsatz der Gesetzesklarheit verstoßen kann, zum anderen aber auch, weil der Landesgesetzgeber dadurch entgegen der im Grundgesetz vorgeschriebenen Kompetenzordnung seine Befugnisse auf den Bundesgesetzgeber überträgt. Durch eine Änderung des § 1 Berliner Verwaltungsverfahrensgesetz im Zusammenhang mit der Novellierung des Landesdatenschutzgesetzes vom 17. Dezember 1990 ist die dynamische Verweisung durch eine statische Verweisung auf das Verwaltungsverfahrensgesetz des Bundes (zuletzt geändert durch Gesetz vom 2. Juli 1976, BGBl. I S. 1749) ersetzt worden. Für das Verfahren bei der Verwaltungsvollstreckung und der Verwaltungszustellung bleibt es dagegen bis auf weiteres bei der dynamischen Verweisung auf die betreffenden Bundesgesetze in § 5 des Berliner Gesetzes.[2] 69.1

1 Gesetz über das Verfahren der Berliner Verwaltung vom 8. Dezember 1976 (GVBl. S. 2735, 2898) zuletzt geändert durch Gesetz vom 17. Dezember 1990 (GVBl. 1991 S. 16).

2 Das Bundesverfassungsgericht hat dynamische Verweisungen bis jetzt als grundsätzlich zulässig angesehen und zwar auch dann, wenn keine Identität der Gesetzgeber besteht; vgl. BVerfGE 26 S. 338 (366 f.), 47 S. 285 (312), 60 S. 135 (161). Es hat aber auf die grundsätzlichen Bedenken, die insbesondere in der Rechtslehre hiergegen erhoben werden, hingewiesen (vor allem BVerfGE 47 a. a. O. mit Zitaten) und ausgeführt, daß sich in bestimmten Bereichen aus der Kompetenzverteilung zwischen Bund und Ländern Schranken für eine dynamische Verweisung ergeben (BVerfGE 60 a. a. O.).

69.2 § 3 des Berliner Verwaltungsverfahrensgesetzes bestimmt, daß schriftliche oder schriftlich zu bestätigende Verwaltungsakte, die der Anfechtung unterliegen, mit einer Rechtsmittelbelehrung zu versehen sind.

69.3 § 4 ermächtigt den Senat durch Rechtsverordnung festzulegen, in welchen Fällen ein förmliches Verwaltungsverfahen nach dem Verwaltungsverfahrensgesetz des Bundes durchzuführen ist. Die Fälle, in denen dies zu geschehen hat, sind in der Verordnung über das förmliche Verwaltungsverfahen und der Anlage zu dieser Verordnung aufgezählt.

69.4 Ebenfalls im Zusammenhang mit der Novellierung des Berliner Datenschutzgesetzes ist ein § 2a in das Berliner Verwaltungsverfahrensgesetz eingefügt worden, durch den der Schutz personenbezogener Daten zum Teil unter Abweichung vom Verwaltungsverfahrensgesetz des Bundes gewährleistet wird.

§ 70 Die gemeinsame Geschäftsordnung

70.1 Wichtige Regelungen für den Bereich des Verwaltungsverfahrens in Berlin, der nicht durch Rechtsvorschriften geregelt ist, enthält eine vom Senat erlassene Verwaltungsvorschrift, nämlich die Gemeinsame Geschäftsordnung für die Berliner Verwaltung. Sie besteht aus zwei Teilen, dem Allgemeinen Teil (GGO I)[3] und dem Besonderen Teil (GGO II)[4], die unabhängig voneinander novelliert werden und ebenfalls unabhängig voneinander in Paragraphen gegliedert sind. Die GGO I gilt für das Geschäftsverfahren in den Behörden des Landes Berlin; hierbei handelt es sich nach § 1 Abs. 2 GGO I um die Senatsverwaltungen, die ihnen nachgeordneten Behörden (Sonderbehörden) und nichtrechtsfähigen Anstalten sowie die Bezirksämter und die diesen nachgeordneten nichtrechtsfähigen Anstalten. Für die

3 Derzeitige Fassung vom 4. Dezember 1984, Beilage zum Amtsblatt für Berlin Teil I Nr. 9 vom 7. Februar 1985 geändert durch Verwaltungsvorschriften vom 28. November 1989 (Amtsblatt S. 2394).

4 Derzeitige Fassung vom 28. November 1989 (Amtsblatt S. 2394).

mittelbare Landesverwaltung und für die Eigenbetriebe gilt die GGO I also nicht.

Die GGO II regelt ergänzend zur GGO I das Geschäftsverfahren der obersten Landesbehörden. 70.2

Sie betrifft vor allem den Verkehr der obersten Landesbehörden mit den Verfassungsorganen (Senat, Rat der Bürgermeister, Abgeordnetenhaus), den Erlaß von Verwaltungsvorschriften sowie Veröffentlichungen im Gesetz- und Verordnungsblatt, dem Amtsblatt und den Dienstblättern.

Verwaltungsvorschriften des Bundes zur Ausführung von Bundesgesetzen durch die Länder und Verwaltungsvorschriften, die einheitlich in mehreren Bundesländern angewendet werden, gehen den Bestimmungen der GGO vor (§ 1 Abs. 4 GGO I).[5] Aus diesem Grunde ist die Anwendung der Gemeinsamen Geschäftsordnung für bestimmte Bereiche, insbesondere die Finanzverwaltung, durch Verwaltungsvorschriften des Bundes oder ländereinheitliche Verwaltungsvorschriften ausgeschlossen.[6] 70.3

Nach § 1 Abs. 3 GGO I kann, sofern die besonderen Verhältnisse einzelner Behörden es erfordern, das zuständige Mitglied des Senats im Einvernehmen mit dem Senator für Inneres besondere Geschäftsordnungen erlassen.

Auf den Inhalt der Gemeinsamen Geschäftsordnung wird hier an geeigneter Stelle hingewiesen (z. B. im Zusammenhang mit dem inneren Behördenaufbau und der Bezeichnung von Verwaltungsvorschriften). 70.4

5 Der Vorrang, der vom Bund erlassenen Verwaltungsvorschriften beruht unmittelbar auf Art. 84 Abs. 2 und 85 Abs. 2 GG; § 1 abs. 4 GGO I hat insoweit nur klarstellende Bedeutung. Der Vorrang der ländereinheitlichen Verwaltungsvorschriften beruht dagegen auf der GGO selbst und könnte — soweit keine Vertragsverpflichtungen des Landes Berlin dem entgegenstehen — durch Verwaltungsvorschrift des Senats geändert werden.

6 Geschäftsordnung für die Finanzämter (FaGO).

Viertes Kapitel
Die Hauptverwaltung

§ 71 Teile der Hauptverwaltung

71.1 Zur *Hauptverwaltung* gehören die *Senatsverwaltungen* (Regierender Bürgermeister, Bürgermeister und Senatoren), die ihnen *nachgeordneten Behörden (Sonderbehörden)*, die nichtrechtsfähigen Anstalten des öffentlichen Rechts und die Eigenbetriebe.

71.2 *Oberste Landsbehörden* sind außer den Senatsmitgliedern der Präsident des Abgeordnetenhauses, der Rechnungshof von Berlin und der Berliner Datenschutzbeauftragte. Diese unterstehen nicht dem Senat und gehören daher auch nicht zur "Berliner Verwaltung" im Sinne von § 2 AZG; trotzdem finden einzelne Bestimmungen dieses Gesetzes (insbesondere die Vorschriften über die Vertretung Berlins §§ 21 ff) auf sie Anwendung.

71.3 Umgekehrt gehören die Behörden der Justiz- und Steuerverwaltung zur Hauptverwaltung, obgleich die Vorschriften des AZG für sie zu einem großen Teil nicht gelten (§ 33 Abs. 2).[1]

§ 72 Die Senatsverwaltungen

1. Rechtsstellung

72.1.1 Oberste Landesbehörden im Bereich der Hauptverwaltung sind in der Terminologie des AZG "die Senatsverwaltungen". Die bis 1989 verwendete Bezeichnung "Senatsmitglieder" betonte die monokratische Organisation der Senatsverwaltungen, die in der Sache noch heute besteht.[2]

1 Nach § 33 Abs. 1 AZG findet das Gesetz außerdem keine Anwendung auf die Kirchen- und Religionsgemeinschaften, auf die Landespostdirektion und die Behörden der Zoll- und Verbrauchssteuerverwaltung sowie der Sondervermögens- und Bauverwaltung beim Landesfinanzamt Berlin und die Sozialversicherungsträger.

2 Durch eine Änderung der GGO I vom *23. März 1989* (Amtsblatt 1989, S. 854)

Jedes Senatsmitglied leitet sein Ressort selbständig im Rahmen der Richtlinien der Regierungspolitik (Art. 43 Abs. 5 VvB); es trägt gegenüber dem Abgeordnetenhaus die politische Verantwortung. Hieraus lassen sich zwei Grundsätze herleiten, die für die Organisation der Hauptverwaltung bestimmend sind:

Nach dem *Ressortprinzip* müssen die Zuständigkeitsbereiche klar gegeneinander abgegrenzt sein; nach dem *Hierarchieprinzip* muß eine ununterbrochene Kette von Aufsichts- und Weisungsbefugnissen bestehen, die dem politisch verantwortlichen Senatsmitglied einen bestimmenden Einfluß auf alle Maßnahmen in seinem Geschäftsbereich sichert. Beide Prinzipien beschränken die Flexibilität der Verwaltungsorganisation.[3] Insbesondere sind weisungsungebundene Entscheidungsträger im Rahmen der Verwaltung nur begrenzt zulässig (z. B. Prüfungsausschüsse).

Daß ein Senatsmitglied mehrere Senatsverwaltungen in Personal- 72.1.2
union leitet, ist in der Verfassung und dem AZG nicht vorgesehen. Wenn daher zwei oder mehrere traditionell getrennte Senatsverwaltungen einem Senatsmitglied unterstellt werden, so verchmelzen sie damit rechtlich zu einer Behörde.[4]

2. Horizontale Zuständigkeitsregelungen

Es bestehen zwar zahlreiche gesetzliche Vorschriften, in denen einzel- 72.2
nen Senatsverwaltungen bestimmte Zuständigkeiten übertragen werden. Grundsätzlich ist die horizontale Zuständigkeitsverteilung aber nicht durch Gesetz geregelt. Die Zahl und Abgrenzung der Geschäftsbereiche wird bei der Wahl des Senats auf Vorschlag des Regierenden

ist die Bezeichnung "Der Senator für ..." durch die Bezeichnung "Senatsverwaltung für ..." ersetzt worden. Im Schriftverkehr sollen alle Verwaltungsbehörden, die der Gemeinsamen Geschäftsordnung unterliegen (also z. B. auch der Polizeipräsident in Berlin) anstelle der ersten Person singular (Ich-Form) die erste Person plural (Wir-Form) verwenden. Diese terminologischen Änderungen dienen einer möglichst geschlechtsneutralen Behördenbezeichnung. Sie ändern nichts an dem grundsätzlich monokratischen Aufbau der Berliner Behörden.

3 Sogenannte Projektgruppen sind unter bestimmten Voraussetzungen und in bestimmten Grenzen in § 7 der GGO I vorgesehen. Vgl. hierzu Teil II § 43 (43.4).

4 Zum Beispiel in der 10. Wahlperiode Justiz und Bundesangelegenheiten.

Bürgermeisters vom Abgeordnetenhaus beschlossen (Art. 43 Abs. 4 VvB). Im übrigen ist die Zuständigkeitsverteilung — soweit nicht im Einzelfall gesetzliche Regelungen bestehen — dem Senat selbst überlassen. Neuere Gesetze enthalten zumeist keine Kompetenzzuweisung an ein bestimmtes Senatsmitglied (Regierender Bürgermeister, Finanzen, Justiz, Inneres usw.) sondern an das "für Finanzen, Justiz, Bauwesen usw. zuständige" Senatsmitglied.[5]

3. Innerer Aufbau der Senatsverwaltungen und nachgeordnete Behörden

72.3.1 Auch der innere Aufbau der Senatsverwaltungen ist nicht durch Gesetz geregelt. Verfassungsrechtlich vorgegeben ist die *monokratische Struktur* der Senatsverwaltungen, d. h. ihre Leitung durch ein politisch verantwortliches Senatsmitglied mit Weisungsbefugnis gegenüber allen Mitarbeitern und nachgeordneten Behörden, das *Hierarchieprinzip* (Weisungsbefugnis des jeweils vorgesetzten Behördenmitglieds gegenüber den ihm unterstellten Bediensteten) und das *Ressortprinzip* (eindeutige Zuweisung jeder Verwaltungsaufgabe nicht nur an ein bestimmtes Senatsmitglied, sondern auch an eine bestimmte Abteilung, ein bestimmtes Referat und einen bestimmten Sachbearbeiter innerhalb der Behörden).[6]

72.3.2 Detaillierte Vorschriften über den inneren Aufbau der Senatsverwaltungen finden sich in der Gemeinsamen Geschäftsordnung für die Berliner Verwaltung. Diese ist als Verwaltungsvorschrift zwar für alle Behörden des Landes Berlin verbindlich, jedoch können Abwei-

5 Für Gesetzentwürfe des Senats ist dies jetzt in § 63 der GGO II vom 29. November 1988 ausdrücklich vorgesehen.

6 Auch die vom Senat eingesetzten Beauftragten für bestimmte Sachbereiche (z. B. Ausländerbeauftragte, Frauenbeauftragte) gehören jeweils einer Senatsverwaltung an; *sie* unterliegen also dem Weisungsrecht des betreffenden Senatsmitglieds und den allgemeinen Vorschriften über die Kompetenzverteilung. Dienstrechtlich sind sie zumeist Verwaltungsangestellte mit Zeitvertrag. Etwas anderes gilt selbstverständlich für den Datenschutzbeauftragten, der aufgrund gesetzlicher Vorschriften bestimmte Aufgaben wahrzunehmen hat und dabei keinem Weisungsrecht anderer Behörden unterliegt.

chungen nicht als Rechtsverstoß gewertet werden. Nach § 9 des Allgemeinen Teils (GGOI I) sind die Senatsverwaltungen grundsätzlich in Abteilungen, die Abteilungen in Referate und die Referate in Sachgebiete einzuteilen. In den Geschäftszeichen werden die Abteilungen mit römischen Zahlen, die Referate mit großen Buchstaben und die Sachgebiete mit arabischen Zahlen bezeichnet (z. B. I A 1). Bei den für die sog. mittelbaren Verwaltungsaufgaben (Personalwesen, Organisation, Haushaltsangelegenheiten) zuständigen Abteilungen kann nach § 9 Abs. 2 GGO I anstelle der römischen Ziffer die Bezeichnung "AV" (Allgemeine Verwaltung) treten. Innerhalb eines Referates können mehrere Sachgebiete zu Gruppen zusammengefaßt werden; eine Hauptabteilung (zwischen der Abteilungsleiterebene und der politischen Spitze der Senatsverwaltung) darf nur ausnahmsweise und mit ausdrücklicher Zustimmung des Senats eingerichtet werden. Unterabteilungen zwischen Referats- und Abteilungsebene sind — jedenfalls nach dem derzeitigen Stand in der GGO — nicht vorgesehen. Außerhalb der Abteilungsorganisation können zur Unterstützung von Senatsmitgliedern und Staatssekretären sog. Stabsstellen ohne Entscheidungsbefugnis Weisungsrecht gegenüber den anderen Organisationseinheiten der Verwaltung eingerichtet werden.

§ 73 Nachgeordnete Behörden (Sonderbehörden) und nichtrechtsfähige Anstalten

1. Begriffsbestimmungen, Abgrenzungen

Das Allgemeine Zuständigkeitsgesetz sieht für die nachgeordneten 73.1.1
Behörden der Hauptverwaltung die Bezeichnung "Sonderbehörden" vor (§ 2 Abs. 2 AZG). Der Ausdruck entstammt dem Kommunalrecht. Er setzt begrifflich voraus, daß — wie bei der Verwaltung der Kreise und Gemeinden und bei den staatlichen Mittelinstanzen (Regierungsbezirken) der Territorialländer — eine einheitliche Behörde besteht, die grundsätzlich alle öffentlichen Aufgaben wahrnimmt, soweit sie nicht (ausnahmsweise) einer Sonderbehörde übertragen sind. Dies ist in Berlin gerade im Bereich der Hauptverwaltung nicht der Fall; als oberste Landesbehörde tritt grundsätzlich nicht der Senat, sondern

jedes Senatsmitglied für sein Ressort auf. Es wäre daher besser, auf den Ausdruck "Sonderbehörde" zu verzichten und die Fachbehörden, die einer Senatsverwaltung unterstellt sind, nur als "nachgeordnete Behörden" zu bezeichnen.

73.1.2 Nach der Definition des Bundesverfassungsgerichts ist eine Behörde eine in den Organismus der Staatsverwaltung eingeordnete organisatorische Einheit von Personen und rechtlichen Mitteln, die, mit einer gewissen Selbständigkeit ausgestattet, dazu berufen ist, unter öffentlicher Autorität für die Erreichung der Zwecke des Staates oder von ihm geförderter Zwecke tätig zu sein.[7] Die Rechtslehre verlangt außerdem — mindestens für den Behördenbegriff im engeren Sinne —, daß die staatliche Einrichtung eine bestimmte Außenzuständigkeit zu konkreten Rechtshandlungen hat.[8] Von einer nachgeordneten Behörde im Sinne des AZG ist zu fordern, daß sie — ohne selbst Rechtsträger zu sein — unter eigenem Namen und mit eigener Zuständigkeit für das Land Berlin mit Außenwirkung tätig werden kann. Unselbständige Gliederungen einzelner Senatsverwaltungen (z. B. Abteilungen, Referate) erfüllen dieses Erfordernis nicht. Dies gilt auch für die örtlichen Dienststellen einiger Verwaltungsbehörden (z. B. Polizeidirektionen oder -abschnitte, Meldestellen des Landeseinwohneramtes).

73.1.3 Auch über den Unterschied zwischen einer Behörde und einer nichtrechtsfähigen Anstalt besteht keine volle Klarheit. Eine Abgrenzung anhand eindeutiger rechtlicher Merkmale dürfte nicht möglich sein. Der Unterschied liegt eher im organisatorischen Bereich und beruht z. T. auch auf Tradition.

2. Errichtung der Behörde; Zuweisung von Kompetenzen

73.2 Für die Errichtung von Behörden fordert die höchstrichterliche Rechtsprechung bisher keine Rchtsvorschrift; demnach genügt ein Organsiationsakt der Exekutive.[9] In der Rechtslehre[10] und in der

7 BVerfGE 10 S. 20 (48).

8 Vgl. Wolff, Verwaltungsrecht II, 4. Auflage, § 76 I 2d.

9 Zum Beispiel BVerfGE Bd. 8 S. 155, BVerwG Urteil vom 25. August 1971, DÖV 1972, S. 129.

10 Vgl. u. a. die vom Bundesverwaltungsgericht a. a. O. (Fn. 9) zitierte Literatur.

neueren Verwaltungspraxis setzt sich aber die Auffassung durch, daß eine Rechtsnorm mindestens dann erforderlich ist, wenn der Behörde Kompetenzen im Bereich der Eingriffsverwaltung übertragen werden sollen.

3. Einstufiger und mehrstufiger Aufbau im Bereich der nachgeordneten Behörden

Grundsätzlich sind die nachgeordneten Behörden im Bereich der Ber- 73.3
liner Hauptverwaltung für ganz Berlin zuständig und der aufsichtsführenden Senatsverwaltung unmittelbar unterstellt. Mittelbehörden, die einem Regierungsmitglied unterstellt sind und ihrerseits die Aufsicht gegenüber untergeordneten Behörden ausüben, sind im Allgemeinen Zuständigkeitsgesetz nicht vorgesehen.[11] Dieser Grundsatz wird allerdings nicht lückenlos eingehalten. Insbesondere in Bereichen, in denen der Behördenaufbau bundesrechtlich geregelt ist (z. B. Justizverwaltung und Finanzwesen), bestehen abweichende Verwaltungsstrukturen (Aufsicht und Weisungsbefugnisse des Kammergerichtspräsidenten gegenüber dem Landgerichtspräsidenten, entsprechende Befugnisse im Bereich der Staatsanwaltschaften und des Oberfinanzpräsidenten gegenüber den Finanzämtern). In diesen Bereichen können auch Behörden der Hauptverwaltung bestehen, die örtlich nur für einen Teil des Landesgebiets zuständig sind.

11 Zur Stellung der Landesmittelbehörden vgl. Achterberg, Allgemeines Verwaltungsrecht 1982 S. 137, Rdnrn. 26 bis 28. Sie bestehen in allen Flächenstaaten außer dem Saarland und Schleswig-Holstein und sind dort den obersten Landesbehörden unmittelbar nachgeordnet, aber (im Gegensatz zu den Landesoberbehörden) nur für einen Teil des Staatsgebiets zuständig. Die Regierungspräsidenten (Bezirksregierungen) nehmen unter ihnen eine Zentralstellung ein. Man kann von einer Mittelbehörde auch sprechen, wenn diese für das ganze Staatsgebiet zuständig, aber einer Landesoberbehörde nachgeordnet ist. Voraussetzung ist in diesem Fall, daß die Mittelbehörde Aufsichts- und Weisungsbefugnisse gegenüber einer oder mehreren Behörden des Verwaltungsunterbaus wahrnimmt. Die Bezeichnung ist also nicht eindeutig. Zur Stellung einiger Berliner Behörden gegenüber ihren örtlichen Dienststellen (Polizeiabschnitte, Meldestellen des Landeseinwohneramts) vgl. oben 73.1.2.

4. Innerer Aufbau der nachgeordneten Einrichtungen

73.4 Auch die nachgeordneten Behörden sind monokratisch nach dem Hierarchieprinzip aufgebaut. In einzelnen Fällen (z. B. "Der Polizeipräsident in Berlin") kommt dies in der Behördenbezeichnung zum Ausdruck; häufiger werden unpersönliche Ausdrücke (z. B. Berliner Feuerwehr, Landeseinwohneramt usw.) verwendet, was aber an der Sache nichts ändert. Nach § 11 GGO I gelten die Bestimmungen über die Gliederung der Senatsverwaltungen (Einteilung in Abteilungen, Referate und Sachgebiete, gegebenenfalls Gruppen — vgl. oben § 83, 3) auch für die Sonderbehörden und nichtrechtsfähigen Anstalten, soweit sich wegen ihrer Eigenart (z. B. Polizei, Feuerwehr) oder aus anderen Rechts- und Verwaltungsvorschriften nichts Abweichendes ergibt.

5. Aufsichts- und Weisungsbefugnisse der vorgesetzten Behörden

73.5.1 Die nachgeordneten Behörden und nichtrechtsfähigen Anstalten unterliegen der Weisungsbefugnis und der Fachaufsicht des zuständigen Senatsmitglieds. Dies ergibt sich, ohne daß eine besondere Rechtsvorschrift hierüber erforderlich wäre, aus den allgemeinen Grundsätzen des Verwaltungsaufbaus und letzten Endes aus dem Demokratieprinzip, weil nur das Senatsmitglied vom Abgeordnetenhaus gewählt ist und gegenüber dem Abgeordnetenhaus die politische Verantwortung für seinen Geschäftsbereich trägt.

Die Befugnisse, die der vorgesetzten Behörde gegenüber der nachgeordneten zustehen, erstrecken sich — wie bei der Fachaufsicht über die Bezirke — nicht nur auf die Rechtmäßigkeit und den geordneten Gang der Verwaltung; sie umfassen auch die zweckmäßige Ausübung des Verwaltungsermessens. Die vorgesetzte Behörde kann der nachgeordneten Einzelweisungen erteilen und, wenn diese nicht befolgt werden, einzelne Angelegenheiten an sich ziehen. Aus den gleichen Gründen wie bei der Fachaufsicht über die Bezirke sollte sie es aber vermeiden, eine Angelegenheit von vornherein an sich zu ziehen (Verkürzung des Rechtsweges im verwaltungsgerichtlichen Vorverfahren).

73.5.2 Außerdem erstreckt sich die Aufsichts- und Weisungsbefugnis der vorgesetzten Behörde auf den Aufbau und die organisatorischen An-

Übersicht 5 Aufsichts- und Weisungsbefugnisse der Senatsverwaltungen gegenüber nachgeordneten Behörden und nicht-rechtsfähigen Anstalten

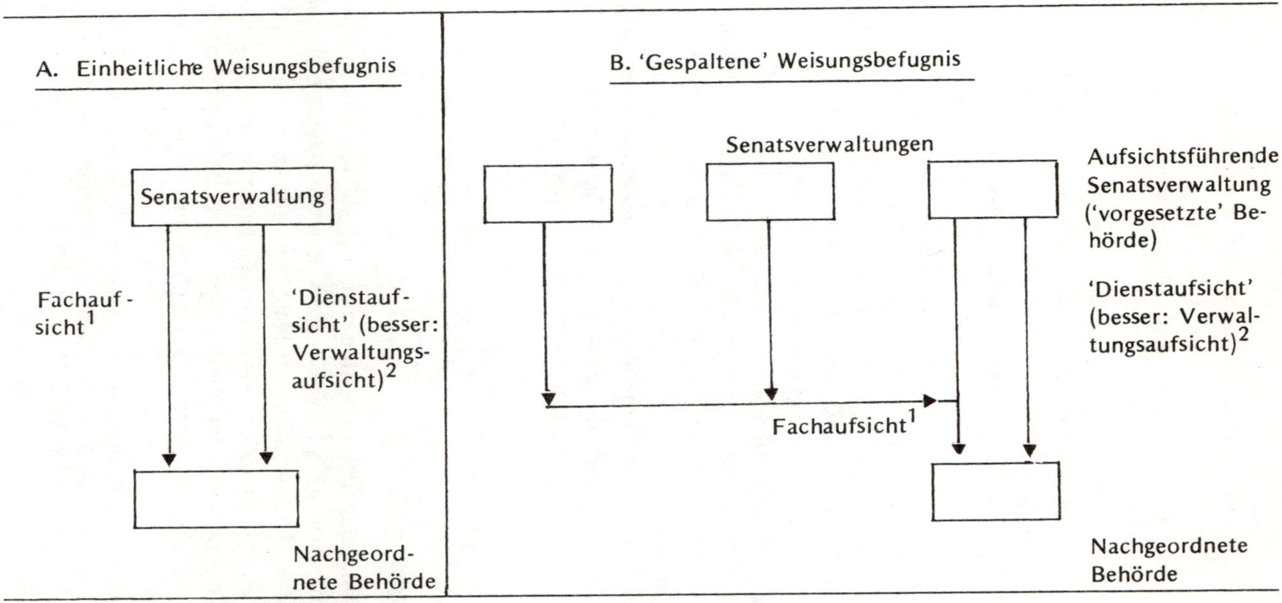

1 Weisungsrecht bei Sachentscheidungen

2 z.B. Organisations-, Haushalts- und Personalangelegenheiten

gelegenheiten der nachgeordneten. Dies wird manchmal als "Dienstaufsicht" bezeichnet (so auch in § 6 Abs. 1 S. 1 ASOG). Angemessener wäre meines Erachtens die Bezeichnung "Verwaltungsaufsicht" oder "Behördenaufsicht".

73.5.3 Davon zu unterscheiden ist die Dienstaufsicht gegenüber dem Leiter und den Bediensteten einer nachgeordneten Behörde oder nichtrechtsfähigen Anstalt. Hierbei handelt es sich um eine rein beamtenrechtliche (bei Arbeitern und Angestellten dienstrechtliche) Funktion.

Eine "gespaltene Aufsichts- und Weisungsbefugnis" kann entstehen, wenn einer nachgeordneten Behörde durch Rechtsvorschrift oder aufgrund einer Rechtsvorschrift Aufgaben aus dem Zuständigkeitsbereich verschiedener Senatsverwaltungen übertragen werden. Dies ist z. B. für das Landesverwaltungsamt in § 8 a AZG und für die Polizei in § 4 Abs. 3 ASOG vorgesehen. In diesem Fall wird die Fachaufsicht grundsätzlich zugleich von dem Mitglied des Senats ausgeübt, aus dessen Geschäftsbereich die Aufgabe übertragen wird (§ 8 a Abs. 4 Satz 2 AZG, § 6 Abs. 1 Satz 2 ASOG). Bei der Senatsverwaltung, zu deren Geschäftsbereich die betreffende nachgeordnete Behörde gehört, verbleibt dann trotzdem die ausschließliche Aufsichtsbefugnis in allen organisatorischen Angelegenheiten der nachgeordneten Behörde.

§ 74 Eigenbetriebe

1. Abgrenzung

74.1.1 Die Berliner Eigenbetriebe sind nichtrechtsfähige wirtschaftliche Unternehmen Berlins (§ 1 des Gesetzes über die Eigenbetriebe des Landes Berlin).[12] Sie gehören zur Hauptverwaltung (§ 2 Abs. 2 AZG).

Trotz ihrer fehlenden Rechtsfähigkeit sind die Eigenbetriebe durch Rechtsvorschrift von der übrigen Verwaltung des Landes Berlin abgegrenzt; sie unterscheiden sich dadurch von sogenannten Regie-Be-

12 Gesetz über die Eigenbetriebe des Landes Berlin (Eigenbetriebsgesetz — EigG —) i. d. F. vom 1. Oktober 1973 (GVBl. S. 1 742), zuletzt geändert durch Gesetz vom 22. Dezember 1988 (GVBl. 1989 S. 17).

trieben, d. h. von wirtschaftlichen Unternehmungen, die von der allgemeinen Verwaltung ohne besondere rechtliche (und organisatorische) Abgrenzung geführt werden.[13]

Auf der anderen Seite sind sie von privatrechtlichen Unternehmungen zu unterscheiden, an denen das Land zu 100 %, mehrheitlich oder auch nur mit einer qualifizierten Minderheit der Aktien, Geschäftsanteile usw. beteiligt ist.[14]

Die Berliner Eigenbetriebe sind in § 1 Abs. 2 des Eigenbetriebsgesetzes aufgezählt. Es handelt sich um

— die Berliner Verkehrs-Betriebe (BVG)
— die Berliner Gaswerke (Gasag)
— die Berliner Wasser-Betriebe (BWB)
— die Berliner Hafen- und Lagerhaus-Betriebe (Behala)
— die Berliner Stadtreinigungs-Betriebe (BSR).

Im Bereich des ehemaligen Ostsektors bestanden bis zum 31. 12. 1991 74.1.2
außerdem noch folgende Eigenbetriebe:

— Berliner Verkehrsbetriebe (BVB)
— Osthafen Berlin
— Wasser- und Abwasserbehandlung (WAB)
— Berliner Erdgasgesellschaft (BEG)

Sie unterstanden dem Eigenbetriebsgesetz und hatten mit den entsprechenden Eigenbetrieben im Westen Berlins gemeinsame Geschäftslei-

13 Sie sind allenfalls haushaltsrechtlich von der übrigen Verwaltung abgegrenzt. Die Landeshaushaltsordnung sieht in § 26 für Betriebe Berlins einen Wirtschaftsplan vor, wenn ein Wirtschaften nach Einnahmen und Ausgaben des Haushaltsplans (kameralistische Wirtschaftsführung) nicht zweckmäßig ist. Für Eigenbetriebe und Krankenhausbetriebe besteht dagegen in § 113 eine Sonderregelung, nach der die Vorschriften der Landeshaushaltsordnung nur teilweise anwendbar sind. Für die Wirtschaftsführung gelten insoweit die Sonderregelungen des Eigenbetriebsgesetzes und des Landeskrankenhausgesetzes.

14 Beispiel für ein privatrechtlich organisiertes öffentliches Versorgungsunternehmen mit staatlicher Beteiligung sind die Berliner Elektrizitätswerke (Bewag). Sie unterhalten mit der Gasag (Eigenbetrieb) ein gemeinsames Abrechnungssystem.

tungen. Sie sind am 1. Januar 1992 jeweils mit den entsprechenden Eigenbetrieben im Westen Berlins rechtlich zusammengefaßt worden.

74.1.3 Die Berliner Stadtgüter sind z. Z. noch nicht der Eigenbetriebsverfassung unterstellt worden; es ist beabsichtigt, sie in den Eigenbetrieb Behala zu überführen. Das betreffende Vermögen wurde am 25. Februar 1991 aus der Treuhand-Verwaltung entlassen und der Verwaltung des Landes Berlin unterstellt mit der Maßgabe, daß es eigentumsrechtlich zu entflechten ist. Ein Teil des dazugehörigen Grundvermögens wird im Rahmen der Entflechtung an Gemeinden des Landes Brandenburg oder (voraussichtlich in größerem Umfang) an private Eigentümer zurückzuerstatten sein. Die restlichen Grundstücke stehen im Eigentum des Landes Berlin, gehören aber — soweit sie nicht ausnahmsweise innerhalb der Landesgrenzen liegen — nicht zum Berliner Staatsgebiet.

2. Organisation und Arbeitsweise

74.2.1 Organisation und Arbeitsweise der Eigenbetriebe ist durch das Eigenbetriebsgesetz weitgehend abweichend von den für die übrige Verwaltung geltenden Vorschriften geregelt. Verwaltungsvorschriften des Senats oder der zuständigen Senatsmitglieder gelten für sie nur, wenn das für die Aufsicht über die Eigenbetriebe zuständige Senatsmitglied dies nach Anhörung der Geschäftsleitung im Einvernehmen mit dem fachlich zuständigen Mitglied des Senats bestimmt (§ 2 Abs. 3 EigG). Zusätzlich zu den Vorschriften des Eigenbetriebsgesetzes gilt für jeden Eigenbetrieb eine Betriebssatzung, die der Senat durch Rechtsverordnung erläßt (§ 2 Abs. 2 EigG).

Organe der Eigenbetriebe sind die *Geschäftsleitung* und der *Verwaltungsrat.*

74.2.2 Die *Geschäftleitung* setzt sich aus mindestens einem und höchstens drei Geschäftsleitern zusammen. Bei mehreren Geschäftsleitern kann einer zum ersten Geschäftsleiter bestimmt werden; er entscheidet bei Stimmengleichheit innerhalb der Geschäftsleitung (§ 3 EigG). Die Geschäftsleitung leitet den Betrieb selbständig und nimmt alle Aufgaben wahr, die nicht anderen Stellen (insbesondere dem Verwaltungsrat) vorbehalten sind. Sie vertritt Berlin in Angelegenheiten des Eigenbetriebs.

Der *Verwaltungsrat* besteht nach § 6 Eigenbetriebsgesetz aus 74.2.3
a) dem für Eigenbetriebe zuständigen Senatsmitglied als Vorsitzendem,
b) vier vom Senat zu bestellenden Mitgliedern,[15]
c) fünf von der Personalvertretung zu bestellenden Mitgliedern, von denen mindestens eines nicht Arbeitnehmer des betreffenden Betriebes sein darf.

Die Aufgaben des Verwaltungsrats sind in § 7 EigG aufgezählt. Es handelt sich im wensentlichen um die Bestellung und Abberufung von Geschäftsleitern sowie die Abgrenzung ihrer Zuständigkeiten, die Feststellung des Wirtschaftsplans und des Jahresabschlusses sowie die Übernahme neuer Aufgaben durch den Eigenbetrieb. Ferner bedarf die Geschäftsleitung bei einigen besonders wichtigen Rechtsakten der Zustimmung des Verwaltungsrats.

Die *Wirtschaftsführung* der Eigenbetriebe ist in den §§ 10 ff. EigG 74.2.4
geregelt. Sie sind finanzwirtschaftlich als Sondervermögen Berlins gesondert zu verwalten; obgleich sie keine juristische Personen sind, ist das für sie bereitgestellte Vermögen so zu behandeln, als ob es sich um eine vom Land Berlin getrennte selbständige Vermögensmasse handelt. Dies gilt allerdings nur für den finanzwirtschaftlichen Bereich; gegenüber Dritten kann die Haftung des Landes Berlin für die Eigenbetriebe (und mindestens theoretisch auch die Haftung des Eigenbetriebsvermögens für die Verpflichtungen des Landes Berlin) durch Landesrecht nicht ausgeschlossen werden.

Die BVG, die Gasag, die Behala, die KPM und der Betriebsteil Wasserversorgung der Berliner Wasser-Betriebe sollen einen Gewinn erzielen (§ 11 Abs. 1 Satz 1 EigG). Jahresverluste sind rechnerisch vorzutragen und sollen ausgeglichen werden (§ 11 Abs. 1 Satz 2 EigG).

15 Man muß davon ausgehen, daß die vom Senat bestellten Mitglieder keinem Weisungsrecht des zuständigen Senatsmitglieds unterliegen. Anderenfalls würde dieses Senatsmitglied, das den Vorsitz im Verwaltungsrat führt, jederzeit über eine Mehrheit verfügen. Sein Beanstandungsrecht (§ 8 EigG) liefe in diesem Fall leer.

3. Aufsicht

74.3 Die Aufsicht führt nach § 2 Abs. 3 EigG das für die Eigenbetriebe zuständige Mitglied des Senats (z. Z. für Verkehr und Betriebe). Sie läßt sich den Begriffen der Rechts- oder Fachaufsicht nicht eindeutig zuordnen. Man könnte von einem besonderen Institut der Eigenbetriebsaufsicht sprechen. Das zuständige Senatsmitglied hat das Recht, Weisungen zu erteilen, wenn die Geschäftsleitung ihren Pflichten nicht nachkommt; in Angelegenheiten von finanzieller Bedeutung ist eine Mitwirkung des Senators für Finanzen notwendig. Werden die erteilten Weisungen nicht befolgt, so kann der Senat auf Antrag des zuständigen Senatsmitgliedes einen Beauftragten bestellen (Staatskommissar), der einzelne oder alle Befugnisse der Geschäftsleitung ausübt; der Verwaltungsrat ist von den getroffenen Maßnahmen unverzüglich zu unterrichten.

Nach § 8 EigG kann das zuständige Senatsmitglied Beschlüsse des Verwaltungsrates beanstanden. Die Beanstandung hat grundsätzlich aufschiebende Wirkung; der Verwaltungsrat muß erneut entscheiden. Hält das zuständige Senatsmitglied nach der zweiten Beschlußfassung seine Beanstandung aufrecht, so muß der Senat als Kollegium entscheiden.

Fünftes Kapitel
Die Bezirksverwaltung

§ 75 Entwicklung seit 1920

An der Rechtsstellung der Berliner Bezirke hat sich seit Inkrafttreten des Groß-Berlin-Gesetzes von 1920 nichts Grundsätzliches geändert. Die Bezirke sind Gliederungen des Berliner Staats- bzw. Stadtgebiets, die nach den Prinzipien der kommunalen Selbstverwaltung an der Verwaltung Berlins beteiligt sind, ohne selbständige Rechtsträger (juristische Personen des öffentlichen Rechts) zu sein.[1] Dagegen hat sich das Bezirksverfassungsrecht sowohl vor als auch nach Inkrafttreten der Verfassung von Berlin in seiner konkreten Ausgestaltung mehrfach geändert. Reorganisationsvorschläge sind stets im Gespräch und werden in letzter Zeit wieder mit größerer Intensität und Ernsthaftigkeit diskutiert.[2] Es scheint, daß es bis jetzt noch nicht gelungen ist, einen befriedigenden Kompromiß zwischen zwei berechtigten aber tendenziell gegensätzlichen Forderungen zu finden. Sie lassen sich schlagwortartig charakterisieren als Entpolitisierung, Fachbezogenheit und größere Effizienz der Verwaltung auf der einen Seite und mehr Bürgerbeteiligung, größere Bürgernähe und Demokratisierung der Verwaltung auf der anderen.[3] 75.1

Das vom ersten Berliner Nachkriegsmagistrat erlassene Bezirksverfassungsstatut sah vor, daß die Einteilung Berlins in 20 Verwaltungsbezirke bestehen bleiben sollte. Es waren kollegiale Bezirksäm- 75.2

1 Im Bezirksverwaltungsgesetz § 2 Abs. 1 werden sie als Selbstverwaltungseinheiten Berlins ohne Rechtspersönlichkeit bezeichnet. Vgl. hierzu auch Machalet, Die Berliner Bezirksverwaltung, S. 52, 54 ff. Umstritten ist die gelegentlich verwendete Bezeichnung "nicht-rechtsfähige Körperschaften" (Machalet, Fn. 66, 105).

2 Das Gutachten der sogenannten Stadtstaatenkommission beschränkt sich allerdings im wesentlichen auf den Bereich des Verfassungsrechts. Auf Mängelanalysen und Änderungsvorschläge im Bereich der Bezirksverwaltung und des sonstigen Verwaltungsrechts wird weitgehend verzichtet.

3 Kritisch zum Verwaltungsrecht und zur Verwaltungspraxis in Berlin nach 1945, Sendler, JR 1985 S. 441. ders. DÖV 1987 S. 366. Zur historischen Entwicklung vgl. auch Machalet S. 37 ff und 101 ff.

ter vorgesehen, die sich aus einem Bezirksbürgermeister, zwei Stellvertretern und 9 Bezirksstadträten zusammensetzen. Die Bezirksämter wurden vom Magistrat ernannt und waren ausführende Organe des Magistrats.[4]

Auch die Vorläufige Verfassung von 1946 behielt die Einteilung Berlins in 20 Bezirke bei. Sie sah Bezirksverordnetenversammlungen vor, die sich je nach der Größe des Bezirks aus 30, 40 oder 45 gewählten Mitgliedern zusammensetzten. Das Bezirksamt wurde von der BVV gewählt; es bestand aus einem Bezirksbürgermeister, einem stellvertretenden Bezirksbürgermeister und bis zu 9 Stadträten. Die BVV hatte ein umfassendes Beschlußfassungsrecht; das Bezirksamt war die Bezirksbehörde. Die Wahlperiode war identisch mit der der Stadtverordnetenversammlung; sie betrug 2 Jahre.[5]

75.3 Die geltende Verfassung vom 1. September 1950 sah zum ersten Mal Zuständigkeitsabgrenzungen zwischen Bezirken und Hauptverwaltung vor (Art. 51). In Art. 57 war vorgesehen, daß die Bezirksverordnetenversammlungen zur Teilnahme an der laufenden Verwaltung Deputationen einsetzten. An die Stelle einer zwei-Organ-Verfassung war jetzt also eine Bezirksverfassung mit drei Organen getreten. Die Wahlperiode blieb weiterhin mit der des Abgeordnetenhauses identisch; sie betrug jetzt vier Jahre. Auch die Amtsperiode der Bezirksamtsmitglieder betrug vier Jahre; bei der Bildung des Bezirksamts war die BVV frei, so daß politische Koalitionen möglich waren.

75.4 Wesentliche Änderungen brachten das Allgemeine Zuständigkeitsgesetz und das Bezirksverwaltungsgesetz von 1958. Das Allgemeine Zuständigkeitsgesetz und die dazu erlassene Durchführungsverordnung enthielten eine detaillierte Zuständigkeitsabgrenzung zwischen Bezirken und Hauptverwaltung. Das Bezirkverwaltungsgesetz regelte die Zuständigkeiten und das Zusammenwirken der Bezirksorgane.

Zugleich änderte es die Grundstruktur der Bezirksverfassung im Sinne einer Entpolitisierung. Die Stellung der Deputationen wurde

4 Bezirksverfassungsstatut vom 26. September 1945 VOBl. S. 103, vgl. auch Machalet, S. 37.

5 Vgl. Machalet S. 37 und Fn. 186.

gestärkt; sie setzten sich aus dem zuständigen Bezirksamtsmitglied, sechs gewählten Bezirksverordneten und vier kooptierten Bürgerdeputierten zusammen und entschieden als echtes Beschlußorgan (und nicht als Hilfsorgan der BVV) in allen Angelegenheiten, die nicht der Bezirksverordnetenversammlung oder dem Bezirksamt zugewiesen waren (Zuständigkeitsvermutung!). Noch wichtiger war, daß die Amtszeit der Bezirksamtsmitglieder von vier auf sechs Jahre verlängert und damit von der Wahlperiode der BVV "abgekoppelt" wurde (Entpolitisierung).[6]

Die nächste größere Reform mit weitgehend entgegengesetzter Tendenz erfolgte im Jahre 1971. Durch eine Verfassungsänderung wurden die Deputationen abgeschafft; als Restbestand blieb lediglich die Institution der Bürgerdeputierten in den Ausschüssen der Bezirksverordnetenversammlung erhalten. Durch die Neufassung der einschlägigen Gesetze wurde die Amtsperiode der Bezirksamtsmitglieder wieder der Wahlperiode angeglichen, also auf etwa vier Jahre beschränkt. Gleichzeitig wurde festgelegt, daß die Fraktionen der Bezirksverordnetenversammlung entsprechend ihrer Stärke an dem Bezirksamt zu beteiligen sind.[7] 75.5

Durch eine weitere Gesetzesänderung aus dem Jahre 1978 wurde das "Grundmandat" in den Ausschüssen der BVV eingeführt.

Diese Regelungen bilden die Grundlage des derzeitigen Bezirksverfassungsrechts. Politisch diskutiert werden zur Zeit Änderungen, nach denen das Bezirksamt wieder "politisiert" werden soll, d. h., daß der Fraktionsproporz entfiele; diese Regelung könnte möglicherweise durch ein "Grundmandat" ähnlich wie bei den Ausschüssen gemildert werden. Ferner wird erwogen, daß die Bezirksamtsmitglieder für ein bestimmtes Ressort gewählt werden sollen, die Verteilung der Geschäftsbereiche also nicht mehr dem Bezirksamt selbst überlassen bleibt. Schließlich ist auch gefordert worden, den Zeitpunkt für die Wahl der Bezirksverordnetenversammlungen vom Wahltermin für das Abgeordnetenhaus zu trennen. 75.6

6 Bezirksverwaltungsgesetz (BezVG) vom 3. Januar 1958 GBVl. S. 156; Machalet, S. 39, 104.

7 Verfassungsänderung vom 24. Juni 1971 GVBl. S. 1 060; § 35 Abs. 2 BezVG i. d. F. vom 5. Juli 1971 GVBl. S. 1 169. Zur politischen Vorgeschichte vgl. auch Machalet, S. 110.

Abgesehen von diesen grundlegenden Reformvorschlägen hatte die SPD-Fraktion bereits in der 10. Wahlperiode einen Änderungsantrag zum Bezirksverwaltungsgesetz eingebracht,[8] der weitgehend auf die Vorschläge der Enquete-Kommission zur Verwaltungsreform zurückging.[9] In der 11. Wahlperiode hat das 5. Gesetz zur Änderung des Bezirksverwaltungsgesetzes vom 6. Juli 1989 bereits einige Änderungen gebracht. Insbesondere ist die Unabhängigkeit der Bezirksverordnetenversammlung bei der Bildung von Ausschüssen und bei der Kontrolle der Bezirksverwaltung erweitert worden (vgl. hierzu auch Teil I § 20).

§ 76 Rechtsnatur der Bezirke

76.1 Nach Art. 50 Abs. 2 VvB sind die Bezirke an der Verwaltung nach den Grundsätzen der Selbstverwaltung zu beteiligen. Die Formulierung ("nach den Grundsätzen") zeigt, daß es sich nicht um eine echte Selbstverwaltung im Sinne des Gemeinderechts handelt. Dies folgt auch aus der Tatsache, daß es innerhalb des Landes Berlin keine weiteren Gebietskörperschaften gibt. Die Bezirke werden in § 2 Abs. 1 des Bezirksverwaltungsgesetzes als Selbstverwaltungseinheiten Berlins ohne Rechtspersönlichkeit bezeichnet.[10]

76.2 Von echten Gemeinden unterscheiden sich die Bezirke mindestens durch drei wesentliche Eigenschaften:[11]

a) Sie sind keine Körperschaften oder sonstigen juristischen Personen des öffentlichen Rechts. Verwaltungsrechtlich vertritt das Bezirks-

8 Abghs. Drs. 10/2221 vom 13. Mai 1988.

9 Schlußbericht: Abghs. Drs. 9/1829 vom 21. Juni 1984.

10 Vgl. Fn. 1. zu der Diskussion über die Frage, ob es sich hierbei um eine "Dezentralisation" oder "Dekonzentration" der Berliner Verwaltung handelt, vgl. Machalet S. 21 ff und die dort zitierte Literatur. Letzten Endes handelt es sich um einen Streit um Worte, der für die Beantwortung konkreter Rechtsfragen von untergeordneter Bedeutung ist. Entscheidend ist, daß die Bezirksverwaltung nicht nur durch organisatorisch ausgegliederte, ortsnahe Behörden wahrgenommen wird, sondern daß die örtlichen Belange auf selbständig gewählte Organe übertragen und ggf. auch gegenüber den Interessen des Landes vertreten werden sollen.

11 Vgl. Neumann in Neumann/Pfennig, Rdnrn. 13, 14 zu Art. 50, 51.

amt das Land Berlin (also nicht den Bezirk) in Angelegenheiten des Bezirks (§ 36 Abs. 2 Buchstabe a BezVG); die rechtsgeschäftliche Vertretung Berlins in übertragenen Vorbehaltsaufgaben und bezirkseigenen Angelegenheiten obliegt dem zuständigen Mitglied des Bezirksamtes (§ 25 AZG).

Tritt das Bezirksamt in einem Verwaltungsstreitverfahren als beklagte Behörde auf, so vertritt es genauso wie bei dem Erlaß von Verwaltungsakten oder bei der rechtsgeschäftlichen Vertretung die Gebietskörperschaft Berlin (das Land Berlin).

b) Den Organen der Bezirksverwaltung stehen keine legislativen Be- 76.3
fugnisse zu; die Bezirke können also keine Satzungen erlassen. Dies gilt auch für die Aufhebung und Änderung alter Ortssatzungen, deren Geltungsbereich sich auf einen Bezirk beschränkt (vgl. § 31 AZG). In einigen Fällen steht den Bezirksverordnetenversammlungen allerdings eine Mitwirkungsbefugnis bei dem Erlaß von Rechtsverordnungen zu, z. B. bei geringfügigen Änderungen der Bezirksgrenzen[12] und bei der Aufstellung von Bebauungsplänen[13].

Zu erwähnen ist in diesem Zusammenhang auch das Recht der BVV, sich eine Geschäftsordnung zu geben (§ 8 Abs. 1 BezVG); jedoch handelt es sich bei der Geschäftsordnung — anders als bei einer Satzung — nicht um eine Rechtsnorm im materiellen Sinne.

c) Die Bezirke haben grundsätzlich keine Etat- und Finanzhoheit. Ein- 76.4
nahmen der Bezirksverwaltung fließen der Landeskasse zu. Die Haushaltspläne der Bezirke sind Teil des Berliner Haushaltsplans; sie werden aufgrund einer Vorlage des Senats vom Abgeordnetenhaus verabschiedet. Die Bezirksverordnetenversammlungen wirken jedoch bei der Ermittlung des bezirklichen Finanzbedarfs mit. Außerdem werden den Bezirken Sondermittel zur Verfügung gestellt, über deren Verwendung die Bezirksverordnetenversammlung entscheidet (§ 12 Absätze 1 und 2 BezVG).

Zur Zeit wird erwogen, die finanzielle Eigenverantwortung der Betriebe (und auch anderer Behörden) durch sogenannte Globalzuweisungen von Haushaltsmitteln zu stärken.

12 § 1 Abs. 2 i. V. m. § 12 Abs. 2 Nr. 4 BezVG.

13 Vgl. § 3 Abs. 3 ff. des Berliner Gesetzes zur Ausführung des Bundesbaugesetzes vom 21. Oktober 1960 i. d. F. vom 23. Januar 1979 GVBl. S. 1000.

76.5 Andererseits bestehen viele Aspekte, unter denen die Bezirke den Gemeinden in einem Flächenstaat ähneln. Vor allem ist darauf hinzuweisen, daß Art. 50 Abs. 2 VvB eine Beteiligung "der Bezirke" an der Verwaltung vorsieht und nicht nur die Beteiligung einzelner Organe oder Behörden auf Bezirksebene (z. B. BVV und Bezirksamt). Durch die Zuständigkeitsvermutung zugunsten der Bezirke (§ 1 DVO/AZG) wird praktisch — wenigstens für den Bereich der Verwaltung — eine universelle Zuständigkeit der Bezirksorgane begründet. Die Bezirke nehmen alle öffentlichen Aufgaben wahr, die nicht ausdrücklich der Hauptverwaltung zugewiesen sind. Im Bereich der bezirkseigenen Angelegenheiten ist die Aufsicht über die Bezirke auf die Rechtmäßigkeit und den geordneten Gang der Verwaltung beschränkt; Weisungen der Hauptverwaltung kommen nur in Betracht, wenn die Bezirke gegen Rechtsvorschriften oder verbindliche Verwaltungsvorschriften verstoßen oder der geordnete Gang der Verwaltung nicht mehr gewährleistet ist. Auch dies entspricht der Rechtsstellung der Gemeinden in den Flächenstaaten. Schließlich verfügt die Verwaltung der Bezirke über eine weitgehende Personalhoheit.

Bisher ungeklärt ist die Frage, ob die Organe des Bezirks in einem Verwaltungsstreitverfahren gegen die Hauptverwaltung des Landes Berlin als Partei auftreten könnten. Da die Bezirke weder juristische Personen noch Vereinigungen sind, entfällt eine Parteifähigkeit nach § 61 Abs. Nr. 1 und Nr. 2 VwGO. Eine landesrechtliche Vorschrift, durch die das Bezirksamt (oder die Bezirksverordnetenversammlung) ausdrücklich für parteifähig erklärt wird, besteht nicht. Ob man eine Parteifähigkeit unmittelbar aus Art. 50 Abs. 2 und Art. 51 Abs. 2 herleiten kann, ist zweifelhaft.[14] Die Zulässigkeit einer Organklage hängt — sofern sie nicht ausdrücklich in einem Gesetz vorgesehen ist — davon ab, ob die betreffenden Teilorgane gesonderte rechtliche Interessen gegenüber der Gesamtorganisation wahrzunehmen haben.[15]

Im Fall der Berliner Bezirke spricht einiges für diese Annahme. Der Hinweis auf die Grundsätze der (kommunalen) Selbstverwaltung

14 Dafür: Neumann, a. a. O. Rdnr. 15 zu Art. 50, 51; dagegen: die ältere Literatur, z. B. Machalet, S. 83, Kreutzer, Bezirksverwaltung S. 434, Breitfeld, S. 16, 61 sowie in neuerer Zeit Hantel, JuS 1988 S. 512—518 —; vgl. auch die dort zitierte übrige Literatur.

15 So zutreffend Hantel, a. a. O. BVerwGE 14 S. 330, 45 S. 207, 209 f.

in Art. 50 Abs. 2 VvB und die verfassungsrechtlich verankerten Organisationsprinzipien (Wahl einer parlamentsartigen Berzirksverordnetenversammlung) deuten darauf hin, daß die Eigenständigkeit der Bezirksverwaltung nicht nur einer technischen Dekonzentration dienen soll, sondern auch den Zweck hat, daß die örtlichen Belange gegenüber der Zentralverwaltung wirksam wahrgenommen werden. Dies könnte für eine Parteifähigkeit der Bezirksorgane in Verwaltungsstreitverfahren mit der Hauptverwaltung sprechen.[16] Offen bleibt allerdings die Frage, welches Organ der Bezirksverwaltung gegebenenfalls in einem Organstreitverfahren gegen das Land Berlin auftreten könnte. In Betracht käme in erster Linie das Bezirksamt; denkbar wäre aber auch eine Klagebefugnis der BVV. Zweifelhaft könnte auch sein, ob die BVV — wenn die übrigen im Bezirksverwaltungsgesetz vorgesehenen Voraussetzungen erfüllt sind, dem Bezirksamt im Rahmen eines solchen Organstreitverfahrens Weisungen erteilen könnte.

§ 77 Die Bezirksverordnetenversammlung

1. Rechtsstellung, Bildung

Die Bezirksverordnetenversammlung (Art. 53 ff VvB) ist das quasi par- 77.1.1
lamentarische Organ des Bezirks und zugleich das oberste Beschlußorgan. Nach Art. 56 VvB übt sie die Kontrolle über die Verwaltung des Bezirks aus und stellt den jährlichen Finanzplan als Unterlage für den Haushaltsplan fest. Allerdings steht ihr ein unbeschränktes Beschlußfassungsrecht in bezirklichen Angelegenheiten nicht zu (im einzelnen vgl. § 88.4 ff.). Gegenüber Dritten tritt die BVV nicht als Behörde auf, auch nicht in Fällen, in denen das Bezirksamt an ihre Entscheidung gebunden ist.

Zweifelhaft ist, ob die Bezirksverordnetenversammlung als (örtli- 77.1.2
che) Volksvertretung im Sinne von Art. 28 Abs. 1 Satz 2 GG angesehen werden kann. Unmittelbar dürfte diese Vorschrift für die BVV nicht gelten, weil die Bezirke weder Gemeinden noch Kreise und auch keine Gemeindeverbände im Sinne von Art. 28 Abs. 2 Satz 2 GG

16 a.A. Hantel, a.a.O., ähnlich wie hier Neumann a.a.O., Rdnr. 15 zu Art. 50, 51.

sind.[17] Aufgrund der Verweisung auf die Grundsätze der (kommunalen) Selbstverwaltung in Art. 51 Abs. 2 VvB sind aber praktisch alle für die kommunalen Vertretungsorgane geltenden Prinzipien und Rechtssätze auch auf die Bezirksverordnetenversammlungen anwendbar. Dies betrifft sowohl ihre Funktion, soweit sich aus der Rechtsnatur der Bezirke nichts anderes ergibt (fehlende Gesetzgebungskompetenz, fehlende Finanzhoheit), als auch ihre Bildung. Insbesondere gelten für die Wahl der Bezirksverordnetenversammlungen die in Art. 28 GG aufgezählten Grundsätze der demokratischen Wahl, und zwar nicht nur für den eigentlichen Wahlakt, sondern auch für die Wahlvorbereitungen und die Aufstellung der Wahlvorschläge.

77.1.3 Die Wahl der Bezirksverordnetenversammlungen ist nicht im Bezirksverwaltungsgesetz, sondern im Landeswahlgesetz geregelt, das bisher in jeder Wahlperiode geändert worden, in seinen Grundzügen jedoch seit Inkrafttreten der Berliner Verfassung erhalten geblieben ist. Anders als bei den Wahlen zum Abgeordnetenhaus handelt es sich um ein reines (nicht personalisiertes) Verhältniswahlsystem mit starren Listen. Das heißt, daß der Wähler sich für einen Wahlvorschlag entscheiden muß, in dem die Kandidaten in einer unveränderlichen Reihenfolge aufgezählt sind. Die Zahl der Sitze, die auf jeden Wahlvorschlag entfallen, wird aufgrund der abgegebenen Stimmenzahl — unter Berücksichtigung der 5 %-Grenze für jeden Bezirk — nach den Grundsätzen der Verhältniswahl (seit 1990/92: Hare-Niemeyer) ermittelt.

Aktiv wahlberechtigt zu den Bezirksverordnetenversammlungen ist, wer die allgemeinen Voraussetzungen für das Wahlrecht erfüllt und seine Hauptwohnung in dem betreffenden Bezirk hat (§ 22 i. V. m. § 3 Landeswahlgesetz).

77.1.4 Die in der 11. Wahlperiode verabschiedete Regelung im Landeswahlgesetz, nach der Ausländer mit Wohnsitz in Berlin unter bestimmten Voraussetzungen an den Wahlen zu den Bezirksverordnetenversammlungen teilnehmen konnten, ist durch die beiden Urteile des Bundesverfassungsgerichts vom 31. Oktober 1990[18] gegenstandslos

17 Vgl. hierzu Neumann in Neumann-Pfennig Rdnrn. 1, 2 zu Art. 53, 2 zu Art. 54, 1 zu Art. 56.

18 DVBl 1990 S. 1397 und 1401.

geworden. Das gleiche galt für ähnliche Vorschriften in der Verfassung, die am 11. Juli 1990 für den Berliner Ostsektor in Kraft gesetzt wurde und am 11. Januar 1991 außer Kraft trat.

Auch wenn das kommunale Ausländerwahlrecht nach Auffassung des Bundesverfassungsgerichts mit dem Grundgesetz vereinbar gewesen wäre, hätten sich für Berlin allerdings besondere Probleme aus dem Wortlaut der VvB ergeben. Sie bestimmt in Art. 2 Abs. 1 — insoweit eindeutiger als das Grundgesetz —, daß Träger der öffentlichen Gewalt die Gesamtheit der Deutschen ist, die in Berlin ihren Wohnsitz haben. Wahlberechtigt zum Abgeordnetenhaus sind nach Art. 25 Abs. 1 nur die wahlberechtigten Deutschen. Nach Art. 54 Abs. 1 werden die Bezirksverordnetenversammlungen von den Wahlberechtigten des Bezirks gewählt. Ob das Wort "Wahlberechtigter" auf die "wahlberechtigten Deutschen" in Art. 25 verweist, oder ob man im Gegenschluß folgern kann, daß es sich bei den zur BVV Wahlberechtigten nicht um Deutsche zu handeln braucht, ist zweifelhaft.

Wahlvorschläge für die Bezirksverordnetenversammlungen können nicht nur von politischen Parteien, sondern auch von Wählervereinigungen eingereicht werden,[19] deren Wirkungskreis sich auf einen Bezirk beschränkt (sogenannte "Rathausparteien"). Auch die Wählervereinigungen unterliegen bei der Aufstellung ihrer Wahlvorschläge den im Art. 28 GG verankerten allgemeinen Wahlrechtsgrundsätzen und Bestimmungen des Landeswahlgesetzes und der Landeswahlordnung.[20] 77.1.5

Nach Art. 55 VvB endet mit der Wahlperiode des Abgeordnetenhauses auch die der Bezirksverordnetenversammlungen. § 5 BezVG 77.1.6

19 § 23 Abs. 1 Landeswahlgesetz. Im Bereich der kommunalen Selbstverwaltung kann das Wahlvorschlagsrecht nicht auf politische Parteien im Sinne des Parteiengesetzes beschränkt werden — BVerwGE 11 S. 266 (276). Dieser Grundsatz gilt mindestens wegen der in Artikel 50 Abs. 2 VvB enthaltenen Verweisung auf die Grundsätze der Selbstverwaltung auch für die Berliner Bezirke. In früheren Fassungen des Landeswahlgesetzes (bis zum ÄnderungsG. vom 19. November 1974, GVBl. S. 2729) war allerdings auch auf Bezirksebene ein Nominierungsmonopol der politischen Parteien vorgesehen.

20 § 23 Abs. 2 LWG; zur Notwendigkeit einer demokratischen Kandidatennominierung auch bei Vertretungsorganen unterhalb der Gemeindeebene: BVerwGE a. a. O. (Fn. 19)

bestimmt darüber hinaus, daß die Bezirksverordnetenversammlungen zur gleichen Zeit und für die gleiche Wahlperiode gewählt werden wie das Abgeordnetenhaus. Die Identität gilt also nicht nur für das Ende, sondern auch für den Beginn der Wahlperiode. In Verbindung mit Art. 39 Abs. 1 Satz 2 VvB bedeutet dies, daß die neugewählten Bezirksverordnetenversammlungen vor Zusammentritt des neugewählten Abgeordnetenhauses keine Amtshandlungen vornehmen können.

Die Identität der Wahlperioden gilt auch für den Fall, daß die Wahlperiode des Abgeordnetenhauses gemäß Art. 39 Abs. 2 oder 3 VvB durch Parlamentsbeschluß oder durch Volksentscheid vorzeitig beendet wird. Dagegen kann die Bezirksverordnetenversammlung selbst nach § 5 Abs. 2 BezVG weder durch eigenen Beschluß noch durch Volksentscheid (zu ergänzen ist: auf Bezirksebene) aufgelöst werden.[21]

77.1.7 Anders als bei den Wahlen zum Abgeordnetenhaus sind Einzelkandidaturen bei der Wahl zur BVV nicht möglich, weil keine Wahlkreise bestehen. Ein Bezirkswahlvorschlag muß mindestens zwei Kandidaten in erkennbarer Reihenfolge enthalten; dies entspricht der Mindestzahl von Bezirksverordneten, die ein Wahlvorschlag erreichen kann, wenn er die erforderlichen 5 % der abgegebenen Stimmen im Bezirk erhält.

77.1.8 Das aktive Wahlrecht zur Bezirksverordnetenversammlung steht den Wahlberechtigten des Bezirks zu, d. h. den Wahlberechtigten, die in dem jeweiligen Bezirk ihre Hauptwohnung haben. Das passive Wahlrecht (die Wählbarkeit) setzt nach derzeitiger Rechtslage nur voraus, daß man in Berlin wählbar ist.[22] Eine besondere örtliche Bindung an den jeweiligen Bezirk ist zur Zeit also nicht mehr erforder-

21 Abweichend von dieser Regelung bestimmt Art. 87 a Abs. 2 VvB, daß die Wahlperiode der Bezirksverordnetenversammlungen nicht mit der Wahlperiode des am 29. Januar 1989 gewählten Abgeordnetenhauses sondern am 30. Juni 1992 endet. Die Neuwahlen finden am 24. Mai 1992 statt.

Unabhängig von dieser einmaligen Übergangsregelung ist diskutiert worden, ob die Wahlperiode der Bezirksverordnetenversammlungen von der des Abgeordnetenhauses "abgekoppelt" werden sollte. Ob es zu einer entsprechenden Verfassungsänderung kommt, ist nicht abzusehen.

22 Die §§ 22 bis 25 des Landeswahlgesetzes in der jetzt geltenden Fassung enthalten im Gegensatz zu früheren Fassungen des Landeswahlgesetzes keine beson-

lich; nach früheren Regelungen war ein Wahlberechtigter in die BVV nur wählbar, wenn er mit Hauptwohnung (später mit Haupt- oder Nebenwohnung) in dem Bezirk gemeldet war.

2. Die Organe der Bezirksverordnetenversammlung

a) Als *Organe der Bezirksverordnetenversammlung* sind vorgesehen: 77.2.1
- Der Bezirksverordnetenvorsteher, sein Stellvertreter und die übrigen Mitglieder des Vorstands (§ 7 BezVG)
- der Ältestenrat (§9 Abs. 1 BezVG)
- die ständigen Ausschüsse (§ 9 Abs. 1 und 2 BezVG)
- die nicht ständigen Ausschüsse (Sonderausschüsse) (§ 9 Abs. 3 BezVG)
- der Jugendwohlfahrtsauschuß (§ 33 BezVG i. V. m. § 2 des Berliner Gesetzes zur Ausführung des Jugendwohlfahrtsgsetzes — AGJwG —)
- die Fraktionen (§ 5 Abs. 3 BezVG).

b) Der *Bezirksverordnetenvorsteher*, sein Stellvertreter und die übrigen Mitglieder des *Vorstandes* werden nach § 7 Abs. 1 von der BVV aus ihrer Mitte für die Dauer der Wahlperiode gewählt. Die BVV kann aber ebenso wie das Abgeordnetenhaus die Amtszeit des Vorsitzenden vorzeitig beenden, indem sie einen neuen Vorsitzenden wählt; [23] dies gilt sinngemäß auch für andere Mitglieder des Vorstands (z. B. den stellvertretenden Vorsitzenden). Die Amtszeit eines Vorstandsmitglieds endet auch, wenn es aus der BVV ausscheidet oder — unter Aufrechterhaltung seines BVV-Mandats — als Vorstandsmitglied zurücktritt. 77.2.2

deren Voraussetzungen für das passive Wahlrecht im Bezirk. Es genügt also, daß der Kandidat in Berlin wählbar ist. Das aktive Wahlrecht ist dagegen auf die Wahlberechtigten des Bezirks beschränkt (§ 22 Abs. 1 Satz 1 LWG). Über die Aufstellung der Wahlvorschläge hat eine Mitglieder- oder Delegiertenversammlung der Partei oder Wählergemeinschaft "im Bezirk" geheim abzustimmen. Die Mitglieder oder Delegierten, die sich unmittelbar an der Aufstellung der Bezirkswahlvorschläge beteiligen, müssen zu diesem Zeitpunkt in Berlin wahlberechtigt sein.

23 Machalet S. 119 Fn. 127, Srocke, Anm. zu § 7 BezVG; a. A. Neumann in Neumann-Pfennig, Rdnr. 2 zu Art. 56.

Nach Ablauf der Wahlperiode für die alte BVV führt der Vorsteher die Geschäfte bis zum Zusammentritt der neugewählten BVV weiter (§ 7 Abs. 3 BezVG). Den Vorsitz in der ersten Sitzung führt bis zur Wahl des Vorsitzenden das älteste Mitglied.

Der Bezirksverordnetenvorsteher vertritt die BVV nach § 7 Abs. 2 BezVG in allen Angelegenheiten. Das heißt, daß er ihre Rechte insbesondere gegenüber den anderen Organen des Bezirks (praktisch also gegenüber dem Bezirksamt) geltend zu machen hat. Nach außen, d. h. gegenüber Bürgern und gegenüber Landesorganen, die nicht zur Bezirksverwaltung gehören (insbesondere der Hauptverwaltung), werden die Entscheidungen der BVV im allgemeinen vom Bezirksamt vertreten. Etwas anderes gilt nur bei Entscheidungen, die ausschließlich der BVV obliegen, insbesondere bei Wahlen (§ 15 BezVG) sowie bei Konflikten zwischen BVV und Bezirksamt (z. B. Beanstandungsfällen).

Das BezVG enthält ebensowenig wie die Verfassung von Berlin für das Abgeordnetenhaus eine Bestimmung über die Zahl der Vorstandsmitglieder. Es fehlt auch ein ausdrücklicher Hinweis darauf, daß der Vorsteher den Vorsitz in den Plenarsitzungen führt. Die Zahl der Vorstandsmitglieder ist der Geschäftsordnung überlassen, die sich die BVV selbst gibt; eine gewisse Begrenzung folgt daraus, daß nur ein stellvertretender Vorsitzender im BezVG vorgesehen ist. Die Geschäftsordnungen der Bezirksverordnetenversammlungen sehen zumeist einen oder mehrere Schriftführer (oder einen Schriftführer und einen oder mehrere stellvertretende Schriftführer) als Mitglieder des Vorstandes vor;[24] zum Teil auch "weitere Vorstandsmitglieder".[25]

77.2.3 Daß der Bezirksverordnetenvorsteher grundsätzlich den Vorsitz in den Plenarsitzungen führt und in erster Linie von seinem Stellvertreter vertreten wird, ergibt sich aber von selbst. Die Ge-

24 GO der BVV Reinickendorf (2 Schriftführer und 3 stellvertretende Schriftführer) oder Steglitz (1 Schriftführer und 2 Stellvertreter). Nach der GO der BVV Neukölln ist die Zahl der Schriftführer von der BVV festzusetzen.

25 So z. B. die Geschäftsordnung der BVV Wilmersdorf (Die BVV kann den Vorstand durch weitere Mitglieder ergänzen) und Wedding (Vorsitzender und stellvertretender Vorsitzender und die übrigen Mitglieder des Vorstandes, in der Regel 2 Schriftführer).

schäftsordnungen der Bezirksverordnetenversammlungen enthalten nähere Regelungen über seine Aufgaben und seine Vertretung. In einigen Fällen ist vorgesehen, daß bei Abwesenheit des Vorstehers und seines Stellvertreters auch der Schriftführer oder sein Vertreter den Vorsitz führen können.

c) Der *Ältestenrat* (§ 9 Abs. 1 BezVG) ist kein Ausschuß der BVV; er 77.2.4
unterliegt daher auch nicht den Vorschriften des BezVG, die die Zusammensetzung der Ausschüsse regeln. Die Mitgliederzahl, die Wahl der Mitglieder und die Funktionen des Ältestenrats sind weitgehend der Geschäftsordnung der Bezirksverordnetenversammlungen überlassen. Im allgemeinen setzt er sich aus dem Bezirksverordnetenvorsteher und seinem Stellvertreter zusammen sowie aus einer von der BVV zu bestimmenden Anzahl von Mitgliedern, die von den Fraktionen entsprechend ihrer Stärke entsandt werden. Dabei wird zur Zeit zumeist noch das Höchstzahlverfahren angewandt.[26] Er unterstützt nach übereinstimmenden Regelungen in allen Geschäftsordnungen den Vorsteher bei der Führung seiner Geschäfte, tritt im allgemeinen vor jeder Sitzung zusammen, dient der Verständigung zwischen den Fraktionen, insbesondere soweit es den Arbeitsplan der BVV betrifft, und schlägt den Verteilungsschlüssel für die Besetzung der Ausschüsse, Ausschußvorsitzenden usw. vor.

d) Die *Ausschüsse* (mit Ausnahme des Jugendhilfeausschusses) sind 77.2.5
im Gegensatz zu den Deputationen, die in früheren Fassungen der VvB und des BezVG vorgesehen waren, keine Beschlußorgane mit eigener Zuständigkeit. Sie wirken bei der Erfüllung der Aufgaben der BVV mit, d. h. daß sie Beschlüsse der BVV vorbereiten und die BVV bei der Kontrolle der Bezirksverwaltung unterstützen (§ 17 BezVG).

Durch eine Novellierung des Bezirksverwaltungsgesetzes aus der 11. Wahlperiode ist die Selbständigkeit der Bezirksverordnetenversammlungen bei der Bildung von Ausschüssen erweitert worden.[27] Die Beschränkung der ständigen Ausschüsse auf die im § 9

26 Einige Geschäftsordnungen (z. B. Tiergarten, Reinickendorf, Steglitz) sehen vor, daß Fraktionen, die nach dem Stärkeverhältnis keinen Sitz erhalten, jeweils durch ein Mitglied im Ältestenrat vertreten werden.

Abs. 2 aufgezählten Geschäftsbereiche ist entfallen. Die Beteiligung von Bürgerdeputierten an den Ausschüssen ist nicht mehr zwingend vorgeschrieben, sondern der BVV freigestellt.

77.2.6 Untersuchungsausschüsse sind nicht vorgesehen, jedoch können Sonderausschüsse zur Untersuchung bestimmter Vorgänge gebildet werden; diesen stehen aber die Rechte eines parlamentarischen Untersuchungsausschusses (z. B. Vorladung und Vernehmung von Zeugen) nicht zu.[28] Die Bildung von Unterausschüssen ist nach dem BezVG nicht möglich.

77.2.7 Nach Art. 57 Abs. 2 VvB können den Ausschüssen neben Bezirksverordneten auch Bürgerdeputierte angehören. Für die Ausschüsse sieht § 9 Abs. 2 BezVG vor, daß zusätzlich zu den Bezirksverordneten vier Bürgerdeputierte gewählt werden können. Bis zur Änderung des Bezirksverwaltungsgesetzes von 1989 war die Beteiligung von Bürgerdeputierten zwingend vorgeschrieben. Nach § 20 BezVG handelt es sich um sachkundige Bürger, die stimmberechtigt an der Arbeit der Ausschüsse der BVV teilnehmen. In der Praxis spielen allerdings zumeist politische Gesichtspunkte eine größere Rolle als die Sachkunde; oft handelt es sich um BVV-Kandidaten, die (noch) nicht in die BVV nachgerückt sind und von den Fraktionen als Bürgerdeputierte benannt werden. Das Wahlverfahren ist in § 21 BezVG geregelt. Die Fraktionen benennen nicht nur Bürgerdeputierte, sondern auch Nachrücker, die die Funktion übernehmen, wenn der bisherige Bürgerdeputierte seine Funktion verliert (zumeist weil er als Bezirksverordneter in die BVV nachrückt). Im Gegensatz zu Bezirksverordneten brauchen die Bürgerdeputierten nicht in Berlin wahlberechtigt zu sein; es ist daher auch möglich, daß Ausländer diese Funktion übernehmen. Dies ist seit der Neufassung des Bezirksverwaltungsgesetzes 1989 ausdrücklich klargestellt (§ 20 Abs. 2).

27 5. Gesetz zur Änderung des Bezirksverwaltungsgesetzes vom 6. Juli 1989 (GVBl. S. 1289). Bei den ständigen Ausschüssen, die nach der alten Fassung des Gesetzes vorgesehen waren, handelte es sich um den Geschäftsordnungsausschuß, den Ausschuß für Eingaben und Beschwerden, den Haushaltsausschuß, den Rechnungsprüfungsausschuß, den Personalausschuß, den Ausschuß für die Beratung von Bebauungsplänen und den Ausschuß für die Geschäftsbereiche der Bezirksamtsmitglieder.

28 Neumann in Neumann-Pfennig, Rdnr. 8 zu Art. 56 und 6 zu Art. 57.

Die Zusammensetzung der BVV-Ausschüsse (mit Ausnahme des Jugendwohlfahrtsauschusses) ist in § 9 Abs. 1 und 2 BezVG geregelt. Die Größe der Ausschüsse soll regelmäßig auf höchstens 13 Bezirksverordnete, bei Zuwahl von Bürgerdeputierten auf höchstens 11 Bezirksverordnete, begrenzt werden. In den Ausschüssen erhält jede Fraktion mindestens einen Sitz (Grundmandat). Die Verteilung der Ausschußsitze einschließlich der Sitze der Bürgerdeputierten wird insgesamt zwischen den Fraktionen nach den Mehrheits- und Stärkeverhältnissen in der Bezirksverordnetenversammlung vereinbart; kommt eine Vereinbarung nicht zustande, so entscheidet die Bezirksverordnetenversammlung "nach den vorstehenden Grundsätzen". Das heißt, daß die obengenannten Höchstzahlen nicht überschritten werden und die Zusammensetzung der Ausschüsse den Mehrheits- und Stärkeverhältnissen in der BVV entsprechen sollen. 77.2.8

Vor der Novellierung des BezVG im Jahre 1989 war vorgesehen, daß nach Zuteilung der Grundmandate so viele Mitglieder (Bezirksverordnete und Deputierte) in die Ausschüsse zu entsenden waren, daß die Mehrheitsverhältnisse in den Ausschüssen denen in der BVV entsprechen. Dies hatte sich als unpraktisch erwiesen, weil unter Umständen Mammutausschüsse gebildet werden mußten, und weil es unklar war, ob (und mit welcher Genauigkeit) die rechnerischen Mehrheitsverhältnisse oder die politischen Stärkeverhältnisse zugrunde zu legen waren. 77.2.9

Auch die neue Formulierung der Vorschrift schafft allerdings keine vollständige Klarheit. Fest steht, daß die Entscheidung der BVV (also der BVV-Mehrheit) zusteht, wenn zwischen den Fraktionen keine Vereinbarung zustande kommt, daß die BVV-Mehrheit aber an die in § 9 Abs. 1 und 2 BezVG verankerten Grundsätze gebunden ist. Zweifel können aber bestehen, welcher Grundsatz den Vorrang genießt (Begrenzung der Mitgliederzahl, Mehrheitsverhältnisse oder Stärkeverhältnisse) und in welchem Umfang die Entscheidung der BVV im Wege der Bezirksaufsicht oder durch die Verwaltungsgerichte überprüft werden kann.

Die Ausschußmitglieder werden nicht von der BVV gewählt, sondern von den Fraktionen in die Ausschüsse entsandt. Sie können von den Fraktionen ausgetauscht werden; ändern sich die 77.2.10

Mehrheitsverhältnisse durch Parteiaustritt oder Parteiwechsel während der Wahlperiode, so muß auch die Zusammensetzung der Ausschüsse neu berechnet werden.

77.2.11 Für die Ausschüsse und den Ältestenrat gilt die Geschäftsordnung der BVV sinngemäß. Die Ausschüsse (aber nicht der Ältestenrat) tagen grundsätzlich öffentlich, soweit nicht die Geschäftsordnung für bestimmte Ausschüsse wegen der Besonderheit ihrer Aufgaben etwas Abweichendes bestimmt oder die Öffentlichkeit vom Ausschuß selbst ausgeschlossen wird.

77.2 12 Nach § 9 Abs. 7 können die Ausschüsse sachkundige Personen hinzuziehen; das Anhören von Sachverständigen ist nur durch Beschluß des Ausschusses mit Zustimmung des Bezirksverordnetenvorstehers zulässig.

77.2.13 e) Der Jugendhilfeauschuß (früher Jugendwohlfahrtsausschuß) kann nach § 33 BezVG als Ausschuß für den Geschäftsbereich Jugend des Bezirksamtes fungieren, wenn es die Bezirksverordnetenversammlung beschließt. Er ist insoweit Hilfsorgan der BVV; gleichzeitig nimmt er aber selbständige Befugnisse nach dem Bundesgesetz zur Neuordnung des Kinder- und Jugendhilferechts (Kinder- und Jugendhilfegesetz — KJHG —) vom 28. Juni 1990 (BGBl. I S. 1163) wahr. Er ähnelt in seinen Entscheidungsbefugnissen und seiner Zusammensetzung den Deputationen des alten Bezirksverwaltungsrechts. Seine Zusammensetzung ist in § 3 des Berliner Ausführungsgesetzes zum Kinder- und Jugendhilfegesetz (AG KJHG) in der Fassung vom 1. November 1990 (GVBl. S. 2226) geregelt. Als stimmberechtigte Mitglieder gehören ihm an:

1. Neun Bezirksverordnete oder von der Bezirksverordnetenversammlung gewählte Personen, die in der Jugendhilfe erfahren sind,
2. Sechs Bürgerdeputierte.

Außerdem gehören ihm als beratende Mitglieder an:

1. das für den Geschäftsbereich Jugend zuständige Mitglied des Bezirksamtes,
2. der leitende Fachbeamte der Verwaltung des Jugendamtes,
3. ein Arzt des Bezirksamtes — Abteilung Gesundheitswesen —,
4. ein an einer Schule des Bezirkes tätiger Lehrer,
5. ein Vormundschaftsrichter oder ein Jugendrichter,

6. ein Berufsberater oder Jugendvermittler des für den Bezirk zuständigen Arbeitsamtes,
7. je ein Vertreter der evangelischen Kirche, der katholischen Kirche sowie der jüdischen Gemeinde und ein Vertreter der Freigeistigen Verbände.

Der Jugendhilfeausschuß ist nach § 70 KJHG Bestandteil des Jugendamtes. Abgesehen von der Erörterung aktueller Problemlagen, der Jugendhilfeplanung und der Förderung der freien Jugendhilfe hat er Beschlußrecht in Angelegenheiten der Jugendhilfe im Rahmen der von der Vertretungskörperschaft bereitgestellten Mittel, der von ihr erlassenen Satzung und der von ihr gefaßten Beschlüsse. Er soll vor jeder Beschlußfassung der Vertretungskörperschaft in Fragen der Jugendhilfe und vor der Berufung eines Leiters des Jugendamtes gehört werden und hat das Recht, an die Vertretungskörperschaft Anträge zu stellen. Die Bewilligung von Mitteln und der Erlaß von Rechtsvorschriften ("Satzungen") ist in Berlin nicht Sache der Bezirksverordnetenversammlungen, sondern des Abgeordnetenhauses bzw. des Senats als Verordnungsgeber. Innerhalb des dadurch geschaffenen Rahmens kann aber auch die Bezirksverordnetenversammlung verbindlich Beschlüsse im Bereich der Jugendwohlfahrtspflege fassen, wobei der Jugendhilfeausschuß entsprechend den Vorschriften des Gesetzes einzuschalten ist.

§ 70 des KJHG sieht außerdem die Bildung eines Landesjugendausschusses vor.

"Verwaltung des Jugendamtes" im Sinne des Kinder- und Jugendhilfegesetzes ist die für den Geschäftsbereich Jugend zuständige Abteilung des Bezirksamtes. Sie bildet zusammen mit dem Jugendhilfeausschuß "das Jugendamt". Die Verwaltung des Jugendamtes wird in Ämter gegliedert, denen insbesondere folgende Aufgaben zuzuordnen sind:

1. Allgemeine Verwaltung
2. Vormundschaftswesen
3. Sozialpädagogische Dienste
4. Erziehung und Familienberatung
5. Förderung von Kinder- und Tageseinrichtungen und Tagespflege
6. Heimerziehung und Vollzeitpflege
7. Jugend- und Familienförderung
8. Wirtschaftliche Hilfen.

(Vgl. § 1 des Ausführungsgesetzes zum KJHG). Die Organisationsfreiheit in der Verwaltung ist insoweit durch das KJHG und das Berliner Ausführungsgesetz begrenzt.[29]

77.2.14 f) Nach § 5 Abs. 3 BezVG bilden die Mitglieder der BVV, die derselben Partei oder derselben Wählergemeinschaft angehören, eine *Fraktion*. Die Fraktionsbildung ist also, anders als beim Abgeordnetenhaus, nicht der Initiative der Mitglieder überlassen, sondern gesetzlich vorgeschrieben. Die Regelung ist in verschiedener Hinsicht problematisch.

Zunächst wird weder durch das BezVG noch durch das Landeswahlgesetz ausgeschlossen, daß in den Bezirkswahlvorschlägen Kandidaten benannt werden, die der betreffenden Partei oder Wählergemeinschaft nicht angehören. Wird ein solcher Kandidat in die BVV gewählt, so kann man ihm und der betreffenden Partei oder Wählergemeinschaft die Möglichkeit nicht verweigern, daß er als vollwertiges Mitglied der Fraktion zugerechnet wird. Dies betrifft nicht nur die fraktionsinternen Rechte und Pflichten, sondern auch die Berechnung der Fraktionsstärke für die Besetzung des Bezirksamts, der Ausschüsse und der Ausschußvorsitzenden. Der Gesetzestext bedarf insoweit einer lückenfüllenden Interpretation.

Scheiden Bezirksverordnete während der Wahlperiode aus ihrer Partei oder Wählergemeinschaft aus, so können sie der betreffenden Fraktion selbstveständlich nicht mehr zugerechnet werden. Dies gilt auch für den Fall, daß sämtliche Bezirksverordneten einer Fraktion ihre Partei oder Wählergemeinschaft verlassen. Wollen sie weiterhin als Fraktion fungieren, so müssen sie eine neue Partei oder Wählergemeinschaft gründen. Der Übertritt eines Bezirksverordneten von einer Fraktion zu einer anderen kann (z. B. bei der Berechnung der Ausschußsitze usw.) erst berücksichtigt werden, wenn er auch der betreffenden Partei oder Wählergemeinschaft beigetreten ist. Bis zu diesem Zeitpunkt kann er bei der neuen Fraktion nur "hospitieren".

29 Das KJHG ist in den westlichen Bezirken Berlins mit Wirkung vom 1. Januar 1991 an die Stelle des Jugendwohlfahrtsgesetzes getreten. In den Bezirken des ehemaligen Ostsektors wurde es bereits mit Inkrafttreten des Einigungsvertrages wirksam, weil die Übernahme des Jugendwohlfahrtsgesetzes für eine kurze Übergangsperiode vermieden werden sollte.

Eine Fraktion muß aus mindesten zwei Bezirksverordneten bestehen; dies ist die geringstmögliche Anzahl von Bezirksverordneten, die eine Partei oder Wählergemeinschaft erreicht, wenn sie die erforderlichen 5 % der Stimmen erringt. Diese Mindestzahl gilt aber auch für Spaltungen und Absplitterungen; Ein—Mann-Fraktionen sind nicht möglich. 77.2.15

Die Fraktionen sind entsprechend ihrer Stärke nicht nur an der Besetzung der Ausschüsse (vgl. oben § 88.2.7 ff.) und an der Besetzung des Bezirksamtes (vgl. unten § 89.2.1 ff.) zu beteiligen; sie erhalten auch einen ihrer Stärke entsprechenden Anteil an den Stellen des BVV-Vorstandes und der Ausschußvorsitzenden (§ 9 Abs. 6 Satz 1 BezVG). Diese Vorschrift begründet aber nur einen Anspruch auf eine bestimmte quantitative Beteiligung und nicht auf den Vorsitz in bestimmten Ausschüssen.

3. Das Verfahren der Bezirksverordnetenversammlung — Geschäftsordnung

Das Verfahren der BVV ist vor allem in § 8 sowie auch in § 6 BezVG in seinen Grundzügen geregelt. Die Einzelheiten sind den Geschäftsordnungen überlassen, die sich jede BVV selbst gibt. 77.3.1

Die BVV tagt grundsätzlich öffentlich; die Öffentlichkeit kann auf Antrag eines Fünftels der Mitglieder durch Mehrheitsbeschluß ausgeschlossen werden (§ 8 Abs. 6 BezVG). Die Sitzungen werden vom Bezirksverordnetenvorsteher nach Bedarf, mindestens aber in jedem zweiten Monat einberufen; sie sind unverzüglich einzuberufen, wenn ein Fünftel der Bezirksverordneten oder das Bezirksamt es fordert (§ 6 Absätze 2 und 3). Die BVV ist beschlußfähig, wenn mehr als die Hälfte der Mitglieder anwesend ist. Die Beschlußfähigkeit gilt als gegeben, bis das Gegenteil auf Antrag festgestellt wird. Ist eine Angelegenheit wegen Beschlußunfähigkeit zurückgestellt worden, so ist die BVV in der nächsten Sitzung in dieser Angelegenheit ohne Rücksicht auf die Zahl der Erschienenen beschlußfähig. In der Einladung zur zweiten Sitzung muß hierauf ausdrücklich hingewiesen werden (§ 8 Absätze 2 und 3 BezVG). Die Beschlußfassung erfolgt mit einfacher Mehrheit, soweit Verfassung oder Gesetz nichts anderes vorschreiben. Stimmenenthaltungen werden bei der Feststellung der Beschlußfähigkeit, nicht aber bei der Ermittlung der Stimmenmehrheit berücksichtigt (§ 8 Absätze 4 und 5 BezVG). 77.3.2

Bis zur Wahl des Bezirksverordnetenvorstehers führt in der ersten Sitzung das älteste Mitglied den Vorsitz (§ 6 Abs. 1 BezVG).

4. Befugnisse der BVV

77.4.1 a) Die *Zuständigkeiten der BVV* ergeben sich im wesentlichen aus der Verfassung von Berlin (Art. 53, 56, 57 und 60) und aus dem Bezirksverwaltungsgesetz (§§ 12—17). Sie lassen sich einteilen in die Grundlinienkompetenz, Entscheidungsbefugnisse, Initiativrecht, Kontrollrecht und Wahlbefugnisse.[30] Außer den in der VvB und dem BezVG aufgezählten Kompetenzen können hier durch andere Gesetze, unter Umständen auch durch staatlichen Organisationsakt weitere Befugnisse übertragen werden.

77.4.2 b) Nach § 12 Abs. 1 bestimmt die BVV die Grundlinien der Verwaltungspolitik des Bezirkes im Rahmen der Rechtsvorschriften und der vom Senat oder seinen Mitgliedern erlassenen Verwaltungsvorschriften (Grundlinienkompetenz).[31] Der Umfang dieser Befugnis ist im Gesetz nicht näher bestimmt. Nach einer bei Machalet S. 125 zitierten Äußerung im Abgeordnetenhaus von Berlin soll sie weniger rechtliche als pädagogische Bedeutung haben. Eine Befugnis zum Erlaß verbindlicher Verwaltungsvorschriften für die Bezirksverwaltung läßt sich hieraus nicht herleiten. Im wesentlichen konkretisiert sich die Grundlinienkompetenz in dem Recht, Empfehlungen und Ersuchen an das Bezirksamt zu richten und diese nach §§ 13 Abs. 2 in Verbindung mit 12 Abs. 3 BezVG durchzusetzen.

77.4.3 c) Die BVV kann (außer in Personalangelegenheiten — § 13 Abs. 1 Satz 3 BezVG —) Empfehlungen und Ersuchen an das Bezirksamt richten (Initiativrecht). Der Unterschied zwischen Empfehlungen und Ersuchen wird im Gesetz nicht näher definiert. Bei Ersuchen kommt der Anordnungscharakter stärker zum Ausdruck. Die Mittel zur Durchsetzung sind in beiden Fällen die gleichen.

Für Empfehlungen und Ersuchen ist es nicht erforderlich, daß sie sich auf eine bezirkseigene Angelegenheit oder eine übertragene Vorbehaltsaufgabe beziehen. Auch in Angelegenheiten, die für den Bezirk von Bedeutung sind, deren Erledigung aber nicht in die bezirkliche Zuständigkeit fällt, ist eine Initiative der BVV (nach

30 Vgl. auch die Aufzählung bei Machalet S. 124 ff.

31 Vgl. hierzu Machalet, S. 124 ff, Neumann in Neumann-Pfennig, Rdnr. 5 zu Art. 56 VvB.

dem Gesetzestext in diesem Fall allerdings nur in Form einer Empfehlung) möglich. Das Bezirksamt setzt sich bei den zuständigen Stellen für die Verwirklichung der Empfehlung ein und unterrichtet die BVV über das Ergebnis (§ 13 Abs. 3 BezVG). Diese Möglichkeit darf aber nicht benutzt werden, um die verfassungsmäßige Kompetenzordnung des Bundes und des Landes zu umgehen. Ein allgemeinpolitisches Mandat kann die Bezirksverordnetenversammlung auch aus dem Initiativrecht nicht herleiten.[32]

Zweifelhaft ist, ob und inwieweit durch das Initiativrecht der 77.4.4
BVV eine Kooperationspflicht von Behörden außerhalb der Bezirksverwaltung begründet wird. Soweit es sich um Berliner Behörden handelt, ist dies anzunehmen; § 13 Abs. 3 BezVG bindet als Berliner Gesetz nicht nur an die Bezirksverwaltung, sondern alle Berliner Behörden.

Dies bedeutet nicht, daß die Empfehlungen der BVV gegenüber Behörden außerhalb der Bezirksverwaltung verbindlich wären, jedoch sind diese Behörden verpflichtet, soweit keine schwerwiegenden Belange entgegenstehen, den Bezirksorganen Auskünfte zu erteilen und negative Entscheidungen zu begründen.

Gegenüber dem Bezirksamt können Ersuchen und Empfehlungen der BVV dagegen im Rahmen des § 12 Abs. 3 BezVG durchgesetzt werden (vgl. unten § 88.4.9)

d) Nach Art. 56 VvB in Verbindung mit § 12 Abs. 1 Satz 2 BezVG kon- 77.4.5
trolliert die BVV die Führung der Geschäfte des Bezirksamtes (Kontrollkompetenz). Die Einzelheiten sind in § 17 BezVG geregelt. Nach § 17 Abs. 1 kann die BVV feststellen, ob gegen die Führung der Geschäfte Einwendungen zu erheben sind.[33]

32 Vgl. Neumann in Neumann-Pfennig, Rdnr. 6 zu Art. 56 VvB. Daß den Gemeinden und Gemeindeverbänden ein allgemein-politisches Mandat nicht zusteht, ist inzwischen durch höchstrichterliche Rechtsprechung geklärt; die dort entwickelten Grundsätze gelten auch für das Selbstverwaltungsrecht der Bezirke. Ein Recht der kommunalen Vertretungsorgane, z. B. zu Fragen der Außenpolitik oder der Verteidigungspolitik Stellung zu nehmen, besteht nur, wenn es sich um Maßnahmen handelt, durch die die betreffende Körperschaft unmittelbar betroffen wird, z. B. also bei militärischen Aktivitäten und Einrichtungen auf dem Gebiet der Gemeinde.

33 Das Erfordernis, daß eine Behandlung in einem Ausschuß der BVV vorangegangen sein mußte, ist durch die Novellierung des Gesetzes von 1989 entfallen.

Das Bezirksamt muß einem mit der Kontrolle befaßten Ausschuß Auskünfte erteilen und Einsicht in Akten gewähren. Eine Ausnahme gilt nur, wenn das Bezirksamt durch Beschluß feststellt, daß das Bekanntwerden dem Wohle des Bundes oder eines deutschen Landes Nachteile bereiten würde. Für die Einsichtnahme in Personalakten gelten die dienstrechtlichen Vorschriften.[34]

77.4.6 e) Die *Entscheidungsbefugnisse* der BVV ergeben sich im wensentlichen aus § 12 BezVG. Man kann zwischen speziellen und allgemeinen Entscheidungsbefugnissen unterscheiden. Als spezielle Entscheidungsbefugnisse sind vorgesehen:

77.4.7 — Zustimmung zum Entwurf des Bezirksplans nach § 27 Abs. 1 Satz 2 LHO (§ 12 Abs. 2 Nr. 1):
Die BVV ermittelt den jährlichen Finanzbedarf des Bezirks als Unterlage für den Haushaltsplan. Der von der BVV verabschiedete Entwurf wird dem Senator für Finanzen zugeleitet, der ihn als Grundlage für seinen Entwurf eines Haushaltsplans verwendet. Weicht der Senator für Finanzen von der Bedarfsermittlung der BVV ab und führen die Einwendungsverhandlungen zwischen dem Senator für Finanzen und dem Bezirksamt zu keinem Ergebnis, so entscheidet der Senat als Kollegium aufgrund einer Vorlage des Senators für Finanzen. Eine Einschaltung des Rats der Bürgermeister ist nach der bisherigen Verwaltungspraxis nicht vorgesehen. Die letzte Entscheidung über den vom Senat vorgelegten Haushaltsplan liegt beim Abgeordnetenhaus. Die Ausführung des Haushaltsplans ist Sache des Bezirksamts. Die BVV entscheidet über die Verwendung von Sondermitteln, die ihr im Rahmen des Haushaltsplans zur Verfügung gestellt werden (§ 12 Abs. 2 Nr. 2). Sie genehmigt die Bezirksrechnung,

34 Nach Machalet S. 130 sind die Kontrollmittel der BVV in § 17 Abs. 2 BezVG abschließend aufgezählt. Dies ist sicher insoweit richtig, als den Ausschüssen der BVV kein weitergehendes Recht zur Beweiserhebung (z. B. Ortsbesichtigungen in geschlossenen Räumen der Bezirksverwaltung oder Befragung von Dienstkräften des Bezirksamtes ohne dessen Einwilligung) zustehen. Dagegen dürfte es der BVV und ihren Ausschüssen freistehen, sich im Rahmen der Kontrolle allgemein zugängliches Material (z. B. durch Ortsbesichtigung an allgemein zugänglichen Orten oder durch freiwillige Auskünfte von Bürgern) zu beschaffen.

die ihr vom Bezirksamt vorzulegen ist, unbeschadet der Entlastung durch das Abgeordnetenhaus aufgrund der Haushalts- und Vermögensrechnung.

— Die Zustimmung zu Grenzberichtigungen:
Kleinere Grenzberichtigungen sind nach § 1 Abs. 2 BezVG in Verbindung mit Art. 4 Abs. 2 Satz 3 VvB durch eine Rechtsverordnung des Senats möglich, der die Bezirksverordnetenversammlungen der betroffenen Bezirke ihre Zustimmung erteilen müssen.

— Sonstige Entscheidungsbefugnisse. Nach § 12 Abs. 2 Nr. 5 **77.4.8**
BezVG entscheidet die BVV schließlich über Angelegenheiten, die ihr durch besondere Rechtsvorschrift zugewiesen sind. Dies ist bisher nur bei der Zustimmung zu Bebauungsplanentwürfen gemäß § 4 des Ausführungsgesetzes zum Bundesbaugesetz vorgesehen.[35] Hiernach entwirft das Bezirksamt den Bebauungsplan und legt ihn nach Abschluß der öffentlichen Auslegung (§ 3 Abs. 2 Baugesetz) der Bezirksverordnetenversammlung zur Zustimmung vor. Nachdem die BVV ihre Zustimmung erteilt und das übrige im Gesetz vorgeschriebene Verfahren (mit Beteiligung der Betroffenen) abgeschlossen ist, wird der Bebauungsplan von dem für die Bauleitplanung zuständigen Senatsmitglied als Rechtsverordnung erlassen; diese tritt an die Stelle der nach § 10 Baugesetz vorgesehenen Ortssatzung. Erteilt die Bezirksverordnetenversammlung die Zustimmung nicht innerhalb von vier Monaten, so muß der Senat den Entwurf dem Abgeordnetenhaus vorlegen, dessen Zustimmung die erforderliche Zustimmung der BVV ersetzt. Es handelt sich hierbei nicht um einen Gesetzgebungsakt des Abgeordnetenhauses, sondern um den Ersatz einer notwendigen Mitwirkung, die an sich der BVV zusteht.

Das Erfordernis, daß eine Behandlung in einem Ausschuß der BVV vorangegangen sein muß, ist durch eine Novellierung des Gesetzes im Jahre 1989 entfallen; allerdings folgt aus dem Wortlaut des § 17 Abs. 2 BezVG, daß eine Pflicht des Bezirksam-

35 Jetzige Fassung vom 11. Dezember 1987 (GVBl. S. 2731, bis dahin § 3.

tes zur Erteilung von Auskünften und Vorlage von Akten auch weiterhin nur gegenüber Ausschüssen der BVV besteht.

77.4.9 — Das allgemeine Entscheidungsrecht der BVV:

Außer den speziellen Entscheidungsbefugnissen sieht § 12 BezVG in Absatz 3 ein allgemeines Entscheidungsrecht vor. Dieses besteht aber nur unter zwei (alternativen) Voraussetzungen:

Entweder muß die Behandlung der betreffenden Angelegenheit Gegenstand einer Kontrolle (§ 17) durch die BVV gewesen sein, oder

es muß eine Maßnahme des Bezirksamts vorliegen (bzw. geplant sein), die einem Ersuchen oder einer Empfehlung der BVV nicht voll entspricht (§ 13 Abs. 2).

In diesen Fällen kann die BVV Entscheidungen des Bezirksamtes aufheben und selbst entscheiden. Ausgenommen von dieser Möglichkeit sind nach § 12 Abs. 3 Satz 3 BezVG:

1. Personalangelegenheiten;
2. der Erwerb und die Veräußerung von Grundstücken;
3. die ärztlich, zahnärztlich und tierärztlich bestimmten Tätigkeiten;
4. Ordnungsangelegenheiten.

Das Aufhebungs- und Entscheidungsrecht der BVV nach § 12 Abs. 3 BezVG gilt für bezirkseigene Angelegenheiten und übertragene Vorbehaltsaufgaben. In übertragenen Vorbehaltsaufgaben haben die Weisungen des zuständigen Fachsenators allerdings Vorrang vor den Entscheidungen der BVV.

f) Die *Wahlbefugnisse* der BVV sind in § 16 BezVG zusammengefaßt.

77.4.10 Zu den wichtigsten Aufgaben der BVV gehört es, daß sie die Mitglieder des Bezirksamtes wählt. Ferner enthielt § 16 Abs. 1 c eine allgemeine Regelung, nach der die BVV alle Ehrenbeamten und ehrenamtlichen Bürger wählte, soweit die Wahl den Bezirken zusteht und Rechtsvorschriften nichts Abweichendes bestimmen. Diese Vorschrift lief praktisch leer und ist durch die Novellierung des Bezirksverwaltungsgesetzes aus dem Jahre 1989 aufgehoben worden. Die BVV stellt aber weiterhin die Vorschlagslisten für die Schöffen und Geschworenen und sonstige ehrenamtliche Richter (z. B. bei den Verwaltungsgerichten und dem Oberverwaltungsgericht) auf, soweit sich aus den Gesetzen nichts anderes ergibt. Ferner wählt die BVV nach § 16 BezVG die Bürgerdeputierten, die Mitglieder der Krankenhauskonferenz und den Patientenfürsprecher. Durch Spezialgesetze können der BVV weitere Wahlbefugnisse übertragen werden. Im übrigen ist in § 16 BezVG (Abs. 2) unter weitgehender Verweisung auf andere Rechtsvorschriften auch aufgezählt, welche von der BVV zu wählenden Amtsträger vorzeitig abberufen werden können.

Die Wahl des BVV-Vorstandes und des Ältestenrates sowie die Bildung der Ausschüsse ist nicht in § 16, sondern in §§ 7 und 9 BezVG geregelt.

g) Wie andere Staatsorgane kann auch die BVV zu Fragen, in denen 77.4.11
ihr keine gesetzliche Kompetenz zusteht, durch *Meinungsäußerungen oder Resolutionen* Stellung nehmen. Dieses Recht wird aber dadurch begrenzt, daß der Bezirksverwaltung insgesamt — ebenso wie der Gemeindeverwaltung in den Flächenstaaten — kein allgemeinpolitisches Mandat zusteht. Die BVV darf auch durch Meinungsäußerungen und Resolutionen nicht in den verfassungsmäßigen Zuständigkeitsbereich anderer Staatsorgane des Bundes oder des Landes eingreifen. Dies gilt insbesondere für Resolutionen mit außenpolitischem oder verteidigungspolitischem Inhalt.[36]

Umstritten ist die Frage, ob Anträge, deren Annahme eindeutig gegen die verfassungsmäßige Kompetenzverteilung verstoßen würde, nicht auf die Tagesordnung zu setzen sind oder ob die rechtswidrige Resolution erst nach ihrer Annahme im Wege der Beanstandung oder der Bezirksaufsicht aufzuheben ist.

5. Anwesenheit der Bezirksamtsmitglieder; Beanstandungsrecht

Nach § 14 BezVG ist das Bezirksamt zu den Sitzungen der BVV und 77.5.1
ihrer Ausschüsse einzuladen; die BVV und ihre Ausschüsse können die Anwesenheit von Bezirksamtsmitgliedern fordern. Die Bezirksamtsmitglieder unterstehen in diesem Fall der Ordnungsgewalt des BVV-Vorstehers. Der Bezirksbürgermeister oder sein Vertreter können vor Eintritt in die Tagesordnung, unabhängig von den Gegenständen

36 Vgl. Fn. 32.

der Beratung, das Wort ergreifen. Den Mitgliedern des Bezirksamtes ist auf Verlangen jederzeit zu den Punkten der Tagesordnung das Wort zu erteilen.

77.5.2 Verstößt ein Beschluß der BVV gegen Rechtsvorschriften, Verwaltungsvorschriften oder (verbindliche) Einzelweisungen, so ist das Bezirksamt verpflichtet (nicht nur berechtigt), den Beschluß binnen zwei Wochen unter Angabe der Gründe zu beanstanden. Die Beanstandung hat aufschiebende Wirkung; die BVV kann binnen eines Monats in bezirkseigenen Angelegenheiten die Entscheidung der Aufsichtsbehörde, in übertragenen Vorbehaltsaufgaben die Entscheidung des zuständigen Senatsmitglieds beantragen. Der Antrag ist dem zuständigen Senatsmitglied über das Bezirksamt zuzuleiten. Die Entscheidung ergeht nach Anhörung beider Seiten (§ 18 BezVG).

77.5.3 Die für die Bezirksaufsicht und die Fachaufsicht zuständigen Senatsmitglieder können das Bezirksamt darauf hinweisen, daß rechtswidrige Beschlüsse der Bezirksverordnetenversammlung vorliegen und auf diese Weise auf eine Beanstandung hinwirken. Ein Weisungsrecht der Aufsichtsbehörden, durch das das Bezirksamt zur Beanstandung verpflichtet werden könnte, besteht nicht. Die Befugnisse, die den Aufsichtsbehörden im Rahmen der Bezirks- und Fachaufsicht zustehen, sind im Bezirksverwaltungsgesetz abschließend aufgezählt; die zuständigen Stellen der Hauptverwaltung haben ausreichende Möglichkeiten, rechtswidrige Beschlüsse der Bezirksverordnetenversammlung außer Kraft zu setzen (Aufhebungsrecht, Weisungsrecht, Ersatzbeschlußfassungsrecht), ohne daß das Verfahren nach § 18 BezVG durchgeführt zu werden braucht.

Allerdings ist die Beanstandung rechtswidriger BVV-Beschlüsse eine Pflicht des Bezirksamts; der Bezirksbürgermeister als Vorsitzender des Bezirksamts ist verpflichtet, einen Beanstandungsbeschluß herbeizuführen und wenn dieser im Bezirksamt keine Mehrheit findet, seinerseits den ablehnenden Bezirksamtsbeschluß zu beanstanden (§ 39 Abs. 4 BezVG; vgl. unten § 89.5.4). Unterläßt er dies, so kann sein Verhalten jedenfalls bei eindeutig rechtswidrigen Beschlüssen der BVV als Dienstpflichtverletzung gewertet werden.

§ 78 Das Bezirksamt

1. Rechtsstellung

Das Bezirksamt ist die Verwaltungsbehörde des Bezirks (§ 36BezVG); 78.1
es vertritt das Land Berlin in Angelegenheiten des Bezirks. Es bestehen zwei wesentliche strukturelle Unterschiede zwischen Hauptverwaltung und Bezirksverwaltung:

a) Das Bezirksamt ist eine *kollegiale Verwaltungsbehörde*. Die Bezirksamtsmitglieder, die Abteilungen und die Ämter des Bezirksamts sind keine selbständigen Behörden.
b) Das Bezirksamt ist für die Bezirksverwaltung die grundsätzlich einzige *allzuständige Behörde*. Unterhalb des Bezirksamts bestehen auf Bezirksebene lediglich zwei Einrichtungen, die mit eigenen gesetzlichen Zuständigkeiten Verwaltungsaufgaben wahrnehmen: Die Schulen und die staatlichen Krankenhäuser (im einzelnen vgl. unten § 91)

2. Zusammensetzung des Bezirksamts

Das Bezirksamt besteht aus dem Bezirksbürgermeister und sechs Be- 78.2.1
zirksstadträten, von denen einer zugleich zum stellvertretenden Bezirksbürgermeister gewählt wird (§ 34 Abs. 1 BezVG). Die Mitglieder werden von der BVV für die Dauer der Wahlperiode gewählt (§§ 16 Abs. 1 a, 35 Abs. 1 BezVG)

Bevor alle 7 Bezirksamtsmitglieder gewählt sind, ist das Bezirksamt nicht gebildet. Die gewählten können ihre Funktion noch nicht ausüben und können auch dienstrechtlich noch nicht zu Beamten auf Zeit ernannt werden.

Nach § 35 Abs. 2 soll das BA aufgrund der Wahlvorschläge der 78.2.2
Fraktionen entsprechend dem Stärkeverhältnis in der Bezirksverordnetenversammlung gebildet werden. Diese Sollvorschrift ist mindestens nach der Intention der politischen Parteien bei Verabschiedung des Gesetzes praktisch als Muß-Vorschrift zu interpretieren. Eine Verletzung kann im Wege der kommunalen Organklage vor dem Verwaltungsgericht geltend gemacht werden.[37] Die Bildung des Bezirksamtes entsprechend den Mehrheitsverhältnissen in der BVV gilt nur für die Zusammensetzung des Kollegiums. Fraktionsabsprachen über die

Person des Bezirksbürgermeisters (auch unter Benachteiligung der stärksten Partei) sind ausdrücklich in Art. 87a Abs. 2 VvB für die Bezirksämter vorgesehen, die 1992 von den neugewählten Bezirksverordnetenversammlungen zu bilden sind.

78.2.3 Obgleich allen Parteien- und Wählergemeinschaften, die in der BVV mit genügender Stärke vertreten sind, eine entsprechende Anzahl von Sitzen im Bezirksamt zusteht, werden die Bezirksmitglieder nicht (wie die Mitglieder der BVV-Ausschüsse) von den Fraktionen entsandt, sondern von der BVV gewählt. Andererseits ist ein Wahlvorschlag der betreffenden Fraktion Voraussetzung für die Wahl.[38] Das kann dazu führen, daß die von einer Fraktion vorgeschlagenen Kandidaten von der BVV-Mehrheit abgelehnt werden. Weigert sich die betreffende Fraktion, andere Kandidaten zu präsentieren, so kann dies (obgleich hierüber keine ausdrückliche Bestimmung besteht) dazu führen, daß sie ihr Recht auf Beteiligung am Bezirksamt verwirkt. Die dadurch freigewordene Bezirksstadtratsstelle ist dann von einer anderen Fraktion zu besetzen, die nach dem d'Hondtschen Höchstzahlverfahren zu ermitteln ist. Präsentiert die betreffende Fraktion dagegen weitere Kandidaten und weigern sich die Mehrheitsfraktionen beharrlich, einen von ihnen zu wählen, so kann dies als ein Versuch gewertet werden, die Bestimmung des § 35 Abs. 2 BezVG zu umgehen. Hiergegen müßte unter Umständen mit den Mitteln der Bezirksaufsicht vorgegangen werden. Es brauchte bisher noch nicht entschieden zu werden, ob in diesem Fall der Senat befugt wäre, das betreffende Bezirksamtsmitglied im Wege der Ersatzbeschlußfassung (§ 13 AZG) zu ernennen.

37 Srocke 2 zu § 35 BezVG; vgl. auch die Protokollnotiz des Innenausschusses (Plenarprotokolle, 6. WP.) Band I S. 167. Verbindlich ist danach auch die Berechnung der Anteile nach dem System d'Hondt. Dies hat das OVG Berlin in ständiger Rechtsprechung bestätigt.

38 Die Zulässigkeit dieser Regelung ist inzwischen nicht mehr umstritten; die Gemeindeordnung von Schleswig-Holstein sieht in §§ 64, 65, ein ähnliches Verfahren für die Wahl der Magistratsmitglieder vor. Zweifelhaft ist dagegen, ob die bestehende Regelung zweckmäßig ist.

3. Aufgaben des Bezirksamts

Dem Bezirksamt obliegt insbesondere die Vertretung des Landes Berlin in Angelegenheiten des Bezirks (§ 36 Abs. 2 a) und die Wahrnehmung der Angelegenheiten, für die nicht die Zuständigkeit der Bezirksverordnetenversammlung begründet ist (Buchstabe f a. a. O.); es ist Dienstbehörde für die Beamten, Angestellten und Arbeiter des Bezirks (Buchstabe g a. a. O.). Weitere Aufgaben des Bezirksamts sind in § 36 Abs. 2 BezVG aufgezählt. 78.3

4. Rechtsstellung der Bezirksamtsmitglieder

Nach dem Gesetz über die Rechtsverhältnisse der Bezirksamtsmitglie- 78.4.1
der[39] werden diese unverzüglich nach ihrer Wahl zu Beamten auf Zeit ernannt. Sie werden außerhalb einer regelmäßigen Dienstlaufbahn berufen; die Geltung beamtenrechtlicher Vorschriften ist für sie eingeschränkt (§ 1 Abs. 2 BAMG). Zum Bezirksamtsmitglied darf nur gewählt werden, wer die erforderliche Sachkunde und allgemeine Berufserfahrung vorweist (§ 1 Abs. 3 BAMG); dieses Erfordernis ist jedoch nicht näher definiert. Das Bezirksamtsmitglied muß das 27. Lebensjahr vollendet und darf bei seiner Wahl das 57. Lebensjahr noch nicht vollendet haben; dies gilt nicht für Personen, die unmittelbar vorher Mitglieder eines Bezirksamts waren.

Die Amtszeit läuft bis zum Ende des 45. Monats nach dem ersten Zusammentritt des Abgeordnetenhauses. Hat zu diesem Zeitpunkt die Amtszeit des neuen Bezirksamts noch nicht begonnen — z. B. weil die Neuwahl noch nicht abgeschlossen ist —, so nehmen die bisherigen Bezirksamtsmitglieder ihre Aufgaben mit vollen Rechten und Pflichten bis zur Neubildung wahr.[40] Bei vorzeitiger Beendigung der

39 Gesetz über die Rechtsverhältnisse der Bzirksamtsmitglieder (Bezriksamtsmitgliedergesetz — BAMG) i. d. F. vom 1. April 1985 (GVBl. S. 958).

40 Nach früheren Fassungen des Gesetzes wurden die Bezriksamtsmitglieder für die Zeit bis zum Ende der zwei Monate nach dem Monat ernannt, in dem die normale (vierjährige) Wahlperiode endete. (Fassung des Gesetzes bis zum Änderungsgesetz vom 17. April 1984, GVBl. S. 600). Damit war zwar praktisch sichergestellt, daß sie ihre Aufgaben bis zum Amtsantritt des neuen Bezirksamtes wahrnehmen konnten, die Regelung hatte aber die Konsequenz, daß in erheblichem Umfang zusätzliche Gehälter an Mitglieder des alten Bezirks-

Wahlperiode endet die Amtszeit mit dem vierten Monat nach dem Beschluß des Abgeordnetenhauses oder der Bekanntgabe des Volksentscheides.

78.4.2 Bezirksamtsmitglieder können während der Wahlperiode von der BVV mit Zweidrittelmehrheit abgewählt werden (§ 35 Abs. 3 BezVG). Die Vereinbarkeit dieser Regelung mit den hergebrachten Grundsätzen des Berufsbeamtentums und dem Beamtenrechtsrahmengesetz des Bundes ist heute nicht mehr umstritten.[41]

78.4.3 Da die Bezirksamtsmitglieder Beamte mit Dienstbezügen in der Bezirksverwaltung sind, können sie grundsätzlich nicht gleichzeitig Mitglieder der BVV sein (§ 26 Abs. 3 Landeswahlgesetz). Satz 2 dieser Bestimmung begründet für sie eine Ausnahmeregelung für die Übergangszeit zwischen dem Beginn der Wahlperiode und ihrer bisherigen Amtszeit, längstens bis zur Ernennung nach ihrer Wiederwahl in das Bezirksamt desselben Bezirks. Auf diese Weise können sie an der ersten BVV-Sitzung und damit an der Neuwahl des Bezirksamts teilnehmen und, wenn sie nicht wieder in das Bezirksamt gewählt werden, in der BVV weiter arbeiten.

78.4.4 Mit einem Mandat im Abgeordnetenhaus ist die Funktion eines Bezirksamtsmitglieds unvereinbar (§ 16 Abs. 1 Landeswahlgesetz).

5. Geschäftsordnung des Bezirksamts; Bezirksamtskollegium und Bezirksamtsmitglieder

78.5.1 § 36 Abs. 2 BezVG bestimmt, in welchen Fällen das Bezirksamt als Kollegium tätig werden muß. Dies ist der Fall bei Vorlagen an die BVV, der Beanstandung von Beschlüssen der BVV, der Verteilung der Geschäftsbereiche unter den Mitgliedern des Bezirksamts und der

amts gezahlt werden mußten, nachdem das neue Bezirksamt bereits gebildet war.

41 Vgl. hierzu auch Machalet S. 144 ff. Landesrechtliche Regelungen, nach denen kommunale Wahlbeamte (also auch die Berliner Bezirksamtsmitglieder) abgewählt werden können, sind mit dem Beamtenrechtsrahmengesetz des Bundes und den in Art. 33 GG verankerten hergebrachten Grundsätzen des Berufsbeamtentums vereinbar. Vgl. BVerwGE (14. 7. 1978) DÖV 1979 S. 220 ff. Dies ergibt sich aus § 95 Abs. 2 i. V. m. § 31 Abs. 1 Beamtenrechtsrahmengesetz.

Entscheidung über Meinungsverschiedenheiten zwischen Mitgliedern des Bezirksamts. Bei Widerspruchsentscheidungen gegen Verwaltungsakte der Bezirksverwaltung in bezirkseigenen Angelegenheiten entscheidet es grundsätzlich als Kollegium, jedoch kann die Entscheidung in bestimmten Angelegenheiten (z. B. Sozialhilfe) auf das zuständige Mitglied übertragen werden (§ 27 Abs. 1 d AZG). Das Bezirksamt kann sich im übrigen die Erledigung einzelner Geschäfte oder einzelner Gruppen von Geschäften vorbehalten (§ 38 Abs. 2 Satz 2 BezVG). In allen übrigen Fällen führen die Bezirksamtsmitglieder in ihrem Geschäftsbereich die Geschäfte im Namen des Bezirksamts (§ 38 Abs. 1 Satz 2 BezVG; zur Geschäftsverteilung vgl. unten). Die Bediensteten der Bezirksverwaltung werden im Rahmen ihrer Zeichnungsbefugnis für die Behörde "Bezirksamt" tätig.

Das Bezirksamt gibt sich eine Geschäftsordnung (§ 36 Abs. 1 Satz 78.5.2
2 BezVG).

Der Bezirksbürgermeister führt den Vorsitz im Bezirksamt; bei 78.5.3
Stimmengleichheit gibt seine Stimme den Ausschlag. Er übt die Dienstaufsicht über die Bezirksstadträte aus; die Aufsicht über den Bezirksbürgermeister steht dem Regierenden Bürgermeister zu.

Verstößt ein Beschluß des Bezirksamts gegen Rechtsvorschriften, 78.5.4
Vewaltungsvorschriften oder (verbindliche) Einzelweisungen der Hauptverwaltung, so ist der Bezirksbürgermeister ähnlich wie das Bezirksamt gegenüber der BVV verpflichtet (nicht nur berechtigt), den Beschluß binnen zwei Wochen unter Angabe der Gründe zu beanstanden. Das Bezirksamt kann binnen zwei Wochen in bezirkseigenen Angelegenheiten die Entscheidung der Aufsichtsbehörde, in übertragenen Vorbehaltsaufgaben die Entscheidung des zuständigen Senatsmitglieds beantragen (§ 39 Abs. 4).

Zur Pflicht des Bezirksbürgermeisters, rechtswidrige Beschlüsse des Bezirksamts zu beanstanden und zu den Einflußmöglichkeiten, die der Hauptverwaltung in diesem Zusammenhang zustehen, gilt sinngemäß das gleiche wie bei dem Beanstandungsrecht des Bezirksamts gegenüber rechtswidrigen Beschlüssen der BVV (§ 18 BezVG, vgl. oben § 88.5.2)

Die Bezirksverwaltung (mit Ausnahme der Schulen und Kranken- 78.5.5
häuser) ist eine einheitliche Behörde. Anders als im Fall der Hauptverwaltung ist ihre innere Gliederung jedoch weitgehend durch Ge-

setz geregelt. Die Bezirksämter sind in Abteilungen, die Abteilungen in Ämter einzuteilen; dies ergibt sich nicht nur aus § 10 der Gemeinsamen Geschäftsordnung I (Verwaltungsvorschrift), sondern mindestens indirekt auch aus § 38 Abs. 1 BezVG: Jedem Mitglied des Bezirksamts ist die Leitung mindestens eines Geschäftsbereichs (Abteilung oder Amt) zu übertragen. Dem Wort "Amt" kommt im Bereich der Bezirksverwaltung also eine andere Bedeutung zu, als im Bereich der Hauptverwaltung:

Bei einem Amt der Hauptverwaltung handelt es sich im Normalfall um eine selbständige Behörde, bei einem Amt des Bezirksamts dagegen um eine vergleichsweise untergeordnete Gliederung, die etwa einem Referat der Hauptverwaltung entspricht. Für die Ämter sieht § 10 Abs. 1 GGO I eine Einteilung in Sachgebiete vor, die bei Bedarf zu Gruppen zusammengefaßt werden können.

78.5.6 Sachlich ist die Organisation der Bezirksverwaltung nach § 37 Abs. 1 BezVG entsprechend der Organisation der Hauptverwaltung einzurichten. Ausnahmen bedürfen der Zustimmung der Aufsichtsbehörde, also des Senators für Inneres. Das Wort "entsprechen" bedeutet nicht, daß für jeden Geschäftsbereich, der auf der Hauptverwaltungsebene von einem Senatsmitglied wahrgenommen wird, auch eine Abteilung in den Bezirksverwaltungen bestehen müßte. Es gibt Senatsverwaltungen, für deren Ressorts auf Bezirksebene keine oder nur minimale Zuständigkeiten bestehen (z. B. Justiz-, Bundesangelegenheiten, Wissenschaft und Forschung). Außerdem werden die Geschäftsbereiche der verschiedenen Senatsmitglieder oft aus politischen Gründen geändert; es wäre untunlich, die Bezirksverwaltung nach jeder Senatsumbildung neu zu organisieren. In der Praxis sind nach dem gegenwärtigen Stand acht Abteilungen für die Bezirksämter vorgesehen (Personal und Verwaltung, Volksbildung, Sozialwesen, Jugend und Sport, Gesundheitswesen, Bauwesen, Wirtschaft und Finanzen). Die Abteilungen Wirtschaft und Finanzen sind in verschiedenen Bezirksämtern zusammengelegt. Auch bei der Einteilung der Ämter und ihrer Verteilung auf die Abteilungen gibt es — bei grundsätzlich gleichem Aufbau der Bezirksverwaltungen — einige Abweichungen von Bezirk zu Bezirk, denen die Aufsichtsbehörde zugestimmt hat.

6. Verteilung der Zuständigkeiten unter den Bezirksamtsmitgliedern

Während die Bezirksämter bei der Gliederung ihrer Verwaltung an 78.6
Gesetze und an Entscheidungen der Aufsichtsbehörde gebunden sind, sind sie bei der Verteilung der Geschäftsbereiche unter den Bezirksamtsmitgliedern weitgehend frei. Es besteht lediglich die Bestimmung, daß jedem Mitglied des Bezirksamtes die Leitung mindestens eines Geschäftsbereichs (Abteilung oder Amt) zu übertragen ist (§ 38 Abs. 1 BezVG). Diese Bestimmung gilt auch für den Bezirksbürgermeister; er kann sich nicht auf die Leitung des Bezirksamtes beschränken, sondern muß einen Geschäftsbereich übernehmen (zumeist, aber nicht immer, die Abt. Personal und Verwaltung). Im übrigen wird die Geschäftsverteilung von dem Bezirksamt mit einfacher Mehrheit beschlossen; Parteien- und Wählergemeinschaften, die in der BVV mit einer ausreichend starken Fraktion vertreten sind, haben zwar Anspruch auf einen oder mehrere Sitze im Bezirksamt, nicht aber auf bestimmte Geschäftsbereiche. Der Geschäftsbereich eines Bezirksamtsmitglieds kann also durch Mehrheitsbeschluß auf einige Ämter einer Abteilung, im Extremfall auf ein einziges Amt beschränkt werden. Es ist auch möglich, daß einem Bezirksamtsmitglied mehrere Ämter aus unterschiedlichen Abteilungen übertragen werden. In diesen Fällen ist der leitende Fachbeamte einer Bezirksamtsabteilung für verschiedene Teile seines Zuständigkeitsbereichs verschiedenen Bezirksamtsmitgliedern untergeordnet. Die Zweckmäßigkeit dieser Regelung ist umstritten; es wird erwogen, im Rahmen einer Verwaltungsreform die Bezirksamtsmitglieder für bestimmte Geschäftsbereiche — Abteilungen — wählen zu lassen.

§ 79 Das Bürgerbegehren

Durch die 1978 eingeführte Einrichtung des Bürgerbegehrens (§§ 40 79
bis 42 BezVG) soll ein Element der unmittelbaren Demokratie in die Selbstverwaltung der Bezirke eingeführt werden. Allerdings werden durch ein Bürgerbegehren keine verbindlichen Beschlüsse gefaßt, sondern nur eine Beschlußfassungspflicht der BVV begründet. Es handelt sich also, streng genommen, nur um eine formalisierte Art der Massenpetition.[42]

42 Vgl. hierzu Srocke zu § 40 BezVG.

Ein Bürgerbegehren ist grundsätzlich in allen Angelegenheiten möglich, in denen die BVV nach §§ 12 und 13 BezVG Beschlüsse fassen kann, also auch in Angelegenheiten, die nicht in die bezirkliche Zuständigkeit fallen, bei denen aber eine Empfehlung der BVV möglich wäre. Auch hier besteht die Einschränkung, daß den Organen der bezirklichen Selbstverwaltung kein allgemeinpolitisches Mandat zusteht (s. oben § 65 (65.4.3). Nach § 42 BezVG ist ein Bürgerbegehren nicht zulässig in Angelegenheiten, bei denen eine unmittelbare förmliche Bürgerbeteiligung durch besondere Rechtsvorschrift vorgeschrieben ist (z. B. § 3 Abs. 1 des Ausführungsgesetzes zum Bundesbaugesetz), bei Wahl- und sonstigen Personalangelegenheiten (§ 42 b—e). Ausgeschlossen ist das Bürgerbegehren ferner, wenn innerhalb der laufenden Wahlperiode der BVV bereits ein Bürgerbegehren derselben Angelegenheit durchgeführt worden ist (Buchstabe a, a. a. O.).

Das Bürgerbegehren setzt einen Antrag voraus, der von mindestens 2 % der wahlberechtigten Bürger des Bezirks (berechnet nach den Wählerlisten bei der letzten Wahl) unterschrieben sein muß. Liegt ein solcher Antrag vor, so sind amtliche Eintragungslisten zu erstellen, die während einer Frist von vier Wochen in bezirklichen Gebäuden ausgelegt werden. Die Auslegungsstellen werden öffentlich bekannt gemacht. Das Bürgerbegehren ist zustande gekommen, wenn es von mindestens 10 % der bei der letzten Wahl ermittelten Zahl der Wahlberechtigten unterschrieben ist. Es begründet eine Pflicht der BVV, innerhalb von drei Monaten über den Antrag zu entscheiden (also nur eine Beschlußfassungspflicht, keine Vollzugspflicht). Die Entscheidung ist öffentlich bekannt zu machen.

§ 80 Die nachgeordneten Einrichtungen der Bezirksverwaltung: Schulen und Krankenhäuser

1. Allgemeines

80.1.1 Die Bezirksverwaltung ist grundsätzlich einstufig: Verwaltungsbehörde für den Bezirk ist das Bezirksamt. Es leitet unmittelbar auch solche bezirklichen Einrichtungen, die theoretisch als selbständige Behörden oder Anstalten geführt werden könnten (z. B. Volkshochschulen, Bibliotheken, Badeanstalten, Jugendheime, Krematorien, bezirkliche Galerien).

Eine Ausnahme von diesem Organisationsprinzip besteht nur bei zwei Einrichtungen, nämlich den staatlichen Schulen und den staatlichen Krankenhäusern. Beide Einrichtungen sind Teil der Bezirksverwaltung, genießen aber (ohne deshalb juristische Personen des öffentlichen Rechts zu sein) eine gewisse rechtliche Selbständigkeit. Aufgrund ihrer Organisation kann man die Schulen als unselbständige öffentlich-rechtliche Anstalten ansehen, während die Krankenhäuser eine Sonderstellung einnehmen, die sie als eine Mischform von unselbständiger Anstalt, Eigenbetrieb und Regiebetrieb erscheinen läßt.

Daß Schulen und Krankenhäuser Teile der Bezirksverwaltung sind, **80.1.2**
wirkt sich z. B. im Dienstrecht und im Haushaltsrecht aus. Die dort tätigen Beamten, Angestellten und Arbeiter sind Angehörige der Bezirksverwaltung. Das Bezirksamt ist ihre Dienstbehörde; ihre Tätigkeit ist (bei Beamten und Angestellten) mit einem Mandat im Abgeordnetenhaus, aber nicht mit einem Mandat in der Bezirksverordnetenversammlung desselben Bezirks vereinbar. Die Einnahmen und Ausgaben erscheinen im Haushaltsplan des betreffenden Bezirks.

Im übrigen ist die Organisationsgewalt und die Gestaltungsfreiheit **80.1.3**
der Bezirke in diesem Bereich aber stark beschränkt. Die Tätigkeit, der Aufbau der Einrichtungen ist eingehend durch Gesetze geregelt; diese sehen auch besondere Entscheidungsgremien vor, an denen die Bezirksverwaltung zwar zum Teil beteiligt ist, ohne sie jedoch entscheidend zu beherrschen. Ferner bestehen weitgehende Aufsichts- und Weisungsbefugnisse der zuständigen Senatsverwaltungen. Schließlich bestehen in beiden Bereichen auch Sondereinrichtungen, die nicht den Bezirken, sondern der Hauptverwaltung oder besonderen Rechtsträgern unterstehen (z. B. die Universitätskliniken).

2. Die Berliner Schulen

Die Zuständigkeitsverteilung im Bereich des Berliner Schulrechts ist **80.2.1**
dadurch gekennzeichnet, daß — ähnlich wie in den anderen Ländern

— die inneren Schulangelegenheiten und die Schulaufsicht von der Hauptverwaltung als Vorbehaltsaufgabe wahrgenommen werden, während die äußeren Schulangelegenheiten — die in den Flächenstaaten zumeist in den Kompetenzbereich der Gemeinden oder Kreise fallen — grundsätzlich bezirkseigene Angelegenheiten sind (vgl. Nr. 16 (1) der Anlage zur DVO-AZG sowie § 5 des Berliner Schulgesetzes). Zur Ausübung der Schulaufsicht können nach Art. 51 Abs. 1 Satz 2 der Berliner Verfassung Beamte der Bezirksverwaltungen herangezogen werden. Diese Beamten (Schulräte, Oberschulräte) bleiben also Angehörige der Bezirksverwaltung; sie üben jedoch in einer Art Organleihe die Schulaufsicht für die Hauptverwaltung aus und unterliegen insoweit auch einer Weisungsbefugnis der Hauptverwaltung.[43]

Zu den inneren Schulangelegenheiten gehören alle Fragen, die den eigentlichen Lehrbetrieb (Ziel, Inhalt und Methoden des Schulunterrichts) umfassen. Zu den äußeren Schulangelegenheiten gehört der organisatorische Bereich, insbesondere also die Einrichtung sowie die personelle und sachliche Ausstattung der Schulen. Die Gründung, Umwandlung und Aufhebung von öffentlichen Schulen und Schuleinrichtungen sowie sonstige Fragen der Schulorganisation sind aber übertragene Vorbehaltsaufgaben, so daß insoweit ein Weisungsrecht der Hauptverwaltung besteht (Nr. 16 der Anlage zur DVO-AZG).

80.2.2 Rechtsgrundlage für die Tätigkeit und die Organisation der Schulen sind vor allem das Schulgesetz (hauptsächlich materielles Schulrecht) und das Schulverfassungsgesetz (hauptsächlich für den Organisationsbereich).[44]

80.2.3 Vom Schulverfassungsrecht können hier nur einige Grundzüge wiedergegeben werden.[45] Die Schule wird vom Schulleiter auf kol-

43 Eine echte Organleihe würde voraussetzen, daß es sich bei den Berliner Bezirken um selbständige juristische Personen des öffentlichen Rechts handelte.

44 Schulgesetz für Berlin vom 26. Januar 1948 i. d. F. vom 20. August 1980 (GVBl. S. 2103) zuletzt geändert durch Gesetz vom 3. September 1989 (GVBl. S. 1734), Gesetz über die Schulverfassung des Landes Berlin (Schulverfassungsgesetz vom 11. Juli 1974 i. d. F. vom 6. April 1987 (GVBl. S. 1302).

45 Zu den Einzelheiten vgl. Eiselt, Heinrich, Grundriß des Schulrechts in Berlin, Luchterhand, Neuwied und Darmstadt, 2. Auflage, 1985.

legialer Grundlage nach den geltenden Vorschriften, den Anordnungen der zuständigen Behörde sowie den Beschlüssen der Gesamtkonferenz und der Schulkonferenz geleitet (§ 22 Abs. 1 SchulverfassungsG). Jede freie Stelle eines Schulleiters ist grundsätzlich auszuschreiben; wenn sich mehrere geeignete Personen bewerben, schlägt die Dienstbehörde (also das Bezirksamt) mindestens zwei Bewerber vor.

Bei jeder fünften Stelle erfolgt die Benennung durch das zuständige Senatsmitglied im Benehmen mit der Dienstbehörde. Unter den vorgeschlagenen Bewerbern wählt die Gesamtkonferenz der betreffenden Schulen unter Vorsitz eines Vertreters der Dienstbehörde den Schulleiter in geheimer Abstimmung aus. Die beamtenrechtlich maßgebliche Ernennung erfolgt durch die Dienstbehörde. Der ernannte Schulleiter übt sein Amt als Beamter auf Lebenszeit bis zum Eintritt in den Ruhestand aus, sofern er nicht vorher aus im Beamtenrecht vorgesehenen Gründen ausscheidet.

An jeder Schule ist eine Gesamtkonferenz und eine Schulkonfe- 80.2.4
renz zu bilden. Die Gesamtkonferenz ist (außer für die Wahl des Schulleiters) für Fragen zuständig, die die Organisation des Unterrichts betreffen (Koordinierung von Arbeitsplätzen, Grundsätze der Unterrichtsverteilung und die einheitliche Leistungsbeurteilung, Raumverteilung usw.). Stimmberechtigte Teilnehmer sind der Schulleiter, die an der Schule schwerpunktmäßig tätigen Lehrer sowie Sozialpädagogen und Erzieher; Lehrer, die weniger als 6 Wochenstunden an der betreffenden Schule geben, Religionslehrer und je zwei ständige Vertreter der Gesamtschülervertretung und der Gesamtelternvertretung der Schule nehmen mit beratender Stimme teil (§§ 13, 14).

Mitglieder der Schulkonferenz sind der Schulleiter oder sein Ver- 80.2.5
treter und jeweils drei gewählte Vertreter der Gesamtkonferenz, der Gesamtschülervertretung und der Gesamtelternvertretung. Sie dient dem Zusammenwirken von Lehrern, Erziehungsberechtigten und Schülern bei Unterrichts- und Erziehungsarbeit; im Rahmen der geltenden Vorschriften berät und beschließt sie u. a. über Grundsätze für Art und Umfang der Hausarbeiten, Anträge auf Genehmigung von Schulversuchen und abweichenden Organisationsformen des Unterrichts, besondere Veranstaltungen der Schule, allgmeine und grund-

sätzliche Angelegenheiten der Ordnung, insbesondere die Hausordnung, Maßnahmen zur Schulwegsicherung, Grundsätze der Raumverteilung in der Schule und Vorschläge und Stellungnahmen zu Baumaßnahmen. Bei anderen Fragen ist sie vorher zu unterrichten oder zu hören (§§ 50 bis 53).

80.2.6 Zur Beteiligung der Erziehungsberechtigten und Schüler an den Schulen sind Schüler- und Elternversammlungen auf Klassen- oder Jahrgangsebene sowie Schüler- und Elternvertretungen auf Schulebene, Bezirksebene und Landesebene vorgesehen. Die Schülersprecher und Elternsprecher der Klassen und Jahrgänge nehmen mit beratender Stimme an den betreffenden Lehrerkonferenzen (Klassenkonferenzen oder Jahrgangskonferenzen) teil. (§ 17 f).

80.2.7 Schließlich ist vorgesehen, daß zur Schlichtung von Konfliktsituationen an der Schule auf Antrag eines Betroffenen — wenn kein anderer Betroffener widerspricht und personalrechtliche Angelegenheiten nicht berührt sind — ein gewählter Vermittlungsausschuß tätig werden kann (§ 54).

3. Staatliche Krankenhäuser

80.3.1 Rechtsgrundlage für Organisation und Tätigkeit ist vor allem der II. Abschnitt des Landeskrankenhausgesetzes.[46] Nach § 29 sind die Krankenhäuser des Landes Berlin nichtrechtsfähige Betriebe, die nach Maßgabe dieses Gesetzes selbständig und mit eigenen Organen geführt werden (Krankenhausbetriebe). Alle Einrichtungen des Krankenhauswesens eines Bezirks bilden grundsätzlich einen Krankenhausbetrieb. Bei nicht ausreichender Betriebsgröße können die Einrichtungen in den Krankenhausbetrieb eines benachbarten Bezirks eingegliedert werden. Die beiden psychiatrischen Fachkrankenhäuser bilden jeweils einen eigenen Krankenhausbetrieb.

80.3.2 Der innere Aufbau der Krankenhausbetriebe ist zweistufig. Die erste Stufe sind die medizinischen und medizinisch-technischen Abteilungen, die besonderen Organisationseinheiten mit selbständiger Leitung sowie die Abteilungen im Verwaltungs-, Wirtschafts- und Versor-

46 Landeskrankenhausgesetz vom 13. Dezember 1974 i. d. F. vom 1. September 1986 (GVBl. S. 1 533)

gungsbereich. Die zweite Stufe ist der Krankenhausbetrieb als Ganzes (§ 33 Abs. 1 und 2 des Gesetzes).

Als Organe für jeden Krankenhausbetrieb sieht das Gesetz auf der 80.3.3
oberen (sogenannten zweiten) Stufe die Krankenhauskonferenz und die Krankenhausleitung vor (§ 36). Die Krankenhauskonferenz besteht aus dem für das Gesundheitswesen zuständigen Bezirksamtsmitglied und einem weiteren vom Bezirksamt bestellten Mitglied als dessen Stellvertreter, drei von der Bezirksverordnetenversammlung aus ihrer Mitte gewählten Mitgliedern und drei Vertretern der Dienstkräfte; diese gliedern sich in je einen Vertreter der Medizinalpersonen, der anderen medizinischen Berufe und anderer Dienstkräfte. Beratende Teilnehmer sind das für Gesundheitswesen zuständige Senatsmitglied oder von ihm beauftragte Dienstkräfte, die Mitglieder der Krankenhausleitung, ein Mitglied des Personalrats und ein von den niedergelassenen Ärzten des betreffenden Bezirks gewählter Vertreter (§ 37).

Die Krankenhausleitung setzt sich zusammen aus dem ärztlichen 80.3.4
Leiter, dem Verwaltungsleiter und dem Krankenpflegeleiter. Der ärztliche und Krankenpflegeleiter sowie ihre Stellvertreter werden auf fünf, der Verwaltungsleiter und sein Stellvertreter auf acht Jahre bestellt.

Die Krankenhauskonferenz entscheidet über die Bestellung und 80.3.5
Abberufung der Mitglieder der Krankenhausleitung sowie der Abteilungsleiter, Abteilungsschwestern (Abteilungspfleger) und Leiter von selbständigen Funktionsbereichen innerhalb der Abteilung, über Feststellung des Wirtschaftsplans und Jahresabschlusses, über wesentliche Änderungen der Betriebsstruktur sowie über Planungs-, Organisations-, Rationalisierungs- und Investitionsvorhaben aufgrund von Vorlagen der Krankenhausleitung. Bei anderen Maßnahmen (z. B. Abschluß von Dienstvereinbarungen) bedarf die Krankenhausleitung der vorherigen Zustimmung der Krankenhauskonferenz. In bestimmten Fällen darf die Krankenhauskonferenz erst entscheiden, wenn zuvor Stellungnahmen des Bezirksamts und des für Gesundheitswesen zuständigen Senatsmitglieds eingeholt worden sind (§ 39).

Als Organ der unteren (ersten) Stufe ist eine Abteilung vorgese- 80.3.6
hen, die sich aus einem Abteilungsleiter und der Abteilungsschwester (dem Abteilungspfleger) zusammensetzt. Der Abteilungsleiter ist für

die Leistungsfähigkeit und Wirtschaftlichkeit im Rahmen der Entscheidung der Krankenhausleitung verantwortlich, und er ist in Wahrnehmung seiner Verantwortung gegenüber den Dienstkräften weisungsbefugt soweit das Gesetz nichts anderes bestimmt.

80.3.7 Besondere Organisationseinheiten mit selbständiger Leitung sind entweder den Abteilungen gleichgestellt oder als Funktionsbereiche innerhalb von Abteilungen organisiert. Im zweiten Fall ist der Arzt als Leiter des selbständigen Funktionsbereichs bei ärztlichen Entscheidungen in diesem Bereich dem Weisungsrecht des Abteilungsleiters nicht unterworfen und gegenüber den Dienstkräften weisungsbefugt.

Die Abteilungsschwester oder der Abteilungspfleger als Leiterin oder Leiter des pflegerischen Dienstes unterliegen insoweit nicht dem Weisungsrecht des Abteilungsleiters oder Funktionsbereichsleiters, jedoch bleibt die ärztliche Verantwortung unberührt. Gegebenenfalls sind Entscheidungen gegenseitig abzustimmen (§ 35).

80.3.8 Der Krankenhausbetrieb handelt im Rahmen seines Aufgabenbereichs mit unmittelbarer Wirkung "für und gegen Berlin" (§ 29 Abs. 3). Er unterliegt dem Allgemeinen Zuständigkeitsgesetz und dem Gesetz über Allgemeine Sicherheit und Ordnung (ASOG) sowie den dazu erlassenen Rechtsvorschriften. Die Landeshaushaltsordnung ist nur partiell auf ihn anwendbar (§ 29 Abs. 2 Nr. 2 Krankenhausgesetz i. V. m. § 113 LHO). Verwaltungsvorschriften sind für den Bereich automatisch nur anwendbar, wenn sie die Ausführung von Gesetzen und Tarifverträgen betreffen oder zur Gewährleistung der inneren Sicherheit und Ordnung nach § 6 Abs. 2 Buchst. c des Allgemeinen Zuständigkeitsgesetzes ergangen sind. In anderen Fällen muß das für Gesundheitswesen zuständige Senatsmitglied die Geltung der Verwaltungsvorschriften nach Anhörung der Krankenhausleitungen und der Bezirksämter im Einvernehmen mit dem (für die Verwaltungsvorschrift fachlich zuständigen) Senatsmitglied ausdrücklich anordnen.

80.3.9 Für die Wirtschaftsprüfung und das Rechnungswesen der Krankenhausbetriebe gelten die Bestimmungen des Eigenbetriebsgesetzes (§ 10 bis 26) entsprechend, soweit nicht besondere Vorschriften entgegenstehen (z. B. Krankenhausfinanzierungsgesetz des Bundes).

80.3.10 Die Beschlüsse der Krankenhauskonferenz unterliegen einem Beanstandungsrecht des Bezirksamts (§ 40) und — soweit sie die Feststellung des Wirtschaftsplans oder des Jahresabschlusses betreffen —

einem Widerspruchsrecht des für Gesundheit zuständigen Senatsmitglieds. Im Falle der Beanstandung muß die Krankenhauskonferenz innerhalb von 14 Tagen erneut Beschluß fassen; hält das Bezirksamt die Beanstandung aufrecht, so entscheidet es anstelle der Krankenhauskonferenz (§ 40). Im Falle eines Widerspruchs müssen das zuständige Senatsmitglied und der Vorsitzende der Krankenhauskonferenz nachhaltig versuchen, unter Beteiligung der Krankenhausleitung eine einvernehmliche Lösung zu erreichen; kommt diese nicht zustande, so hat die Ausführung des Beschlusses der Krankenhauskonferenz zu unterbleiben. Unterliegt derselbe Beschluß einer Beanstandung und einem Widerspruch, so wird der Widerspruch im Beanstandungsverfahren mitbehandelt und erledigt.

Dokumentation

1.

Verfassung von Berlin

Vom 1. September 1950*
In der Fassung vom 11. Dezember 1991*

Vorspruch

In dem Willen,
Freiheit und Recht jedes einzelnen zu schützen, Gemeinschaft und Wirtschaft demokratisch zu ordnen, dem Geiste des sozialen Fortschritts und des Friedens zu dienen, und
in dem Wunsche,
die Hauptstadt eines neuen geeinten Deutschlands zu bleiben,
hat sich Berlin diese Verfassung gegeben.

ABSCHNITT I

Die Grundlagen

Artikel 1

(1) Berlin ist ein deutsches Land und zugleich eine Stadt.

(2) *Berlin ist ein Land der Bundesrepublik Deutschland.*

(3) *Grundgesetz und Gesetze der Bundesrepublik Deutschland sind für Berlin bindend.*

Artikel 2

(1) Träger der öffentlichen Gewalt ist die Gesamtheit der Deutschen, die in Berlin ihren Wohnsitz haben.

(2) Sie üben nach dieser Verfassung ihren Willen unmittelbar durch Wahl zu der Volksvertretung und durch Volksentscheid, mittelbar durch die Volksvertretung aus.

Quelle: VOBl. I S. 433
Neufassung: GVBl. S. 279

Artikel 3

(1) Die gesetzgebende Gewalt steht allein der Volksvertretung zu. Die vollziehende Gewalt liegt in den Händen der Regierung und der ihr nachgeordneten Verwaltung, die richterliche Gewalt in den Händen unabhängiger Gerichte.

(2) Volksvertretung, Regierung und Verwaltung nehmen die Aufgaben Berlins als Gemeinde, Gemeindeverband und Land wahr.

Artikel 4

(1) Berlin umfaßt die Bezirke Mitte, Tiergarten, Wedding, Prenzlauer Berg, Friedrichshain, Kreuzberg, Charlottenburg, Spandau, Wilmersdorf, Zehlendorf, Schöneberg, Steglitz, Tempelhof, Neukölln, Treptow, Köpenick, Lichtenberg, Weißensee, Pankow, Reinickendorf, Marzahn, Hohenschönhausen und Hellersdorf.

(2) Jede Änderung seines Gebietes bedarf der Zustimmung der Volksvertretung. Eine Änderung der Zahl und der Grenzen der Bezirke kann nur durch Gesetz vorgenommen werden. Für Grenzänderungen von geringer Bedeutung, denen die beteiligten Bezirke zustimmen, kann durch Gesetz Abweichendes bestimmt werden.

Artikel 5

Berlin führt Flagge, Wappen und Siegel mit dem Bären, die Flagge mit den Farben Weiß-Rot.

ABSCHNITT II

Die Grundrechte

Artikel 6

(1) Alle Männer und Frauen sind vor dem Gesetz gleich. Sie haben das Recht auf gleiche wirtschaftliche, soziale und geistige Entwicklungsmöglichkeiten.

(2) Die Frau ist auf allen Gebieten des staatlichen, wirtschaftlichen und sozialen Lebens dem Manne gleichgestellt.

Artikel 7

Niemand darf an der Wahrnehmung staatsbürgerlicher Rechte oder öffentlicher Ehrenämter gehindert werden, insbesondere nicht durch sein Arbeitsverhältnis.

Artikel 8

(1) Jedermann hat das Recht, innerhalb der Gesetze seine Meinung frei und öffentlich zu äußern, solange er die durch die Verfassung gewährleistete Freiheit nicht bedroht oder verletzt.

(2) Jedermann hat das Recht, sich über die Meinung anderer, insbesondere auch anderer Völker, durch die Presse oder Nachrichtenmittel aller Art zu unterrichten.

(3) Eine Zensur ist nicht statthaft.

Artikel 9

(1) Die Freiheit der Person ist unverletzlich.

(2) Jeder Verhaftete oder Festgenommene ist binnen 24 Stunden in Kenntnis zu setzen, von welcher Stelle und aus welchem Grunde die Entziehung der Freiheit angeordnet wurde. Die nächsten Angehörigen haben das Recht auf Auskunft über die Freiheitsentziehung. Auf Verlangen des Verhafteten oder Festgenommenen ist auch anderen Personen unverzüglich von der Verhaftung oder Festnahme Kenntnis zu geben.

(3) Jeder Verhaftete oder Festgenommene ist binnen 48 Stunden dem zuständigen Richter zur Entscheidung über die Haft oder Festnahme vorzuführen.

Artikel 10

Das Briefgeheimnis sowie das Post- und Fernmeldegeheimnis sind unverletzlich.

Artikel 11

Das Recht der Freizügigkeit, insbesondere die freie Wahl des Wohnsitzes, des Berufes und des Arbeitsplatzes, ist gewährleistet, findet aber seine Grenze in der Verpflichtung, bei Überwindung öffentlicher Notstände mitzuhelfen.

Artikel 12

(1) Jedermann hat das Recht auf Arbeit. Dieses Recht ist durch eine Politik der Vollbeschäftigung und Wirtschaftslenkung zu verwirklichen. Wenn Arbeit nicht nachgewiesen werden kann, besteht Anspruch auf Unterhalt aus öffentlichen Mitteln.

(2) Frauen, Jugendliche und Körperbehinderte haben Anspruch auf besonderen Schutz im Arbeitsverhältnis.

Artikel 13

Der Zugang zu allen öffentlichen Ämtern steht jedem ohne Unterschied der Herkunft, des Geschlechts, der Partei und des religiösen Bekenntnisses offen, wenn er die nötige Eignung besitzt.

Artikel 14

Wer durch Krankheit, Alter oder aus anderen Ursachen in Not gerät, hat Anspruch auf Lebensunterhalt aus öffentlichen Mitteln, sofern ein ausreichender Schutz durch die Sozialversicherung nicht gegeben ist.

Artikel 15

(1) Das Eigentum wird gewährleistet. Sein Inhalt und seine Schranken ergeben sich aus den Gesetzen.

(2) Eine Enteignung kann nur zum Wohle der Allgemeinheit auf gesetzlicher Grundlage vorgenommen werden.

Artikel 16

Jeder Mißbrauch wirtschaftlicher Macht ist widerrechtlich. Insbesondere stellen alle auf Produktions- und Marktbeherrschung gerichteten privaten Monopolorganisationen einen Mißbrauch wirtschaftlicher Macht dar und sind verboten.

Artikel 17

Das Mitbestimmungsrecht der Arbeiter und Angestellten in Wirtschaft und Verwaltung ist durch Gesetz zu gewährleisten.

Artikel 18

(1) Alle Männer und Frauen haben das Recht, sich zu gesetzlich zulässigen Zwecken friedlich und unbewaffnet zu versammeln, sowie Vereinigungen und Gesellschaften zu bilden.

(2) Vereinigungen dürfen keine Zwecke verfolgen oder Maßnahmen treffen, durch welche die Erfüllung von Aufgaben verfassungsmäßiger Organe und öffentlich-rechtlicher Verwaltungskörper gefährdet wird.

(3) Das Streikrecht ist gewährleistet.

Artikel 19

(1) Jedermann hat das Recht auf Wohnraum.

(2) Der Wohnraum ist unverletzlich. Eine Durchsuchung darf nur auf richterliche Anordnung erfolgen oder bei Verfolgung auf frischer Tat durch die Polizei, deren Maßnahmen jedoch binnen 48 Stunden der richterlichen Genehmigung bedürfen.

Artikel 20

(1) Die ungestörte Religionsausübung ist gewährleistet.

(2) Rassenhetze und Bekundung nationalen oder religiösen Hasses widersprechen dem Geist der Verfassung und sind unter Strafe zu stellen.

Artikel 21

(1) Handlungen, die geeignet sind, das friedliche Zusammenleben der Völker zu stören, widersprechen dem Geist der Verfassung und sind unter Strafe zu stellen.

(2) Jedermann hat das Recht, Kriegsdienste zu verweigern, ohne daß ihm Nachteile entstehen dürfen.

Artikel 21 a

Die Umwelt und die natürlichen Lebensgrundlagen stehen unter dem besonderen Schutz des Landes.

Artikel 21 b

Das Recht des einzelnen, grundsätzlich selbst über die Preisgabe und Verwendung seiner persönlichen Daten zu bestimmen, wird gewährleistet. Einschränkungen dieses Rechts bedürfen eines Gesetzes. Sie sind nur im überwiegenden Allgemeininteresse zulässig.

Artikel 21 c

Jeder hat das Recht, sich einzeln oder in Gemeinschaft mit anderen mit schriftlichen Anträgen, Anregungen oder Beschwerden an die zuständigen Stellen, insbesondere an das Abgeordnetenhaus, den Senat, die Bezirksverordnetenversammlungen oder die Bezirksämter, zu wenden.

Artikel 22

(1) Der Sonntag und die gesetzlichen Feiertage sind als Tage der Arbeitsruhe geschützt.

(2) Der 1. Mai ist gesetzlicher Feiertag.

Artikel 23

(1) Die durch die Verfassung gewährleisteten Grundrechte sind für Gesetzgebung, Verwaltung und Rechtsprechung verbindlich.

(2) Einschränkungen der Grundrechte sind durch Gesetz nur insoweit zulässig, als sie nicht den Grundgedanken dieser Rechte verletzen.

(3) Werden die in der Verfassung festgelegten Grundrechte offensichtlich verletzt, ist jedermann zum Widerstand berechtigt.

Artikel 24

Auf die Artikel 8 und 18 darf sich nicht berufen, wer mißbräuchlich die Grundrechte angreift oder gefährdet, insbesondere wer nationalsozialistische oder andere totalitäre oder kriegerische Ziele verfolgt.

ABSCHNITT III

Die Volksvertretung

Artikel 25

(1) Das Abgeordnetenhaus ist die von den wahlberechtigten Deutschen gewählte Volksvertretung.

(2) Das Abgeordnetenhaus besteht aus mindestens 200 Abgeordneten.

(3) Die Opposition ist notwendiger Bestandteil der parlamentarischen Demokratie. Sie hat das Recht auf politische Chancengleichheit.

(4) Die Abgeordneten sind Vertreter aller Berliner. Sie sind an Aufträge und Weisungen nicht gebunden und nur ihrem Gewissen unterworfen.

Artikel 26

(1) Die Abgeordneten werden in allgemeiner, gleicher, geheimer und direkter Wahl gewählt.

(2) ... Parteien, für die im Gebiet von Berlin insgesamt weniger als fünf vom Hundert der Stimmen abgegeben werden, erhalten keine Sitze zugeteilt, es sei denn, daß ein Bewerber der Partei einen Sitz in einem Wahlkreis errungen hat.

(3) Wahlberechtigt sind alle Deutschen, die am Tage der Wahl das 18. Lebensjahr vollendet und seit mindestens drei Monaten in Berlin ihren Wohnsitz haben.

(4) Wählbar sind alle Wahlberechtigten, die am Tage der Wahl das 18. Lebensjahr vollendet haben.

(5) Alles Nähere, insbesondere über den Ausschluß vom Wahlrecht und von der Wählbarkeit sowie über das Ruhen des Wahlrechts, wird durch das Wahlgesetz geregelt.

Artikel 27

(1) Eine Vereinigung von mindestens fünf vom Hundert der verfassungsmäßigen Mindestzahl der Abgeordneten bildet eine Fraktion. Das Nähere regelt die Geschäftsordnung.

(2) Fraktionen nehmen unmittelbar Verfassungsaufgaben wahr, indem sie mit eigenen Rechten und Pflichten als selbständige und unabhängige Gliederungen der Volksvertretung an deren Arbeit mitwirken und die parlamentarische Willensbildung unterstützen. Das Nähere über die Rechtsstellung und Organisation sowie die Rechte und Pflichten der Fraktionen werden durch Gesetz bestimmt.

Artikel 28

Das Abgeordnetenhaus wählt für die Dauer der Wahlperiode aus seiner Mitte den Präsidenten des Abgeordnetenhauses und die übrigen Mitglieder des Präsidiums.

Artikel 29

Das Abgeordnetenhaus gibt sich selbst eine Geschäftsordnung.

Artikel 30

(1) Das Abgeordnetenhaus wird durch den Präsidenten einberufen.

(2) Auf Antrag eines Fünftels seiner Mitglieder oder des Senats muß das Abgeordnetenhaus unverzüglich einberufen werden.

(3) Die Verhandlungen des Abgeordnetenhauses sind öffentlich.

(4) Wenn ein Fünftel der Abgeordneten oder der Senat es beantragen, kann die Öffentlichkeit ausgeschlossen werden. Über den Antrag ist in geheimer Sitzung zu beraten und abzustimmen.

Artikel 31

(1) Das Abgeordnetenhaus ist beschlußfähig, wenn mehr als die Hälfte der gewählten Abgeordneten anwesend ist.

(2) Das Abgeordnetenhaus beschließt mit einfacher Stimmenmehrheit, falls die Verfassung nicht ein anderes Stimmenverhältnis vorschreibt. Stimmengleichheit bedeutet Ablehnung. Für die vom Abgeordnetenhaus vorzunehmenden Wahlen kann durch Gesetz oder durch die Geschäftsordnung eine andere Mehrheit vorgeschrieben werden.

Artikel 32

(1) Das Abgeordnetenhaus wählt nach Bedarf Ausschüsse aus seiner Mitte.

(2) In den Ausschüssen müssen die Fraktionen nach den Grundsätzen der Verhältniswahl vertreten sein.

(3) Für die Ausschüsse gilt sinngemäß die Geschäftsordnung des Abgeordnetenhauses.

(4) Über Petitionen an das Abgeordnetenhaus entscheidet der Petitionsausschuß, sofern nicht das Abgeordnetenhaus selbst entscheidet. Der Ausschuß kann auch tätig werden, wenn ihm auf andere Weise gewichtige Umstände bekannt werden. Der Senat und alle ihm unterstellten oder von ihm beaufsichtigten Behörden und Verwaltungseinheiten sowie die Gerichte haben Auskunftshilfe zu leisten. Der Ausschuß kann Zeugen und Sachverständige vernehmen und vereidigen. Alles Nähere wird durch Gesetz geregelt.

Artikel 33

(1) Das Abgeordnetenhaus hat das Recht und auf Antrag eines Viertels seiner Mitglieder die Pflicht, einen Untersuchungsausschuß einzusetzen.

(2) Jedermann ist verpflichtet, den Aufforderungen des Untersuchungsausschusses zum Zwecke der Beweiserhebung Folge zu leisten. Gerichte und Behörden haben Rechts- und Amtshilfe zu leisten; sie haben auf Verlangen Akten vorzulegen und ihren Dienstkräften Aussagegenehmigungen zu erteilen, soweit nicht Gründe der Sicherheit des Bundes oder eines deutschen Landes entgegenstehen.

(3) Berichte der Untersuchungsausschüsse sind der richterlichen Nachprüfung entzogen.

(4) Der Untersuchungsausschuß kann durch Beschluß den Mitgliedern des Senats und ihren Beauftragten die Anwesenheit in den Sitzungen des Untersuchungsausschusses gestatten.

(5) Alles Nähere wird durch Gesetz geregelt.

Artikel 34

(1) Das Abgeordnetenhaus und seine Ausschüsse können die Anwesenheit der Mitglieder des Senats fordern.

(2) Der Senat ist zu den Sitzungen des Abgeordnetenhauses und seiner Ausschüsse einzuladen.

(3) Der Regierende Bürgermeister oder sein Vertreter können vor Eintritt in die Tagesordnung unabhängig von den Gegenständen der Beratung das Wort ergreifen. Den Mitgliedern des Senats ist auf Verlangen jederzeit zu den Punkten der Tagesordnung das Wort zu erteilen. Das Nähere wird durch die Geschäftsordnung geregelt.

(4) Die Mitglieder des Senats unterstehen in den Sitzungen der Ordnungsgewalt des Präsidenten des Abgeordnetenhauses oder des Vorsitzenden des Ausschusses.

Artikel 35

(1) Kein Abgeordneter darf zu irgendeiner Zeit wegen seiner Abstimmung oder wegen Äußerungen in Ausübung seines Mandats gerichtlich oder dienstlich oder sonst außerhalb des Abgeordnetenhauses zur Verantwortung gezogen werden.

(2) Jeder Abgeordnete hat das Recht, Angaben über Personen, die ihm in seiner Eigenschaft als Abgeordneter Mitteilung gemacht haben, und die Herausgabe von Schriftstücken zu verweigern, die ihm in seiner Eigenschaft als Abgeordneter übergeben wurden.

(3) Kein Abgeordneter darf ohne Genehmigung des Abgeordnetenhauses zur Untersuchung gezogen oder verhaftet werden, es sei denn, daß er bei Ausübung der Tat festgenommen wird.

(4) Jede Haft oder sonstige Beschränkung der persönlichen Freiheit eines Abgeordneten ist auf Verlangen des Abgeordnetenhauses aufzuheben.

Artikel 36

Niemand darf wegen wahrheitsgetreuer Berichte über die öffentlichen Verhandlungen des Abgeordnetenhauses und seiner Ausschüsse zur Verantwortung gezogen werden.

Artikel 37

Der Präsident des Abgeordnetenhauses vertritt das Abgeordnetenhaus in allen Angelegenheiten; er übt das Hausrecht und die Polizeigewalt im Abgeordnetenhaus aus.

Artikel 38

(1) Die Abgeordneten erhalten eine angemessene Entschädigung. Alles Nähere wird durch Gesetz geregelt.

(2) Die Abgeordneten haben außerdem das Recht der freien Benutzung aller öffentlichen Verkehrsmittel, die sich im Besitz von Berlin befinden.

Artikel 39

(1) Das Abgeordnetenhaus wird unbeschadet der Vorschrift des Absatzes 5 für vier Jahre gewählt. Die Wahlperiode beginnt mit dem ersten Zusammentritt des Abgeordnetenhauses. Die Neuwahl findet frühestens sechsundvierzig Monate und spätestens achtundvierzig Monate nach dem Beginn der Wahlperiode statt.

(2) Das Abgeordnetenhaus kann mit einer Mehrheit von zwei Dritteln seiner Mitglieder beschließen, die Wahlperiode vorzeitig zu beenden.

(3) Die Wahlperiode kann auch durch Volksentscheid vorzeitig beendet werden. Ein Volksentscheid ist herbeizuführen, wenn ein Fünftel der Wahlberechtigten einem Volksbegehren zugestimmt hat. Der Volksentscheid wird nur wirksam, wenn sich mindestens die Hälfte der Wahlberechtigten daran beteiligt. Alles Nähere wird durch Gesetz geregelt.

(4) Im Falle der vorzeitigen Beendigung der Wahlperiode findet die Neuwahl spätestens acht Wochen nach dem Beschluß des Abgeordnetenhauses oder der Bekanntgabe des Volksentscheides statt.

(5) Die Wahlperiode endet mit dem Zusammentritt des neugewählten Abgeordnetenhauses. Das Abgeordnetenhaus tritt spätestens sechs Wochen nach der Wahl unter dem Vorsitz des ältesten Abgeordneten zusammen.

ABSCHNITT IV

Die Regierung

Artikel 40

(1) Die Regierung wird durch den Senat ausgeübt.

(2) Der Senat besteht aus dem Regierenden Bürgermeister, dem Bürgermeister als seinem Vertreter sowie höchstens sechzehn Senatoren.

Artikel 41

(1) Der Regierende Bürgermeister wird mit der Mehrheit der abgegebenen Stimmen vom Abgeordnetenhaus gewählt.

(2) Die Wahl des Bürgermeisters und der Senatoren erfolgt auf Vorschlag des Regierenden Bürgermeisters durch das Abgeordnetenhaus.

(3) Kommt auf Grund des Vorschlages des Regierenden Bürgermeisters innerhalb einer Frist von 21 Tagen ein Senat nicht zustande, so ist der Auftrag zur Senatsbildung erloschen und eine Neuwahl vorzunehmen.

(4) Die Mitglieder des Senats können jederzeit von ihrem Amt zurücktreten.

Artikel 42

(1) Der Senat bedarf des Vertrauens des Abgeordnetenhauses.

(2) Das Abgeordnetenhaus kann dem Senat und jedem seiner Mitglieder das Vertrauen entziehen. Die namentliche Abstimmung darf frühestens 48 Stunden nach der Bekanntgabe des Mißtrauensantrages im Abgeordnetenhaus erfolgen.

(3) Der Beschluß über einen Mißtrauensantrag bedarf der Zustimmung der Mehrheit der gewählten Mitglieder des Abgeordnetenhauses. Bei Annahme eines Mißtrauensantrages haben die davon betroffenen Mitglieder des Senats sofort zurückzutreten. Jedes Mitglied des Senats ist verpflichtet, auf Verlangen die Geschäfte bis zum Amtsantritt des Nachfolgers weiterzuführen. Das Mißtrauensvotum verliert seine Wirksamkeit, wenn nicht binnen 21 Tagen eine Neuwahl erfolgt ist.

Artikel 43

(1) Der Regierende Bürgermeister vertritt Berlin nach außen. Er führt den Vorsitz im Senat und leitet seine Sitzungen. Bei Stimmengleichheit gibt seine Stimme den Ausschlag.

(2) Der Regierende Bürgermeister bestimmt im Einvernehmen mit dem Senat die Richtlinien der Regierungspolitik. Sie bedürfen der Billigung des Abgeordnetenhauses.

(3) Der Regierende Bürgermeister überwacht die Einhaltung der Richtlinien; er hat das Recht, über alle Amtsgeschäfte Auskunft zu verlangen.

(4) Die Zahl der Geschäftsbereiche des Senats sowie ihre Abgrenzung wird auf Vorschlag des Regierenden Bürgermeisters vom Abgeordnetenhaus beschlossen. Der Senat gibt sich seine Geschäftsordnung.

(5) Jedes Mitglied des Senats leitet seinen Geschäftsbereich selbständig und in eigener Verantwortung innerhalb der Richtlinien der Regierungspolitik. Bei Meinungsverschiedenheiten entscheidet der Senat.

Artikel 44

(1) Dem Senat untersteht unmittelbar die Hauptverwaltung einschließlich Justizverwaltung und Polizei.

(2) Die Generalstaatsanwälte und der Polizeipräsident werden auf Vorschlag des Senats vom Abgeordnetenhaus mit der Mehrheit seiner Mitglieder gewählt und abberufen.

ABSCHNITT V

Die Gesetzgebung

Artikel 45

(1) Die für alle verbindlichen Gebote und Verbote müssen auf Gesetz beruhen.

(2) Die Gesetzesvorlagen werden von dem Senat oder aus der Mitte des Abgeordnetenhauses eingebracht.

(3) Jedes Gesetz muß in mindestens zwei Lesungen im Abgeordnetenhaus beraten werden. Zwischen beiden Lesungen soll im allgemeinen eine Vorberatung in dem zuständigen Ausschuß erfolgen.

(4) Auf Verlangen des Präsidenten des Abgeordnetenhauses oder des Senats hat eine dritte Lesung stattzufinden.

Artikel 46

(1) Gesetze werden vom Abgeordnetenhaus mit einfacher Mehrheit beschlossen, soweit die Verfassung nichts anderes bestimmt.

(2) Gesetze sind vom Präsidenten des Abgeordnetenhauses unverzüglich auszufertigen und sodann binnen zwei Wochen vom Regierenden Bürgermeister zu verkünden.

(3) Jedes Gesetz und jede Rechtsverordnung soll den Tag des Inkrafttretens bestimmen. Fehlt eine solche Bestimmung, so treten sie mit dem Ablauf des vierzehnten Tages in Kraft, an dem sie verkündet worden sind.

Artikel 47

(1) Der Senat erläßt die zur Durchführung eines Gesetzes erforderlichen Rechtsverordnungen, soweit durch das Gesetz nichts anderes bestimmt wird. Sie sind dem Abgeordnetenhaus unverzüglich zur Kenntnisnahme vorzulegen und können durch Beschluß des Abgeordnetenhauses abgeändert oder aufgehoben werden.

(2) Der Senat erläßt die zur Ausführung eines Gesetzes erforderlichen Verwaltungsvorschriften. Sie sind auf Verlangen dem Abgeordnetenhaus vorzulegen.

Artikel 48

(1) Das bisherige Reichsrecht darf vom Abgeordnetenhaus abgeändert werden, wenn es die tatsächlichen oder rechtlichen Verhältnisse unbedingt erfordern. Diese Voraussetzung unterliegt nicht der richterlichen Nachprüfung.

(2) Das bisher geltende preußische Recht kann nach den Bestimmungen dieser Verfassung abgeändert werden.

(3) Alle Rechte, die in den geltenden Gesetzen der früheren Reichs-

regierung, dem früheren preußischen Staatsministerium, ihren Mitgliedern oder sonstigen Stellen eingeräumt sind, gehen auf den Senat über, sofern das Abgeordnetenhaus nicht anders beschließt.

Artikel 49

(1) Das bisher nur in einem Teil Berlins geltende Recht kann durch Gesetz abgeändert, aufgehoben oder für das ganze Gebiet in Kraft gesetzt werden, soweit dafür nicht der Bundesgesetzgeber zuständig ist.

(2) Alle Zuständigkeiten, die in einem Teil Berlins in dem bisher geltenden Recht der früheren Regierung der DDR oder sonstigen Stellen eingeräumt sind, gehen auf die nach dieser Verfassung zuständigen Stellen über, soweit sie nicht nach Bundesrecht auf andere Stellen übergehen.

ABSCHNITT VI

Die Verwaltung

Artikel 50

(1) Die Verwaltung ist im demokratischen und sozialen Geist nach der Verfassung und den Gesetzen zu führen.

(2) Die Bezirke sind an der Verwaltung nach den Grundsätzen der Selbstverwaltung zu beteiligen.

Artikel 51

(1) Der Senat stellt Grundsätze und Richtlinien für die Verwaltung auf und nimmt durch die Hauptverwaltung die Angelegenheiten wahr, die wegen ihrer übergeordneten Bedeutung oder wegen ihrer Eigenart einer einheitlichen Durchführung bedürfen. Zur Ausübung der Schulaufsicht können jedoch Beamte in den Bezirksverwaltungen herangezogen werden.

(2) Die Bezirke nehmen die sonstigen Angelegenheiten der Verwaltung wahr. Ihnen obliegt insoweit die örtliche Durchführung der Gesetze und Verordnungen nach den allgemeinen Anweisungen des

Senats. Der Senat ist befugt, einzelne der Hauptverwaltung vorbehaltene Aufgaben den Bezirken zu übertragen.

(3) Die Zuständigkeitsbereiche der Hauptverwaltung und der Verwaltungen der Bezirke werden durch ein Gesetz über die Verwaltung geregelt.

(4) Der Senat übt die Aufsicht über die Verwaltungen der Bezirke aus. Er hat dafür zu sorgen, daß der geordnete Gang der Verwaltung gewahrt bleibt und keine gesetzwidrigen Verwaltungsmaßnahmen erfolgen.

Artikel 52

(1) Den Verwaltungen der Bezirke ist die Möglichkeit zu geben, zu den grundsätzlichen Fragen der Verwaltung und Gesetzgebung Stellung zu nehmen.

(2) Zu diesem Zweck finden regelmäßig mindestens einmal monatlich gemeinsame Besprechungen des Regierenden Bürgermeisters und des Bürgermeisters mit den Bezirksbürgermeistern oder den stellvertretenden Bezirksbürgermeistern als Vertreter des Bezirksamts statt (Rat der Bürgermeister).

(3) Alles Nähere wird durch das Gesetz über die Verwaltung geregelt.

Artikel 53

In jedem Bezirk wird eine Bezirksverordnetenversammlung gewählt. Sie wählt die Miglieder des Bezirksamts. Das Nähere wird durch Gesetz geregelt.

Artikel 54

(1) Die Bezirksverordnetenversammlung wird in allgemeiner, gleicher, geheimer und direkter Wahl zur gleichen Zeit wie das Abgeordnetenhaus von den Wahlberechtigten des Bezirks gewählt.

(2) Die Bezirksverordnetenversammlung besteht aus 45 Mitgliedern.

Artikel 55

Mit dem Ende der Wahlperiode des Abgeordnetenhauses endet auch die Wahlperiode der Bezirksverordnetenversammlungen.

Artikel 56

Die Bezirksverordnetenversammlung ist Organ der bezirklichen Selbstverwaltung; sie übt die Kontrolle über die Verwaltung des Bezirks aus und stellt den jährlichen Finanzbedarf als Unterlage für den Haushaltsplan fest.

Artikel 57

(1) Die Bezirksverordnetenversammlung setzt zur Mitwirkung bei der Erfüllung ihrer Aufgaben Ausschüsse ein.

(2) Nach näherer Bestimmung durch Gesetz können den Ausschüssen neben Mitgliedern der Bezirksverordnetenversammlung auch Bürgerdeputierte angehören. Die Bürgerdeputierten werden von der Bezirksverordnetenversammlung gewählt; sie sind Inhaber von Ehrenämtern.

Artikel 58

(1) Das Bezirksamt besteht aus dem Bezirksbürgermeister und den Bezirksstadträten, von denen einer zugleich zum stellvertretenden Bezirksbürgermeister gewählt wird.

(2) Das Bezirksamt ist die Verwaltungsbehörde des Bezirks; es vertritt Berlin in Angelegenheiten seines Bezirks.

Artikel 59

(1) Die Organisation der Bezirksverwaltung ist entsprechend der Organisation der Hauptverwaltung einzurichten. Das Nähere wird durch Gesetz geregelt.

(2) Der Bezirksbürgermeister untersteht der Dienstaufsicht des Regierenden Bürgermeisters. Der Bezirksbürgermeister hat die Dienstaufsicht über die Mitglieder des Bezirksamts. Bei Meinungsverschiedenheiten zwischen Mitgliedern des Bezirksamts entscheidet das Bezirksamt.

Artikel 60

Die Bezirksverordnetenversammlung kann mit Zweidrittelmehrheit der Bezirksverordneten ein Mitglied des Bezirksamts vor Beendigung der Amtszeit abberufen. Das Nähere wird durch Gesetz geregelt.

Artikel 61

(1) Alle Einstellungen, Versetzungen und Entlassungen im öffentlichen Dienst erfolgen durch den Senat. Für die Bezirke wird dieses Recht den Bezirksämtern übertragen.

(2) Über die Versetzung aus einem Bezirk in einen anderen, aus der Hauptverwaltung in die Verwaltung eines Bezirks, oder umgekehrt, entscheidet der Senat nach Anhörung der beteiligten Bezirksämter.

ABSCHNITT VII

Die Rechtspflege

Artikel 62

Die Rechtspflege ist im Geist dieser Verfassung und des sozialen Verständnisses auszuüben.

Artikel 63

(1) Die richterliche Gewalt wird durch unabhängige, nur dem Gesetz unterworfene Gerichte im Namen des Volkes ausgeübt.

(2) An der Rechtspflege sind Männer und Frauen aller Volksschichten nach Maßgabe der gesetzlichen Bestimmungen zu beteiligen.

Artikel 64

Die Richter sind an die Gesetze gebunden.

Artikel 65

(1) Ein Beschuldigter kann sich in jeder Lage des Verfahrens des Beistandes eines Verteidigers bedienen.

(2) Ein Beschuldigter gilt nicht als schuldig, solange er nicht von einem Gericht verurteilt ist.

Artikel 66

Keine Strafbestimmung hat rückwirkende Kraft, es sei denn, daß sie für den Täter günstiger ist als die zur Zeit der Tat geltende Strafbestimmung.

Artikel 67

Ausnahmegerichte sind unstatthaft. Niemand darf seinem gesetzlichen Richter entzogen werden.

Artikel 68

Das Recht der Begnadigung übt der Senat aus. Er hat in den gesetzlich vorzusehenden Fällen den vom Abgeordnetenhaus zu wählenden Ausschuß für Gnadensachen zu hören. Der Senat kann seine Befugnis auf das jeweils zuständige Mitglied des Senats übertragen.

Artikel 69

(1) Die Berufsrichter werden vom Senat ernannt, wenn sie nach ihrer Persönlichkeit und ihrer bisherigen Tätigkeit in der Rechtspflege die Gewähr dafür bieten, daß sie ihr Richteramt im Geist der Verfassung und sozialen Gerechtigkeit ausüben werden. Die gewählten höchsten Richter haben ein Vorschlagsrecht für ihren Amtsbereich.

(2) Die Präsidenten der obersten Landesgerichte werden auf Vorschlag des Senats vom Abgeordnetenhaus mit der Mehrheit seiner Mitglieder gewählt und vom Senat ernannt.

Artikel 70

(1) Es wird ein Disziplinargerichtshof aus Berufsrichtern und Laien gebildet; seine Mitglieder werden vom Abgeordnetenhaus gewählt.

(2) Erfüllt ein Richter die Voraussetzungen seiner Ernennung gemäß Artikel 69 nicht mehr oder verstößt ein Richter gegen die Verfassung oder die Gesetze, so ist bei dem Disziplinargerichtshof ein Verfahren gegen ihn einzuleiten.

(3) Der Disziplinargerichtshof kann auf Amtsenthebung erkennen.

(4) Alles Nähere wird durch ein Gesetz geregelt.

Artikel 71

(1) Dem Schutz gegen widerrechtliche Maßnahmen der Verwaltung dient die Verwaltungsgerichtsbarkeit.

(2) Gegen Anordnungen und Verfügungen der Verwaltungsbehörde kann der Betroffene die Entscheidung der Verwaltungsgerichte anrufen. Das gilt insbesondere, wenn ein ihm zustehendes Recht verletzt ist oder wenn er mit einer ihm nicht obliegenden Pflicht belastet wird.

Artikel 72

(1) Es wird ein Verfassungsgerichtshof gebildet, der aus neun Mitgliedern besteht (einem Präsidenten, einem Vizepräsidenten und sieben Verfassungsrichtern), von denen drei zum Zeitpunkt ihrer Wahl Berufsrichter sind und drei weitere die Befähigung zum Richteramt haben. Die Mitglieder des Verfassungsgerichtshofes werden durch das Abgeordnetenhaus mit Zweidrittelmehrheit gewählt.

(2) Der Verfassungsgerichtshof entscheidet

1. über die Auslegung der Verfassung von Berlin aus Anlaß von Streitigkeiten über den Umfang der Rechte und Pflichten eines obersten Landesorgans oder anderer Beteiligter, die durch die Verfassung von Berlin oder durch die Geschäftsordnung des Abgeordnetenhauses mit eigenen Rechten ausgestattet sind,
2. bei Meinungsverschiedenheiten oder Zweifeln über die förmliche oder sachliche Vereinbarkeit von Landesrecht mit der Verfassung von Berlin auf Antrag des Senats oder eines Drittels der Mitglieder des Abgeordnetenhauses,
3. in den nach Artikel 100 Abs. 1 des Grundgesetzes für die Bundesrepublik Deutschland der Zuständigkeit der Landesverfassungsgerichte zugewiesenen Fällen,
4. über Verfassungsbeschwerden, soweit nicht Verfassungsbeschwerde zum Bundesverfassungsgericht erhoben ist oder wird,
5. in den ihm sonst durch Gesetz zugewiesenen Fällen.

(3) Das Nähere wird durch ein Gesetz über den Verfassungsgerichtshof bestimmt.

ABSCHNITT VIII

Das Finanzwesen

Artikel 73

(1) Alle Einnahmen und Ausgaben müssen für jedes Rechnungsjahr in dem Haushaltsplan veranschlagt werden; er wird durch ein Gesetz festgestellt (Haushaltsgesetz). Durch Gesetz kann eine Veranschlagung und Feststellung für einen längeren Zeitabschnitt und in besonderen Ausnahmefällen ein Nachweis von Einnahmen und Ausgaben außerhalb des Haushaltsplans zugelassen werden.

(2) Für die Bezirke sind besondere Pläne unter ihrer Mitwirkung aufzustellen. Dabei ist ein Ausgleich im Haushaltsplan so vorzunehmen, daß eine gerechte soziale und gleichmäßige kulturelle Betreuung der Bevölkerung gewährleistet wird. Der von den Bezirken ermittelte Finanzbedarf ist als Unterlage für den Haushaltsplan dem Abgeordnetenhaus vorzulegen.

(3) Für die Bezirke sind im Haushaltsplan angemessene Verfügungs- und Verstärkungsmittel bereitzustellen.

Artikel 74

(1) Das Haushaltsgesetz bildet die Grundlage für die Verwaltung aller Einnahmen und Ausgaben.

(2) Haushaltsmittel dürfen nur in Anspruch genommen werden, soweit es eine sparsame Verwaltung erforderlich macht.

Artikel 75

(1) Der Senat darf ohne gesetzliche Grundlage weder Steuern oder Abgaben erheben, noch Anleihen aufnehmen oder Sicherheiten leisten.

(2) Anleihen dürfen nur aufgenommen werden, wenn andere Mittel zur Deckung nicht vorhanden sind. Sie dürfen nur zur Bestreitung eines außerordentlichen Bedarfs, in der Regel nur für Anlagen von bleibendem Wert, aufgenommen werden.

Artikel 76

(1) Haushaltsüberschreitungen dürfen nur mit Zustimmung des Senats im Falle eines unvorhergesehenen und unabweisbaren Bedürfnisses vorgenommen werden.

(2) Für Haushaltsüberschreitungen ist die nachträgliche Genehmigung des Abgeordnetenhauses einzuholen.

(3) Erhebt der mit der Leitung des Finanzwesens beauftragte Senator gegen eine Haushaltsüberschreitung Einspruch, so ist ein Beschluß des Abgeordnetenhauses herbeizuführen.

Artikel 77

Ist der Haushaltsplan zu Beginn des neuen Rechnungsjahrs noch nicht festgestellt, so ist der Senat ermächtigt, die unbedingt notwendigen Ausgaben zu leisten, um bestehende Einrichtungen zu erhalten, die gesetzlichen Aufgaben und die rechtlichen Verpflichtungen zu erfüllen, Bauvorhaben weiterzuführen und eine ordnungsmäßige Tätigkeit der Verwaltung aufrechtzuerhalten.

Artikel 78

(1) Vorlagen und Anträge über Maßnahmen, die eine Minderung der Einnahmen oder eine Erhöhung der Ausgaben gegenüber dem Haushaltsplan zur Folge haben, müssen vom Abgeordnetenhaus in zwei Lesungen beraten werden, zwischen denen in der Regel 48 Stunden liegen sollen.

(2) Die Beschlüsse müssen Bestimmungen über die Deckung enthalten.

Artikel 79

Die Mitglieder des Senats und der Bezirksämter sowie die übrigen Angehörigen des öffentlichen Dienstes, die gegen die Bestimmungen der Verfassung über das Finanzwesen schuldhaft verstoßen, haften für den daraus entstandenen Schaden. Eine Verpflichtung zum Schadensersatz ist jedoch nicht gegeben, wenn die Handlung zur Abwendung einer nicht voraussehbaren dringenden Gefahr erfolgte und die Verletzung der Vorschriften nicht über das durch die Notlage gebotene Maß hinausgegangen ist.

Artikel 80

Organisation, Verwaltung, Wirtschaftsführung und Rechnungswesen der nichtrechtsfähigen wirtschaftlichen Unternehmen Berlins (Eigenbetriebe) werden durch Gesetz geregelt. Das Rechnungswesen ist so einzurichten, daß ein klarer Einblick in die laufende Betriebsführung und die Ergebnisse möglich ist.

Artikel 81

(1) Die Umwandlung von Eigenbetrieben und von einzelnen Anlagen von bleibendem Wert in juristische Personen bedarf eines Beschlusses des Abgeordnetenhauses.

(2) Die Veräußerung von Vermögensgegenständen wird durch Gesetz geregelt.

Artikel 82

Über die Einnahmen und Ausgaben der Haushaltswirtschaft und über Vermögen und Schulden hat der Senat dem Abgeordnetenhaus im folgenden Rechnungsjahr Rechnung zu legen.

Artikel 83

(1) Ein bei der Durchführung seiner Aufgaben unabhängiger Rechnungshof hat die Rechnungslegung auf Grund des Haushaltsplanes und der Haushaltsführung zu prüfen und das Prüfungsergebnis alljährlich dem Abgeordnetenhaus vorzulegen. Das Abgeordnetenhaus und der Senat können dem Rechnungshof besondere Prüfungsaufträge erteilen.

(2) Der Rechnungshof wird von einem Präsidenten geleitet. Dieser wird auf Vorschlag des Senats vom Abgeordnetenhaus mit der Mehrheit seiner Mitglieder gewählt und vom Senat auf Lebenszeit ernannt. Der Präsident des Rechnungshofes untersteht der Dienstaufsicht des Regierenden Bürgermeisters.

(3) Alles Nähere wird durch ein Gesetz geregelt.

ABSCHNITT IX

Übergangs- und Schlußbestimmungen

Artikel 84

Die Mitglieder des Senats und des Magistrats haben ihre Ämter bis zum Amtsantritt des neugewählten Senats weiterzuführen, sofern nicht das neugewählte Gesamtberliner Abgeordnetenhaus im Einzelfall etwas anderes bestimmt.

Artikel 85

Zwischen Berlin und anderen Ländern können gemeinsame Behörden, Gerichte und Körperschaften, Anstalten und Stiftungen des öffentlichen Rechts gebildet werden. Die Vereinbarung bedarf der Zustimmung des Abgeordnetenhauses. Mit dem Land Brandenburg oder einzelnen seiner Gebietskörperschaften können gemeinsame Behörden und Gremien geschaffen werden, auf die durch Gesetz einzelne Befugnisse zur Raumplanung und Flächennutzungsplanung übertragen werden können. Die Bestimmungen des Baugesetzbuches und des Raumordnungsgesetzes bleiben unberührt.

Artikel 86

Die zur Befreiung vom Nationalsozialismus und Militarismus und zur Beseitigung ihrer Folgen erlassenen Rechtsvorschriften werden von den Bestimmungen dieser Verfassung nicht berührt.

Artikel 87

(1) Artikel 1 Abs. 2 und 3 der Verfassung treten in Kraft, sobald die Anwendung des Grundgesetzes für die Bundesrepublik Deutschland in Berlin keinen Beschränkungen unterliegt.

(2) In der Übergangszeit kann das Abgeordnetenhaus durch Gesetz feststellen, daß ein Gesetz der Bundesrepublik Deutschland unverändert auch in Berlin Anwendung findet.

(3) Soweit in der Übergangszeit die Anwendung des Grundgesetzes für die Bundesrepublik Deutschland in Berlin keinen Beschränkun-

gen (Abs. 1) unterliegt, sind die Bestimmungen des Grundgesetzes auch in Berlin geltendes Recht. Sie gehen den Bestimmungen der Verfassung vor. Das Abgeordnetenhaus kann im Einzelfall mit Zweidrittelmehrheit der anwesenden Mitglieder anders beschließen. Artikel 85 der Verfassung findet sinngemäß Anwendung.

(4) In der Übergangszeit sollen die verfassungsmäßig bestellten Organe von Berlin die für das Verhältnis von Bund und Ländern maßgebenden Bestimmungen des Grundgesetzes soweit wie möglich als Richtlinien für die Gesetzgebung und Verwaltung beachten.

Artikel 87 a

(1) Abweichend von Artikel 39 Abs. 1 Satz 1 wird das erste Gesamtberliner Abgeordnetenhaus für die Dauer von fünf Jahren gewählt. Die Neuwahl findet frühestens sechsundfünfzig und spätestens neunundfünfzig Monate nach dem Beginn der Wahlperiode statt. Die 11. Wahlperiode des Abgeordnetenhauses endet mit dem Zusammentritt des ersten Gesamtberliner Abgeordnetenhauses.

(2) Abweichend von Artikel 54 Abs. 1 und Artikel 55 endet die Wahlperiode der Bezirksverordnetenversammlungen nicht mit dem Ende der 11. Wahlperiode des am 29. Januar 1989 gewählten Abgeordnetenhauses, sondern am 30. Juni 1992. Die 1992 zu wählenden Bezirksverordnetenversammlungen werden ohne gleichzeitige Wahl des Abgeordnetenhauses für eine verkürzte Wahlperiode gewählt, die mit der Wahlperiode des ersten Gesamtberliner Abgeordnetenhauses gemäß Absatz 1 Satz 2 endet. Das von der Bezirksverordnetenversammlung gemäß Artikel 53 Satz 2 auf Grund der Wahl nach Satz 2 zu wählende Bezirksamt wird ebenfalls für eine verkürzte Periode gewählt. Dieses Bezirksamt soll auf Grund der Wahlvorschläge der Fraktionen entsprechend ihrem Stärkeverhältnis in der Bezirksverordnetenversammlung gebildet werden. Gemeinsame Wahlvorschläge von mehreren Fraktionen werden bei der Wahl des Bezirksbürgermeisters unbeschadet der Gesamtzusammensetzung des Bezirksamts wie Wahlvorschläge einer Fraktion angesehen.

Artikel 87b

Für die Wahl zur ersten Wahlperiode des Gesamtberliner Abgeordnetenhauses können Parteien und andere politische Vereinigungen, die ihren Sitz oder den ihres Landesverbandes in den Bezirken haben, in denen das Grundgesetz bisher nicht galt, gemeinsame Wahlvorschläge als Listenvereinigung einreichen. Abweichend von Artikel 26 Absatz 2 werden nur die Parteien, anderen politischen Vereinigungen und Listenvereinigungen, für die zumindest im Gebiet der Bezirke Tiergarten, Wedding, Kreuzberg, Charlottenburg, Spandau, Wilmersdorf, Zehlendorf, Schöneberg, Steglitz, Tempelhof, Neukölln und Reinickendorf oder im Gebiet der Bezirke Mitte, Prenzlauer Berg, Friedrichshain, Treptow, Köpenick, Lichtenberg, Weißensee, Pankow, Hohenschönhausen, Marzahn und Hellersdorf mindestens fünf vom Hundert der Stimmen abgegeben werden, bei der Zuteilung von Sitzen berücksichtigt, es sei denn, daß ein Bewerber einen Sitz in einem Wahlkreis errungen hat.

Artikel 88

(1) Änderungen der Verfassung erfordern eine Mehrheit von zwei Dritteln der gewählten Mitglieder des Abgeordnetenhauses.

(2) Die Verfassung ist während der ersten Wahlperiode des Gesamtberliner Abgeordnetenhauses einer Überarbeitung zu unterziehen. Grundlage der Überarbeitung sind die Verfassungen vom 22. April 1948, vom 1. September 1950 und vom 11. Juli 1990. Eine gemäß Absatz 1 überarbeitete Verfassung ist durch Volksabstimmung in Kraft zu setzen.

(3) Bei der Überarbeitung nach Absatz 2 ist auch eine umfassende Beschränkung der Wählbarkeit unmittelbarer und mittelbarer Landesbediensteter zum Abgeordnetenhaus vorzusehen. Soweit dabei nichts anderes vorgesehen wird, gilt erstmals für die zweite Wahl zum Gesamtberliner Abgeordnetenhaus § 26 Abs. 1 des Landeswahlgesetzes in der Fassung des Gesetzes vom 3. September 1990 (GVBl. S. 1881).

Artikel 89

Diese Verfassung tritt am 1. Oktober 1950 in Kraft.

2.

Gesetz

über die Zuständigkeiten in der allgemeinen Berliner Verwaltung (Allgemeines Zuständigkeitsgesetz — AZG)

Vom 2. Oktober 1958*
In der Fassung vom 6. Juli 1989*

I. ABSCHNITT

Gliederung und Aufgaben der Berliner Verwaltung

§ 1

Einheit der Berliner Verwaltung

In Berlin werden staatliche und gemeindliche Tätigkeit nicht getrennt.

§ 2

Gliederung der Berliner Verwaltung

(1) Die Berliner Verwaltung wird vom Senat (der Hauptverwaltung) und den Bezirksverwaltungen wahrgenommen.

(2) Die Hauptverwaltung umfaßt die Mitglieder des Senats (Senatsverwaltungen), die ihnen nachgeordneten Behörden (Sonderbehörden) und nichtrechtsfähigen Anstalten sowie die Eigenbetriebe.

(3) Die Bezirksverwaltungen umfassen auch die ihnen nachgeordneten nichtrechtsfähigen Anstalten.

§ 3

Aufgaben der Hauptverwaltung und der Bezirksverwaltungen

(1) Die Hauptverwaltung nimmt die Angelegenheiten von übergeordneter Bedeutung sowie die Angelegenheiten wahr, die wegen ihrer

Quelle: GVBl. S. 947, 1020
Neufassung: GVBl. S. 1290

Eigenart einer einheitlichen Durchführung bedürfen (Vorbehaltsaufgaben). Zur Ausübung der örtlichen Schulaufsicht werden Beamte in den Bezirksverwaltungen herangezogen, die insoweit im Namen des zuständigen Mitglieds des Senats tätig werden.

(2) Die Bezirksverwaltungen nehmen die sonstigen Angelegenheiten (bezirkseigene Angelegenheiten) sowie Vorbehaltsaufgaben wahr, die ihnen übertragen sind (übertragene Vorbehaltsaufgaben).

§ 4

Zuständigkeitsverteilung

(1) Die Vorbehaltsaufgaben und übertragenen Vorbehaltsaufgaben werden durch dieses Gesetz bestimmt. Einzelheiten regelt der Senat durch Rechtsverordnung. Alle weder dort noch in späteren Rechtsvorschriften als Vorbehaltsaufgaben oder übertragene Vorbehaltsaufgaben aufgeführten Angelegenheiten sind bezirkseigene Angelegenheiten.

(2) Die Zuständigkeiten in Polizei- und Ordnungsangelegenheiten werden durch besonderes Gesetz geregelt.

§ 5

Durchführung bundesrechtlich geregelter Aufgaben

(1) Werden der Berliner Verwaltung durch Bundesrecht neue Aufgaben zugewiesen, so gelten, sofern nichts anderes vorgeschrieben wird,

a) alle staatlichen Angelegenheiten mit Ausnahme der unter Buchstabe b genannten als Vorbehaltsaufgaben;
b) staatliche Angelegenheiten, die, soweit sie nicht Sonderbehörden zugewiesen sind, von der unteren Verwaltungsbehörde oder der Gemeindebehörde als Auftragsangelegenheit oder nach Weisung wahrzunehmen sind, als übertragene Vorbehaltsaufgaben;
c) Selbstverwaltungsangelegenheiten der Gemeinden und Gemeindeverbände als bezirkseigene Angelegenheiten.

(2) Enthält das Bundesrecht keine Zuständigkeitsbestimmungen, so findet § 4 Anwendung.

§ 6

Erlaß von Verwaltungsvorschriften

(1) Die Verwaltungsvorschriften zur Ausführung von Gesetzen (Ausführungsvorschriften) sowie die sonstigen allgemeinen Verwaltungsvorschriften (Grundsätze, Richtlinien, Allgemeine Anweisungen) erläßt der Senat.

(2) Das zuständige Mitglied des Senats kann erlassen

a) Ausführungsvorschriften, soweit es in einem Gesetz hierzu ermächtigt ist;

b) Ausführungsvorschriften und sonstige Verwaltungsvorschriften für die ihm nachgeordneten Stellen der Hauptverwaltung (§ 2 Abs. 2) und in übertragenen Vorbehaltsaufgaben seines Geschäftsbereiches für die Bezirksverwaltungen;

c) zur Gewährleistung der inneren Sicherheit erforderliche gemeinsame Verwaltungsvorschriften für die Beamten, Angestellten und Arbeiter des Landes Berlin und der landesunmittelbaren Körperschaften, Anstalten und Stiftungen des öffentlichen Rechts.

(3) Der Senator für Inneres kann Verwaltungsvorschriften in Personalangelegenheiten der nichtbeamteten Bediensteten und Versorgungsempfänger des Landes Berlin sowie der zu Aus- und Fortbildungszwecken beschäftigten Personen erlassen.

(4) Verwaltungsvorschriften sollen eine Begrenzung ihrer Geltungsdauer enthalten. Die Geltung darf nicht über zehn Jahre hinaus erstreckt werden. Ist die Geltungsdauer nicht begrenzt, so treten Verwaltungsvorschriften zehn Jahre nach Ablauf des Jahres außer Kraft, in dem sie erlassen worden sind. Die Sätze 1 bis 3 finden auf Verwaltungsvorschriften in Angelegenheiten der Personalverwaltung keine Anwendung.

§ 7

Durchführung der bezirkseigenen Angelegenheiten

(1) In der Durchführung der bezirkseigenen Angelegenheiten sind die Bezirksverwaltungen nur an Rechts- und allgemeine Verwaltungsvorschriften gebunden.

(2) Zur Erfüllung ihrer Aufgaben können die zuständigen Mitglieder

des Senats von den Bezirksverwaltungen Auskünfte und Berichte in bezirkseigenen Angelegenheiten fordern.

§ 8

Durchführung der übertragenen Vorbehaltsaufgaben

(1) In der Durchführung der übertragenen Vorbehaltsaufgaben unterstehen die Bezirksverwaltungen der Fachaufsicht der zuständigen Mitglieder des Senats.

(2) Die Fachaufsicht erstreckt sich auf die recht- und ordnungsmäßige Erledigung der Vorbehaltsaufgaben und auf die zweckentsprechende Handhabung des Verwaltungsermessens.

(3) In Ausübung der Fachaufsicht können die zuständigen Mitglieder des Senats

a) Auskünfte, Berichte, die Vorlage von Akten und sonstigen Unterlagen fordern und Prüfungen anordnen (Informationsrecht);

b) Einzelweisungen an die Bezirksverwaltungen erteilen (Weisungsrecht);

c) eine Angelegenheit an sich ziehen, wenn eine erteilte Einzelweisung nicht befolgt wird (Eintrittsrecht).

§ 8 a

Landesverwaltungsamt

(1) Das Landesverwaltungsamt erledigt Verwaltungsaufgaben, die ihm vom Senator für Inneres und mit dessen Zustimmung von dem zuständigen Mitglied des Senats oder von den landesunmittelbaren Körperschaften, Anstalten und Stiftungen des öffentlichen Rechts, in Angelegenheiten der Personalverwaltung auch von den Dienstbehörden, durch eine im Amtsblatt für Berlin zu veröffentlichende Anordnung übertragen werden; die Dienstbehörden bedürfen hierzu der Zustimmung der obersten Dienstbehörde.

(2) Die landesunmittelbaren Körperschaften, Anstalten und Stiftungen des öffentlichen Rechts werden ermächtigt, Teile ihrer Verwaltungsaufgaben dem Landesverwaltungsamt zu übertragen.

(3) Das Landesverwaltungsamt erledigt ferner Aufgaben, die ihm durch Gesetz oder Rechtsverordnung übertragen werden.

(4) Soweit dem Landesverwaltungsamt Aufgaben der Personalverwaltung übertragen werden, führt der Senator für Inneres unbeschadet des § 3 des Landesbeamtengesetzes die Fachaufsicht entsprechend § 8 Abs. 2 und 3. In allen übrigen Fällen führt die Fachaufsicht das Mitglied des Senats, aus dessen Geschäftsbereich die Aufgabe übertragen wird.

(5) Das Landesverwaltungsamt ist dem Senator für Inneres nachgeordnet.

2. ABSCHNITT

Bezirksaufsicht

§ 9

Grundsätze der Bezirksaufsicht

(1) Bei der Erfüllung bezirkseigener Angelegenheiten unterliegen die Bezirksverwaltungen der allgemeinen Aufsicht (Bezirksaufsicht). Sie wird in den Fällen der §§ 11 bis 13 vom Senat, im übrigen vom Senator für Inneres als Aufsichtsbehörde geführt.

(2) Die Bezirksaufsicht hat die verfassungsmäßig gewährleistete Mitwirkung der Bezirke an der Verwaltung zu fördern und zu schützen.

(3) Die Bezirksaufsicht hat die Rechtmäßigkeit und den geordneten Gang der Verwaltung sicherzustellen. Sie darf dabei die Entschlußkraft und Verantwortungsfreudigkeit der bezirklichen Organe nicht beeinträchtigen.

(4) Der geordnete Gang der Verwaltung ist nicht mehr gewahrt, wenn eine Bezirksverwaltung die ihr obliegenden Aufgaben nicht erfüllt oder Verwaltungsvorschriften beharrlich zuwiderhandelt.

§ 10

Informationsrecht

Zur Erfüllung ihrer Aufgaben kann die Aufsichtsbehörde von den Bezirken Auskünfte, Berichte und die Vorlage von Akten und sonstigen Unterlagen fordern. Sie kann im Einvernehmen mit dem fachlich zuständigen Mitglied des Senats Prüfungen anordnen.

§ 11

Aufhebungsrecht

Der Senat kann Beschlüsse und Anordnungen bezirklicher Organe, die das bestehende Recht verletzen oder den geordneten Gang der Verwaltung stören, aufheben und verlangen, daß Maßnahmen, die auf Grund derartiger Beschlüsse und Anordnungen getroffen sind, rückgängig gemacht werden. Bereits entstandene Rechte Dritter bleiben unberührt.

§ 12

Anweisungsrecht

Unterläßt es das zuständige bezirkliche Organ, Beschlüsse zu fassen oder Anordnungen zu treffen, die zur Erfüllung rechtlicher Verpflichtungen oder zur Aufrechterhaltung des geordneten Ganges der Verwaltung erforderlich sind, kann der Senat ihm aufgeben, innerhalb bestimmter Frist die erforderlichen Beschlüsse zu fassen oder die erforderlichen Anordnungen zu treffen.

§ 13

Ersatzbeschlußfassungsrecht

Weigert sich das zuständige bezirkliche Organ, Maßnahmen rückgängig zu machen, die auf Grund eines aufgehobenen Beschlusses getroffen sind, oder die nach § 12 aufgegebenen Beschlüsse zu fassen oder Anordnungen zu treffen, kann der Senat an seiner Stelle die Maßnahmen rückgängig machen, die Beschlüsse fassen oder die Anordnungen treffen.

3. ABSCHNITT

Rat der Bürgermeister

§ 14

Aufgaben

(1) Im Rat der Bürgermeister ist den Bezirksverwaltungen Gelegenheit zu geben, zu den grundsätzlichen Fragen der Gesetzgebung und Verwaltung Stellung zu nehmen.

(2) Der Rat der Bürgermeister kann dem Senat Vorschläge für Rechts- und Verwaltungsvorschriften unterbreiten, die von Organen Berlins erlassen werden können und den Aufgabenbereich der Bezirksverwaltungen betreffen.

(3) Der Rat der Bürgermeister ist über Maßnahmen der Bezirksaufsicht (§§ 11 bis 13) zu unterrichten.

§ 15

Mitglieder

(1) Der Rat der Bürgermeister besteht aus dem Regierenden Bürgermeister, dem Bürgermeister und den Bezirksbürgermeistern.

(2) Die Bezirksbürgermeister können sich im Einzelfall durch die stellvertretenden Bezirksbürgermeister vertreten lassen.

§ 16

Teilnahme der Mitglieder des Senats und ihrer Beauftragten

(1) Die Mitglieder des Senats können, soweit sie nicht Mitglieder des Rats der Bürgermeister sind, mit beratender Stimme an seinen Sitzungen teilnehmen.

(2) Die Mitglieder des Senats können Beauftragte in die Sitzungen des Rats der Bürgermeister entsenden.

(3) Der Rat der Bürgermeister kann zu einzelnen Verhandlungsgegenständen die Anwesenheit von Beauftragten der zuständigen Mitglieder des Senats verlangen und Sachverständige hinzuziehen.

§ 16a

Zusammenwirken mit Senat und Abgeordnetenhaus

(1) Ist ein Bezirk oder sind mehrere Bezirke durch eine beabsichtigte oder getroffene Entscheidung des Senats oder eines Mitgliedes des Senats besonders berührt oder wirken Meinungsverschiedenheiten von Bezirken mit Senatsverwaltungen hemmend, so kann der Rat der Bürgermeister oder der Senat verlangen, daß ein Beauftragter des Rats der Bürgermeister an der Sitzung des Senats mit beratender Stimme teilnimmt.

(2) Stellungnahmen des Rats der Bürgermeister zu Senatsvorlagen sind den Vorlagen des Senats an das Abgeordnetenhaus beizufügen.

(3) Das Recht und die Pflicht von Beauftragten des Rats der Bürgermeister, an den Sitzungen des Abgeordnetenhauses und seiner Ausschüsse bei Gegenständen, die für die Bezirke von Bedeutung sind, mit beratender Stimme teilzunehmen, regelt sich nach der Geschäftsordnung des Abgeordnetenhauses.

§ 17

Einberufung

(1) Der Vorsitzende beruft den Rat der Bürgermeister regelmäßig mindestens einmal im Monat ein.

(2) Er ist zur unverzüglichen Einberufung verpflichtet, wenn der Senat oder vier Mitglieder des Rats der Bürgermeister es verlangen.

§ 18

Vorlagen

Vorlagen an den Rat der Bürgermeister können von jedem Mitglied des Senats und von jedem Bezirksbürgermeister eingebracht werden.

§ 19

Verfahren

(1) Der Rat der Bürgermeister ist beschlußfähig, wenn mehr als die Hälfte der Bezirksbürgermeister oder ihrer Stellvertreter anwesend ist.

(2) Ist eine Angelegenheit wegen Beschlußunfähigkeit zurückgestellt worden und tritt der Rat der Bürgermeister über denselben Gegenstand zum zweiten Male zusammen, so ist er in dieser Angelegenheit ohne Rücksicht auf die Zahl der Erschienenen beschlußfähig. In der Einladung zur zweiten Sitzung, die frühestens nach drei Tagen stattfinden kann, muß auf diese Vorschrift hingewiesen werden.

(3) Im übrigen regelt der Rat der Bürgermeister sein Verfahren durch eine Geschäftsordnung.

4. ABSCHNITT

Vertretung Berlins

§ 20

Staatsrechtliche Vertretung; Verwaltungsvereinbarungen

(1) Der Regierende Bürgermeister vertritt Berlin staatsrechtlich. Verträge Berlins mit der Bundesrepublik Deutschland oder mit deutschen Ländern bedürfen, soweit sie nicht der Zustimmung des Abgeordnetenhauses unterliegen, der Zustimmung des Senats.

(2) Verwaltungsvereinbarungen mit Behörden der Bundesrepublik Deutschland oder deutscher Länder werden von dem zuständigen Mitglied des Senats abgeschlossen. Sie bedürfen, soweit nicht das Mitglied des Senats zum Erlaß von Verwaltungsvorschriften befugt ist (§ 6 Abs. 2 und § 36), der Zustimmung des Senats.

§ 21

Rechtsgeschäftliche Vertretung in Angelegenheiten des Abgeordnetenhauses, der Hauptverwaltung und des Rechnungshofs

Zur rechtsgeschäftlichen Vertretung Berlins sind zuständig

1. der Präsident des Abgeordnetenhauses in Angelegenheiten des Abgeordnetenhauses;
2. jedes Mitglied des Senats in seinem Geschäftsbereich;
3. der Präsident des Rechnungshofs in Angelegenheiten des Rechnungshofs;

4. in Angelegenheiten, die zur Zuständigkeit einer Sonderverwaltung oder einer der Hauptverwaltung unterstellten nichtrechtsfähigen Anstalt gehören, deren Leiter;
5. in Angelegenheiten der Eigenbetriebe die Geschäftsleitungen nach Maßgabe des Eigenbetriebsgesetzes.

§ 22

Übertragung der rechtsgeschäftlichen Vertretungsmacht

(1) An Stelle der nach § 21 zuständigen Personen können ihre allgemeinen Vertreter Berlin rechtsgeschäftlich vertreten.

(2) Darüber hinaus können die nach § 21 zuständigen Personen durch schriftliche Anordnung Beamten oder Angestellten ihrer Verwaltung die Befugnis zur rechtsgeschäftlichen Vertretung Berlins übertragen. Die Übertragung kann auf bestimmte Beträge, auf bestimmte Aufgabenbereiche oder in anderer Weise beschränkt werden.

§ 23

Abgabe von Verpflichtungserklärungen

Verpflichtungserklärungen bedürfen der Schriftform. Sie müssen die Behörde, die Anstalt oder den Eigenbetrieb bezeichnen, in deren Geschäftsbereich sie abgegeben werden, mit dem Dienstsiegel und der Amts- oder Dienstbezeichnung des Unterzeichners versehen sein und die Unterschrift der nach §§ 21 oder 22 bestimmten Personen tragen. Des Dienstsiegels bedarf es nicht bei Verpflichtungserklärungen der Eigenbetriebe.

§ 24

Laufende Geschäfte

Die Vorschriften des § 23 finden keine Anwendung auf Geschäfte der laufenden Verwaltung. Geschäfte der laufenden Verwaltung sind ständig wiederkehrende Geschäfte oder Geschäfte von geldlich unerheblicher Bedeutung.

§ 25

Rechtsgeschäftliche Vertretung in Angelegenheiten der Bezirksverwaltungen

(1) Die rechtsgeschäftliche Vertretung Berlins in übertragenen Vorbehaltsaufgaben und in bezirkseigenen Angelegenheiten obliegt dem zuständigen Mitglied des Bezirksamts, in Angelegenheiten der Krankenhausbetriebe dem Verwaltungsleiter nach Maßgabe des Landeskrankenhausgesetzes.

(2) Die Vorschriften der §§ 22 bis 24 finden entsprechende Anwendung.

5. ABSCHNITT

Widerspruchsverfahren

§ 26

Zulässigkeit des Widerspruchs

(1) Gegen einen der Anfechtung unterliegenden Verwaltungsakt einer Behörde oder Anstalt, die einem Mitglied des Senats unterstellt ist, sowie gegen einen der Anfechtung unterliegenden Verwaltungsakt einer Bezirksverwaltung ist der Widerspruch nach den §§ 68 ff. der Verwaltungsgerichtsordnung zulässig. Gegen Prüfungsentscheidungen und Entscheidungen in Hochschul- und Fachschulangelegenheiten ist der Widerspruch nicht gegeben. Dies gilt auch für anfechtbare Entscheidungen der Bezirksverordnetenversammlung in eigenen Angelegenheiten und für solche Verwaltungsakte des Bezirksamtes, die sich als Vollzug einer verbindlichen Einzelentscheidung der Bezirksverordnetenversammlung darstellen.

(2) In beamtenrechtlichen Angelegenheiten gilt § 126 des Beamtenrechtsrahmengesetzes.

§ 27

Zuständigkeit zum Erlaß des Widerspruchsbescheides

(1) Den Widerspruchsbescheid erläßt,

a) wenn sich der Widerspruch gegen einen Verwaltungsakt einer Sonderbehörde richtet, die nächsthöhere Behörde;
b) wenn sich der Widerspruch gegen einen Verwaltungsakt einer der Hauptverwaltung unterstellten nichtrechtsfähigen Anstalt richtet, das zuständige Mitglied des Senats;
c) wenn sich der Widerspruch gegen einen Verwaltungsakt einer Bezirksverwaltung in übertragenen Vorbehaltsaufgaben richtet, das zuständige Mitglied des Senats;
d) wenn sich der Widerspruch gegen einen Verwaltungsakt einer Bezirksverwaltung in bezirkseigenen Angelegenheiten richtet, das Bezirksamt. In Sozialhilfeangelegenheiten sowie in Angelegenheiten der Gewährung von Pflegegeld für Zivilblinde und Hilflose kann das Bezirksamt diese Befugnis auf sein zuständiges Mitglied übertragen.

(2) Vorschriften über die Anhörung von Beiräten, Kammern oder sonstigen Stellen bleiben unberührt.

6. ABSCHNITT

Landesunmittelbare Körperschaften, Anstalten und Stiftungen des öffentlichen Rechts

§ 28

Staatsaufsicht

(1) Die landesunmittelbaren Körperschaften, Anstalten und Stiftungen des öffentlichen Rechts unterliegen der Staatsaufsicht Berlins.

(2) Landesunmittelbar sind alle Körperschaften, Anstalten und Stiftungen des öffentlichen Rechts, die

a) auf Landesrecht beruhen oder
b) auf Bundesrecht beruhen, ohne daß dem Bund die Aufsicht über sie zusteht, oder
c) durch Staatsvertrag oder Verwaltungsvereinbarung der Aufsicht Berlins unterstellt sind.

(3) Die Staatsaufsicht hat die Rechtmäßigkeit und den geordneten Gang der Verwaltung sicherzustellen.

(4) Die Aufsicht wird von dem zuständigen Mitglied des Senats geführt, das sich der Aufsichtsmittel der §§ 10 bis 13 bedienen kann.

(5) Wenn und solange die Aufsichtsmittel der §§ 10 bis 13 nicht ausreichen, kann die Aufsichtsbehörde Beauftragte bestellen, die einzelne oder alle Befugnisse der Organe der Körperschaft, Anstalt oder Stiftung ausüben.

(6) Rechtsvorschriften über weitergehende Aufsichtsmittel gegenüber Körperschaften, Anstalten und Stiftungen des öffentlichen Rechts bleiben unberührt.

(7) Ist durch Rechtsvorschrift eine Fachaufsicht über eine Körperschaft, Anstalt oder Stiftung des öffentlichen Rechts begründet, so findet § 8 Abs. 2 und 3 entsprechende Anwendung.

§ 29

Rechtsgeschäftliche Vertretung

Die rechtsgeschäftliche Vertretung einer landesunmittelbaren Körperschaft, Anstalt oder Stiftung des öffentlichen Rechts obliegt dem durch Gesetz, Rechtsverordnung oder Satzung dazu bestimmten Organ. Die §§ 22 bis 24 finden entsprechende Anwendung.

§ 30

Widerspruchsverfahren

(1) Gegen einen der Anfechtung unterliegenden Verwaltungsakt einer landesunmittelbaren Körperschaft, Anstalt oder Stiftung des öffentlichen Rechts ist der Widerspruch nach den §§ 68 ff. der Verwaltungsgerichtsordnung zulässig. § 26 Abs. 1 Satz 2 und Abs. 2 gilt entsprechend.

(2) Den Widerspruchsbescheid erläßt

a) in Angelegenheiten, die der Fachaufsicht (§ 28 Abs. 7) unterliegen, das zuständige Mitglied des Senats;

b) im übrigen das durch Gesetz, Rechtsverordnung oder Satzung bestimmte Organ, in Ermangelung eines solchen der Vorstand.

7. ABSCHNITT

Übergangs- und Schlußvorschriften

§ 31

Ortssatzungen

(1) Ortssatzungen, die auf Grund von Ermächtigungen in inzwischen aufgehobenen oder überholten Gesetzen erlassen worden sind, sind Landesgesetze.

(2) Ortssatzungen, die auf Grund von Ermächtigungen in fortgeltenden Gesetzen erlassen worden sind, gelten als Rechtsverordnungen fort. In fortgeltenden Gesetzen enthaltene Ermächtigungen zum Erlaß von Ortssatzungen gelten als Ermächtigungen für den Senat zum Erlaß von Rechtsverordnungen.

§ 32

Wahrnehmung von Aufgaben weggefallener Reichs- oder preußischer Behörden

Die Wahrnehmung von Verwaltungsaufgaben, die vor dem 8. Mai 1945 für das Gebiet Berlins von solchen Organen oder Verwaltungsbehörden des Reiches oder des Landes Preußen erfüllt worden sind, die durch die Änderung der staatsrechtlichen Verhältnisse weggefallen sind, steht, soweit die Aufgaben nach dem 7. Mai 1945 von Organen oder Behörden Berlins zu erfüllen sind und in der Rechtsverordnung nach § 4 Abs. 1 dieses Gesetzes nichts anderes bestimmt ist, zu

1. der Hauptverwaltung, soweit die Befugnisse der Reichsregierung, dem Reichsrat, dem Preußischen Staatsministerium, einem einzelnen Reichs- oder preußischen Minister, einer sonstigen obersten Reichs- oder Landesbehörde, dem Oberpräsidenten, dem Stadtpräsidenten, Aufsichtsbehörde oder sonstigen mit Rechtsetzungs-, Verwaltungs- oder Zwangsbefugnissen ausgestatteten Behörden zugewiesen waren;
2. den Bezirksverwaltungen als übertragene Vorbehaltsaufgaben, soweit die Befugnisse der unteren Verwaltungsbehörde zugewiesen waren.

§ 33

Einschränkungen des Anwendungsbereichs

(1) Dieses Gesetz findet keine Anwendung auf

1. die Kirchen und Religionsgesellschaften,
2. die Landespostdirektion,
3. die Behörden der Zoll- und Verbrauchsteuerverwaltung sowie der Sondervermögens- und Bauverwaltung beim *Landesfinanzamt Berlin,*
4. die Sozialversicherungsträger.

(2) Es findet, außer in Angelegenheiten der Personalverwaltung, ferner keine Anwendung auf

1. die Behörden der Justizverwaltung und der Verwaltung der übrigen Gerichtszweige,
2. die Behörden der Steuerverwaltung.

(3) Auf die Verwaltung des Rechnungshofs findet dieses Gesetz, außer in Angelegenheiten der Personalverwaltung, nur insoweit Anwendung, als es in ihm oder in der Rechtsverordnung nach § 4 Abs. 1 dieses Gesetzes ausdrücklich vorgesehen ist.

§ 34

Änderung des Gewerbezulassungsgesetzes

§ 35

Beirat in Sozialhilfeangelegenheiten

(1) Zur Mitwirkung im Widerspruchsverfahren in Sozialhilfeangelegenheiten wird für jeden Bezirk ein Beirat gebildet.

(2) Will die Bezirksverwaltung einem Widerspruch gegen die Ablehnung der Sozialhilfe oder gegen die Festsetzung ihrer Art und Höhe nicht abhelfen, so hat sie den Beirat zu hören.

(3) Der Beirat besteht aus

a) drei Bezirksverordneten;

b) einem Vertreter der Gewerkschaften;

c) drei Vertretern von Vereinigungen, die Hilfsbedürftige betreuen.

(4) Die Mitglieder werden von der Bezirksverordnetenversammlung auf die Dauer von zwei Jahren gewählt.

(5) Das zuständige Mitglied des Bezirksamtes leitet die Verhandlungen des Beirats.

§ 36

Ermächtigung zum Erlaß von Ausführungsvorschriften

Der Senat kann durch Rechtsverordnung sein zuständiges Mitglied ermächtigen, Ausführungsvorschriften zu den bei Inkrafttreten dieses Gesetzes in Geltung befindlichen Gesetzen zu erlassen.

§ 37

Außerkrafttreten von Verwaltungsvorschriften

§ 37 a

Übergangsvorschriften

§ 38

Ausführungsvorschriften

Die Ausführungsvorschriften zu diesem Gesetz erläßt

a) der Senator für Inneres im Einvernehmen mit den zuständigen Mitgliedern des Senats, wenn die Vorschriften nicht nur den Geschäftsbereich eines Mitgliedes des Senats betreffen,
b) das zuständige Mitglied des Senats im Einvernehmen mit dem Senator für Inneres, wenn die Vorschriften nur den Geschäftsbereich eines Mitgliedes des Senats betreffen.

§ 39

Inkrafttreten

(1) Dieses Gesetz tritt am 1. Januar 1959 in Kraft; jedoch tritt § 4 Abs. 1 am Tage nach der Verkündung dieses Gesetzes in Kraft.

(2) Gleichzeitig treten alle diesem Gesetz oder der nach § 4 Abs. 1 dieses Gesetzes erlassenen Rechtsverordnung entgegenstehenden Vorschriften des Landesrechts mit Ausnahme der Zuständigkeitsvorschriften in polizeilichen und Ordnungsangelegenheiten sowie in Personalangelegenheiten außer Kraft. …

3.

Verordnung

zur Durchführung des Allgemeinen Zuständigkeitsgesetzes (DVO-AZG)

Vom 7. Oktober 1958*
In der Fassung vom 13. März 1989*

Aufgrund des § 4 Abs. 1 des Allgemeinen Zuständigkeitsgesetzes vom 2. Oktober 1958 (GVBl. S. 947, 1020), zuletzt geändert durch Gesetz vom 6. April 1987 (GVBl. S. 1302), wird verordnet:

§ 1

(1) Die Vorbehaltsaufgaben der Hauptverwaltung sowie die den Bezirksverwaltungen übertragenen Vorbehaltsaufgaben ergeben sich, soweit sie nicht im Allgemeinen Zuständigkeitsgesetz enthalten sind, aus der Anlage zu dieser Verordnung. Alle übrigen Verwaltungsangelegenheiten sind bezirkseigene Angelegenheiten.

(2) Soweit in der Anlage zu dieser Verordnung Angelegenheiten auf die Bezirksverwaltungen übertragen oder Vorbehalte zugunsten der Hauptverwaltung gemacht werden, ohne daß der Umfang der übertragenen oder vorbehaltenen Angelegenheiten beschrieben ist, hat das zuständige Mitglied des Senats die Übertragung oder den Vorbehalt durch Verwaltungsvorschrift näher zu bezeichnen.

§ 2

Diese Verordnung tritt am 1. Januar 1959 in Kraft.

Auf die Wiedergabe der Anlage muß aus Raumgründen verzichtet werden.

Quelle: GVBl. S. 974
Neufassung: GVBl. S. 653

4.
Allgemeines Gesetz

zum Schutz der öffentlichen Sicherheit und Ordnung in Berlin (Allgemeines Sicherheits- und Ordnungsgesetz — ASOG Bln)

Vom 11. Februar 1975*
In der Fassung vom 12. Dezember 1989*

— Auszug —

Inhaltsübersicht

Quelle: GVBl. S. 688
Neufassung: GVBl. S. 2155

ERSTER ABSCHNITT

Aufgaben, Zuständigkeit und Organisation

§ 1

Aufgaben und Behörden

(1) Die Ordnungsbehörden und die Polizei haben die Aufgabe, Gefahren für die öffentliche Sicherheit oder Ordnung abzuwehren.

(2) Ordnungsbehörden sind die Mitglieder des Senats.

(3) Nachgeordnete Ordnungsbehörden sind
die Bezirksämter,
die Berliner Feuerwehr,
die Berliner Forsten,
das Fischereiamt,
das Landesamt für Arbeitsschutz und technische Sicherheit,
das Landesamt für das Meß- und Eichwesen,

das Pflanzenschutzamt,
das Bergamt,
das Oberbergamt,
das Landesamt für Zentrale Soziale Aufgaben
— Landesversorgungsamt —,
das Landeseinwohneramt Berlin.

(4) Polizei im Sinne dieses Gesetzes ist der Polizeipräsident in Berlin.

§ 2

Sachliche Zuständigkeit der Ordnungsbehörden

(1) Für die Gefahrenabwehr (§ 1 Abs. 1) sind die Ordnungsbehörden zuständig (Ordnungsaufgaben).

(2) Die Zuständigkeit der Ordnungsbehörden wird durch Rechtsverordnung des Senats bestimmt. Der Senat kann auch der Polizei durch Rechtsverordnung Ordnungsaufgaben übertragen.

(3) Die Befugnis des Senats zur Gestattung von Umzügen und Versammlungen unter freiem Himmel innerhalb der Bannmeile (§ 1 Abs. 2 des Gesetzes über die Befriedung des Tagungsortes des Abgeordnetenhauses von Berlin in der Fassung vom 30. Oktober 1952, GVBl. S. 1064) bleibt unberührt.

(4) Bei Gefahr im Verzuge können die Befugnisse einer nachgeordneten Ordnungsbehörde von der Fachaufsichtsbehörde wahrgenommen werden.

(5) Die Ordnungsbehörden haben ferner die Aufgaben zu erfüllen, die ihnen durch andere Rechtsvorschriften übertragen sind.

§ 3

Hilfszuständigkeit der Berliner Feuerwehr

(1) Die Berliner Feuerwehr ist bei der Gefahrenabwehr (§ 1 Abs. 1) neben den nach den §§ 2 und 4 zuständigen Behörden, sofern diese nicht rechtzeitig tätig werden, auch für die Maßnahmen zuständig, die im Zusammenhang mit den ihr obliegenden Aufgaben unaufschiebbar notwendig erscheinen. Sie hat die zuständige Behörde unverzüglich von allen Ereignissen zu unterrichten, die deren Eingreifen erfordern.

(2) Die Berliner Feuerwehr leistet anderen Berliner Behörden durch Anwendung unmittelbaren Zwanges Vollzugshilfe (§§ 30 bis 32).

§ 4

Sachliche Zuständigkeit der Polizei

(1) Die Polizei ist bei der Gefahrenabwehr (§ 1 Abs. 1) für Maßnahmen zuständig, die unaufschiebbar notwendig erscheinen. Die Polizei hat die zuständige Behörde unverzüglich von allen Ereignissen zu unterrichten, die deren Eingreifen erfordern.

(2) Der Schutz privater Rechte obliegt der Polizei nach Absatz 1 nur dann, wenn gerichtlicher Schutz nicht rechtzeitig zu erlangen ist und wenn ohne polizeiliche Hilfe die Verwirklichung des Rechts vereitelt oder wesentlich erschwert werden würde.

(3) Die Polizei leistet anderen Berliner Behörden durch Anwendung unmittelbaren Zwanges Vollzugshilfe (§§ 30 bis 32).

(4) Die Polizei hat ferner die Aufgaben zu erfüllen, die ihr durch andere Rechtsvorschriften übertragen sind. Sie hat insbesondere Straftaten und Ordnungswidrigkeiten zu verfolgen.

§ 5

Übertragung polizeilicher Befugnisse

(1) Der Senat kann einzelne Angehörige des öffentlichen Dienstes des Landes Berlin oder Gruppen von ihnen mit bestimmten Befugnissen der Polizei ausstatten.

(2) Der Senat kann sonstigen Personen durch Rechtsverordnung bestimmte Befugnisse der Polizei nur übertragen, wenn sie damit einverstanden sind und ihre Heranziehung zu polizeilichen Aufgaben gesetzlich vorgesehen ist.

§ 6

Aufsichtsbehörden

(1) Die Dienst- und Fachaufsicht über die Polizei führt der Senator für Inneres. Die Fachaufsicht über die Polizei in Ordnungsaufgaben führen die Mitglieder des Senats innerhalb ihrer Zuständigkeitsbereiche.

(2) Die den Bezirksämtern zugewiesenen Ordnungsaufgaben sind übertragene Vorbehaltsaufgaben (Artikel 51 Abs. 2 Satz 3 der Verfassung von Berlin). Die Fachaufsicht über die Bezirksämter in Ordnungsangelegenheiten führt das zuständige Mitglied des Senats.

(3) Die Fachaufsicht über das Bergamt führt das Oberbergamt, die Fachaufsicht über dieses das zuständige Mitglied des Senats.

(4) Die Dienstaufsicht über das Landeseinwohneramt Berlin führt der Senator für Inneres. Die Fachaufsicht über das Landeseinwohneramt Berlin in Ordnungsaufgaben führen die Mitglieder des Senats innerhalb ihrer Zuständigkeitsbereiche.

(5) Die Dienst- und Fachaufsicht über die sonstigen nachgeordneten Ordnungsbehörden führt das zuständige Mitglied des Senats.

(6) Die Aufsichtsbehörden können im Bereich ihrer Zuständigkeit Verwaltungsvorschriften erlassen.

§ 7

Ausübung der Fachaufsicht

(1) Die Fachaufsicht erstreckt sich auf die recht- und ordnungsmäßige Erledigung der Aufgaben der nachgeordneten Ordnungsbehörden und der Polizei und auf die zweckentsprechende Handhabung des Verwaltungsermessens.

(2) In Ausübung der Fachaufsicht kann die Aufsichtsbehörde

1. Auskünfte, Berichte, die Vorlage der Akten und sonstigen Unterlagen fordern und Prüfungen anordnen (Informationsrecht),
2. Einzelweisungen erteilen (Weisungsrecht),
3. eine Angelegenheit an sich ziehen, wenn eine erteilte Einzelweisung nicht befolgt wird (Eintrittsrecht).

(3) Die nachgeordneten Ordnungsbehörden und die Polizei sind verpflichtet, die Aufsichtsbehörden von allen wichtigen Wahrnehmungen zu unterrichten (Informationspflicht).

...

5.

Verordnung

über die Zuständigkeit der Ordnungsbehörden (DVO-ASOG)

Vom 28. Juni 1988*
In der Fassung vom 31. Januar 1989*

— Auszug —

Auf Grund des § 2 Abs. 2 des Allgemeinen Sicherheits- und Ordnungsgesetzes vom 11. Februar 1975 (GVBl. S. 688), zuletzt geändert durch Gesetz vom 6. April 1987 (GVBl. S. 1302), wird verordnet:

§ 1

Ordnungsaufgaben des Senators für Bau- und Wohnungswesen

§ 2

Ordnungsaufgaben des Senators für Finanzen

§ 3

Ordnungsaufgaben des Senators für Gesundheit und Soziales

§ 4

Ordnungsaufgaben des Senators für Inneres

§ 5

Ordnungsaufgaben des Senators für Jugend und Familie

Quelle: GVBl. S. 1146
Neufassung: GVBl. S. 345

§ 6

Ordnungsaufgaben des Senators für Kulturelle Angelegenheiten

§ 7

Ordnungsaufgaben des Senators für Schulwesen, Berufsausbildung und Sport

§ 8

Ordnungsaufgaben des Senators für Stadtentwicklung und Umweltschutz

§ 9

Ordnungsaufgaben des Senators für Verkehr und Betriebe

§ 10

Ordnungsaufgaben des Senators für Wirtschaft und Arbeit

§ 11

Ordnungsaufgaben des Senators für Wissenschaft und Forschung

§ 12

Ordnungsaufgaben der Bezirksämter (Bauwesen)

§ 13

Ordnungsaufgaben der Bezirksämter (Gesundheitswesen)

§ 14

Ordnungsaufgaben der Bezirksämter
(Sozialwesen)

§ 15

Ordnungsaufgaben der Bezirksämter
(Volksbildung)

§ 16

Ordnungsaufgaben der Bezirksämter
(Wirtschaft)

§ 17

Ordnungsaufgaben des Polizeipräsidenten in Berlin

§ 18

Ordnungsaufgaben des Landesamtes für Arbeitsschutz
und technische Sicherheit

§ 19

Ordnungsaufgaben der Berliner Feuerwehr

§ 20

Ordnungsaufgaben des Landesamtes für das Meß- und Eichwesen

§ 21

Aufgehoben

§ 22

Ordnungsaufgaben der Berliner Forsten

§ 23

Ordnungsaufgaben des Fischereiamtes

§ 24

Ordnungsaufgaben des Pflanzenschutzamtes

Das Pflanzenschutzamt ist zuständig für:
die Ordnungsaufgaben nach dem Pflanzenschutzgesetz.

§ 25

Ordnungsaufgaben des Bergamtes

§ 26

Ordnungsaufgaben des Landesamtes für Zentrale Soziale Aufgaben — Landesversorgungsamt —

§ 27

Ordnungsaufgaben des Landeseinwohneramtes Berlin

Das Landeseinwohneramt Berlin ist zuständig:

Aus dem Geschäftsbereich des Senators für Gesundheit und Soziales

Aus dem Geschäftsbereich des Senators für Stadtentwicklung und Umweltschutz

Aus dem Geschäftsbereich des Senators für Verkehr und Betriebe

Aus dem Geschäftsbereich des Senators für Wirtschaft und Arbeit

§ 28

Sonstige Ordnungsaufgaben

Für die Erledigung der in den §§ 1 bis 27 nicht genannten Ordnungsaufgaben sind zuständig:

1. das fachlich zuständige Mitglied des Senats, soweit die Aufgaben in Rechtsvorschriften des Reichs, des Bundes oder Landes der obersten Reichs- oder Landesbehörde, der obersten Landesbaubehörde, dem Regierungspräsidenten, der Landespolizeibehörde, der höheren Baupolizeibehörde, der Polizeiaufsichtsbehörde, der höheren Verwaltungsbehörde oder an Stelle einer dieser Behörden dem Polizeipräsidenten in Berlin zugewiesen sind;
2. die Bezirksämter, soweit die Aufgaben in Rechtsvorschriften des Reichs, des Bundes oder Landes der unteren Verwaltungsbehörde, der Kreis- oder Ortspolizeibehörde übertragen sind, und in allen übrigen Fällen.

§ 29

Inkrafttreten

Diese Verordnung tritt am 1. August 1988 in Kraft. ...

6

Gesetz

über die Eigenbetriebe des Landes Berlin (Eigenbetriebsgesetz-EigG)

Vom 11. Dezember 1959*
In der Fassung vom 22. Dezember 1988*

ERSTER ABSCHNITT

Organisation und Verwaltung des Eigenbetriebs

§ 1

Allgemeine Vorschriften

(1) Dieses Gesetz regelt die Führung der nichtrechtsfähigen wirtschaftlichen Unternehmen Berlins (Eigenbetriebe).

(2) Eigenbetriebe im Sinne dieses Gesetzes sind

a) die Berliner Verkehrs-Betriebe (BVG),

b) die Berliner Gaswerke (Gasag),

c) die Berliner Wasser-Betriebe (BWB),

d) die Behala Berliner Hafen- und Lagerhaus-Betriebe,

e) die Berliner Stadtreinigungs-Betriebe (BSR).

§ 2

Rechtsgrundlage des Eigenbetriebs; Aufsicht

(1) Für die Führung der Eigenbetriebe gelten neben den Vorschriften dieses Gesetzes und der nach Maßgabe ihres § 113 anzuwendenden Landeshaushaltsordnung die Bestimmungen der Betriebssatzung des Eigenbetriebs. Die Betriebssatzungen erläßt der Senat durch Rechtsverordnung. Für die Berliner Wasser-Betriebe — Betriebsteil Entwässerung — und die Berliner Stadtreinigungs-Betriebe kann in

Quelle: GVBl. S. 1229
Neufassung: GVBl. 1989 S. 117

der Betriebssatzung auch der Anschluß- und Benutzungszwang geregelt werden.

(2) Die Eigenbetriebe handeln im Rahmen ihres Aufgabenbereichs mit unmittelbarer Wirkung für und gegen Berlin. Sie treten im Rechtsverkehr unter ihrem Namen mit dem Zusatz "Eigenbetrieb von Berlin" auf.

(3) Die Aufsicht über die Eigenbetriebe führt das zuständige Mitglied des Senats. Das für die Aufsicht zuständige Mitglied des Senats kann nach Anhören der Geschäftsleitungen der Eigenbetriebe im Einvernehmen mit dem fachlich zuständigen Mitglied des Senats bestimmen, daß allgemeine Verwaltungsvorschriften des Senats oder eines Mitglieds des Senats auch für die Eigenbetriebe gelten, wenn es wegen ihrer rechtlichen Zugehörigkeit zur Berliner Verwaltung erforderlich ist.

(4) Der Senat setzt die Tarife der in § 1 Abs. 2 Buchstabe a, b, c und e genannten Eigenbetriebe für die Verkehrsleistungen, die Gas- und Wasserlieferungen, die Entwässerungsleistungen und die Abfallbeseitigung und Straßenreinigung fest. Die Festsetzung bedarf der vorherigen Zustimmung des Abgeordnetenhauses.

§ 3

Zusammensetzung der Geschäftsleitung

(1) Die Geschäftsleitung besteht aus einem oder mehreren Geschäftsleitern. Die Zahl der Geschäftsleiter soll drei nicht übersteigen. Bei mehreren Geschäftsleitern kann einer zum Ersten Geschäftsleiter bestellt werden; er entscheidet bei Stimmengleichheit innerhalb der Geschäftsleitung. Außerdem können erforderlichenfalls stellvertretende Geschäftsleiter bestellt werden; ihre Zahl darf die der Geschäftsleiter nicht übersteigen.

(2) Die Betriebssatzung bestimmt im einzelnen, aus wieviel Geschäftsleitern die Geschäftsleitung besteht und ob ein Erster Geschäftsleiter zu bestellen ist.

(3) Besteht die Geschäftsleitung aus mehreren Geschäftsleitern, so ist einem die Zuständigkeit für soziale und personelle Angelegenheiten zuzuweisen. Haben Eigenbetriebe oder mehrere Eigenbetriebe mit gemeinsamer Geschäftsleitung mehr als 2000 Arbeitnehmer, so

ist ein Geschäftsleiter ausschließlich für soziale und personelle Angelegenheiten zu bestellen.

§ 4

Aufgaben der Geschäftsleitung

(1) Die Geschäftsleitung leitet den Eigenbetrieb selbständig und unter eigener Verantwortung, soweit nicht durch dieses Gesetz oder andere gesetzliche Vorschriften etwas anderes bestimmt ist. Sie ist insbesondere für die wirtschaftliche Führung des Eigenbetriebs verantwortlich.

(2) Die Geschäftsleitung hat dem zuständigen Mitglied des Senats in allen Angelegenheiten Auskünfte zu erteilen und auf Anforderung Berichte zu erstatten. Sie hat ihn über alle wichtigen Vorkommnisse rechtzeitig zu unterrichten.

(3) Kommt die Geschäftsleitung ihren Pflichten nicht nach, so kann das zuständige Mitglied des Senats der Geschäftsleitung Weisungen erteilen; in Angelegenheiten von finanzieller Bedeutung können Weisungen nur im Einvernehmen mit dem Senator für Finanzen erteilt werden. Werden die Weisungen nicht befolgt, so kann der Senat auf Antrag des zuständigen Mitglieds des Senats einen Beauftragten bestellen, der einzelne oder alle Befugnisse der Geschäftsleitung ausübt; der Verwaltungsrat ist von den getroffenen Maßnahmen unverzüglich zu unterrichten.

(4) Die Geschäftsleitung nimmt an den Sitzungen des Verwaltungsrats teil. Sie ist berechtigt und verpflichtet, ihre Ansicht zu den Gegenständen der Tagesordnung darzulegen.

§ 5

Vertretung

(1) Die Geschäftsleitung vertritt Berlin in den Angelegenheiten des Eigenbetriebs. Besteht die Geschäftsleitung aus mehreren Mitgliedern, so sind zwei von ihnen zur gemeinsamen Vertretung berechtigt. Im übrigen regelt sich die Vertretung nach den Vorschriften der §§ 22 bis 24 des Allgemeinen Zuständigkeitsgesetzes vom 2. Oktober 1958 (GVBl. S. 947).

(2) Die Namen der vertretungsberechtigten Personen und der Umfang ihrer Vertretungsbefugnis werden im Amtsblatt für Berlin bekanntgemacht.

(3) Der Verwaltungsrat vertritt Berlin in den in §7 Abs. 1 Satz 1 Buchstabe a genannten Angelegenheiten des Eigenbetriebs. Die rechtsgeschäftlichen Erklärungen gibt insoweit der Vorsitzende des Verwaltungsrats ab.

§6

Zusammensetzung des Verwaltungsrats

(1) Dem Verwaltungsrat gehören an

a) das zuständige Mitglied des Senats als Vorsitzender,

b) vier vom Senat zu bestellende Mitglieder,

c) fünf von der Personalvertretung zu bestellende Mitglieder, von denen mindestens ein Mitglied nicht Arbeitnehmer des Eigenbetriebs sein darf. Besteht bei dem Eigenbetrieb ein Gesamtpersonalrat, so bestellt er die Mitglieder. Für die von der Personalvertretung oder vom Gesamtpersonalrat bestellten Mitglieder ist jeweils ein Ersatzmitglied zu bestellen.

(2) Der Vorsitzende und ein von den Mitgliedern nach Absatz 1 Buchstabe c aus ihrer Mitte zu bestimmendes Mitglied bilden den Vorstand des Verwaltungsrats.

(3) Zum Mitglied des Verwaltungsrats darf nicht bestellt werden, wer wegen unmittelbarer oder mittelbarer Bindungen zu dem Eigenbetrieb oder einem Wettbewerbsunternehmen der Gefahr der Befangenheit ausgesetzt ist. Absatz 1 Buchstabe c bleibt unberührt, soweit es sich um Arbeitnehmer des Eigenbetriebs handelt.

(4) Der Verwaltungsrat wird für die Dauer der Wahlperiode des Abgeordnetenhauses gebildet und bleibt bis zur Neubildung im Amt. Der Senat und die Personalvertretung können die von ihnen bestellten Mitglieder jederzeit abberufen.

(5) Der Vorsitzende kann sich durch seinen Staatssekretär vertreten lassen; sind beide verhindert, so führt das von den Mitgliedern nach Absatz 1 Buchstabe c bestimmte Vorstandsmitglied den Vorsitz. Die nach Absatz 1 Buchstabe b bestellten Mitglieder können sich

durch Dienstkräfte ihrer Verwaltung, die nach Absatz 1 Buchstabe c bestellten Mitglieder durch ihre Ersatzmitglieder vertreten lassen.

(6) Der Verwaltungsrat gibt sich eine Geschäftsordnung.

(7) Der Verwaltungsrat ist beschlußfähig, wenn mehr als die Hälfte der Mitglieder anwesend ist. Die Bestellung und Abberufung von Geschäftsleitern und Ersten Geschäftsleitern bedürfen der Stimmen von zwei Dritteln der Mitglieder; andere Beschlüsse werden mit Stimmenmehrheit gefaßt. Mitglieder im Sinne der Sätze 1 und 2 sind der Vorsitzende und die tatsächlich bestellten Mitglieder oder ihre Vertreter nach Absatz 5. Bei Stimmengleichheit gelten Vorlagen und Anträge als durch Beschluß des Verwaltungsrats abgelehnt.

(8) Kann über Vorlagen und Anträge, deren Behandlung in einer mit der Einberufung des Verwaltungsrats übersandten Tagesordnung vorgesehen ist, wegen mangelnder Beschlußfähigkeit nach Absatz 7 Satz 1 nicht beschlossen werden, so ist der Verwaltungsrat innerhalb von 14 Tagen erneut einzuberufen. Ist er dann wieder nicht beschlußfähig nach Absatz 7 Satz 1, kann über die Vorlagen und Anträge mit der Mehrheit der anwesenden Mitglieder beschlossen werden.

§ 7

Aufgaben des Verwaltungsrats

(1) Der Verwaltungsrat entscheidet, soweit nicht durch andere gesetzliche Vorschriften etwas anderes bestimmt ist, auf Antrag des Vorsitzenden, eines Mitglieds oder der Geschäftsleitung über

a) die Bestellung und Abberufung von Geschäftsleitern, Ersten Geschäftsleitern und stellvertretenden Geschäftsleitern sowie die Abgrenzung ihrer Zuständigkeit,

b) die Feststellung des Wirtschaftsplans (§ 16 Abs. 1),

c) die Feststellung des Jahresabschlusses und die Entlastung der Geschäftsleitung (§ 27 Abs. 1),

d) die Übernahme neuer Aufgaben durch den Eigenbetrieb,

e) die Festsetzung der nicht unter § 2 Abs. 4 fallenden Tarife,

f) Empfehlungen an den Senat für die Festsetzung der Tarife nach § 2 Abs. 4.

(2) Die Geschäftsleitung bedarf der vorherigen Zustimmung des Verwaltungsrats zu

a) dem Erwerb oder der Veräußerung von Beteiligungen,

b) dem Erwerb, der Veräußerung oder der Belastung von Vermögensgegenständen, soweit es sich nicht um Geschäfte der laufenden Verwaltung handelt,

c) dem Verzicht auf Ansprüche und dem Abschluß von Vergleichen, soweit es sich nicht um Geschäfte der laufenden Verwaltung handelt,

d) der Einleitung besonders bedeutsamer Rechtsstreitigkeiten und der Einlegung von Rechtsmitteln in solchen Rechtsstreitigkeiten,

e) dem Abschluß besonders bedeutsamer Verträge,

f) Abweichungen vom Wirtschaftsplan (§ 17 Abs. 3, § 18 Abs. 4, § 19 Abs. 2), Maßnahmen bei ungedeckten Mehraufwendungen oder erfolggefährdenden Mindererträgen (§ 17 Abs. 5), Ausnahmen bei der Übertragbarkeit (§ 18 Abs. 5 Satz 2), Maßnahmen der vorläufigen Wirtschaftsführung im Rahmen des Finanzplans (§ 20 Satz 2),

g) dem Eintritt eines Geschäftsleiters in Organe eines wirtschaftlichen Unternehmens,

h) dem Abschluß von Dienstvereinbarungen nach dem Personalvertretungsgesetz.

(3) In Angelegenheiten nach Absatz 2, die keinen Aufschub dulden, kann die Geschäftsleitung im Einvernehmen mit dem Vorsitzenden des Verwaltungsrats die notwendigen Maßnahmen treffen, wenn die Zustimmung des Verwaltungsrats nicht rechtzeitig eingeholt werden kann; in Angelegenheiten von finanzieller Bedeutung ist auch das Einverständnis des Senators für Finanzen erforderlich. Der Vorsitzende des Verwaltungsrats hat den Verwaltungsrat von den getroffenen Maßnahmen unverzüglich zu unterrichten.

(4) Der Verwaltungsrat ist zu hören vor

a) einer Änderung der Betriebssatzung,

b) einer Auflösung des Eigenbetriebs oder einer Umwandlung des Eigenbetriebs in ein rechtsfähiges wirtschaftliches Unternehmen,

c) der Heranziehung eines Wirtschaftsprüfers durch den Rechnungshof für die Prüfung des Jahresabschlusses.

(5) Der Verwaltungsrat kann im Rahmen seiner Zuständigkeit Empfehlungen erteilen.

§ 8

Beanstandungsrecht

(1) Das zuständige Mitglied des Senats kann Beschlüsse des Verwaltungsrats mit aufschiebender Wirkung beanstanden, sofern durch sie das öffentliche Interesse beeinträchtigt wird; dies gilt auch im Falle des § 6 Abs. 7 Satz 4. Die Beanstandung ist entweder in der Sitzung zu erklären oder innerhalb von vierzehn Tagen der Geschäftsleitung schriftlich mitzuteilen; sie wird mit der Erklärung oder dem Zugang der schriftlichen Mitteilung bei der Geschäftsleitung wirksam. Die Beanstandung ist vor der Geschäftsleitung und vor den Mitgliedern des Verwaltungsrats zu begründen.

(2) Das zuständige Mitglied des Senats kann sich in der Sitzung die schriftliche Beanstandung eines Beschlusses vorbehalten. Beschlüsse, deren Beanstandung vorbehalten ist, dürfen nicht vor Ablauf der Beanstandungsfrist ausgeführt werden.

(3) Der Vorstand kann, wenn ein Beschluß des Verwaltungsrats beanstandet worden ist oder die Beanstandung vorbehalten wurde, die mit dem Beschluß im Zusammenhang stehenden Geschäftsvorgänge prüfen.

(4) Bei der Beanstandung eines Beschlusses hat der Verwaltungsrat innerhalb von vierzehn Tagen erneut Beschluß zu fassen. Hält das zuständige Mitglied des Senats die Beanstandung aufrecht, so hat es sie dem Senat unter Darlegung der unterschiedlichen Auffassung vorzulegen. Auf Grund der Vorlage entscheidet der Senat an Stelle des Verwaltungsrats. Trifft der Senat seine Entscheidung nicht innerhalb von sechs Wochen nach der Beanstandung, so wird der Beschluß des Verwaltungsrats unter Berücksichtigung der erneuten Beschlußfassung (Satz 1) wirksam.

(5) Das zuständige Mitglied des Senats wird im Verhinderungsfall durch seinen Vertreter im Senat oder durch seinen Staatssekretär vertreten.

§ 9

Personalangelegenheiten

(1) Die Geschäftsleitung entscheidet über Einstellung, Versetzung, Entlassung, Versetzung in den Ruhestand und die sonstigen Personalangelegenheiten der einzelnen Arbeitnehmer.

(2) Die Tarifverträge des Landes Berlin finden Anwendung. Der Abschluß von Dienstvereinbarungen über Arbeitsentgelte oder sonstige Arbeitsbedingungen bedarf der vorherigen Zustimmung des Senators für Inneres und des Senators für Finanzen. Die Gewährung über- oder außertariflicher Leistungen bedarf der vorherigen Zustimmung des Senators für Inneres.

ZWEITER ABSCHNITT

Wirtschaftsführung und Rechnungswesen des Eigenbetriebs

§ 10

Eigenbetriebsvermögen

(1) Der Eigenbetrieb ist finanzwirtschaftlich als Sondervermögen Berlins gesondert zu verwalten und nachzuweisen; auf die Erhaltung des Sondervermögens ist Bedacht zu nehmen.

(2) Das Stammkapital des Eigenbetriebs ist in der Betriebssatzung in angemessener Höhe festzusetzen.

§ 11

Wirtschaftliche Zielsetzung

(1) Die in § 1 Abs. 2 Buchstabe a, b und d genannten Eigenbetriebe sowie der Betriebsteil Wasserversorgung des unter Buchstabe c genannten Eigenbetriebs sollen einen Gewinn erzielen. Ein Jahresverlust ist auf neue Rechnung vorzutragen und aus den Gewinnen der nächsten drei Geschäftsjahre oder aus dem Rücklagekapital abzudecken, sofern nicht im Haushalt Ausgaben zur Verlustabdeckung bereitgestellt sind.

(2) Bei der Bemessung der Entgelte für die Leistungen des Betriebsteils Entwässerung des in § 1 Abs. 2 Buchstabe c genannten Eigenbe-

triebs und des unter Buchstabe e genannten Eigenbetriebs gilt § 8 Abs. 3 des Gesetzes über Gebühren und Beiträge vom 22. Mai 1957 (GVBl. S. 516), zuletzt geändert durch Gesetz vom 30. Oktober 1969 (GVBl. S. 2252), in der jeweils geltenden Fassung entsprechend.

§ 12

Maßnahmen zur Vermögenserhaltung

(1) Der Eigenbetrieb hat in seinem Rechnungswesen die gesamten Erträge und Aufwendungen ordnungsgemäß und stichtaggerecht anzusetzen.

(2) Zu den Erträgen gehören auch angemessene Vergütungen für Lieferungen, Leistungen und Leihgelder des Eigenbetriebs an Verwaltungsstellen und an andere Eigenbetriebe.

(3) Zu den Aufwendungen gehören auch angemessene Beträge für den Unterhaltungsaufwand, angemessene Abschreibungen, die Steuern, die Zinsen für die zu Zwecken des Eigenbetriebs aufgenommenen Darlehen, angemessene Vergütungen für Lieferungen, Leistungen und Leihgelder von Verwaltungsstellen und von anderen Eigenbetrieben sowie angemessene Aufwand- und Gefahrenrückstellungen.

(4) Das für die technische und wirtschaftliche Entwicklung des Eigenbetriebs notwendige Rücklagekapital soll rechtzeitig und in ausreichender Höhe aus dem Jahresgewinn gebildet werden; bei umfangreichen Erweiterungen kann an die Stelle der Finanzierung aus Rücklagen die Finanzierung durch Darlehen treten. Erhaltene Investitionszulagen sind als Erträge auszuweisen und vor Ermittlung des Jahresergebnisses den Rücklagen zuzuführen.

(5) Eine Rückzahlung von Eigenkapital ist nur zulässig, wenn dadurch die Erfüllung der Aufgaben und die zukünftige Entwicklung des Eigenbetriebs nicht beeinträchtigt werden.

§ 13

Kassenwirtschaft; Aufnahme von Darlehen

(1) Für jeden Eigenbetrieb ist eine Sonderkasse einzurichten.

(2) Der Eigenbetrieb ist für die ordnungsgemäße Bewirtschaftung

seiner vorübergehend nicht benötigten Kassenbestände verantwortlich. Bei einem dringenden Kassenbedarf der Landeshauptkasse ist der Eigenbetrieb verpflichtet, auf Anforderung vorübergehend nicht benötigte Kassenbestände zur Verfügung zu stellen; die Rückzahlungstermine sind im voraus unter Berücksichtigung der Interessen des Eigenbetriebs festzulegen.

(3) Kassenkredite dürfen im Einvernehmen mit dem Senator für Finanzen vorübergehend in der von dem Eigenbetrieb benötigten Höhe aufgenommen werden.

(4) Darlehen, die der Eigenbetrieb zur Deckung von Ausgaben des Finanzplans benötigt, nimmt der Senator für Finanzen über den Haushalt auf und gibt sie zu den gleichen Bedingungen an den Eigenbetrieb weiter.

§ 14

Geschäftsjahr (Rechnungsjahr)

Geschäftsjahr (Rechnungsjahr) ist das Kalenderjahr.

§ 15

Aufbau des Rechnungswesens

(1) Das Rechnungswesen des Eigenbetriebs umfaßt den wirtschaftsplan, die Buchführung, den Jahresabschluß, den Lagebericht und die Kostenrechnung.

(2) Alle Zweige des Rechnungswesens sind in einer Abteilung des Eigenbetriebs zu vereinigen. Hat der Eigenbetrieb einen Geschäftsleiter für die kaufmännischen Angelegenheiten, so ist dieser für das Rechnungswesen verantwortlich.

§ 16

Wirtschaftsplan

(1) Der Wirtschaftsplan ist die nach § 7 Abs. 1 Satz 1 Buchstabe b festgestellte, für die Wirtschaftsführung des Eigenbetriebs maßgebende Zusammenstellung der für ein Geschäftsjahr veranschlagten Erträge und Aufwendungen (§ 17) sowie Deckungsmittel und Ausgaben (§ 18).

(2) Der Wirtschaftsplan besteht aus dem Erfolgsplan und dem Finanzplan mit den Erläuterungen einschließlich des Stellennachweises.

§ 17

Erfolgsplan

(1) Der Erfolgsplan muß alle voraussehbaren Erträge und Aufwendungen des Geschäftsjahres enthalten. Er ist wie die Gewinn- und Verlustrechnung (§ 23) zu gliedern.

(2) Die im Erfolgsplan veranschlagten Ansätze sind gegenseitig deckungsfähig. Ausgenommen sind die Ansätze für Abschreibungen und für Zuführungen an Rücklagen.

(3) Werden höhere oder neue Aufwendungen gegenüber dem Erfolgsplan (Mehraufwendungen) notwendig, die nicht durch Minderaufwendungen bei deckungsfähigen Ansätzen (Absatz 2) ausgeglichen werden können oder nicht zwangsläufig aus Umsatzsteigerungen entstanden und durch Mehrerträge gedeckt sind, so ist die vorherige Zustimmung des Verwaltungsrats einzuholen.

(4) Sind bei der Ausführung des Erfolgsplans erfolggefährdende Mindererträge zu erwarten, so hat die Geschäftsleitung dem Verwaltungsrat unverzüglich Bericht zu erstatten.

(5) In den Fällen der Absätze 3 und 4 sollen geeignete Maßnahmen getroffen werden, um durch Einschränkung von Aufwendungen oder Erhöhung von Erträgen einen Ausgleich zuschaffen.

§ 18

Finanzplan

(1) Der Finanzplan muß mindestens alle zu erwartenden Deckungsmittel und Ausgaben des Geschäftsjahres enthalten, die sich aus Anlageänderungen und aus der Aufnahme oder der Hingabe von Darlehen ergeben.

(2) Auf der Deckungsseite des Finanzplans sind die vorhandenen oder zu beschaffenden Deckungsmittel nachzuweisen. Aus dem Finanzplan zu finanzierende Vorhaben dürfen erst in Angriff genommen werden, wenn gesichert ist, daß die erforderlichen Deckungsmittel erwirtschaftet oder anderweitig zur Verfügung gestellt werden.

(3) Die Ausgaben des Finanzplans sind getrennt nach Ausgabegruppen (Schuldentilgung, Erneuerungen, Erweiterungen, sonstige Ausgaben) und innerhalb der Ausgabegruppen nach Ausgabearten (Grunderwerb, Bauvorhaben, Beschaffungen) zu veranschlagen. Die Ansätze für Anlageänderungen sind in den Erläuterungen nach den jeweiligen Zwecken aufzugliedern.

(4) Werden Ausgaben für einen Zweck notwendig, der in den Erläuterungen gemäß Absatz 3 Satz 2 nicht vorgesehen ist, so ist die vorherige Zustimmung des Verwaltungsrats einzuholen. Das gleiche gilt, wenn höhere oder neue Ausgaben gegenüber dem Finanzplan (Mehrausgaben) notwendig werden. Die Zustimmung darf nur erteilt werden, wenn die Ausgaben gedeckt sind.

(5) Die Ausgaben für Anlageänderungen bleiben für die jeweiligen Zwecke über das Geschäftsjahr hinaus bis zum Schluß des auf die letzte Mittelbereitstellung folgenden Geschäftsjahres verfügbar. Der Verwaltungsrat kann im Einzelfall zeitlich etwas anderes zulassen.

(6) Der Finanzplan soll durch eine Planungsübersicht für die folgenden Geschäftsjahre ergänzt werden.

§ 19

Erläuterungen; Stellennachweis

(1) Die Ansätze des Erfolgsplans und des Finanzplans sind zu erläutern.

(2) Der Stellennachweis als Bestandteil der Erläuterungen legt fest, welche Zahl von planmäßigen Angestellten und Arbeitern in den einzelnen Vergütungs- und Lohngruppen höchstens beschäftigt werden darf.

§ 20

Vorläufige Wirtschaftsführung

Ist der Wirtschaftsplan des Eigenbetriebs zu Beginn eines Geschäftsjahres noch nicht festgestellt, so darf die Geschäftsleitung Verbindlichkeiten eingehen und Aufwendungen zu Lasten des Erfolgsplans und Ausgaben zu Lasten des Finanzplans leisten, soweit es zur geordneten Fortführung des Betriebs unabweisbar notwendig ist. Die Übernahme von Verbindlichkeiten für Ausgaben des Finanzplans und die Leistung von Ausgaben zu Lasten des Finanzplans bedürfen der vorherigen Zustimmung des Verwaltungsrats.

§ 21

Buchführung und Kostenrechnung

(1) Der Eigenbetrieb führt seine Rechnung nach den Regeln der kaufmännischen doppelten Buchführung. Die Vorschriften des Dritten Buchs des Handelsgesetzbuchs über die Buchführung, das Inventar, die Aufbewahrung von Unterlagen und die Aufbewahrungsfristen sind anzuwenden, soweit sie nicht bereits unmittelbar gelten.

(2) Bestandsvergleiche des Sachanlagevermögens mit der Anlagebuchhaltung sollten alle drei Jahre vorgenommen werden.

(3) Der Eigenbetrieb hat die für Kostenrechnungen erforderlichen Unterlagen zu führen und nach Bedarf Kostenrechnungen zu erstellen.

§ 22

Zwischenberichte

(1) Die Geschäftsleitung stellt Vierteljahresübersichten über die Entwicklung der Erträge und Aufwendungen und vierteljährliche Zwischenabschlüsse auf. Für die Zwischenabschlüsse bedarf es keiner Bestandsaufnahme und keines förmlichen Bücherabschlusses.

(2) Die Vierteljahresübersichten und die vierteljährlichen Zwischenabschlüsse sind dem Verwaltungsrat mit einem Bericht vorzulegen, in dem wesentliche Abweichungen gegenüber den anteiligen Beträgen des Erfolgsplans zu erläutern sind.

§ 23

Jahresabschluß

(1) Für den Schluß eines jeden Geschäftsjahres ist ein Jahresabschluß aufzustellen, der aus der Bilanz, der Gewinn- und Verlustrechnung und dem Anhang besteht. Auf den Jahresabschluß sind die allgemeinen Vorschriften, die Vorschriften über die Bilanz, die Gewinn- und Verlustrechnung und den Anhang sowie die Vorschriften über

Ansätze und Bewertung für große Kapitalgesellschaften im Dritten Buch des Handelsgesetzbuchs sinngemäß anzuwenden, soweit sich aus diesem Gesetz nichts anderes ergibt.

(2) Für die Gliederung der Bilanz und der Gewinn- und Verlustrechnung sowie für die Kopfspalten des Anlagenachweises (§ 25) setzt der Senat durch Verwaltungsvorschrift Formblätter fest.

§ 24

Bilanz, Gewinn- und Verlustrechnung

(1) Von den empfangenen Bauzuschüssen, für die keine Rückzahlungspflicht besteht, sind

a) Ertragszuschüsse (empfangene Vorschüsse auf künftige Betriebsleistungen) auf der Passivseite der Bilanz gesondert auszuweisen,

b) Kapitalzuschüsse, die von anderen zur Stärkung kapitalschwacher Eigenbetriebe oder zur Ermöglichung gemeinnütziger Bauten gegeben werden, als Zugang zu den Abschreibungen zu buchen,

c) Überteuerungszuschüsse von den Ausgaben für die überteuerten Bauten abzusetzen.

Aus den passivierten Ertragszuschüssen sind jährlich diejenigen Teilbeträge als außerordentlicher Ertrag in die Gewinn- und Verlustrechnung zu übernehmen, die an der Wirtschaftlichkeit der bezuschußten Betriebsleistungen jeweils fehlen. Soweit der Eigenbetrieb Bauzuschüsse auf Grund allgemeiner Lieferbedingungen erhebt, gelten sie als Ertragszuschüsse; von den passivierten Ertragszuschüssen ist jährlich ein Zwanzigstel zu entnehmen. Als abzuschreibender Anschaffungswert gelten im Falle der Ertragszuschüsse der ungekürzte, im Falle der Kapital- und Überteuerungszuschüsse der um die Zuschüsse gekürzte Ausgabewert. Bei Kapitalzuschüssen ist in Höhe des Zuschusses eine Erneuerungsrücklage nach den Grundsätzen der Abschreibungsbemessung zu bilden.

(2) Darlehen, die nach § 13 Abs. 4 zugunsten des Eigenbetriebs aufgenommen worden sind, gelten für die Gliederung in der Bilanz als Darlehen von Fremden.

(3) § 268 Abs. 1 bis 3, § 270 Abs. 1 Satz 1 und Abs. 2 sowie § 272 des Handelsgesetzbuchs sind nicht anzuwenden.

(4) Die Gewinn- und Verlustrechnung ist nach dem Gesamtkostenverfahren aufzustellen.

§ 25

Anhang

(1) Im Anhang ist auch die Entwicklung der einzelnen Posten des Anlagevermögens in einem Anlagenachweis darzustellen.

(2) § 286 Abs. 2 und 3 des Handelsgesetzbuchs sind nicht anzuwenden.

§ 26

Lagebericht

(1) Gleichzeitig mit dem Jahresabschluß ist ein Lagebericht aufzustellen. Darin sind zumindest der Geschäftsverlauf und die Lage des Eigenbetriebs so darzustellen, daß ein den tatsächlichen Verhältnissen entsprechendes Bild vermittelt wird.

(2) Im Lagebericht ist auch einzugehen auf

a) Vorgänge von besonderer Bedeutung, die nach dem Schluß des Geschäftsjahres eingetreten sind,
b) die voraussichtliche Entwicklung des Eigenbetriebs,
c) den Bereich Forschung und Entwicklung,
d) die Änderungen im Bestand der zum Eigenbetrieb gehörenden Grundstücke und grundstücksgleichen Rechte,
e) die Leistungsfähigkeit und den Ausnutzungsgrad der wichtigsten Anlagen und wesentliche Anlageänderungen,
f) den Stand der Anlagen im Bau und die geplanten Bauvorhaben,
g) den Betriebsertrag, der durch eine sorgfältig gegliederte Erzeugungs-, Mengenverlust-, Absatz- und Tarifstatistik des Vorjahres und des Berichtsjahres zu erläutern ist; geschätzte Mengen sind als solche zu kennzeichnen,
h) den Personalaufwand, der durch eine gegliederte Statistik über die zahlenmäßige Entwicklung der Arbeitnehmer und die Angabe der Gesamtsumme der Vergütungen und Löhne sowie der Versorgungsausgaben des Geschäftsjahres zu erläutern ist.

§ 27

Rechenschaft

(1) Die Geschäftsleitung hat den Jahresabschluß und den Lagebericht unverzüglich nach Ablauf des Geschäftsjahres aufzustellen, zu unterzeichnen und mit dem Prüfungsbericht dem Verwaltungsrat vorzulegen. Der Verwaltungsrat stellt den Jahresabschluß fest und erteilt der Geschäftsleitung Entlastung.

(2) Die Bilanz und die Gewinn- und Verlustrechnung sind mit dem Prüfungsvermerk des Abschlußprüfers und nachrichtlichen Angaben über die Behandlung des Jahresergebnisses im Amtsblatt für Berlin zu veröffentlichen.

DRITTER ABSCHNITT

Übergangs- und Schlußvorschriften

§ 28

Übergangsvorschriften

In Verbindung mit den nach § 23 Abs. 1 anzuwendenden Vorschriften des Handelsgesetzbuchs finden auch die Übergangsvorschriften des Artikels 24 Abs. 1 bis 5 und des Artikels 28 des Einführungsgesetzes zum Handelsgesetzbuch sinngemäß Anwendung. Rückstellungen für Versorgungsverpflichtungen sind jedoch grundsätzlich nur zu bilden, soweit § 249 Abs. 1 Satz 1 des Handelsgesetzbuchs in Verbindung mit Artikel 28 Abs. 1 des Einführungsgesetzes zum Handelsgesetzbuch dazu verpflichtet.

§ 29

Inkrafttreten

Dieses Gesetz tritt am 1. Januar 1960 in Kraft.

7.

Gesetz

über das Verfahren der Berliner Verwaltung

Vom 8. Dezember 1976*
In der Fassung vom 1. November 1990*

§ 1

Anwendungsbereich

(1) Für die öffentlich-rechtliche Verwaltungstätigkeit der Behörden Berlins gilt das Verwaltungsverfahrensgesetz (VwVfG) vom 25. Mai 1976 (BGBl. I S. 1253/GVBl. S. 1173) geändert durch Gesetz vom 2. Juli 1976 (BGBl. I S. 1749/GVBl. S. 1620), soweit nicht in den §§ 2 bis 4 dieses Gesetzes etwas anderes bestimmt wird.

(2) Das Landeseinwohneramt, die Bezirksämter und die landesunmittelbaren Träger der gesetzlichen Krankenversicherung und deren Landesverbände nehmen amtliche Beglaubigungen nach § 33 Abs. 1 Satz 2, § 34 Abs. 1 und 4 VwVfG, § 29 Abs. 1 Satz 2 und Abs. 4, § 30 Abs. 1 und 4 des Zehnten Buches Sozialgesetzbuch vom 18. August 1980 (BGBl. I S. 1469, 2218/GVBl. S. 1864), zuletzt geändert durch Gesetz vom 22. Dezember 1983 (BGBl. I S. 1532/GVBl. S. 1669), vor.

§ 2

Ausnahmen vom Anwendungsbereich

(1) Die Ausnahmen vom Anwendungsbereich nach § 2 Abs. 3 Nr. 2 VwVfG gelten auch für alle sonstigen Leistungs- und Eignungsbewertungen im Bereich des Schul-, Hochschul-, Fachhochschul- und Volkshochschulwesens (Bildungsbereich).

(2) Im übrigen gelten für den Bildungsbereich nur die §§ 4 bis 13, 20 bis 52, 79, 80 und 96 VwVfG.

(3) Das für das Schulwesen zuständige Mitglied des Senats wird ermächtigt, durch Rechtsverordnung für seinen Geschäftsbereich festzu-

Quelle: GVBl. S. 2735, 2898
Neufassung: GVBl. S. 2216

legen, unter welchen Voraussetzungen für ausländische Beteiligte und zur Sicherung der Ausbildung Ausnahmen von § 20 Abs. 1 Nr. 2 VwVfG in unabweisbaren Einzelfällen zugelassen werden können.

(4) Das Verwaltungsverfahrensgesetz gilt nicht für die Tätigkeit des Senders Freies Berlin.

§ 2a

Personenbezogene Daten, Betriebs- und Geschäftsgeheimnisse

(1) Die Behörde darf Angaben über persönliche und sachliche Verhältnisse einer natürlichen Person und Betriebs- und Geschäftsgeheimnisse nicht unbefugt offenbaren. Sie unterliegt, soweit sie personenbezogene Daten verarbeitet, den Vorschriften des Berliner Datenschutzgesetzes.

(2) § 26 Abs. 2 Satz 3 des Verwaltungsverfahrensgesetzes findet mit der Maßgabe Anwendung, daß auch eine Pflicht zur Angabe von personenbezogenen Daten oder von Betriebs- und Geschäftsgeheimnissen nur besteht, soweit sie durch Rechtsvorschrift besonders vorgesehen ist. Der Beteiligte kann die Auskunft auf solche Fragen, zu denen er durch Rechtsvorschrift verpflichtet ist, verweigern, wenn eine Beantwortung ihn selbst oder einen der in § 383 Abs. 1 Nr. 1 bis 3 der Zivilprozeßordnung bezeichneten Angehörigen der Gefahr strafgerichtlicher Verfolgung oder eines Verfahrens nach dem Gesetz über Ordnungswidrigkeiten aussetzen würde.

(3) Abweichend von § 29 Abs. 2 des Verwaltungsverfahrensgesetzes ist die Behörde den Beteiligten zur Gestattung der Einsicht in die das Verfahren betreffenden Akten nach § 29 Abs. 1 des Verwaltungsverfahrensgesetzes nicht verpflichtet, soweit eine Abwägung ergibt, daß die dort gewährten Rechte der Beteiligten hinter dem öffentlichen Interesse an der Geheimhaltung oder einem überwiegenden Geheimhaltungsinteresse Dritter aus zwingenden Gründen zurücktreten müssen; die wesentlichen Gründe für die Verweigerung der Akteneinsicht sind den Beteiligten im einzelnen mitzuteilen.

§ 3

Rechtsmittelbelehrung

Schriftliche oder schriftlich zu bestätigende Verwaltungsakte, die der Anfechtung unterliegen, sind mit einer Rechtsmittelbelehrung zu versehen. Dies gilt nicht für Verwaltungsakte im Bildungsbereich.

§ 4

Förmliches Verfahren

(1) Das förmliche Verfahren findet statt

a) in den Angelegenheiten, die vom Senat durch Rechtsverordnung oder sonst durch Rechtsvorschrift bestimmt werden,

b) in den sonstigen Angelegenheiten, in denen durch Rechtsvorschrift die Durchführung einer mündlichen Verhandlung vorgeschrieben ist.

(2) § 70 VwVfG findet keine Anwendung.

§ 5

Zustellung und Vollstreckung

(1) Für das Zustellungsverfahren der Behörden Berlins gilt das Verwaltungszustellungsgesetz vom 3. Juli 1952 (BGBl. I S. 379/GVBl. S. 648) in der jeweils geltenden Fassung. Hiervon unberührt bleiben die Zustellungsvorschriften der Hinterlegungsordnung und der Justizbeitreibungsordnung sowie die Vorschriften, nach denen die Zustellungen der Staats- und Amtsanwaltschaft zu bewirken sind.

(2) Für das Vollstreckungsverfahren der Behörden Berlins gilt das Verwaltungs-Vollstreckungsgesetz vom 27. April 1953 (BGBl. I S. 157/ GVBl. S. 361) in der jeweils geltenden Fassung. § 11 Abs. 3 des Verwaltungs-Vollstreckungsgesetzes gilt mit der Maßgabe, daß die Höhe des Zwangsgeldes höchstens einhunderttausend Deutsche Mark beträgt.

§ 6

Änderung von Rechtsvorschriften

§ 7

Übergangsvorschrift

§ 8

Inkrafttreten

Dieses Gesetz tritt am 1. Januar 1977 in Kraft.

8

Bezirksverwaltungsgesetz

Vom 30. Januar 1958*
In der Fassung vom 6. Juli 1989*

1. ABSCHNITT

Grundlagen der Bezirksverwaltung

§ 1

Bezirkseinteilung

(1) Das Gebiet von Berlin ist in 20 Bezirke eingeteilt.

(2) Eine Änderung der Zahl und der Grenzen der Bezirke kann nur durch Gesetz vorgenommen werden. Grenzänderungen von geringer Bedeutung können durch Rechtsverordnung des Senats vorgenommen werden, wenn die beteiligten Bezirke zustimmen.

Quelle: GVBl. S. 126
Neufassung: GVBl. S. 1289

§ 2

Allgemeine Rechtsstellung und Organe der Bezirke

(1) Die Bezirke sind Selbstverwaltungseinheiten Berlins ohne Rechtspersönlichkeit.

(2) Organe der Bezirke sind die Bezirksverordnetenversammlungen und die Bezirksämter.

(3) Die Bezirke führen bei besonderen Anlässen die ihnen vom Senat verliehenen Bezirkswappen neben dem Landeswappen.

§ 3

Bezirkseigene Angelegenheiten und übertragene Vorbehaltsaufgaben

(1) Die Bezirke nehmen unter Beteiligung ehrenamtlich tätiger Bürger die bezirkseigenen Angelegenheiten und die übertragenen Vorbehaltsaufgaben wahr.

(2) Das Gesetz über die Zuständigkeiten in der allgemeinen Berliner Verwaltung (Allgemeines Zuständigkeitsgesetz — AZG) bestimmt,

a) welche Angelegenheiten bezirkseigene Angelegenheiten und welche Angelegenheiten übertragene Vorbehaltsaufgaben sind;

b) inwieweit die Bezirke bei der Erfüllung ihrer Aufgaben an Verwaltungsvorschriften und Einzelweisungen des Senats und der zuständigen Mitglieder des Senats gebunden sind;

c) in welcher Weise die Bezirke zu den grundsätzlichen Fragen der Verwaltung und der Gesetzgebung Stellung nehmen.

§ 4

Haushaltsführung der Bezirke

(1) Für die Bezirke werden unter ihrer Mitwirkung besondere Pläne als Teile des Haushaltsplans (Bezirkspläne) aufgestellt. Der von den Bezirken ermittelte Finanzbedarf ist als Unterlage für den Haushaltsplan dem Abgeordnetenhaus vorzulegen.

(2) Für die Ausführung der Bezirkspläne sind die Bezirke im Rahmen der geltenden Rechts- und Verwaltungsvorschriften verantwortlich.

(3) Nach Schluß des Rechnungsjahres werden besondere Bezirksrechnungen aufgestellt.

2. ABSCHNITT

Die Bezirksverordnetenversammlung

§ 5

Mitgliederzahl, Wahl und Auflösung der Bezirksverordnetenversammlung

(1) Die Bezirksverordnetenversammlung besteht aus 45 Mitgliedern. Sie wird zu der gleichen Zeit und für die gleiche Wahlperiode wie das Abgeordnetenhaus von den Wahlberechtigten des Bezirks gewählt. Das Nähere bestimmen Wahlgesetz und Wahlordnung.

(2) Die Bezirksverordnetenversammlung kann weder durch eigenen Beschluß noch durch Volksentscheid aufgelöst werden. Die Wahlperiode der Bezirksverordnetenversammlung endet mit der Wahlperiode des Abgeordnetenhauses, auch bei deren vorzeitigem Ende.

(3) Die Mitglieder der Bezirksverordnetenversammlung, die derselben Partei oder derselben Wählergemeinschaft angehören, bilden eine Fraktion.

§ 6

Einberufung der Bezirksverordnetenversammlung

(1) Die Bezirksverordnetenversammlung tritt frühestens mit dem ersten Zusammentritt des Abgeordnetenhauses und spätestens sechs Wochen nach der Wahl unter dem Vorsitz des ältesten Bezirksverordneten zusammen.

(2) Die Bezirksverordnetenversammlung ist von dem Bezirksverordnetenvorsteher nach Bedarf, mindestens aber in jedem zweiten Monat einzuberufen.

(3) Der Bezirksverordnetenvorsteher ist zur unverzüglichen Einberufung verpflichtet, wenn ein Fünftel der Bezirksverordneten oder das Bezirksamt es fordert.

§ 7

Bezirksverordnetenvorsteher; Vorstand der Bezirksverordnetenversammlung

(1) Die Bezirksverordnetenversammlung wählt für die Dauer der Wahlperiode aus ihrer Mitte den Bezirksverordnetenvorsteher, seinen Stellvertreter und die übrigen Mitglieder des Vorstands.

(2) Der Bezirksverordnetenvorsteher vertritt die Bezirksverordnetenversammlung in allen Angelegenheiten und übt das Hausrecht in den Räumen der Bezirksverordnetenversammlung aus. Er verpflichtet die Bezirksverordneten auf die gewissenhafte Erfüllung ihrer Obliegenheiten; er selbst wird von seinem Stellvertreter verpflichtet.

(3) Der Bezirksverordnetenvorsteher führt die Geschäfte bis zum Zusammentritt der neugewählten Bezirksverordnetenversammlung fort.

§ 8

Geschäftsführung der Bezirksverordnetenversammlung

(1) Die Bezirksverordnetenversammlung gibt sich eine Geschäftsordnung.

(2) Die Bezirksverordnetenversammlung ist beschlußfähig, wenn mehr als die Hälfte ihrer Mitglieder anwesend ist. Die Beschlußfähigkeit gilt als gegeben, bis das Gegenteil auf Antrag festgestellt wird.

(3) Ist eine Angelegenheit wegen Beschlußunfähigkeit der Bezirksverordnetenversammlung zurückgestellt worden und tritt die Bezirksverordnetenversammlung zur Verhandlung über denselben Gegenstand zum zweiten Male zusammen, so ist sie in dieser Angelegenheit ohne Rücksicht auf die Zahl der Erschienenen beschlußfähig. In der Einladung zur zweiten Sitzung, die frühestens nach drei Tagen stattfinden kann, muß auf diese Bestimmung ausdrücklich hingewiesen werden.

(4) Die Bezirksverordnetenversammlung beschließt mit einfacher Stimmenmehrheit, falls Verfassung oder Gesetz nicht ein anderes Stimmenverhältnis vorschreiben. Bei Stimmengleichheit gilt ein Antrag als abgelehnt.

(5) Stimmenthaltungen werden bei der Feststellung der Beschluß-

fähigkeit, nicht aber bei der Ermittlung der Stimmenmehrheit berücksichtigt.

(6) Die Verhandlungen der Bezirksverordnetenversammlung sind öffentlich. Wenn ein Fünftel der Bezirksverordneten oder das Bezirksamt es beantragen, kann die Öffentlichkeit ausgeschlossen werden. Über den Antrag ist in nichtöffentlicher Sitzung zu beraten und abzustimmen.

§ 9

Ältestenrat und Ausschüsse

(1) Die Bezirksverordnetenversammlung bildet aus ihrer Mitte den Ältestenrat und die Ausschüsse. Sie kann für Ausschüsse, in denen Bürgerdeputierte (§ 20) mitwirken sollen, bis zu vier Bürgerdeputierte hinzuwählen; die Bezirksverordneten müssen die Mehrheit bilden. Die Größe der Ausschüsse soll regelmäßig auf höchstens dreizehn Bezirksverordnete, bei Zuwahl von Bürgerdeputierten auf höchstens elf Bezirksverordnete begrenzt werden.

(2) In den Ausschüssen erhält jede Fraktion mindestens einen Sitz. Die Verteilung der Ausschußsitze einschließlich der Sitze der Bürgerdeputierten wird insgesamt zwischen den Fraktionen nach den Mehrheits- und Stärkeverhältnissen in der Bezirksverordnetenversammlung vereinbart; kommt eine Vereinbarung nicht zustande, entscheidet die Bezirksverordnetenversammlung nach den vorstehenden Grundsätzen.

(3) Für den Ältestenrat und die Ausschüsse gilt die Geschäftsordnung der Bezirksverordnetenversammlung sinngemäß; die Fraktionen erhalten einen ihrer Stärke entsprechenden Anteil an den Stellen jeweils des Vorstands der Bezirksverordnetenversammlung und der Vorstände der Ausschüsse. Ausschüsse tagen öffentlich, soweit nicht die Geschäftsordnung für bestimmte Ausschüsse wegen der Besonderheit ihrer Aufgaben etwas Abweichendes bestimmt und soweit nicht ein Ausschuß wegen des Vorliegens besonderer Umstände für eine bestimmte Sitzung oder für Teile einer Sitzung die Öffentlichkeit ausschließt. Die Ausschüsse können auch ohne besonderen Auftrag tätig werden und ihre Beratungsergebnisse der Bezirksverordnetenversammlung zuleiten.

(4) Die Ausschüsse können sachkundige Personen und Betroffene hinzuziehen. Das Anhören von Sachverständigen ist nur durch Beschluß des Ausschusses mit Zustimmung des Bezirksverordnetenvorstehers zulässig.

(5) Jeder Bezirksverordnete ist berechtigt, an den Ausschußsitzungen als Gast teilzunehmen. Mit Zustimmung des Ausschusses kann ihm das Wort erteilt werden.

§ 10

Verbot der Entlassung

Die Entlassung eines Beamten oder die Kündigung eines Angestellten oder Arbeiters wegen der Tätigkeit als Bezirksverordneter ist auch nach Beendigung der Mitgliedschaft in einer Bezirksverordnetenversammlung unzulässig.

§ 11

Rechte und Pflichten der Bezirksverordneten

(1) Die Bezirksverordneten erhalten Aufwandsentschädigung und Erstattung der Reisekosten. Das Nähere regelt das Gesetz über die Entschädigung der Mitglieder der Bezirksverordnetenversammlungen, der Bürgerdeputierten und sonstiger ehrenamtlich tätiger Personen.

(2) Bezirksverordnete dürfen an Beratungen und Entscheidungen nicht mitwirken, wenn Gründe vorliegen, die zum Ausschluß vom Verwaltungsverfahren nach dem Verwaltungsverfahrensgesetz führen würden. Gleiches gilt für Bezirksverordnete in Angelegenheiten, in denen sie als Dienstkräfte einer Senatsverwaltung vorbereitend oder entscheidend unmittelbar Aufgaben der Bezirks- oder Fachaufsicht gegenüber der Bezirksverwaltung wahrnehmen.

§ 12

Zuständigkeit der Bezirksverordnetenversammlung

(1) Die Bezirksverordnetenversammlung bestimmt die Grundlinien der Verwaltungspolitik des Bezirks im Rahmen der Rechtsvorschriften und der vom Senat oder den einzelnen Mitgliedern des Se-

nats erlassenen Verwaltungsvorschriften. Sie regt Verwaltungshandeln an durch Empfehlungen und Ersuchen, kontrolliert die Führung der Geschäfte des Bezirksamts, entscheidet in den ihr vorbehaltenen Angelegenheiten und nimmt die in diesem Gesetz vorgesehenen Wahlen, Abberufungen und Feststellungen vor. Sie kann über alle Angelegenheiten vom Bezirksamt jederzeit Auskünfte verlangen.

(2) Die Bezirksverordnetenversammlung entscheidet über

1. den Entwurf des Bezirksplans sowie vorweg eingeforderte besondere Anmeldungen nach § 27 Abs. 1 Satz 2 der Landeshaushaltsordnung (Ermittlung des jährlichen Finanzbedarfs als Unterlage für den Haushaltsplan, § 4 Abs. 1);
2. die Verwendung von Sondermitteln der Bezirksverordnetenversammlung;
3. die Genehmigung der Bezirksrechnung (§ 4 Abs. 3) unbeschadet der Entlastung durch das Abgeordnetenhaus auf Grund der Haushalts- und Vermögensrechnung;
4. die Zustimmung zu Grenzberichtigungen (§ 1 Abs. 2);
5. Angelegenheiten, die der Bezirksverordnetenversammlung durch besondere Rechtsvorschrift zugewiesen sind.

(3) Die Bezirksverordnetenversammlung kann nach vorausgegangener Kontrolle (§ 17) oder im Falle des § 13 Abs. 2 Entscheidungen des Bezirksamts aufheben und selbst entscheiden; bereits entstandene Rechte Dritter bleiben unberührt. Ausgenommen sind

1. Einzelpersonalangelegenheiten;
2. der Erwerb und die Veräußerung von Grundstücken;
3. die ärztlich, zahnärztlich und tierärztlich bestimmten Tätigkeiten;
4. die Durchführung und Sicherung der Erfüllung der Schulpflicht;
5. Ordnungsangelegenheiten.

§ 13

Empfehlungen und Ersuchen der Bezirksverordnetenversammlung

(1) Hat die Bezirksverordnetenversammlung eine Empfehlung oder ein Ersuchen an das Bezirksamt gerichtet, so hat das Bezirksamt seine Maßnahmen der Bezirksverordnetenversammlung unverzüg-

lich zur Kenntnis zu bringen. Soweit dem angeregten Verwaltungshandeln nicht entsprochen wird, hat das Bezirksamt die Gründe dafür mitzuteilen. In Einzelpersonalangelegenheiten sind Empfehlungen und Ersuchen ausgeschlossen.

(2) Maßnahmen, die dem angeregten Verwaltungshandeln nicht voll entsprechen, sind nicht vor Kenntnisnahme durch die Bezirksverordnetenversammlung zu vollziehen. Das gilt nicht in Fällen, die keinen Aufschub zulassen oder soweit gemäß § 12 Abs. 3 Satz 2 eine Entscheidung der Bezirksverordnetenversammlung ausgeschlossen ist.

(3) In allen Angelegenheiten, die für den Bezirk von Bedeutung sind, deren Erledigung aber nicht in die bezirkliche Zuständigkeit fällt, kann die Bezirksverordnetenversammlung Empfehlungen aussprechen; dazu können die Bezirksverordnetenversammlung oder ihre Ausschüsse von den zuständigen Stellen die erforderlichen Auskünfte verlangen. Das Bezirksamt setzt sich bei den zuständigen Stellen für die Verwirklichung der Empfehlung ein und unterrichtet die Bezirksverordnetenversammlung über das Ergebnis.

§ 14

Teilnahme des Bezirksamts

(1) Das Bezirksamt ist zu den Sitzungen der Bezirksverordnetenversammlung und ihrer Ausschüsse einzuladen.

(2) Die Bezirksverordnetenversammlung und ihre Ausschüsse können die Anwesenheit der Mitglieder des Bezirksamts fordern.

(3) Der Bezirksbürgermeister oder sein Vertreter können vor Eintritt in die Tagesordnung unabhängig von den Gegenständen der Beratung das Wort ergreifen. Den Mitgliedern des Bezirksamts ist auf Verlangen jederzeit zu den Punkten der Tagesordnung das Wort zu erteilen.

(4) Die Mitglieder des Bezirksamts unterstehen in den Sitzungen der Ordnungsgewalt des Bezirksverordnetenvorstehers oder des Vorsitzenden des Ausschusses.

§ 15

Unterrichtung der Bezirksverordnetenversammlung

Das Bezirksamt unterrichtet die Bezirksverordnetenversammlung laufend über die Führung der Geschäfte und die künftigen Vorhaben (§ 36 Abs. 2 Buchstabe d).

§ 16

Wahlen und Abberufungen durch die Bezirksverordnetenversammlung

(1) Die Bezirksverordnetenversammlung wählt

a) die Mitglieder des Bezirksamts (§ 35 Abs. 1),

b) die Bürgerdeputierten (§ 21),

c) alle ehrenamtlich tätigen Bürger, soweit ihre Wahl den Bezirken zusteht und Rechtsvorschriften nichts Abweichendes bestimmen,

d) die Mitglieder der Krankenhauskonferenz (§ 31 Abs. 1 Nr. 2 des Landeskrankenhausgesetzes),

e) den Patientenfürsprecher (§ 14 Abs. 1 des Landeskrankenhausgesetzes).

(2) Die Bezirksverordnetenversammlung kann vorzeitig abberufen

a) die Mitglieder des Bezirksamts (§ 35 Abs. 3),

b) die Bürgerdeputierten (§ 24 Abs. 3),

c) die sonstigen von ihr gewählten ehrenamtlich tätigen Bürger nach Maßgabe der dafür geltenden Rechtsvorschriften,

d) die Mitglieder der Krankenhauskonferenz (§ 31 Abs. 1 Nr. 2, § 40 Satz 2 des Landeskrankenhausgesetzes),

e) den Patientenfürsprecher (§ 14 Abs. 1 des Landeskrankenhausgesetzes).

§ 17

Kontrolle durch die Bezirksverordnetenversammlung

(1) In Ausübung der Kontrolle kann die Bezirksverordnetenversammlung feststellen, ob gegen die Führung der Geschäfte Einwendungen zu erheben sind.

(2) Einem Ausschuß ist auf Verlangen vom Bezirksamt Auskunft zu erteilen und Einsicht in die Akten zu gewähren. Das Bezirksamt darf die Einsichtnahme verweigern, wenn es durch Beschluß feststellt, daß das Bekanntwerden der Akten dem Wohle des Bundes oder eines deutschen Landes erhebliche Nachteile bereiten würde; es hat dies vor dem Ausschuß schlüssig zu begründen.

(3) Der Ausschuß für Eingaben und Beschwerden ist berechtigt,

a) den Petenten und andere Personen anzuhören,

b) Auskünfte von Behörden, Anstalten, Eigenbetrieben und juristischen Personen des öffentlichen Rechts des Landes Berlin zu verlangen, wenn es der Gesamtzusammenhang der Angelegenheit erfordert,

c) Ortsbesichtigungen vorzunehmen.

Der Ausschuß entscheidet über die der Bezirksverordnetenversammlung zugeleiteten Eingaben und Beschwerden nach pflichtgemäßem Ermessen und unterrichtet die Petenten darüber. Näheres regelt die Geschäftsordnung der Bezirksverordnetenversammlung in Anlehnung an das Gesetz über die Behandlung von Petitionen an das Abgeordnetenhaus von Berlin (Petitionsgesetz).

(4) Der Ausschuß für Eingaben und Beschwerden befindet auch über Petitionen, die ihm der Petitionsausschuß des Abgeordnetenhauses zuweist, weil sie in den Zuständigkeitsbereich der Bezirksverwaltung fallen. Eingaben und Beschwerden, die nicht in den Zuständigkeitsbereich der Bezirksverwaltung fallen, kann der Ausschuß an den Petitionsausschuß des Abgeordnetenhauses abgeben.

§ 18

Beanstandung von Beschlüssen der Bezirksverordnetenversammlung

Verstößt ein Beschluß der Bezirksverordnetenversammlung gegen Rechtsvorschriften oder gegen Verwaltungsvorschriften oder Einzelweisungen (§ 3 Abs. 2 Buchstabe b), so hat das Bezirksamt binnen zwei Wochen den Beschluß unter Angabe der Gründe mit aufschiebender Wirkung zu beanstanden. Gegen die Beanstandung kann die Bezirksverordnetenversammlung über das Bezirksamt binnen eines Monats in bezirkseigenen Angelegenheiten die Entscheidung der

Aufsichtsbehörde, in übertragenen Vorbehaltsaufgaben die Entscheidung des zuständigen Mitglieds des Senats beantragen. Die Entscheidung ergeht nach Anhörung beider Seiten.

3. ABSCHNITT

Die Bürgerdeputierten

§ 19

(aufgehoben)

§ 20

Bürgerdeputierte

Bürgerdeputierte sind sachkundige Bürger, die stimmberechtigt an der Arbeit der Ausschüsse der Bezirksverordnetenversammlung teilnehmen. Auch Ausländer können Bürgerdeputierte werden.

§ 21

Wahl der Bürgerdeputierten

(1) Die Bürgerdeputierten werden auf Grund von Wahlvorschlägen der Fraktionen gewählt. Die Vorschläge sollen mindestens doppelt soviel Bewerber enthalten, wie auf die einzelnen Fraktionen Sitze entfallen. Stellvertreter der gewählten Bürgerdeputierten sind die auf demselben Wahlvorschlag an nächster Stelle stehenden Personen. Scheidet ein Bürgerdeputierter aus, so tritt an seine Stelle der nächste Stellvertreter. Ist der Wahlvorschlag erschöpft, haben seine Unterzeichner ihn mindestens in dem für das Nachrücken erforderlichen Umfang zu ergänzen.

(2) Die Wahl erfolgt für die Wahlperiode der Bezirksverordnetenversammlung.

§ 22

Voraussetzungen für Bürgerdeputierte

Bürgerdeputierter oder Stellvertreter kann nur werden, wer

a) das 18. Lebensjahr vollendet hat,

b) seine Hauptwohnung in Berlin hat,

c) nicht dem Abgeordnetenhaus oder einer Bezirksverordnetenversammlung angehört,

d) nicht in derselben Bezirksverwaltung als Beamter oder Angestellter tätig ist,

e) nicht Mitglied oder Prüfer des Rechnungshofs ist.

§ 23

Entschädigung der Bürgerdeputierten

Die Bürgerdeputierten und ihre Stellvertreter erhalten eine Aufwandsentschädigung nach Maßgabe des Gesetzes über die Entschädigung der Mitglieder der Bezirksverordnetenversammlungen, der Bürgerdeputierten und sonstiger ehrenamtlich tätiger Personen.

§ 24

Vorzeitige Beendigung des Amts als Bürgerdeputierter

(1) Das Amt als Bürgerdeputierter oder Stellvertreter endet vorzeitig

a) durch Verzicht,

b) mit Verlust des Wahlrechts, bei Ausländern mit Eintritt von Gründen, nach denen ein Wahlberechtigter vom Wahlrecht ausgeschlossen wäre,

c) mit dem Wegfall der Voraussetzungen (§ 22),

d) mit der Aufhebung eines Ausschusses durch die Bezirksverordnetenversammlung.

(2) Das Amt als Bürgerdeputierter oder Stellvertreter endet ferner, wenn nachträglich festgestellt wird, daß die Voraussetzungen nicht vorgelegen hatten oder weggefallen waren, und zwar vom Zeitpunkt der Feststellung an.

(3) Die Bezirksverordnetenversammlung kann mit einer Mehrheit von zwei Dritteln ihrer verfassungsmäßigen Mitgliederzahl einen Bürgerdeputierten oder Stellvertreter vor Beendigung der Amtszeit abberufen.

§ 25

Verfahren bei der Feststellung der vorzeitigen Beendigung und beim Verzicht

(1) Die Feststellung, daß und zu welchem Zeitpunkt das Amt eines Bürgerdeputierten oder Stellvertreters beendet ist, trifft die Bezirksverordnetenversammlung.

(2) Gegen die Feststellung gemäß Absatz 1 steht dem Betroffenen die Klage im Verwaltungsstreitverfahren zu.

(3) Der Verzicht § 24 Abs. 1 Buchstabe a) ist dem Vorstand der Bezirksverordnetenversammlung schriftlich zu erklären. Er kann nicht widerrufen werden.

§§ 26 bis 32

(aufgehoben)

§ 33

Jugendwohlfahrtsausschuß

Die Bezirksverordnetenversammlung kann beschließen, daß der Jugendwohlfahrtsausschuß zugleich der Ausschuß für den Geschäftsbereich Jugend des Bezirksamts ist.

4. ABSCHNITT

Das Bezirksamt

§ 34

Zusammensetzung des Bezirksamts

(1) Das Bezirksamt besteht aus dem Bezirksbürgermeister und sechs Bezirksstadträten, von denen einer zugleich zum stellvertretenden Bezirksbürgermeister gewählt wird.

(2) Die Mitglieder des Bezirksamts sind hauptamtlich tätig. Ihre Rechtsstellung wird durch Gesetz geregelt.

(3) An den Sitzungen des Bezirksamts nimmt der Leiter des Rechtsamts oder sein Vertreter mit beratender Stimme teil. Er muß die Befä-

higung zum Richteramt nach dem Gerichtsverfassungsgesetz besitzen.

§ 35

Wahl und Abberufung der Bezirksamtsmitglieder

(1) Die Bezirksverordnetenversammlung wählt die Mitglieder des Bezirksamts für die Dauer der Wahlperiode (§ 5).

(2) Das Bezirksamt soll aufgrund der Wahlvorschläge der Fraktionen entsprechend ihrem Stärkeverhältnis in der Bezirksverordnetenversammlung gebildet werden.

(3) Die Bezirksverordnetenversammlung kann mit einer Mehrheit von zwei Dritteln ihrer verfassungsmäßigen Mitgliederzahl ein Mitglied des Bezirksamts vor Beendigung seiner Amtszeit abberufen. Über die Abberufung ist nach zweimaliger Beratung abzustimmen. Die zweite Beratung darf frühestens zwei Wochen nach der ersten erfolgen.

§ 36

Aufgaben des Bezirksamts

(1) Das Bezirksamt ist die Verwaltungsbehörde des Bezirks. Es gibt sich eine Geschäftsordnung.

(2) Dem Bezirksamt obliegt insbesondere

a) die Vertretung des Landes Berlin in Angelegenheiten des Bezirks;

b) die Einbringung von Vorlagen bei der Bezirksverordnetenversammlung (§§ 12, 13, 15, 16);

c) die Durchführung der Beschlüsse der Bezirksverordnetenversammlung (§§ 12 und 13);

d) die laufende Unterrichtung der Bezirksverordnetenversammlung über die Führung der Geschäfte und die künftigen Vorhaben (§ 15);

e) die Beanstandung von Beschlüssen der Bezirksverordnetenversammlung (§ 18);

f) die Wahrnehmung der Angelegenheiten, für die nicht die Zuständigkeit der Bezirksverordnetenversammlung begründet ist;

g) die Aufgaben der Dienstbehörde für die Beamten, Angestellten und Arbeiter des Bezirks; die Stellungnahme zur Versetzung von Beamten, Angestellten und Arbeitern der Bezirksverwaltung in die Hauptverwaltung oder eine andere Bezirksverwaltung und umgekehrt;

h) die Verteilung der Geschäftsbereiche unter die Mitglieder des Bezirksamts (§ 38 Abs. 1);

i) die Entscheidung über Meinungsverschiedenheiten zwischen Mitgliedern des Bezirksamts;

k) die Wahrnehmung der Angelegenheiten, die dem Bezirksamt durch besondere Rechtsvorschrift zugewiesen sind.

(3) In den Angelegenheiten nach Absatz 2 Buchstaben b, e, h und i beschließt das Bezirksamt; im übrigen richtet sich die Führung der Geschäfte nach § 38 Abs. 2.

§ 37

Organisation der Bezirksverwaltung; Geschäftsverteilung des Bezirksamts

(1) Die Organisation der Bezirksverwaltung ist entsprechend der Organisation der Hauptverwaltung einzurichten. Ausnahmen bedürfen der Zustimmung der Aufsichtsbehörde.

(2) In der Verteilung der Geschäftsbereiche (§ 38 Abs. 1) unter seine Mitglieder ist das Bezirksamt nicht gebunden.

§ 38

Geschäftsverteilung und Aufgaben der Mitglieder des Bezirksamts

(1) Jedem Mitglied des Bezirksamts ist die Leitung mindestens eines Geschäftsbereichs (Abteilung oder Amt) zu übertragen.

(2) In ihrem Geschäftsbereich führen die Mitglieder des Bezirksamts die Geschäfte im Namen des Bezirksamts. Das Bezirksamt kann sich die Erledigung einzelner Geschäfte oder einzelner Gruppen von Geschäften vorbehalten.

§ 39

Aufgaben des Bezirksbürgermeisters

(1) Der Bezirksbürgermeister führt den Vorsitz im Bezirksamt. Bei Stimmengleichheit gibt seine Stimme den Ausschlag.

(2) Der Bezirksbürgermeister übt die Dienstaufsicht über die Bezirksstadträte aus.

(3) Der Bezirksbürgermeister ist Mitglied des Rats der Bürgermeister.

(4) Verstößt ein Beschluß des Bezirksamts gegen Rechtsvorschriften oder gegen Verwaltungsvorschriften oder Einzelweisungen (§ 3 Abs. 2 Buchstabe b), so hat der Bezirksbürgermeister binnen zwei Wochen den Beschluß unter Angabe der Gründe mit aufschiebender Wirkung zu beanstanden. Gegen die Beanstandung kann das Bezirksamt binnen zwei Wochen in bezirkseigenen Angelegenheiten die Entscheidung der Aufsichtsbehörde, in übertragenen Vorbehaltsaufgaben die Entscheidung des zuständigen Mitglieds des Senats beantragen. Die Entscheidung ergeht nach Anhörung beider Seiten.

5. ABSCHNITT

Bürgerbegehren

§ 40

Bürgerbegehren, Zustandekommen

In allen Angelegenheiten, zu denen die Bezirksverordnetenversammlung nach den §§ 12 und 13 Beschlüsse fassen kann, können die Wahlberechtigten des Bezirks Empfehlungen an die Bezirksverordnetenversammlung richten (Bürgerbegehren). Das Bürgerbegehren ist zustande gekommen, wenn es von mindestens zehn vom Hundert der bei der letzten Wahl zur Bezirksverordnetenversammlung amtlich ermittelten Zahl der Wahlberechtigten unterschrieben ist.

§ 41

Durchführung des Bürgerbegehrens

(1) Das Bürgerbegehren setzt einen Antrag auf Durchführung eines Bürgerbegehrens voraus, der von zwei vom Hundert der bei der letzten Wahl zur Bezirksverordnetenversammlung ermittelten Zahl der Wahlberechtigten unterzeichnet sein muß. In dem Antrag ist das Begehren in kurzer Form zu bezeichnen und eine Begründung zu geben. Die drei ersten Unterzeichner der durchzunumerierenden Unterschriftslisten gelten als Kontaktpersonen der Antragsteller. Unterschriftsberechtigt sind beim Antrag wie auch beim Bürgerbegehren nur die Wahlberechtigten, die im Zeitpunkt der Unterschrift das Wahlrecht zur Bezirksverordnetenversammlung besitzen.

(2) Der Antrag nach Absatz 1 ist an das Bezirksamt zu richten. Das Bezirksamt prüft die Zulässigkeit des Antrags und unterrichtet die Bezirksverordnetenversammlung gemäß § 15. Es fertigt Eintragungslisten an, aus denen der volle Wortlaut des Begehrens und die Begründung ersichtlich sein müssen. Sie werden während einer Auslegungsfrist von zwei Monaten in bezirklichen Gebäuden zur Unterschrift ausgelegt; die Auslegungsstellen werden öffentlich bekanntgemacht. Auf Wunsch werden Eintragungslisten auch den Kontaktpersonen zur Einholung von Unterschriften ausgehändigt. Unterschriften des Antrags gelten zugleich als Unterschriften für die Eintragungslisten.

(3) Unterschriften in den Eintragungslisten sind ungültig, wenn sie

a) unleserlich sind,

b) die Person des Unterzeichners nicht zweifelsfrei nach Name, Anschrift und Geburtsdatum erkennen lassen,

c) ohne Unterschriftsberechtigung geleistet worden sind.

(4) Nach Ablauf der Auslegungsfrist prüft das Bezirksamt binnen vier Wochen die Berechtigung der Eintragungen und stellt das Gesamtergebnis fest. Ist das Bürgerbegehren zustande gekommen, wird die Bezirksverordnetenversammlung unverzüglich durch eine Vorlage unterrichtet.

(5) Über ein zustandegekommenes Bürgerbegehren entscheidet die Bezirksverordnetenversammlung nach Anhörung der Kontaktpersonen innerhalb von drei Monaten; die Entscheidung ist öffentlich

bekanntzumachen. Ist eine Entscheidung in dieser Zeit nicht möglich, ist ein Zwischenbericht mit kurzer Begründung und voraussichtlicher Bearbeitungsdauer bekanntzumachen. Der Ablauf einer Wahlperiode läßt das Bürgerbegehren unberührt.

§ 42

Ausnahmen

Ein Bürgerbegehren ist unzulässig,

a) wenn innerhalb der laufenden Wahlperiode der Bezirksverordnetenversammlung ein Bürgerbegehren bereits in derselben Angelegenheit durchgeführt worden ist,

b) in Angelegenheiten, bei denen eine unmittelbare förmliche Bürgerbeteiligung durch besondere Rechtsvorschrift vorgeschrieben ist,

c) in Wahl- und sonstigen Personalangelegenheiten,

d) bei ärztlich bestimmten Tätigkeiten,

e) in Ordnungsangelegenheiten.

6. ABSCHNITT

Schlußbestimmungen

§ 43

Inkrafttreten; Aufhebung des Deputationsgesetzes

(1) Dieses Gesetz tritt am 1. Januar 1959 in Kraft.*

(2) (überholt)

* Die Vorschrift betrifft das Inkrafttreten des Gesetzes in der ursprünglichen Fassung vom 30. Januar 1958.

9

Verfassung von Berlin

Vom 23. Juli 1990

Gemäß Beschluß der Stadtverordnetenversammlung
vom 22. April 1948
in der Fassung des Beschlusses
der Stadtverordnetenversammlung von Berlin
vom 11. Juli 1990

– Auszug –

Vorspruch

In dem Willen,

Freiheit und Recht jedes einzelnen zu schützen, Gemeinschaft und Wirtschaft demokratisch zu ordnen, dem Geist des sozialen Fortschritts und dem Frieden zu dienen, dem staatlichen Leben für eine Übergangszeit bis zur Vereinigung beider Teile Berlins eine neue Ordnung zu geben,

und dem Wunsch,

daß Berlin Hauptstadt eines geeinten Deutschlands bleibt, haben sich die Berlinerinnen und Berliner in dem Teil der Stadt, dem bisher die freie Selbstbestimmung verwehrt war, durch die Stadtverordnetenversammlung diese vorläufige Verfassung gegeben.

Die Grundlagen

Artikel 1

Berlin hat bis zur Vereinigung der Stadt und Deutschlands einen Status mit Landesbefugnis.

Quelle: Gesetz-Verordnungs- und Amtsblatt für die Stadtbezirke Mitte, Prenzlauer Berg, Friedrichshain, Treptow, Köpenick, Lichtenberg, Weissensee, Pankow, Marzahn, Hohenschönhausen, Hellersdorf von Berlin 1990 S. 1

Artikel 2

(1) Träger der öffentlichen Gewalt ist die Gesamtheit der Deutschen und Ausländer, die in Berlin ihren Wohnsitz haben.

(2) Sie üben nach dieser Verfassung ihren Willen unmittelbar durch Wahl zu der Volksvertretung und durch Volksentscheid, mittelbar durch die Volksvertretung aus.

Artikel 3

(1) Die gesetzgebende Gewalt steht allein der Stadtverordnetenversammlung und durch Volksentscheid dem Volke zu. Die vollziehende Gewalt liegt in den Händen der Regierung und der ihr nachgeordneten Verwaltung, die richterliche Gewalt in den Händen unabhängiger Gerichte.

(2) Volksvertretung, Regierung und Verwaltung nehmen die Aufgaben Berlins als Gemeinde, Gemeindeverband und Stadt mit Landesbefugnis wahr.

Artikel 4

(1) Berlin ist in Stadtbezirke eingeteilt. Eine Änderung der Zahl und der Grenzen der Stadtbezirke kann nur durch Gesetz vorgenommen werden. Für Grenzänderungen von geringer Bedeutung, denen die beteiligten Stadtbezirke zustimmen, kann durch Gesetz Abweichendes bestimmt werden.

(2) Diese Verfassung gilt für das Gebiet der Stadtbezirke Mitte, Prenzlauer Berg, Friedrichshain, Treptow, Köpenick, Lichtenberg, Weissensee, Pankow, Marzahn, Hohenschönhausen und Hellersdorf mit den Grenzen, die bei Inkrafttreten der Verfassung bestehen.

Artikel 5

Berlin führt Flagge, Wappen und Siegel mit dem Bären, die Flagge mit den Farben weiß-rot.

ABSCHNITT II

Die Grundrechte und Staatszielbestimmungen

. . .

ABSCHNITT III

Die Volksvertretung

Artikel 25

(1) Die Stadtverordnetenversammlung ist die von den Wahlberechtigten gewählte Volksvertretung.

. . .

ABSCHNITT IV

Die Regierung

Artikel 40

(1) Die Regierung wird durch den Magistrat ausgeübt.

(2) Der Magistrat besteht aus dem Oberbürgermeister, seinem Stellvertreter sowie höchstens 16 Stadträten.

. . .

ABSCHNITT V

Die Gesetzgebung

. . .

ABSCHNITT VI

Die Verwaltung

Artikel 50

(1) Die Verwaltung ist im demokratischen und sozialen Geist nach der Verfassung und den Gesetzen zu führen.

(2) Die Stadtbezirke sind an der Verwaltung nach den Grundsätzen der Selbstverwaltung zu beteiligen. Die Verwaltungen haben die Belange der einzelnen Ortsteile in angemessener Weise zu berücksichtigen.

. . .

ABSCHNITT VII

Die Rechtspflege

. . .

ABSCHNITT VIII

Das Finanzwesen

. . .

ABSCHNITT IX

Übergangs- und Schlußbestimmungen

Artikel 84

Die Organe von Berlin haben ihre Befugnisse auszuüben, bis sie nach den Bestimmungen dieser Verfassung ersetzt sind, die Inhaber öffentlicher Ämter bis zur Amtsübernahme durch ihre Nachfolger.

Artikel 85

Als Landesrecht weitergeltende Rechtsvorschriften der Deutschen Demokratischen Republik sowie Beschlüsse des Magistrats, der Stadtverordnetenversammlung, der Räte der Stadtbezirke (Stadtbezirksämter) und der Stadtbezirksversammlungen bleiben bis zu ihrer Änderung oder Aufhebung in Kraft, soweit sie dieser Verfassung nicht widersprechen.

Artikel 86

Die zur Befreiung vom Nationalsozialismus und Militarismus und zur Beseitigung ihrer Folgen erlassenen Rechtsvorschriften werden von den Bestimmungen dieser Verfassung nicht berührt.

Artikel 87

(1) Die Funktion des Datenschutzbeauftragten (Artikel 23 Abs. 2) kann die Stadtverordnetenversammlung für die Übergangszeit bis

zur Vereinigung der Stadt dem Berliner Datenschutzbeauftragten übertragen.

(2) Mit Inkrafttreten dieser Verfassung sind die in der Anlage aufgeführten Gesetze und Rechtsverordnungen in ihrer in den von Artikel 4 Abs. 2 nicht genannten übrigen Berliner Stadtbezirken jeweils geltenden Fassung sinngemäß anzuwenden, soweit sie dieser Verfassung und Rechtsvorschriften der Deutschen Demokratischen Republik nicht widersprechen sowie mit der Maßgabe, daß jeweils die Bezeichnungen dieser Verfassung anzuwenden sind.

(3) In allen für das Leben der Stadt wesentlichen Fragen stimmen sich Stadtverordnetenversammlung und Magistrat mit Abgeordnetenhaus und Senat von Berlin ab. Dies gilt für alle nachgeordneten Einrichtungen, die Beauftragten, den Rechnungshof sowie Gerichte und Justizbehörden entsprechend.

Artikel 88

(1) Änderungen der Verfassung erfordern eine Mehrheit von zwei Dritteln der Mitglieder der Stadtverordnetenversammlung.

(2) Die Stadtverordnetenversammlung erläßt in Abstimmung mit dem Abgeordnetenhaus von Berlin ein Gesetz zur Vorbereitung und Durchführung der Wahl zur Gesamtberliner Volksvertretung.

(3) Mit dem Zusammentritt der neugewählten Gesamtberliner Volksvertretung endet die Wahlperiode der Stadtverordnetenversammlung.

(4) Diese Verfassung tritt an dem Tage der konstituierenden Sitzung des neugewählten Gesamtberliner Parlaments außer Kraft, in der die Gültigkeit einer Gesamtberliner Verfassung auch für diesen Teil der Stadt festgestellt wird.

Diese Verfassung muß

1. den Auftrag enthalten, in der ersten Wahlperiode der neu gewählten Gesamtberliner Volksvertretung auf der Grundlage der Berliner Verfassungen vom 22. April 1948, vom 1. September 1950 und 11. Juli 1990 eine endgültige Verfassung von Berlin zu erarbeiten und durch Volksentscheid in Kraft zu setzen;
2. die Rechtsstellung der Mitglieder der Stadtverordnetenversammlung auch nach Ende der Mitgliedschaft entsprechend Artikel 37 Abs. 2 gewährleisten.

(5) Unbeschadet von Abs. 4 Satz 1 und vorbehaltlich einer Übergangsregelung einer Gesamtberliner Verfassung endet das Amt des Oberbürgermeisters und der übrigen Mitglieder des Magistrats mit dem Amtsantritt der entsprechenden Mitglieder der neugewählten Gesamtberliner Regierung.

Artikel 89

Funktionsbezeichnungen in dieser Verfassung sind in jeweils männlicher oder weiblicher Form zu verwenden.

Artikel 90

Diese Verfassung tritt mit Verkündung in Kraft.

Anlage zu Artikel 87 Absatz 2

1. Gesetz über die Zuständigkeit in der allgemeinen Berliner Verwaltung (Allgemeines Zuständigkeitsgesetz – AZG –) vom 2. Oktober 1958 (GVBl. S. 947, 1020), zuletzt geändert durch Gesetz vom 6. Juli 1989 (GVBl. S. 1289), mit der Verordnung zur Durchführung des Allgemeinen Zuständigkeitsgesetzes – DVO-AZG – in der Fassung vom 21. Januar 1990 (GVBl. S. 461) mit folgenden Maßgaben:
   a) Vorschriften, die sich ersichtlich allein auf den Westteil der Stadt beziehen, entfallen.
   b) An die Stelle von in Bezug genommenen Rechtsvorschriften, solange diese noch nicht im Geltungsbereich dieser Verfassung anzuwenden sind, treten entsprechende Rechtsvorschriften der DDR. Wenn entsprechende DDR-Rechtsvorschriften nicht vorhanden sind, sind die in Bezug genommenen Rechtsvorschriften sinngemäß anzuwenden.
2. Bezirksverwaltungsgesetz in der Fassung vom 17. Juli 1989 (GVBl. S. 1494), mit folgenden Maßgaben:
   a) An die Stelle von § 1 Abs. 1 Bezirksverwaltungsgesetz tritt Artikel 4 Abs. 2 dieser Verfassung.

b) An die Stelle der in $ 5 Abs. 1 Satz 1 Bezirksverwaltungsgesetz genannten Zahl tritt bis zum Ende der Wahlperiode die Zahl der am 6. Mai 1990 gewählten Mitglieder der Stadtbezirksversammlungen. Bei § 5 Abs. 1 Satz 2 Bezirksverwaltungsgesetz ist Artikel 55 Satz 2 dieser Verfassung zu beachten.

c) An die Stelle von § 35 Abs. 2 Bezirksverwaltungsgesetz tritt Artikel 53 dieser Verfassung.

3. Gesetz über die Eigenbetriebe des Landes Berlin (Eigenbetriebsgesetz – EigG) in der Fassung vom 22. Dezember 1988 (GVBl. 1989 S. 117) mit folgender Maßgabe:
   An die Stelle der in § 1 Abs. 2 genannten Eigenbetriebe treten die gemäß Beschluß der Stadtverordnetenversammlung vom 13. Juni 1990 (Drucksache 1/15/90) unter dem Vorbehalt vorheriger Entflechtung der bisherigen Institutionen zu bildenden Eigenbetriebe.
4. Landeshaushaltsordnung (LHO) vom 5. Oktober 1978 (GVBl. S. 1961), zuletzt geändert durch Gesetz vom 21. Mai 1990 (GVBl. S. 1085) mit der Maßgabe, daß bei § 64 der Artikel 81 Abs. 2 dieser Verfassung zu beachten ist.
5. Personalvertretungsgesetz (PersVG) vom 26. Juli 1974 (GVBl. S. 1669), zuletzt geändert durch Gesetz vom 2. April 1990 (GVBl. S. 721).

. . .

10

Verfassungsgesetz zur Bildung von Ländern in der Deutschen Demokratischen Republik* – Ländereinführungsgesetz –

Vom 22. Juli 1990

– Auszug –

Territoriale Gliederung

§ 1

(1) Mit Wirkung vom 14. Oktober 1990 werden in der DDR folgende Länder gebildet:

- Mecklenburg-Vorpommern
  durch Zusammenlegung der Bezirksterritorien Neubrandenburg, Rostock und Schwerin,
  · ohne die Kreise Perleberg, Prenzlau und Templin;
- Brandenburg
  durch Zusammenlegung der Bezirksterritorien Cottbus, Frankfurt/Oder und Potsdam,
  · ohne die Kreise Hoyerswerda, Jessen und Weißwasser,
  · zuzüglich der Kreise Perleberg, Prenzlau und Templin;
- Sachsen-Anhalt
  durch die Zusammenlegung der Bezirksterritorien Halle und Magdeburg,
  · ohne den Kreis Artern,
  · zuzüglich des Kreises Jessen;
- Sachsen
  durch Zusammenlegung der Bezirksterritorien Dresden, Karl-Marx-Stadt/Chemnitz und Leipzig,
  · ohne die Kreise Altenburg und Schmölln;
  · zuzüglich der Kreise Hoyerswerda und Weißwasser;

Quelle: GBl. I (DDR) S. 955

– Thüringen
durch Zusammenlegung der Bezirksterritorien Erfurt, Gera und Suhl,
zuzüglich der Kreise Altenburg, Artern und Schmölln.

Nach Anlage II zum Einigungsvertrag (Kapitel II Abschnitt II) ist an die Stelle des Datums 14. Oktober 1990 das Datum 3. Oktober 1990 getreten.

(2) Berlin, Hauptstadt der DDR, erhält Landesbefugnisse, die von der Stadtverordnetenversammlung und vom Magistrat wahrgenommen werden.

...

11

4. Vertrag zwischen der Bundesrepublik Deutschland und der Deutschen Demokratischen Republik über die Herstellung der Einheit Deutschlands*

– Einigungsvertrag –

Vom 31. August 1990

– Auszug –

...

Kapitel I. Wirkung des Beitritts

Art. 1 Länder.

(1) Mit dem Wirksamwerden des Beitritts der Deutschen Demokratischen Republik zur Bundesrepublik Deutschland gemäß Artikel 23 des Grundgesetzes am 3. Oktober 1990 werden die Länder Brandenburg, Mecklenburg-Vorpommern, Sachsen, Sachsen-Anhalt und Thüringen Länder der Bundesrepublik Deutschland. Für die Bildung und die Grenzen dieser Länder untereinander sind die Bestimmun-

* Quelle: BGBl. II S. 889.

gen des Verfassungsgesetzes zur Bildung von Ländern in der Deutschen Demokratischen Republik vom 22. Juli 1990 – Ländereinführungsgesetz – (GBl. 1 Nr. 51 S: 955) gemäß Anlage II maßgebend.

(2) Die 23 Bezirke von Berlin bilden das Land Berlin.

Artikel 2 Hauptstadt, Tag der Deutschen Einheit.

(1) Hauptstadt Deutschlands ist Berlin. Die Frage des Sitzes von Parlament und Regierung wird nach der Herstellung der Einheit Deutschlands entschieden.

(2) Der 3. Oktober ist als Tag der Deutschen Einheit gesetzlicher Feiertag.

. . .

Artikel 16
Übergangsvorschrift bis zur Bildung einer gesamtberliner Landesregierung.

Bis zur Bildung einer gesamtberliner Landesregierung nimmt der Senat von Berlin gemeinsam mit dem Magistrat die Aufgaben der gesamtberliner Landesregierung wahr.

. . .

Protokoll

– Auszug –

Bei Unterzeichnung des Vertrags zwischen der Bundesrepublik Deutschland und der Deutschen Demokratischen Republik über die Herstellung der Einheit Deutschlands wurden mit Bezug auf diesen Vertrag folgende Klarstellungen getroffen:

I. zu den Artikeln und Anlagen des Vertrags

1. Zu Artikel 1:

(1) Die Grenzen des Landes Berlin werden durch das Gesetz über die Bildung einer neuen Stadtgemeinde Berlin vom 27 April 1920 (Pr. GS 1920 S. 123) bestimmt mit der Maßgabe

- daß der Protokollvermerk zu Artikel 1 der "Vereinbarungen zwischen dem Senat und der Regierung der Deutschen Demokratischen Republik vom 31. März 1988 über die Einbeziehung von weiteren Enklaven und anderen kleinen Gebieten in die Vereinbarung vom 20. Dezember 1971 über die Regelung der Fragen von Enklaven durch Gebietsaustausch" als auf alle Bezirke erstreckt gilt und im Verhältnis zwischen den Ländern Berlin und Brandenburg fortwirkt;
- daß alle Gebiete, in denen nach dem 7. Oktober 1949 eine Wahl zum Abgeordnetenhaus oder zur Stadtverordnetenversammlung von Berlin stattgefunden hat, Bestandteile der Bezirke von Berlin sind.

(2) Die Länder Berlin und Brandenburg überprüfen und dokumentieren innerhalb eines Jahres den sich nach Absatz 1 ergebenden Grenzverlauf.

...

12

Vertrag zur Vorbereitung und Durchführung der ersten gesamtdeutschen Wahl des Deutschen Bundestages zwischen der Bundesrepublik Deutschland und der Deutschen Demokratischen Republik*

Vom 3. August 1990

Die Bundesrepublik Deutschland
und
die Deutsche Demokratische Republik

Eingedenk des bei der Schaffung der Währungs-, Wirtschafts- und Sozialunion zum Ausdruck gebrachten Wunsches zur Herstellung der staatlichen Einheit nach Artikel 23 des Grundgesetzes der Bundesrepublik Deutschland,

Quelle: BGBl. II S. 822

in dem Willen, als wichtigen Schritt zur Herstellung der deutschen Einheit die Wahl des Deutschen Bundestages durch das ganze deutsche Volk vorzubereiten,

unter Berücksichtigung der Tatsache, daß die Wahl des deutschen Bundestages in dem nach Artikel 39 Abs. 1 Satz 3 des Grundgesetzes der Bundesrepublik Deutschland festgelegten Zeitraum stattzufinden hat,

in dem Wunsch, daß die bevorstehende Wahl als gesamtdeutsche Wahl aufgrund eines einheitlichen Wahlrechts durchgeführt wird und deshalb der Geltungsbereich des Bundeswahlgesetzes auf das Gebiet der Deutschen Demokratischen Republik erstreckt werden sollte,

in dem Bewußtsein, daß hierbei Änderungen und Anpassungen des Bundeswahlgesetzes erforderlich sind,

sind übereingekommen, einen Vertrag über die Vorbereitung und Durchführung der ersten gesamtdeutschen Wahl des Deutschen Bundestages mit den nachfolgenden Bestimmungen zu schließen:

Artikel 1

(1) Für die erste gesamtdeutsche Wahl wird der Geltungsbereich des Bundeswahlgesetzes der Bundesrepublik Deutschland in der Fassung der Bekanntmachung vom 1. September 1975 (BGBl. I S. 2325), zuletzt geändert durch Gesetz vom 11. Juni 1990 (BGBl. I s. 1015), und des Wahlprüfungsgesetzes vom 12. März 1951 (BGBl. I S. 166), zuletzt geändert durch Artikel 3 des Gesetzes vom 24. Juni 1975 (BGBl. I S. 1593), auf das Gebiet der Länder Mecklenburg-Vorpommern, Brandenburg, Sachsen-Anhalt, Sachsen und Thüringen sowie auf das Gebiet von Berlin (Ost) erstreckt. Das Bundeswahlgesetz gilt mit den in der Anlage bezeichneten Änderungen und Maßgaben.

(2) Im Hinblick auf die erste gesamtdeutsche Wahl werden in dem vorbezeichneten Gebiet ferner § 2 Abs. 1, § 5, §§ 18 bis 21 und § 39 Abs. 2 des Parteiengesetzes der Bundesrepublik Deutschland in der Fassung der Bekanntmachung vom 3. März 1989 (BGBl. I S. 327) angewendet. § 20 wird mit der Maßgabe angewendet, daß auch die

Wahlergebnisse der Volkskammerwahl vom 18. März 1990 zugrundegelegt werden.

(3) Politische Vereinigungen im Sinne des Gesetzes über die Wahlen zur Volkskammer der Deutschen Demokratischen Republik am 18. März 1990 vom 20. Februar 1990 (GBl. I S. 60) werden den Parteien im Sinne des § 2 Abs. 1 des Parteiengesetzes der Bundesrepublik Deutschland gleichgestellt.

Artikel 2

Die zur Durchführung des Bundeswahlgesetzes erlassene Bundeswahlordnung in der Fassung der Bekanntmachung vom 7. Dezember 1989 (BGBl. 1990 I S. 1, 142), zuletzt geändert durch Verordnung vom 25. Juni 1990 (BGBl. I S. 1199), sowie die Bundeswahlgeräteverordnung vom 3. September 1975 (BGBl. I S. 2459), zuletzt geändert durch Artikel 2 der Verordnung vom 15. November 1989 (BGBl. I S. 1581), gelten auch für die Länder Mecklenburg-Vorpommern, Brandenburg, Sachsen-Anhalt, Sachsen und Thüringen sowie für Berlin (Ost). Der Bundesminister des Innern nimmt die mit Rücksicht auf die in Artikel 1 getroffene Regelung notwendigen Änderungen vor und erläßt im Benehmen mit dem Minister des Innern der Deutschen Demokratischen Republik erforderlichenfalls Anpassungsvorschriften für die Länder Mecklenburg-Vorpommern, Brandenburg, Sachsen-Anhalt, Sachsen und Thüringen sowie für Berlin (Ost).

Artikel 3

Für die Vorbereitung und Durchführung der Wahl wird Berlin als ein Land behandelt.

Artikel 4

Die Zuständigkeit des Bundeswahlleiters und des Bundeswahlausschusses nach den Vorschriften des Bundeswahlgesetzes und der Bundeswahlordnung erstreckt sich auch auf das Gebiet der Länder Mecklenburg-Vorpommern, Brandenburg, Sachsen-Anhalt, Sachsen und Thüringen sowie auf Berlin (Ost). Der Bundeswahlleiter beruft zwei zusätzliche Mitglieder mit Wohnsitz in der Deutschen Demokratischen Republik in den Bundeswahlausschuß.

Artikel 5

Die Parteien genießen bei der Wahlvorbereitung volle Betätigungsfreiheit im Rahmen der Gesetze, soweit sie nicht vom Bundesverfassungsgericht nach Artikel 21 Abs. 2 Satz 2 des Grundgesetzes im Gebiet der Bundesrepublik Deutschland für verfassungswidrig erklärt oder gemäß § 21 des Parteiengesetzes der Deutschen Demokratischen Republik vom 21. Februar 1990 (GBl. I S. 66), geändert durch Gesetz vom 31. Mai 1990 (GBl. I S. 275), vor dem Inkrafttreten dieses Vertrages vom Großen Senat des Obersten Gerichts im Gebiet der Deutschen Demokratischen Republik verboten worden sind.

Artikel 6

Die im bisherigen Geltungsbereich des Bundeswahlgesetzes bereits vorgenommenen Wahlvorbereitungshandlungen, insbesondere die Aufstellung der Bewerber, bleiben unberührt, soweit nicht die Regelung des Artikels 3 eine Neuvornahme erfordert.

Artikel 7

Entsprechend dem Viermächte-Abkommen vom 3. September 1971 wird dieser Vertrag in Übereinstimmung mit den festgelegten Verfahren auf Berlin (West) ausgedehnt.

Artikel 8

Dieser Vertrag einschließlich der Anlage tritt an dem Tag in Kraft, an dem die Regierungen der Vertragsparteien einander mitgeteilt haben, daß die erforderlichen verfassungsrechtlichen und sonstigen innerstaatlichen Voraussetzungen für das Inkrafttreten erfüllt sind.

Geschehen in Berlin am 3. August 1990 in zwei Urschriften in deutscher Sprache.

13

3. Vertrag über die abschließende Regelung in bezug auf Deutschland*

Vom 12. Februar 1990

– Auszug –

. . .

Artikel 4

(1) Die Regierungen der Bundesrepublik Deutschland, der Deutschen Demokratischen Republik und der Union der Sozialistischen Sowjetrepubliken erklären, daß das vereinte Deutschland und die Union der Sozialistischen Sowjetrepubliken in vertraglicher Form die Bedingungen und die Dauer des Aufenthalts der sowjetischen Streitkräfte auf dem Gebiet der heutigen Deutschen Demokratischen Republik und Berlins sowie die Abwicklung des Abzugs dieser Streitkräfte regeln werden, der bis zum Ende des Jahres 1994 im Zusammenhang mit der Verwirklichung der Verpflichtungen der Regierungen der Bundesrepublik Deutschland und der Deutschen Demokratischen Republik, auf die sich Absatz 2 des Artikels 3 dieses Vertrags bezieht, vollzogen sein wird.

(2) Die Regierungen der Französischen Republik, des Vereinigten Königreichs Großbritannien und Nordirland und der Vereinigten Staaten von Amerika nehmen diese Erklärung zur Kenntnis.

Artikel 5

(1) Bis zum Abschluß des Abzugs der sowjetischen Streitkräfte vom Gebiet der heutigen Deutschen Demokratischen Republik und Berlins in Übereinstimmung mit Artikel 4 dieses Vertrags werden auf diesem Gebiet als Streitkräfte des vereinten Deutschland ausschließlich deutsche Verbände der Territorialverteidigung stationiert sein, die nicht in die Bündnisstrukturen integriert sind, denen deutsche Streitkräfte auf dem übrigen deutschen Hoheitsgebiet zugeordnet sind. Unbeschadet der Regelung in Absatz 2 dieses Artikels

Quelle: BGBl. II S. 1318

werden während dieses Zeitraums Streitkräfte anderer Staaten auf diesem Gebiet nicht stationiert oder irgendwelche andere militärische Tätigkeiten dort ausüben.

(2) Für die Dauer des Aufenthalts sowjetischer Streitkräfte auf dem Gebiet der heutigen Deutschen Demokratischen Republik und Berlins werden auf deutschen Wunsch Streitkräfte der Französischen Republik, des Vereinigten Königreichs Großbritannien und Nordirland und der Vereinigten Staaten von Amerika auf der Grundlage entsprechender vertraglicher Vereinbarung zwischen der Regierung des vereinten Deutschland und den Regierungen der betreffenden Staaten in Berlin stationiert bleiben. Die Zahl aller nichtdeutschen in Berlin stationierten Streitkräfte und deren Ausrüstungsumfang werden nicht stärker sein als zum Zeitpunkt der Unterzeichnung dieses Vertrags. Neue Waffenkategorien werden von nichtdeutschen Streitkräften dort nicht eingeführt. Die Regierung des vereinten Deutschland wird mit den Regierungen der Staaten, die Streitkräfte in Berlin stationiert haben, Verträge zu gerechten Bedingungen unter Berücksichtigung der zu den betreffenden Staaten bestehenden Beziehungen abschließen.

(3) Nach dem Abschluß des Abzugs der sowjetischen Streitkräfte vom Gebiet der heutigen Deutschen Demokratischen Republik und Berlins können in diesem Teil Deutschlands auch deutsche Streitkräfteverbände stationiert werden, die in gleicher Weise militärischen Bündnisstrukturen zugeordnet sind wie diejenigen auf dem übrigen deutschen Hoheitsgebiet, allerdings ohne Kernwaffenträger. Darunter fallen nicht konventionelle Waffensysteme, die neben konventioneller andere Einsatzfähigkeiten haben können, die jedoch in diesem Teil Deutschlands für eine konventionelle Rolle ausgerüstet und nur dafür vorgesehen sind. Ausländische Streitkräfte und Atomwaffen oder deren Träger werden in diesem Teil Deutschlands weder stationiert noch dorthin verlegt.

Artikel 6

Das Recht des vereinten Deutschland, Bündnissen mit allen sich daraus ergebenden Rechten und Pflichten anzugehören, wird von diesem Vertrag nicht berührt.

Artikel 7

(1) Die Französische Republik, die Union der Sozialistischen Sowjetrepubliken, das Vereinigte Königreich Großbritannien und Nordirland und die Vereinigten Staaten von Amerika beenden hiermit ihre Rechte und Verantwortlichkeiten in bezug auf Berlin und Deutschland als Ganzes. Als Ergebnis werden die entsprechenden, damit zusammenhängenden vierseitigen Vereinbarungen, Beschlüsse und Praktiken beendet und alle entsprechenden Einrichtungen der vier Mächte aufgelöst.

(2) Das vereinte Deutschland hat demgemäß volle Souveränität über seine inneren und äußeren Angelegenheiten.

. . .

14
Gesetz zur Überleitung von Bundesrecht nach Berlin (West) (Sechstes Überleitungsgesetz)*

Vom 25. September 1990

– Auszug –

Der Bundestag hat mit Zustimmung des Bundesrates das folgende Gesetz beschlossen:

§ 1
Grundsatz

Bundesrecht, das in Berlin (West) auf Grund alliierter Vorbehaltsrechte bisher nicht oder nicht in vollem Umfang gilt, gilt vom Inkrafttreten dieses Gesetzes an uneingeschränkt in Berlin (West), soweit sich aus den §§ 2 und 3 nicht etwas anderes ergibt. Entsprechendes gilt auch für bereits verkündetes, jedoch noch nicht in Kraft getretenes Bundesrecht vom Zeitpunkt des jeweils bestimmten Inkrafttretens an.

Quelle: BGBl. I S. 2106

§ 2
Sonderregelungen

(1) Das Gesetz über die Erweiterung des Katastrophenschutzes in der Fassung der Bekanntmachung vom 14. Februar 1990 (BGBl. I S. 229) tritt in Berlin (West) mit der Maßgabe in Kraft, daß Katastrophenschutzhelfer, die auf Grund der Verordnung des Berliner Senats über die Erweiterung des Katastrophenschutzes vom 25. März 1974 (GVBl. S. 683), die zuletzt durch Verordnung vom 29. November 1977 (GVBl. S. 2290) geändert worden ist, im erweiterten Katastrophenschutz mitwirken und nach Inkrafttreten des Wehrpflichtgesetzes in Berlin (West) wehrpflichtig sind, als vom Wehrdienst gemäß § 8 Abs. 2 Katastrophenschutzgesetz freigestellt gelten. Die 8-Jahresfrist gemäß § 8 Abs. 3 Katastrophenschutzgesetz beginnt mit der Annahme der Verpflichtung durch die Organisation, frühestens jedoch, nachdem der Helfer das 18. Lebensjahr vollendet hat.

(2) Das Waffengesetz in der Fassung der Bekanntmachung vom 8. März 1976 (BGBl. I S. 432), zuletzt geändert durch Anlage I Kapitel II Sachgebiet C Abschnitt II des Einigungsvertrages vom 31. August 1990 in Verbindung mit Artikel 1 des Gesetzes vom 23. September 1990
(BGBl. 1990 II S. 885, 916), wird wie folgt geändert:

a) Nach § 59 b wird folgender § 59 c eingefügt:

"§ 59 c
Übergangsregelung für Berlin (West)

(1) Eine vor Inkrafttreten dieses Gesetzes vom Polizeipräsidenten Berlin (West) oder von der Alliierten Kommandantur erteilte waffenrechtliche Erlaubnis oder Lizenz zur Waffenherstellung, zum Waffenhandel, zur Lagerung oder zum Transport berechtigt bis zum Ablauf von sechs Monaten nach Inkrafttreten dieses Gesetzes zur Waffenherstellung, zum Waffenhandel oder zur Ausübung der tatsächlichen Gewalt über Schußwaffen und Munition im bisher genehmigten Umfang. Ist vor Ablauf der in Satz 1 genannten Frist vom Eigentümer oder sonst Berechtigten ein Antrag auf Erteilung einer Erlaubnis nach dem Waffengesetz gestellt und darüber von der zuständigen Behörde noch nicht

entschieden worden, so verlängert sich diese Frist bis zur Unanfechtbarkeit der Entscheidung über diesen Antrag.

(2) Im übrigen ist § 59 b Abs. 2 bis 6 für Berlin (West) entsprechend anzuwenden. An die Stelle des Wirksamwerdens des Beitritts tritt der Zeitpunkt des Inkrafttretens des Sechsten Überleitungsgesetzes vom 25. September 1990 (BGBl. I S. 2106), an die Stelle des in Artikel 3 des Einigungsvertrages vom 31. August 1990 in Verbindung mit Artikel 1 des Gesetzes vom 23. September 1990 (BGBl. 1990 II S. 885, 890) genannten Gebietes tritt Berlin (West)."

b) In § 53 Abs. 3 Nr. 8 wird nach dem Zitat "§ 59 b Abs. 5 Satz 1" eingefügt:
", auch in Verbindung mit § 59 c Abs. 2 Satz 1,".

(3) Die Eisenbahnvorschriften des Bundesrechtes gelten in Berlin (West) nach Maßgabe der Anlage I Kapitel XI Sachgebiet A des Einigungsvertrages vom 31. August 1990 in Verbindung mit Artikel 1 des Gesetzes vom 23. September 1990 (BGBl. 1990 II S. 885, 1098).

(4) Die Flugsicherungs-An- und Abflug-Gebühren-Verordnung vom 28. September 1989 (BGBl. I S. 1809) findet auch auf die Flughäfen Berlin-Gatow, Berlin-Tegel und Berlin-Tempelhof Anwendung. Flüge militärischer Luftfahrzeuge der Warschauer Vertragsstaaten sind denen der Nato-Mitgliedsstaaten gebührenrechtlich gleichgestellt.

(5) Die auf Grund alliierten Rechts angelegten oder betriebenen Flughäfen Berlin-Gatow, Berlin-Tegel und Berlin-Tempelhof gelten nach Übergabe durch die Alliierten im Sinne der §§ 6 bis 10 des Luftverkehrsgesetzes in der Fassung der Bekanntmachung vom 14. Januar 1981 (BGBl. I S. 61), das zuletzt durch Gesetz vom 28. Juni 1990 (BGBl. I S. 1221) geändert worden ist, als genehmigt und im Plan rechtskräftig festgestellt.

(6) Das Gesetz über die Bundesanstalt für Flugsicherung in der im Bundesgesetzblatt Teil III, Gliederungsnummer 96-3, veröffentlichten bereinigten Fassung, zuletzt geändert durch Gesetz vom 18. Dezember 1989 (BGBl. I S. 2218), tritt in Berlin (West) mit der Maßgabe in Kraft, daß sich die Bundesanstalt für Flugsicherung zur Wahrnehmung ihrer Aufgaben in Berlin und im Gebiet

der ehemaligen Deutschen Demokratischen Republik bis zum 31. Dezember 1992 alliierter Stellen oder alliierten Personals bedienen kann.

(7) Der Bundesminister für Verkehr wird ermächtigt, zur Überleitung des Bundesrechts im Einvernehmen mit dem Bundesminister der Finanzen in Berlin (West) gelegene Wasserstraßen durch Rechtsverordnung zu Bundeswasserstraßen zu erklären, die als Binnenwasserstraßen dem allgemeinen Verkehr dienen. In der Rechtsverordnung ist die Anlage zum Bundeswasserstraßengesetz in der Fassung der Bekanntmachung vom 23. August 1990 (BGBl. I S. 1818) zu ändern. § 2 des Bundeswasserstraßengesetzes findet keine Anwendung.

(8) Die Vorschriften der §§ 1 und 12 des Gesetzes zum Schutz gegen Fluglärm vom 30. März 1971 (BGBl. I S. 282), das zuletzt durch Artikel 39 des Gesetzes vom 16. Dezember 1986 (BGBl. I S. 2441) geändert worden ist, treten in Berlin (West) mit folgenden Maßgaben in Kraft:

1. Die Verordnung des Berliner Senats über die Festsetzung des Lärmschutzbereichs für den Flughafen Berlin-Tegel vom 4. Juni 1976 (GVBl. S. 1242) gilt als bundesrechtliche Verordnung zu § 4 Abs. 1 des Gesetzes zum Schutz gegen Fluglärm fort.
2. Die Entschädigung bei Bauverboten wird nach den bisher geltenden Vorschriften gewährt, wenn der Antrag vor Inkrafttreten dieses Gesetzes gestellt worden ist.
3. Die Erstattung der Kosten für bauliche Schallschutzmaßnahmen wird nach den bisher geltenden Vorschriften vorgenommen, wenn die Maßnahmen vor Inkrafttreten dieses Gesetzes ins Werk gesetzt worden sind.

§ 3
Ausnahmen

Folgendes Bundesrecht findet in Berlin (West) weiterhin keine Anwendung:

1. Vertrag über die Beziehungen zwischen der Bundesrepublik Deutschland und den Drei Mächten vom 26. Mai 1952 in der gemäß Liste I des Protokolls über die Beendigung des Besatzungsre-

gimes in der Bundesrepublik Deutschland vom 23. Oktober 1954 geänderten Fassung (BGBl. 1955 II S. 305),

2. Vertrag zur Regelung aus Krieg und Besatzung entstandener Fragen vom 26. Mai 1952 in der gemäß Liste IV des Protokolls über die Beendigung des Besatzungsregimes in der Bundesrepublik Deutschland vom 23. Oktober 1954 geänderten Fassung (BGBl. 1955 II S. 405),
3. Vertrag über den Aufenthalt ausländischer Streitkräfte in der Bundesrepublik Deutschland vom 23. Oktober 1954 nebst zugehörigem Vertragsgesetz vom 24. März 1955 (BGBl. 1955 II S. 253),
4. Deutsch-französische Regierungsvereinbarung – Das Stationierungsrecht und die Statusfragen der französischen Truppen in Deutschland – Der Wortlaut des Briefwechsels vom 21. Dezember 1966 (Bulletin vom 23. Dezember 1966 Nr. 161 S. 1304),
5. NATO-Truppenstatut vom 19. Juni 1951 nebst zugehörigem Vertragsgesetz vom 18. August 1961 (BGBl. 1961 II S. 1183, 1190).
6. Zusatzvereinbarungen zum NATO-Truppenstatut:

...

7–10: Weitere sicherheitsrelevante Abkommen der Bundesrepublik Deutschland mit den Westmächten und der Sowjetunion.

§ 4

Außerkrafttretende Sondervorschriften

(1) Mit dem Inkrafttreten dieses Gesetzes treten außer Kraft:

1. Gesetz über Zulagen und Mindestleistungen in der gesetzlichen Unfallversicherung und zur Überleitung des Unfallversicherungsrechts im Lande Berlin in der im Bundesgesetzblatt Teil III, Gliederungsnimmer 8231-11, veröffentlichten bereinigten Fassung; § 14 Abs. 2 jedoch tritt erst mit Ablauf des 31. Dezember 1990 außer Kraft,
2. §§ 1 bis 15, 17 bis 20 des Dritten Überleitungsgesetzes in der im Bundesgesetzblatt Teil III, Gliederungsnummer 603-5, veröffentlichten bereinigten Fassung, das zuletzt durch Artikel 6 des Gesetzes vom 30. August 1971 (BGBl. I S. 1426) geändert worden ist,
3. § 22 des Finanzverwaltungsgesetzes vom 30. August 1971 (BGBl. I S. 1426, 1427), das zuletzt durch Anlage I Kapitel IV Sachgebiet B

Abschnitt II Nr. 5 des Einigungsvertrages vom 31. August 1990 in Verbindung mit Artikel 1 des Gesetzes vom 23. September 1990 (BGBl. 1990 II S. 885, 968) geändert worden ist,

4. § 183 des Gesetzes über das Branntweinmonopol in der im Bundesgesetzblatt Teil III, Gliederungsnummer 612-7, veröffentlichten bereinigten Fassung, das zuletzt durch Anlage I Kapitel IV Sachgebiet B Abschnitt II Nr. 11 des Einigungsvertrages vom 31. August 1990 in Verbindung mit Artikel 1 des Gesetzes vom 23. September 1990 (BGBl. 1990 II S. 885, 970) geändert worden ist,
5. Reichswaffengesetz vom 18. März 1938 (RGBl. I S. 265),
6. Verordnung des Berliner Senats zur Durchführung des Reichswaffengesetzes vom 21. September 1956 (GVBl. S. 1064), geändert durch Verordnung vom 4. April 1962 (GVBl. S. 316),
7. Beschußgesetz vom 7. Juni 1939 (RGBl. I S. 1241), geändert durch Gesetz vom 25. August 1969 (BGBl. I S. 1333),
8. Verordnung des Berliner Senats zur Durchführung des Beschußgesetzes vom 9. November 1983 (GVBl. S. 1494),
9. § 14 Abs. 2 des Gesetzes zum Schutz gegen Fluglärm vom 30. März 1971 (BGBl. I S. 282), das zuletzt durch Artikel 39 des Gesetzes vom 16. Dezember 1986 (BGBl. I S. 2441) geändert worden ist,
10. § 11 Abs. 1 Satz 2 des Binnenschiffahrtsaufgabengesetzes in der Fassung der Bekanntmachung vom 4. August 1986 (BGBl. I S. 1270),
11. § 34 Satz 2 der Binnenschifferpatentverordnung vom 7. Dezember 1981 (BGBl. I S. 1333), die zuletzt durch Verordnung vom 13. September 1988 (BGBl. I S. 1745) geändert worden ist,
12. Verordnung zur Übertragung von Befugnissen auf dem Gebiet der Binnenschiffahrt vom 12. April 1956 (BGBl. II S. 483),
13. § 44 Abs. 3 des Binnenschiffsverkehrsgesetzes in der Fassung der Bekanntmachung vom 8. Januar 1969 (BGBl. I S. 65), das zuletzt durch Artikel 4 des Gesetzes vom 21. April 1986 (BGBl. I S. 551) geändert worden ist,
14. § 14 Abs. 1 Satz 2 des Gesetzes über die Beförderung gefährlicher Güter vom 6. August 1975 (BGBl. I S. 2121), das zuletzt durch Artikel 36 des Gesetzes vom 28. Juni 1990 (BGBl. I S. 1221) geändert worden ist.

(2) Mit dem Inkrafttreten dieses Gesetzes tritt das Gesetz zur Regelung der Rechtsverhältnisse der in einzelnen Verwaltungszweigen des Landes Berlin beschäftigten Personen in der im Bundesgesetzblatt Teil III, Gliederungsnummer 2030-4, veröffentlichten bereinigten Fassung, zuletzt geändert durch Artikel II § 4 des Gesetzes vom 20. Juli 1967 (BGBl. I S. 725), außer Kraft. Die durch dieses Gesetz erfaßten Rechtsverhältnisse der Beamten, Angestellten und Arbeiter sowie die öffentlich-rechtlichen Amtsverhältnisse des Präsidenten und Vizepräsidenten der Landespostdirektion Berlin werden mit dem Bund fortgesetzt. § 9 Abs. 2 Satz 1 des Finanzverwaltungsgesetzes vom 30. August 1971 (BGBl. I S. 1426, 1427), das zuletzt durch Artikel 4 des Gesetzes vom 19. Dezember 1985 (BGBl. I S. 2436) geändert worden ist, bleibt unberührt. Für die Arbeitnehmer gelten die bei Inkrafttreten dieses Gesetzes maßgebenden Tarifverträge weiter, bis sie durch andere Tarifverträge ersetzt oder aufgehoben werden. Entsprechendes gilt für Arbeitnehmer, die bei Weitergeltung des Gesetzes im bisherigen räumlichen Geltungsbereich hiervon erfaßt worden wären.

(3) Die Abgabenordnung vom 16. März 1976 (BGBl. I S. 613, 1977 I S. 269), zuletzt geändert durch Anlage I Kapitel IV Sachgebiet B Abschnitt II Nr. 6 des Einigungsvertrages vom 31. August 1990 in Verbindung mit Artikel 1 des Gesetzes vom 23. September 1990 (BGBl. 1990 II S. 885, 968), wird wie folgt geändert:

1. In § 6 Abs. 2 Nr. 4 werden die Worte "und die Monopolverwaltung für Branntwein Berlin" gestrichen.
2. In § 347 Abs. 2 Satz 1 werden die Worte "und der Finanzbehörden des Landes Berlin" gestrichen.
3. In § 349 Abs. 3 Nr. 1 werden die Worte "und der Monopolverwaltung für Branntwein Berlin" gestrichen.

(4) Die Verordnung zur Einführung der Rheinschiffs-Untersuchungsordnung vom 26. März 1976 (BGBl. I S. 773), zuletzt geändert durch Verordnung vom 9. September 1988 (BGBl. I S. 1742), wird wie folgt geändert:

In Artikel 3 Abs. 1 Satz 1 werden die Worte "sowie beim zuständigen Fachsenator in Berlin" gestrichen.

(5) Die Sportbootführerscheinverordnung-Binnen vom 22. März 1989 (BGBl. I S. 536, 1102) wird wie folgt geändert:

1. § 3 Abs. 4 und § 4 Abs. 2 werden gestrichen.
2. In § 11 Abs. 1 Satz 2 werden die Worte "im Land Berlin des zuständigen Fachsenators" gestrichen.
3. In § 11 Abs. 2 Satz 2 werden die Worte "im Land Berlin der zuständige Fachsenator" gestrichen.

§ 5
Inkrafttreten

(1) Dieses Gesetz tritt in dem Zeitpunkt in Kraft, in dem die alliierten Vorbehaltsrechte in bezug auf Berlin fortfallen oder suspendiert werden.

(2) Der Bundesminister des Auswärtigen gibt den Zeitpunkt des Inkrafttretens im Bundesgesetzblatt bekannt.

15
Bekanntmachung über das Inkrafttreten des Sechsten Überleitungsgesetzes*

Vom 3. Oktober 1990

Entsprechend § 5 Abs. 2 des Sechsten Überleitungsgesetzes vom 25. September 1990 (BGBl. I S. 2106) wird hiermit bekanntgemacht, daß mit Wirkung vom 3. Oktober 1990 die alliierten Vorbehaltsrechte in bezug auf Berlin suspendiert worden sind und dieses Gesetz nach seinem § 5 Abs. 1 in dem Zeitpunkt der Suspendierung in Kraft getreten ist.

Quelle: BGBl. I S. 2153

16

Gesetz über die Vereinheitlichung des Berliner Landesrechts*

Vom 28. September 1990

Das Abgeordnetenhaus hat das folgende Gesetz beschlossen:

§ 1

Geltungsbereich

(1) Das in den Bezirken Tiergarten, Wedding, Kreuzberg, Charlottenburg, Spandau, Wilmersdorf, Zehlendorf, Schöneberg, Steglitz, Tempelhof, Neukölln und Reinickendorf unterhalb der Verfassung vom 1. September 1950 (VOBl. I S. 433), zuletzt geändert durch Gesetz vom 3. September 1990 (GVBl. S. 1877), stehende, am 25. September 1990 geltende Landesrecht gilt mit Ausnahme der in der Anlage 1 aufgeführten Rechtsvorschriften, die auf den bisherigen Geltungsbereich beschränkt bleiben, in dem gesamten Gebiet, das nach dem Vertrag zwischen der Bundesrepublik Deutschland und der Deutschen Demokratischen Republik über die Herstellung der Einheit Deutschlands das Land Berlin bildet, nach Maßgabe der Anlage 2. Dem Landesrecht im Sinne des Satzes 1 stehen die vom Abgeordnetenhaus vor dem 25. September 1990 beschlossenen, aber noch nicht verkündeten Gesetze gleich, sobald sie im Gesetz- und Verordnungsblatt verkündet sind.

(2) Das von der Stadtverordnetenversammlung nach dem 11. Juli 1990 unterhalb der Verfassung vom 23. Juli 1990 (GVABl. Nr. 1, S. 1) stehende und bis zum 26. September 1990 einschließlich beschlossene Landesrecht bleibt in seinem Geltungsbereich unberührt.

§ 2

Außerkrafttreten entgegenstehenden Rechts

Recht der Deutschen Demokratischen Republik, das als Berliner Landesrecht fortgilt, tritt, soweit es nicht nach den Anlagen zu dem

Quellen: GVBl. S. 2119; GVAmtsbl. S. 240 (29. 9. 90)

Vertrag vom 31. August 1990 zwischen der Bundesrepublik Deutschland und der Deutschen Demokratischen Republik über die Herstellung der Einheit Deutschlands fortgilt, mit Ausnahme der in Anlage 3 aufgeführten Rechtsvorschriften außer Kraft. Soweit durch das Außerkrafttreten des Rechts der Deutschen Demokratischen Republik sowie durch das zeitlich versetzte Inkraftsetzen neuen Rechts gemäß den Anlagen 1 und 2 Regelungslücken entstehen, kann die Landesregierung von Berlin Übergangsvorschriften durch Rechtsverordnungen erlassen.

§ 3
Behandlung von Regelungslücken

(1) Soweit in dem nach § 1 in Kraft gesetzten Recht auf Rechtsvorschriften verwiesen wird, die in der Anlage 1 aufgeführt sind, sind die entsprechenden Vorschriften der Deutschen Demokratischen Republik, die als Landesrecht fortgelten, anzuwenden. Bestehen solche Vorschriften nicht oder würde ihre Anwendung dem Sinn der Verweisung widersprechen, gelten die Vorschriften, auf die verwiesen wird, entsprechend.

(2) Soweit im Recht der Deutschen Demokratischen Republik, das als Landesrecht fortgilt, auf Vorschriften verwiesen wird, die keine Anwendung mehr finden, sind die entsprechenden Vorschriften des Rechts der Bundesrepublik Deutschland beziehungsweise des nach § 1 in Kraft gesetzten Berliner Landesrechts anzuwenden.

§ 4
Fortsetzung von Verwaltungsverfahren, Lauf von Fristen

(1) Die am 3. Oktober 1990 anhängigen Verwaltungsverfahren werden in der Lage, in der sie sich befinden, nach den in Kraft gesetzten Vorschriften fortgesetzt.

(2) Der Lauf einer verfahrensrechtlichen Frist, der vor dem 3. Oktober 1990 begonnen hat, richtet sich nach den bis zu diesem Tage geltenden Vorschriften.

§ 5

Zuleitung von Vorgängen

Geht durch das nach § 1 in Kraft gesetzte Landesrecht die Zuständigkeit für eine Sache auf eine andere Stelle über, so hat die bisher zuständige Stelle die bei ihr befindlichen Akten und Vorgänge dieser Sache unverzüglich der nunmehr zuständigen Stelle zuzuleiten. Entsprechendes gilt für Akten und Vorgänge, die von der bisher zuständigen Stelle anderen Stellen nur vorübergehend ausgehändigt sind.

§ 6

Rückkehr zum Verordnungsrang

(1) Die von diesem Gesetz erfaßten Rechtsverordnungen können im Rahmen der jeweils einschlägigen Ermächtigung weiterhin durch rechtsverordnung geändert oder aufgehoben werden.

(2) Rechtsverordnungen, die aufgrund der Ermächtigungen dieses Gesetzes oder seiner Anlagen erlassen werden sollen, sind dem Abgeordnetenhaus und der Stadtverordnetenversammlung sowie nach der Wahl zu dem ersten Gesamtberliner Abgeordnetenhaus diesem mindestens einen Monat vor ihrem Erlaß zur Kenntnis zu geben.

§ 7

Inkrafttreten

(1) Dieses Gesetz wird nach Beschlußfassung im Abgeordnetenhaus im Gesetz- und Verordnungsblatt für Berlin und nach Beschlußfassung der Stadtverordnetenversammlung im Gesetz-, Verordnungs- und Amtsblatt für Berlin verkündet. Es tritt am 3. Oktober 1990 in Kraft.

(2) Die Landesregierung von Berlin hat bis zum 15. Oktober 1990 dem Abgeordnetenhaus und der Stadtverordnetenversammlung eine Neufassung mit Wirkung vom 1. Januar 1991 der Richtlinien über die Gewährung von Beihilfen von Teilnehmern berufsvorbereitender Bildungsmaßnahmen, beruflicher Fortbildungs-, Umschulungs- und Rehabilitationsmaßnahmen (Qualifizierungsbeihilfe), der Richtlinien über die Vergabe von Stipendien und der Richtlinien für

die Gewährung des Berliner Familiengeldes vorzulegen und laufend zu berichten.

Auf die Wiedergabe der Anlagen muß aus Raumgründen verzichtet werden.

17

Zweites Gesetz über die Vereinheitlichung des Berliner Landesrechts*

Vom 10. Dezember 1990

– Auszug –

Das Abgeordnetenhaus hat das folgende Gesetz beschlossen:

§ 1

(1) Die folgenden Gesetze gelten in dem gesamten Gebiet, das nach dem Vertrag zwischen der Bundesrepublik Deutschland und der Deutschen Demokratischen Republik über die Herstellung der Einheit Deutschlands (Einigungsvertrag) das Land Berlin bildet:

1. Achtes Gesetz zur Änderung des Landesabgeordnetengesetzes vom 15. Oktober 1990 (GVBl. S. 2197),
2. Gesetz zum Schutz personenbezogener Daten in der Berliner Verwaltung (Berliner Datenschutzgesetz – BlnDSG) vom 1. November 1990 (GVBl. S. 2216),
3. Gesetz zur Änderung des Gesetzes über Medizinalfachberufe und den Beruf des Lebensmittelkontrolleurs vom 6. Oktober 1990 (GVBl. S. 2149),
4. Berliner Bildungsurlaubsgesetz (BiUrlG) vom 24. Oktober 1990 (GVBl. S. 2209),
5. Gesetz über die Errichtung der Landesbank Berlin – Girozentrale – vom 27. September 1990 (GVBl. S. 2115),

Quelle: GVBl. S. 2289

6. Gesetz zur Änderung des Nachwuchsförderungsgesetzes vom 24. Oktober 1990 (GVBl. S. 2208),
7. Gesetz zur Förderung der ambulanten gesundheits- und sozialpflegerischen Dienste (Sozialstationengesetz – SozStatG) vom 1. November 1990 (GVBl. S. 2223),
8. Zweites Gesetz zur Änderung des Gesetzes über die Übernahme von Rückbürgschaften vom 6. Oktober 1990 (GVBl. S. 2150),
9. Gesetz zur Änderung des Landeskrankenhausgesetzes vom 13. November 1990 (GVBl. S. 2265).

(2) Das Zweite Gesetz zur Änderung dienstrechtlicher Vorschriften vom 8. Oktober 1990 (GVBl. S. 2162) und das Einundzwanzigste Gesetz zur Änderung des Landesbeamtenrechts (21. Landesbeamtenrechtsänderungsgesetz – 21. LBÄG) vom 8. November 1990 (GVBl. S. 2253) bleiben auf ihren bisherigen Geltungsbereich beschränkt. Das vom Abgeordnetenhaus am 29. November 1990 in dritter Lesung beschlossene Landesantidiskriminierungsgesetz (LADG) gilt in dem gesamten Gebiet gemäß Absatz 1, sobald es im Gesetz- und Verordnungsblatt für Berlin verkündet und in Kraft getreten ist.

§ 2

Die folgenden Gesetze gelten mit den nachstehenden Maßgaben:

1. Zweites Gesetz zur Änderung des Gesetzes über die Weiterbildung von Ärzten, Zahnärzten, Tierärzten und Apothekern vom 9. Oktober 1990 (GVBl. S. 2163) mit der Maßgabe, daß es in dem Teil des Landes Berlin, in dem das Grundgesetz vor dem 3. Oktober 1990 nicht galt, am 1. Juli 1991 in Kraft tritt,
2. Gesetz über die Hochschulen im Land Berlin (Berliner Hochschulgesetz – BerlHG) vom 12. Oktober 1990 (GVBl. S. 2165) mit der Maßgabe, daß für die Hochschulen in dem Teil des Landes Berlin, in dem das Grundgesetz vor dem 3. Oktober 1990 nicht galt, die in Anlage 2 Abschnitt XI Buchstabe A Nr. 1 bis 15 des Gesetzes über die Vereinheitlichung des Berliner Landesrechts vom 28./29. September 1990 (GVBl. S. 2119, GVABl. S. 240) aufgeführten Modifikationen mit Ausnahme des Eingangssatzes gelten,

3. Gesetz zur Änderung des Gesetzes zur Ausführung des Gesetzes für Jugendwohlfahrt und zur Regelung der öffentlichen Jugend- und Familienhilfe vom 1. November 1990 (GVBl. S. 2226) mit der Maßgabe, daß es in dem Teil des Landes Berlin, in dem das Grundgesetz vor dem 3. Oktober 1990 nicht galt, sofort in Kraft tritt.

§ 3

§ 2 Satz 2 des Gesetzes über die Vereinheitlichung des Berliner Landesrechts mit der sich aus § 4 ergebenden Änderung sowie §§ 3 bis 6 des Gesetzes über die Vereinheitlichung des Berliner Landesrechts gelten entsprechend.

§ 4

§ 2 Satz 2 des Gesetzes über die Vereinheitlichung des Berliner Landesrechts erhält folgende Fassung:
"Soweit durch das Außerkrafttreten des Rechts der Deutschen Demokratischen Republik sowie durch das zeitlich versetzte Inkraftsetzen neuen Rechts gemäß den Anlagen 1 und 2 Regelungslücken entstehen, kann die Landesregierung von Berlin bis zum 2. Oktober 1991 die zur Ausfüllung dieser Lücken zwingend erforderlichen Übergangsvorschriften durch Rechtsverordnung erlassen."

. . .

§ 5 bis § 7 betreffen die Anlagen 1–3 des Gesetzes über die Vereinheitlichung des Berliner Landesrechts.

§ 8

Die in der Anlage aufgeführten Vorschriften gelten mit Wirkung vom 3. Oktober 1990 nach Maßgabe der in der Anlage bestimmten Einzelheiten in der Weise, wie sie bis zum Inkrafttreten des Gesetzes über die Vereinheitlichung des Berliner Landesrechts gegolten haben.

§ 9

Das Landeswahlgesetz vom 25. September 1987 (GVBl. S. 2370), zuletzt geändert durch Gesetz vom 6. Oktober 1990 (GVBl. S. 2140), und vom 5. September 1990 (GVABl. S. 109), geändert durch Gesetz vom 8. Oktober 1990 (GVABl. S. 270), gilt mit der Maßgabe, daß bei der Wahl zum ersten Gesamtberliner Abgeordnetenhaus außer den in § 10 Abs. 11 genannten Parteien auch die Parteien vom Erfordernis, Unterstützungsunterschriften beizubringen, befreit sind, die bei der letzten Wahl zum Bundestag mindestens 75 000 Zweitstimmen erhalten haben.

§ 10

Die vom Abgeordnetenhaus durch das Haushaltsgesetz 1991 für das Jahr 1991 festgesetzten Hebesätze für die Gemeindesteuern (Grund- und Gewerbesteuer) gelten in dem in § 1 Abs. 1 bezeichneten Gebiet.

§ 11

Dieses Gesetz wird nach Beschlußfassung des Abgeordnetenhauses im Gesetz- und Verordnungsblatt für Berlin und nach Beschlußfassung der Stadtverordnetenversammlung im Gesetz-, Verordnungs- und Amtsblatt für Berlin verkündet. Es tritt am Tage nach der zuletzt erfolgten wortgleichen Verkündung in Kraft; das Inkrafttreten wird in beiden Verkündungsblättern bekanntgemacht.

Das vorstehende Gesetz wird hiermit verkündet.

Anlage zu § 8

ABSCHNITT I
Gesundheit und Soziales

I. Mit Ablauf des 31. Dezember 1990 treten außer Kraft:

1. Anweisung zur weiteren Verbesserung der kulturellen Betreuung in Einrichtungen des Gesundheits- und Sozialwesens vom 15. Mai 1987 (Verfügungen und Mitteilungen des Ministeriums für Gesundheit – VuM – S. 62),
2. Erste Durchführungsbestimmung zur Verordnung über die besondere Unterstützung der Familien mit schwerstgeschädigten Kindern vom 24. April 1986 (GBl. I S. 246),

3. Anweisung zur Durchführung der Elementarrehabilitation für Blinde vom 13. Mai 1969 (VuM S. 98),
4. Richtlinie für die Erstattung von Fahrkosten für schwerstgeschädigte Kinder in Einrichtungen des Gesundheits- und Sozialwesens vom 24. April 1986 (VuM S. 69),
5. § 11 der Verordnung über die Gewährung eines staatlichen Kindergeldes sowie die besondere Unterstützung kinderreicher Familien und alleinstehender Bürger mit drei Kindern vom 4. Dezember 1975 (GBl. I 1976 S. 52),
6. §§ 7 und 8 der Verordnung zur weiteren Verbesserung der gesellschaftlichen Unterstützung schwerst- und schwerbehinderter Bürger vom 29. Juli 1976 (GBl. I S. 411),
7. Verordnung über die Gewährung einer Beihilfe für Tuberkulose-, Geschwulst- und Zuckerkranke vom 28. Mai 1958 (GBl. I S. 445).

II. Mit Ablauf des 30. Juni 1991 treten außer Kraft:
1. Anordnung über die Weiterbildung der Apotheker zu Fachapothekern – Fachapothekeranordnung – vom 4. Dezember 1987 (GBl. I S. 309),
2. Anordnung über die Durchführung von postgradualen Studien zur Weiterbildung zum Fachtierarzt an den Universitäten und Hochschulen der Deutschen Demokratischen Republik vom 20. Mai 1970 (GBl. II S. 409),
3. Anordnung über die Weiterbildung der Ärzte und Zahnärzte – Facharzt-/Fachzahnarztordnung – vom 11. August 1978 (GBl. I S. 286).

ABSCHNITT II

Kulturelle Angelegenheiten

Mit Ablauf des 31. Dezember 1990 treten außer Kraft:
1. Anordnung über die Benutzung der Staatlichen Allgemeinbibliotheken vom 14. August 1987 (GBl. I S. 208),
2. Anordnung über die Ablieferung von Pflichtexemplaren vom 14. August 1987 (GVBl. I S. 211).

ABSCHNITT III

Schule, Berufsbildung und Sport

Verordnung zur Sicherung und Nutzung von Sporteinrichtungen im öffentlichen Eigentum vom 13. Juni 1990 (GBl. I S. 474) mit der Maßgabe, daß anstelle des § 2 der Verordnung die in § 14 des Sportförderungsgesetzes getroffenen Regelungen treten.

ABSCHNITT IV

Stadtentwicklung und Umweltschutz

1. Gesetz über die Binnen- und Küstenfischerei – Fischereigesetz – vom 2. Dezember 1959 (GBl. I S. 864),
2. Erste Durchführungsbestimmung zum Fischereigesetz vom 7. Dezember 1959 (GBl. I S. 866),
3. Anordnung über die fischwirtschaftliche Nutzung der Binnengewässer, die Ausübung des Fischfangs und des Angelsportes im Bereich der Binnenfischerei der DDR – Binnenfischereiordnung – vom 16. Juni 1981 (GVBl. I S. 290).

. . .

Buchveröffentlichungen

Achterberg, Allgemeines Verwaltungsrecht, C. F. Müller Verlag, Heidelberg 1982.

Autorenkollektiv– Gesetz über die örtlichen Volksvertretungen der DDR, Kommentar, Berlin, 1977; 2. Auflage, Berlin 1989.

Eiselt-Heinrich, Grundriß des Schulrechts in Berlin, Luchterhand, Neuwied und Darmstadt, 2. Auflage, 1985.

Hindrichs-Heidelmeyer-Mahnke, Dokumente zur Berlin-Frage, 4. Auflage, R. Oldenbourg Verlag, München 1987.

Krebsbach, Die Preußische Städteordnung von 1808, Textausgabe mit Einführung, Kohlhammer Verlag Stuttgart und Köln 1957.

Landsberg-Goetz, Die Verfassung von Berlin vom 1. September 1950, Kommentar, Berlin 1951.

Leisner, Die Bayerischen Grundrechte, Wiesbaden 1968.

Machalet, Die Berliner Bezirksverwaltung, W. Kohlhammer, Stuttgart, 1973.

Mampel: Der Sowjetsektor von Berlin, Frankfurt/M., Berlin, 1963.

Maunz-Dürig-Herzog-Scholz, Grundgesetz, Kommentar, Ch. Beck'sche Verlagsbuchhandlung, München 1989. (M.D.H.S.)

Münch, Grundgesetz-Kommentar, 2. Auflage, C. H. Beck, München 1983. (Teil III Kap. 1 Fn. 10)

Pfennig-Neumann, Verfassung von Berlin, 2. Auflage, Walter de Gruyter, Berlin – New York 1987.

Riklin, Das Berlinproblem, Köln 1964.

Srocke, Bezirksverwaltungsgesetz, Gesetzestext mit Kurzkommentar, Landeszentrale für politische Bildungsarbeit, Berlin 1979.

Stern, Ein Richter für Berlin, Deutsche Übersetzung Ruitmann Verlag, München 1984.

Uhlitz, Kleine Verwaltungsgeschichte Berlins, Berliner Forum, Herausgegeben vom Presse- und Informationsamt Berlin 1969.

Wolff, Verwaltungsrecht, C. H. Beck, 4. Auflage, München 1976.

Wyssozki, West-Berlin, Verlag Progress Moskau 1974; Deutsche Übersetzung 1975.

Zivier, Der Rechtsstatus des Landes Berlin, Berlin Verlag Arno Spitz, 4. Auflage, Berlin 1987.
Berlin-Bremen-Hamburg, Zur Regierungsstruktur in den Stadtstaaten. Bericht der Kommission zur Überprüfung der Regierungsstrukturen in den Stadtstaaten Berlin, Bremen und Hamburg (Stadtstaatenkommission), Walter de Gruyter, Berlin – New York 1989.

Veröffentlichungen in Zeitschriften

Achterberg/Kasten, DVBl. 1985, Seite 1066.
V. Arnim, DVBl. 1987, Seite 1241.
Boldyriew, Dokumentation der Zeit 1969 I/II, Seite 3.
Hantel, JuS 1988, Seite 512.
Hilf, Neue Verwaltungsrechtszeitschrift 1987, Seite 537.
Jung, Die Verwaltung 1984, Seite 197.
Jutzi, DÖV 1983, Seite 836.
Kretschmar, DVBl. 1986, Seite 923.
Kreutzer, DÖV 1959, Seite 429.
Ortloff, Landes- und Kommunalverwaltung 1991, Seite 146
Pestalozza, JuS 1983, Seite 241.
Petrenkow, Deutsche Außenpolitik II/1969, Seite 152.
Schröder, Recht und Politik I/1985, Seite 24.
Sendler, JR 1985, Seite 441.
Ders. DÖV 1987, Seite 366.
Wolfrum, DÖV 1982, Seite 674.

Stichwortverzeichnis

Die Fundstellen sind die Randnummern im Text.